S.F.
V.

Ilse Grubrich-Simitis

Zurück zu Freuds Texten

Stumme Dokumente sprechen machen

S. Fischer

Der Sigmund-Freud-Stiftung (Frankfurt am Main) ist für ihre Unterstützung durch einen Druckkostenzuschuß zu danken.

Der Band enthält fünf Abbildungen und, außer faksimilierter Wiedergabe kleinerer Ausschnitte aus Freuds Handschriften, vierzehn ganzseitige Faksimiles im Text.

Umschlaggestaltung: Buchholz/Hinsch/Walch
(unter Verwendung eines Ausschnitts aus Sigmund Freuds Entwurf
für ›Eine Teufelsneurose im siebzehnten Jahrhundert‹, s. S. 176, Anm. 3).
Satz und Druck: Wagner GmbH, Nördlingen.
Einband: G. Lachenmaier, Reutlingen.
Printed in Germany 1993.
ISBN 3-10-028606-5

»Die oberste Sorge muß es also sein, dem Text seine stärkste Präsenz und größtmögliche Unabhängigkeit zu sichern: seine Eigenexistenz möge sich konsolidieren, auf daß er sich uns mit allen Merkmalen der Autonomie darbiete. Er soll seine Verschiedenheit herausstellen und seinen Abstand wahren können. Der Gegenstand meiner Aufmerksamkeit befindet sich nicht in mir; er steht mir gegenüber, und mein Hauptinteresse liegt nicht darin, mich seiner nach Maßgabe meines Begehrens zu bemächtigen (ich wäre sonst selbst Gefangener meiner Launen), sondern ihn alle seine Eigenschaften und besonderen Bestimmungen zeigen zu lassen. Noch diesseits des eigentlichen Dialogs verstärken die sogenannten objektiven Methoden die materialen Aspekte des Gegenstandes, geben ihm schärferes Profil, prägnantere Gestalt und vertäuen ihn mit benachbarten Gegenständen in Zeit und Raum. Die Fülle des Dokumentarischen, mag sie im Verhältnis zu einem großen Text mitunter noch so äußerlich und unwesentlich erscheinen, fügt doch etwas zu dem hinzu, was von innen heraus seine Einzigartigkeit bedingt. Denn der Erkenntniswille muß allererst sich zum Verbündeten des Gegenstandes machen – gerade bezüglich seiner Kraft, uns Widerstand entgegenzusetzen.«

Jean Starobinski

(Aus ›Le texte et l'interprète‹, 1974, S. 169.)

Für Spiros

Inhalt

Einleitung

Einleitung

Ein Ärger hat vor Jahren die Arbeit ausgelöst, aus der schließlich dieses Buch hervorging. Ein Ärger, der jedoch rasch verflog; denn bald stellte sich heraus, daß ich ihm eine produktive Frage verdankte. Was zunächst als Stellungnahme zu einer Fachkontroverse, nämlich zur Kritik an Freud-Übersetzungen und Freud-Editionen, gedacht war, entwickelte sich unversehens zu einer unabhängigen, grundlegenden Auseinandersetzung mit Freuds Texten, und zwar in ihrer authentischsten Gestalt: ich machte mich nämlich daran, die Handschriften zu studieren. Und diese unbeachteten, bisher stummen Dokumente fingen auf einmal an zu sprechen. Ehe ich diesen Vorgang und seine Ergebnisse näher beschreibe, sei die Kontroverse skizziert, die ihn provoziert hat.

Seit etwa zehn Jahren wird die englische Übersetzung, die James Strachey in der von ihm herausgegebenen *Standard Edition of the Complete Psychological Works of Sigmund Freud* vorgelegt hat, vehement kritisiert. Breitere öffentliche Aufmerksamkeit erlangte diese Kritik 1983 durch Bruno Bettelheims Buch-Essay *Freud and Man's Soul*, der im Jahr zuvor im *New Yorker* vorabgedruckt worden war. Darin geht der Autor in so einprägsamer wie plakativer Rhetorik mit den englischsprachigen Übersetzern, eben auch James Strachey, ins Gericht: durch ihre szientistische, medizinalisierte Übertragung der Originaltexte hätten sie Freuds umgangssprachliches, jedermann betreffendes humanistisches Projekt korrumpiert. Ähnliche, jedoch differenziertere Argumente waren etwa gleichzeitig von anderen Autoren vorgebracht worden.[1] Tatsächlich hatte Lewis W. Brandt

[1] Vgl. vor allem Mahony, 1982, und Ornston, 1982.

schon in den sechziger Jahren[1], also noch zu Lebzeiten Stracheys und ehe die *Standard Edition* abgeschlossen war, Hauptpunkte dieser Kritik vorweggenommen; bereits ihm war aufgefallen, daß in der englischen Übersetzung im Vergleich zum Urtext statische Struktureigenschaften eher betont würden als Prozeßhaftigkeit, an die Stelle emotiver deutscher Wörter häufig neutrale englische oder gar latinisierte bzw. gräzisierte Fachausdrücke getreten seien. Doch fanden seine begründeten Einwände damals offenbar wenig Gehör.

Ein Vierteljahrhundert später hingegen floriert die Übersetzungskritik. Dabei fallen einige Disproportionalitäten auf. Die meisten der Autoren, die nun international auf diesem Feld publizieren[2], kritisieren sozusagen freischwebend. Eine Ausnahme bildet das große Unternehmen der im Erscheinen begriffenen neuen französischen Freud-Ausgabe; hier gehen, unter der wissenschaftlichen Leitung von Jean Laplanche, Übersetzungskritik und Übersetzungsproduktion Hand in Hand. Die Verantwortlichen dieser außerordentlichen Kollektivanstrengung haben im einzelnen dargelegt, zu welch basaler Reflexion über Freuds Sprache und Denken, über das Verhältnis des Deutschen zum Französischen, überhaupt die Komplexität des Übersetzungsvorgangs sie ihre langjährige Zusammenarbeit genötigt hat.[3] Sie wissen also, wovon sie sprechen. Und ihre ausdrückliche Würdigung der immensen Leistung James Stracheys[4], bei aller Anerkennung berechtigter Kritik, ist ebenso ernst zu nehmen wie eine Bemerkung, die Laplanche kürzlich über die peripheren Übersetzungskritiker fallenließ, daß sie nämlich geradezu an den schlechten alten Übersetzungen hingen, um sich über sie ereifern zu können. Aber: »man schlägt nichts vor«[5].

---

[1] 1961 und 1966; vgl. Brandt, 1977, für eine deutschsprachige Zusammenfassung dieser Überlegungen.

[2] Für die jüngste umfassende Darstellung, die neben dem englischen auch den französischen und den spanischen Sprachbereich berücksichtigt, vgl. Ornston, 1992. Sie war allerdings noch nicht erschienen, als das vorliegende Buch zum Satz ging. Eine frühere Sammlung einschlägiger Aufsätze findet sich, unter dem Heft-Titel ›Translation in Transition: The Question of the *Standard Edition*‹, in *The International Review of Psycho-Analysis*, Bd. 18, 1991, Part 3.

[3] Bourguignon, Cotet, Laplanche und Robert, 1989.

[4] AaO, S. 6.

[5] Vgl. Gathelier, 1991, S. 709.

Je weiter solche Autoren von eigener konkreter Erfahrung mit den Paradoxien und Aporien des Übersetzens im allgemeinen und des Übersetzens von Freuds Texten im besonderen entfernt sind, desto eher scheinen sie zu Pauschalurteilen zu neigen. Auch wenn die Kritiker ausdrücklich betonen, die Idealübersetzung eines Werks sei selbstredend eine Fiktion, jede Zeit habe ihre eigene Übertragung der großen Texte hervorzubringen, gewinnt man beim Lesen ihrer Abhandlungen mitunter den Eindruck, in ihnen geistere doch eine solche Vorstellung herum und mit ihr ein einseitiges, fast stereotypes, nämlich ein literarisiertes, ein romantisiertes Bild des Begründers der Psychoanalyse. Die stupende Verschiedenheit von Freuds Texten droht dabei aus dem Blick zu geraten. Keineswegs alle sind poetisch. Manche sind, wie Walter Muschg in seiner frühen, schon zu Lebzeiten des Protagonisten erschienenen Untersuchung über *Freud als Schriftsteller* konstatierte, »eisklar und schroff wie die Aufstellungen eines Physikers«[1].

Gewiß kennzeichnet die Übersetzungskontroverse nicht nur Disproportionalität. Der ärgerlich stimmende forsche Rigorismus ihrer Anfangsphase, der notwendig gewesen sein mag, um sich angesichts der mächtigen Autorität der *Standard Edition* überhaupt ins Gespräch zu bringen, ist inzwischen einem eher bedachtsamen, ausgewogenen Argumentieren gewichen. Zudem hat die Auseinandersetzung vielfältige Forschungen zur Geschichte der verschiedenen Freud-Übersetzungen und ihrer Auswirkung auf die internationale Rezeption des Œuvres angeregt sowie den Sinn für die formalen Aspekte von Freuds Prosa wesentlich geschärft. Mehr noch: die Diskussionen über die möglichst adäquate Übertragung Freudscher Begriffe haben mitunter zu einer Vertiefung des Verständnisses ganzer Theoriebereiche geführt. Gerade wenn es in der Zielsprache kein Äquivalent für einen bestimmten Begriff gibt, zwingt dies die Übersetzer bei ihrer Suche nach Alternativformulierungen zu einem mühevollen Ausloten der *latenten* Bedeutungsdimensionen des Originalausdrucks, die vom deutschsprachigen Leser, welcher sich gegenüber dem Wortlaut nicht in dieser fragenden, fremden, exzentrischen Position befindet, in der Regel gar nicht wahrgenommen

[1] Muschg, 1975 [1930], S. 14.

werden. In diesem Sinne wäre zu wünschen, daß in den nächsten Jahren mehr Neuübersetzungen entstünden, und sei es auch nur einzelner Werke, die Kritiker selbst sich also der verzehrenden direktesten Arbeit an Freuds Texten verschrieben.

Die Übersetzungskritik hier zumindest kursorisch zu erwähnen erschien unerläßlich, weil sich an ihren Rändern auch die Editionskritik, also die Kritik an der herausgeberischen Präsentation der Originaltexte zu differenzieren begann. Als Darius Gray Ornston 1987 anläßlich des 35. Internationalen Psychoanalytischen Kongresses in Montreal ein Panel über ›Problems in Translating Freud‹ veranstaltete, lud er dazu nicht nur Experten der verschiedenen Freud-Übersetzungen ein, sondern initiierte auch einen Bericht über die Lage der deutschsprachigen Freud-Editionen als der Basis jeglicher Übersetzung.[1] Schon zuvor war hierzulande gelegentlich Unzufriedenheit geäußert worden, wenn auch zumeist eher beiläufig und mündlich. Dabei wiederholten sich Phänomene, wie ich sie im Zusammenhang der Übersetzungskritik beschrieben habe. Die Kritiker scheinen geradezu an den unzulänglichen alten Editionen zu hängen, um sich über sie empören zu können. So wurde erst jüngst beklagt, noch immer müsse man auf die englische Freud-Ausgabe rekurrieren, wolle man die Varianten der sukzessiven Auflagen der *Traumdeutung* kennenlernen, die *Gesammelten Werke* gäben darüber keine Auskunft. Zwar trifft letzteres unstreitig zu, doch hatte man übersehen, daß im zweiten Band der *Studienausgabe*, der die *Traumdeutung* enthält, der editorische Apparat der *Standard Edition* seit zwanzig Jahren in deutscher Sprache vorliegt.

Und auch Laplanches Diktum über die Übersetzungskritiker – »man schlägt nichts vor« – gilt für die meisten Editionskritiker. Man macht sich nicht einmal die Mühe, sich im einzelnen über die Gründe zu informieren, die das Entstehen einer historisch-kritischen Ausgabe des Originalwortlauts bislang verhindert haben. Auch neigt man dazu, diesen Editionstypus zu idolisieren, als seien alle Ausgaben unterhalb dieses Standards bloß peinliche Verlegenheitslösungen und nicht ihrerseits legitime Medien zur Verbreitung von Freuds

[1] Damals habe ich einiges von dem vorgetragen, was nun in Teil I des vorliegenden Buches steht.

Texten in den aufeinanderfolgenden Phasen ihrer Wirkungsgeschichte. Zugleich schien die Kenntnis der für historisch-kritische Ausgaben geltenden Prinzipien sowie der schieren Größenordnung des mit ihrer Erstellung verknüpften Aufwandes eher beschränkt.

Aus gutem Grund kam dann auch im Kontext der Übersetzungskontroverse die Rede auf die deutschsprachigen Ausgangstexte, deren »unsatisfactory nature« ja schon James Strachey in seiner Einleitung zur *Standard Edition* beklagt hatte.[1] Es wurde konstatiert, eine Neuübersetzung des Freud-Œuvres, in welche Sprache auch immer, setze allererst eine grundlegende Neuedition des Originals voraus. Die Argumentation der betreffenden Autoren erscheint gewiß differenzierter als jene Pauschalurteile, und einige unterbreiteten immerhin Vorschläge, wenn auch wenige und wenig detaillierte, zur Gestaltung und Erarbeitung eines solchen Unterfangens.[2]

Desungeachtet schien es mir vor einigen Jahren an der Zeit, zwei klärende Aufsätze zu schreiben. Der erste sollte in aller Sorgfalt Schritt für Schritt die Geschichte der deutschsprachigen Freud-Editionen von den Anfängen bis heute rekonstruieren und im einzelnen erläutern, was hierzulande das Zustandekommen einer historisch-kritischen Ausgabe vereitelt hat. Er ist 1989 in der *Psyche* veröffentlicht worden. Darin kündigte ich an, daß ich in einem zweiten Artikel u. a. einige Voraussetzungen, nach wie vor bestehende Erschwernisse, mutmaßliche Erfordernisse und Resultate der Arbeit an einer solchen zukünftigen Edition skizzieren würde. Dieser zweite Artikel ist dann freilich nicht erschienen; denn während ich daran arbeitete, verselbständigte sich das Projekt und gewann, wie eingangs angedeutet, andere Gestalt, als ursprünglich von mir beabsichtigt.

Das kam so: In einem eigenen Passus wollte ich in jener zweiten Abhandlung auf die Frage eingehen, welchen Gewinn wir wohl für eine solche Edition von der Berücksichtigung der *Handschriften* Freuds erwarten dürften. Nicht nur gehört die Einbeziehung der überlieferten Manuskripte eines Autors definitionsgemäß zu den

[1] Strachey, 1966*a*, S. XV.
[2] Vgl. Wilson, 1987, S. 310f., und Gilman, 1991, S. 341f.

Voraussetzungen, die eine historisch-kritische Ausgabe zu erfüllen hat; mir waren überdies bereits bei einem vor Jahren durchgeführten Vergleich zwischen Handschrift und Druckfassung von Freuds polemischer ›Geschichte der psychoanalytischen Bewegung‹ einige sprechende Abweichungen aufgefallen, die erwarten ließen, daß solches Kollationieren erhellend und lohnend sein würde.[1] Ich nahm mir nun vor, dem Leser in dem geplanten Artikel zumindest noch einige andere anschauliche Varianten vorzuführen. Um sie herauszusuchen, wollte ich einige der Freud-Autographen, die heute in der Library of Congress in Washington liegen, näher studieren. Die unmittelbare Konfrontation mit den Manuskripten verdeutlichte mir allerdings fast spontan, daß ich es bei einigen wenigen Stichproben nicht würde bewenden lassen können.

Welcher Zauber von diesen herrlichen Dokumenten ausgeht, hatte ich bereits verspürt, als ich sie Mitte der siebziger Jahre schon einmal in London durchblättern konnte. Damals, zu Anna Freuds Lebzeiten, befanden sie sich noch in Freuds ehemaligem Behandlungszimmer in Hampstead, und ich wählte für eine Faksimileausgabe die Handschrift des Essays über ›Das Motiv der Kästchenwahl‹ aus. Es ist wohl nicht allein die außerordentliche Schönheit dieser großflächigen Blätter, es ist die Aura des Originals im Benjaminschen Sinne, welche, wie beim Kunstwerk, solch bezwingende Wirkung ausübt. Als sei das gewaltige Œuvre, das Freud uns hinterlassen hat, in seiner handschriftlichen Fassung im Hier und Jetzt viel unmittelbarer, aber auch roher und überwältigender gegenwärtig als in den Drucken.

Doch war es wohl nicht in erster Linie diese Faszination des Originals, die mich dazu verlockt hat, das Handschriftenstudium auszudehnen. Vielmehr erwies sich meine Ausgangsfrage insofern tatsächlich als eine produktive, als jede Teilantwort neue Fragen evozierte. Oder anders gesagt: das Fahnden nach jenen Beispielvarianten öffnete mir unverhofft den Zugang zu den vielgestaltigen Formationen und geheimnisvollen Gegenden einer Landschaft, die bisher weitgehend unbeachtet und deshalb unbekannt geblieben war, eben der

[1] In der 1971 erschienenen Taschenbuchausgabe von Freuds *»Selbstdarstellung«* samt weiteren Schriften zur Geschichte der Psychoanalyse habe ich die wichtigsten dieser Varianten veröffentlicht (Freud, 1925*d*, S. 141 ff. dieser Edition).

Landschaft der Freudschen Handschriften. Der Empfehlung, die ich in dem geplanten zweiten Artikel, mit seiner Skizze für eine zukünftige kritische Ausgabe, den Editionskritikern hatte geben wollen, nämlich zu Freuds Texten zurückzukehren und sich ans Werk zu machen, folgte ich nun also zuerst noch einmal selbst – für einige Jahre wahrlich erdrückender, aber auch lustvoller und beflügelnder Arbeit.

Zurück zu Freuds Texten – nicht im Sinne von Jacques Lacans *Retour à Freud*, des Sammelaufrufs zu einer fundamentalen Rück- und Uminterpretation der Psychoanalyse, nicht einmal im Sinne von Jean Laplanches rigorosem Übersetzungsimperativ *Le texte, tout le texte, rien que le texte*, sondern in einem noch konkreteren, auch einfacheren, in einem *buchstäblich buchstäblichen* Sinne: Zurück zu Freuds Texten in ihrer Urgestalt des Manuskripts.

Wenn ich mir während des Handschriftenstudiums gelegentlich über meine Einstellung gegenüber den Texten Rechenschaft zu geben suchte, kam mir als Orientierungspunkt paradoxerweise stets Francis Ponges ›Le parti pris des choses‹[1] in den Sinn, des Dichters leise Solidarität mit den Dingen, die ihn befähigte, sozusagen im Namen der Dinge zu schreiben, über Kieselstein, Auster, Brot: Gäbe es doch eine Art ›parti pris des textes‹, eine so intensive wie nüchterne Parteinahme für die Texte, und zwar nicht durch ein interpretierendes Sie-Überwältigen, sondern durch aufmerksames Innehalten und durch geduldiges Beachten des Nächstliegenden – der Schreibbedingungen und Schreibusancen, des Variantenspiels, der charakteristischen Stufen des kreativen Prozesses –, also durch ein Sprechenmachen der Dokumente selbst, auf daß sich Freuds Denken in der Stofflichkeit, in den Detailmyriaden seiner Manuskripte neu und frisch zeigen könne. Daß eine solche sachlich-dingliche Einstellung heutzutage naiv und überholt anmuten könnte, gar belächelt würde von denen, die es gewohnt sind, Texte bloß noch gleichsam in Anführungszeichen gesetzt zu diskutieren und den Unterschied zwischen buchstäblicher und metaphorischer Bedeutung, also auch zwischen Wissenschaft und Literatur für inexistent zu erklären, focht mich nicht an.

---

[1] Vgl. die zweisprachige Ausgabe dieser Dichtungen in Ponge, 1965, S. 31 ff.

Als die Arbeit schon weit fortgeschritten war, fand ich jenen spezifischen Umgang mit Freuds Texten, um den ich mich die ganze Zeit über eher intuitiv bemüht hatte, andernorts mit größter Klarheit auf den Begriff gebracht. Durch ein zufälliges Leserglück stieß ich auf Jean Starobinskis programmatischen Essay ›Le texte et l'interprète‹.[1] Zwar handelt er in erster Linie von der Einstellung des Interpreten zum literarischen Text, doch schienen mir einige der darin formulierten Prinzipien ebenso für den Interpreten, den Editor des wissenschaftlichen Texts zu gelten – beispielsweise: »dem Text seine stärkste Präsenz und größtmögliche Unabhängigkeit zu sichern«, damit er »seine Verschiedenheit herausstellen und seinen Abstand wahren« könne; ferner seine »materialen Aspekte« zu verstärken, die ihm »schärferes Profil, prägnantere Gestalt« geben, und sich zu seinem Verbündeten zu machen – »gerade bezüglich seiner Kraft, uns Widerstand entgegenzusetzen«.

Aber es war nicht allein dieser Ausschnitt, nun Motto meines Buches, der etwas, worum ich mich bemühte, aufs trefflichste in Worte faßte. In anderen Abschnitten seines Essays kommt Starobinski auf Mißbrauchsphänomene zu sprechen, nämlich auf das Malträtieren des Texts durch Interpreten, die sich seiner nach Maßgabe des eigenen »Begehrens« bemächtigen. Derartige Mißbrauchsphänomene gibt es in der Freud-Sekundärliteratur zuhauf. Und in der Tat bezog sich die Devise *Zurück zu Freuds Texten* schon am Beginn meines Handschriftenstudiums auch auf diesen Bereich, sozusagen als zweites Zielgebiet, wie alsbald deutlich werden wird.

Doch zunächst Starobinskis überlegene Formulierungen zu solchem Textmißbrauch: »Wenn der Gegenstand[2] nicht angemessen wahrgenommen und in seiner Eigenexistenz, seiner Verschiedenheit respektiert wird, läuft die Interpretation Gefahr, bestenfalls nicht mehr zu sein als Entfaltung einer Phantasie des Interpreten. [...] Diese Gefahr kann sehr wohl mit einem Reiz ganz anderer Art gepaart sein: dem Charme erfinderischen und freien Diskurses, der sich gelegentlich von einer Lektüre inspirieren läßt. Von einem solchen freischwebenden Diskurs können wir freilich sagen, daß er ten-

---

[1] Starobinski, 1974.

[2] Der zu interpretierende Text.

denziell selbst Literatur ist und daß der Gegenstand, von dem er spricht, bloß als Vorwand oder eingeschobenes Zitat dient. Das Gewicht des Gegenstandes wird also ausgehöhlt, das Erkenntnisinteresse durch eine andere Zielsetzung – Selbstdarstellung, Spiel, Propaganda usw. – verdrängt. Das braucht zwar keineswegs auszuschließen, daß im Vorbeigehen, sozusagen von der Seite, nicht auch einmal etwas Zutreffendes gesehen werden könnte. Doch ist das die Ausnahme. Häufig ist dagegen zu beobachten: wenn der Gegenstand nicht hinreichend präzise gekennzeichnet, nicht sorgsam genug wahrgenommen wird, bleibt das, was man von ihm behauptet, ohne Beweiskraft, unentscheidbar. Qualifizierte Fachvertreter [. . .] haben für diese Art Essayistik und ›Geniekritik‹ nichts als Ironie übrig. Solche Ironie ist angebracht, sofern sie sich gegen Geschwätz richtet, das dreist den eigenen Einfällen sich überläßt, unter Mißachtung jenes geduldigen Forschens, welches der tatsächlichen Komplexität des Gegenstandes einzig angemessen wäre. Wo Anmaßung sich für Wissenschaft ausgibt, muß zur Ordnung gerufen werden. Für jemanden, der mehr über ein Werk wissen möchte, gibt es nichts Ärgerlicheres, als einen Essay lesen zu müssen, dessen eigene Stimme die des Werks übertönt.«[1] An etwas späterer Stelle heißt es dann: »[. . .] der Text hat ein Recht auf Überprüfung dessen, was über ihn gesagt wird.« Und: »[. . .] es genügt, zum Text zurückzukehren, um herauszufinden, wo die Projektionen, Phantasien und Manipulationen des ihn malträtierenden Lesers beginnen.«[2]

Es würde den Rahmen dieser Einleitung sprengen, aus der inzwischen ausufernden Freud-Sekundärliteratur auch nur einige wenige Beispiele solchen Mißbrauchs im einzelnen zu analysieren. In manchen derartigen Veröffentlichungen wird, in einem wahren furor biographicus, Annäherung an Freud als *Person* gesucht, und zwar bis in die Intimität der Körperlichkeit; der Leser soll sich dann allen Ernstes für die Länge seiner Fußnägel oder die Position seiner Zahnbrücken interessieren. Solch fetischistisch oder auch totemistisch anmutender Biographismus ist seinerseits Randerscheinung eines umfassenderen Phänomens, nämlich einer allgemeinen,

---

[1] AaO, S. 172 f.
[2] AaO, S. 178.

geradezu stürmischen Historisierung bzw. Selbsthistorisierung der Psychoanalyse.

Jahrzehntelang war die Historiographie der Psychoanalyse das Arbeitsfeld vergleichsweise weniger Vertreter des Fachs. Seit etwa zehn Jahren erleben wir nun einen jähen Aufschwung. Relativ viele Psychoanalytiker haben hier auf einmal ihr Hauptinteressengebiet entdeckt. Und was einst die Entwicklung der Psychoanalyse selbst gekennzeichnet und begleitet hat, wiederholt sich heutzutage wundersamerweise im Bereich der Erforschung ihrer Geschichte: eigens für dieses Studienziel Gründung einer internationalen Vereinigung mit nationalen und regionalen Untergruppen; Einrichtung von Korrespondenzblättern, Zeitschriften, Jahrbüchern; regelmäßige Veranstaltung internationaler und regionaler Kongresse und Symposien. Bedenkt man, wie jung die Psychoanalyse noch immer ist im Vergleich zur Tiefe der Geschichte, gerade hundert Jahre alt, erstaunt jedenfalls das Forcierte dieser Entwicklung. Gewiß ist diese inbrünstige Versenkung in die Historie des eigenen Fachs mehr als bloß ein postmodernes Einschwenken in das spielerische Selbstzitat. Handelt es sich aber vielleicht um ein *spezifisches* Resignationsphänomen? Wird, wie in einer vorzeitigen Involution, das Vergangene deshalb so intensiv besetzt, weil das Zutrauen in eine zukünftige Fortentwicklung der Psychoanalyse mehr und mehr schwindet? Komplexe Fragen, die ich hier nur stellen, nicht näher untersuchen kann; denn solche Untersuchung müßte, soviel sei vereinfachend angedeutet, unter anderen drei Resignationsquellen erwägen.

Erstens: Wir stehen im letzten Jahrzehnt dieses Säkulums wohl nicht bloß kalendarisch, sondern auch kulturell an einer Zeitenwende. Es erscheint in höchstem Maße fraglich, ob das ohnehin brüchig gewordene aufklärerische Ideal des autonomen Individuums, dem Freud sich noch in einem skeptischen, einem tragischen Sinne verpflichtet fühlte, weiterhin wirksam genug tradiert werden wird, daß ein Analysand, wenn der Leidensdruck nachläßt, die Mühe analytischen Arbeitens für nichts anderes als weiteren Gewinn an Selbsterkenntnis, Verinnerlichung, Angst- und Depressionstoleranz fortsetzen will und ein Analytiker, ohne vorgegebene zeitliche Begrenzung des analytischen Prozesses, sich sorgend zur Verfügung stellen möchte, unermüdlich Übertragung und Gegenübertragung reflektierend, ohne welche Bereitschaft beider die tendenzlose Förderung nachträglichen seelischen Wachstums nicht möglich ist. Es ist also ungewiß, ob die Arbeitsbedingungen »einer methodisch Selbstreflexion in Anspruch nehmenden Wissenschaft«[1], ob die Voraussetzungen für die weitere kreative Erforschung des Unbewußten in Zukunft noch gewährleistet sein werden. Vielleicht wird jene außerordentliche »Vertiefung der Apperzeption«, die nach Walter Benjamins Urteil die Psychoanalyse zuwege gebracht hat[2], schon in absehbarer Zeit verlorengehen und nur noch von Historikern als eine bemerkenswerte Variante in der Geschichte der Wandlungen menschlicher Wahrnehmung erinnert werden.

Zweitens: Es dürfte kein Zufall sein, daß der jähe Vorgang der Historisierung bzw. Selbsthistorisierung ungefähr zum Zeitpunkt des Todes von Anna Freud einsetzte. So gesehen, erschiene er als Ausdruck einer melancholischen Verarbeitung, Folge einer übermäßig personalisierten beruflichen Identifizierung. Als zwänge das definitive Abbrechen der Familienbande die quasi verwaisten Psychoanalytiker dazu, in einer Art Mythologisierung das Verlorene zu verewigen und sich selbst als Teil einer glanzvollen Familiensaga zu imaginieren.

Drittens: Hierzulande folgte der Beginn des gesteigerten Interesses an der Geschichte der Psychoanalyse auf die lange, bis Anfang der achtziger Jahre hinausgeschobene Auseinandersetzung des Psychoanalytiker-Kollektivs mit den Folgen der NS-Verbrechen.[3] Es war, als könne man es erst jetzt wagen, zurückzublicken und das Ausmaß und die Kostbarkeit dessen zu ermessen, was damals unwiederbringlich zerstört worden ist. Aber schon rund zehn Jahre zuvor war in der Bundesrepublik etwas geschehen, was auf den ersten Blick wie eine im internationalen Vergleich einzigartige Erfolgsgeschich-

---

[1] Habermas, 1968, S. 262.

[2] Benjamin, 1980*a* [1935/36], S. 498.

[3] Angesichts der Tatsache, daß Alexander und Margarete Mitscherlich ihre Pionierarbeit über *Die Unfähigkeit zu trauern* bereits 1967 publiziert hatten, mag dies auf den ersten Blick verwundern; doch hat die Mehrzahl ihrer Kollegen dieses Sichkonfrontieren mit der Vergangenheit seinerzeit offensichtlich nicht mitvollzogen.

te des Freudschen Erbes aussieht: noch mitten in ihrer sozusagen ahistorischen Phase war es den deutschen Psychoanalytikern gelungen, die Integration des analytischen Behandlungsverfahrens in das kassenärztliche Versorgungssystem durchzusetzen, unstreitig zum Wohle unzähliger Leidender, denen Selbstfinanzierung nicht möglich gewesen wäre. Inzwischen ist jedoch der hohe Preis, den dieser Fortschritt längerfristig kostet, unübersehbar geworden: Einschränkung der Unabhängigkeit im Hinblick auf so zentrale Entscheidungsbefugnisse wie die Bestimmung des Behandlungsrahmens, der Zugangsbedingungen und der Ausbildungsrichtlinien. Es wäre immerhin denkbar, daß das bestürzte Gewahrwerden jener die Zukunft der Psychoanalyse in Deutschland möglicherweise gefährdenden Dialektik ein zusätzliches Motiv bildet für die historisierende Vergegenwärtigung einer anderen, einer ihre Außenseiterposition stolz behauptenden frühen Psychoanalyse.

Wie dem auch sei: Freuds Person mag im Zuge der stürmischen Historisierung und als Folge des furor biographicus immer bekannter oder auch berüchtigter geworden sein; in den Massenmedien gehört er heute fraglos zu den meistdiskutierten Figuren der Geistesgeschichte, ist vielleicht die am leidenschaftlichsten umstrittene. Sogar der österreichische Staat bringt sich neuerdings als Freud-Stammland in Erinnerung, wenn er mit dem Poststempel um Touristen wirbt: »*Freudiana* Das Original können Sie nur in Wien sehen.« Freuds Texte aber treten mehr und mehr in den Hintergrund, werden zunehmend unbekannt, selbst wenn wir einräumen, daß sie, in ihrer ganzen Komplexität, einer größeren Öffentlichkeit wohl nie sonderlich bekannt gewesen sind. Der Grad ihrer Unbekanntheit aber scheint zu wachsen. Man führe sich bloß vor Augen, was alles über sie behauptet werden kann, ohne daß sich Widerspruch regt, wie ruchlos Interpreten sie malträtieren dürfen, ohne eigene Bloßstellung befürchten zu müssen. Dabei brauchte man nur Starobinski zu folgen, das heißt, »zum Text zurückzukehren, um herauszufinden, wo die Projektionen, Phantasien und Manipulationen« des Interpreten beginnen.

Zurück zu Freuds Texten aber nicht allein, um deren Recht auf Überprüfung dessen zu bekräftigen, was über sie gesagt wird.

Zurück zu Freuds Texten durchaus auch im Sinne einer Opposition gegen die vordringliche Beschäftigung mit der Person. In Gestalt der puren, vom Werk mehr oder weniger losgelösten Biographik manifestiert sich offenbar eine neue Art des Widerstandes gegen das, was der Begründer der Psychoanalyse an Revolutionärem und zutiefst Befremdlichem entdeckt, gedacht und geschrieben hat und was ihn doch in erster Linie erinnerungswürdig macht. *Zurück zu Freuds Texten* ist nicht zuletzt als Sublimierungsempfehlung an die Psychoanalytiker gemeint, sich nicht primär mit der Person Sigmund Freud zu identifizieren, sondern vor allem mit der radikalen, der schwer zu erlernenden, der schützenswerten und schutzbedürftigen psychoanalytischen Methode als dem noch immer leistungsfähigsten Instrument zur Erforschung menschlicher Subjektivität.

Die Rückkehr zu den Anfangstexten der Psychoanalyse, die dieses Buch dem Leser nahelegt, möge nicht weitere Historisierung, schon gar nicht Dogmatisierung oder Kanonisierung bewirken. Das unmittelbare Kennenlernen des Entstehungskontexts durch das Sprechenmachen der Dokumente selbst bietet, im Gegenteil, eine gleichsam aktuelle Konfrontation mit der psychoanalytischen Methode in statu nascendi sowie mit der Beobachtungs- und Forschungslogik, aus der sie als etwas Neues hervorging.[1] Und was zugleich wie neu entgegentritt, ist die Fremdheit, die scheinbare Widernatürlichkeit des Freudschen Denkens, Widerschein der genuinen Fremdheit unbewußter Innenwelt. Um Albert Einstein dieses große, die Psychoanalyse auszeichnende Gegen-den-Strich begreiflich zu machen, führte Freud ihm, in einer Kontrastbeschreibung, einmal die jedermann natürliche Common-sense-Einstellung vor: »Alle unsere Aufmerksamkeit ist nach außen gerichtet, von wo die Gefahren drohen und die Befriedigungen locken. Von innen her wollen wir nur Ruhe haben. Wenn nun jemand den Sinn nach innen wenden, ihm gleichsam den Hals umdrehen will, so sträubt sich unsere Organisation dagegen – etwa wie sich Speiseröhre und Harnröhre sträuben, wenn sie entgegen

[1] Genau in diesem Sinne hat schließlich schon Freud selbst eine Beschäftigung mit der Geschichte seiner Forschungen empfohlen, nämlich durch Vergegenwärtigung der genetischen Etappen sich die Grundzüge, die Essenz des psychoanalytischen Verfahrens besonders anschaulich vor Augen zu führen.

ihrer Funktionsrichtung passi[e]rt werden sollen.«[1] Im *Zurück zu Freuds Texten* sich also zu deren Verbündetem zu machen, gerade bezüglich ihrer Kraft, uns Widerstand entgegenzusetzen bzw. Widerstand in uns hervorzurufen. Wie unvermindert aktuell dies alles nach wie vor ist, zeigt sich nicht zuletzt daran, daß sich beim Gang durch die Landschaft der Handschriften Gegenwartsbezüge immer wieder förmlich aufdrängen.

Sofern es in diesem Buch doch um Biographisches geht, ist es fast ausschließlich der *arbeitende* Freud, dem der Leser begegnen wird – Freud, wie er beobachtet, zuhört, sich wundert, liest, sich anregen läßt, lernt, assoziiert und phantasiert, schlußfolgert und konzipiert, notiert, entwirft, verwirft, ins reine schreibt, mit seinen Manuskripten hantiert, korrigiert, redigiert, publiziert. »Gegenüber all den neueren Unternehmungen, die Geheimnisse des Freudschen Lebenslaufs zu enthüllen, ist denn doch zu sagen: Der Einblick in die Freudsche Arbeitsweise, sei es als Therapeut, sei es als wissenschaftlicher Arbeiter, das ist die vordringlichste, wenn nicht einzig angemessene Freud-Enthüllung, auf die wir neugierig sind.« Alfred Lorenzer[2] schrieb dies anläßlich des Erscheinens einer vor einigen Jahren überraschend aufgetauchten Entwurfshandschrift[3]; wenn überhaupt eine, so ist das vorliegende Buch diese Art von Freud-Enthüllung. Es kann auch als eine sozusagen handwerklich-materiale Ergänzung zu den Untersuchungen über Freud als Schriftsteller bzw. über Freuds Prosa gelesen werden[4], weil es erstmals Manuskriptspuren des kreativen Prozesses aufdeckt.

Der Aufbau des Buches folgt der Chronologie seiner Entstehung. *Teil I* präsentiert die Rekonstruktion der Editionsgeschichte, von der meine Arbeit ausgegangen war, ihrer Wiener, Londoner und Frankfurter Etappe.[5] Freud tritt hier als Mann des Buches sowie als ziel-

---

[1] In einem Brief vom 26. März 1929, der sich in der Sigmund Freud Collection der Library of Congress befindet.

[2] Lorenzer, 1986, S. 1166.

[3] 1985*a*.

[4] Insbesondere den grundlegenden Studien von Muschg, 1975 [1930], Schönau, 1968, und Mahony, 1982, 1987.

[5] Es handelt sich um eine wesentlich überarbeitete Fassung meiner 1989 veröffent-

strebiger Verleger und Promotor seines Werks in Erscheinung. Ferner lernt der Leser ein Stück Geschichte der Exilliteratur und zuletzt auch ein Stück Geschichte des S. Fischer Verlags kennen – Verlagsgeschichte als Wirkungsgeschichte eines Œuvres, Wirkungsgeschichte eines Œuvres als Verlagsgeschichte. Auseinandersetzungen mit der äußeren, auch der politischen Realität, mit dem Makrokosmos also, stehen im Vordergrund.

Teil II, Haupt- und Herzstück des Buches, hingegen öffnet den Zugang zum Mikrokosmos, zur inneren, privaten Realität von Freuds Kreativität. Eingangs werden die besonderen Bedingungen sowie Rhythmen seines Schreibprozesses, vorwiegend anhand von Selbstkommentaren, dargestellt. Nach Auskünften über die Überlieferungsgeschichte führen die folgenden Kapitel den Leser erstmals durch die Landschaft der Handschriften. Sozusagen diesseits von Sekundärliteratur erschließt diese intime, direkte Begegnung mit den Texten in ihrer ursprünglichen Manuskriptgestalt, vergegenwärtigt durch zahlreiche Faksimiles, einige weitgehend unbekannte Gegenden. Zur terra incognita gehören: Notizen, die Freud, den Rohstoff seines Œuvres sammelnd, im wissenschaftlichen Selbstgespräch zeigen; Entwürfe, mit denen er sich den definitiven Fassungen entgegenschrieb; in den Reinschriften identifizierbare Varianten, die wie Lektionen einer Schreibschule das Wirken von Freuds Sprachkunst vor Augen führen, Durchblicke auf die Entwicklungsstufen psychoanalytischer Begriffe freigeben, bei Werken, die über längere Zeiträume reiften, gewissermaßen Jahresringe markieren, in der Art von Fehlleistungen verstärkte Gefühlsbeteiligung des Schreibers verraten oder auch das Dazwischentreten von nach seinem Tode redigierenden Editoren bezeugen; ferner verworfene Erstfassungen zweier spekulativer Werke sowie manches für die Publikation Niedergeschriebene, dann aber unpubliziert Gebliebene.

Der wie Teil I relativ kurze abschließende *Teil III* des Buches mit der Skizze für eine zukünftige kritische Freud-Ausgabe enthält, ge-

lichten Abhandlung. Manches, was im Buchkontext entbehrlich schien, habe ich fortgelassen, vieles andere, was sich aus späteren Recherchen ergab, neueren Entwicklungen Rechnung trägt oder die Integration der drei Teile des Buches fördert, wurde hinzugefügt.

wiß wesentlich bereichert und modifiziert durch meine dazwischengeschaltete Beschäftigung mit den Autographen, jene Themen und Gedanken, die ich ursprünglich in dem geplanten zweiten Aufsatz diskutieren wollte. Die Aufmerksamkeit des Lesers wird wie in Teil I wieder nach außen gelenkt, diesmal auf den größeren Kontext herkömmlicher Editionspraxis, in den sich zukünftige Freud-Herausgeber/Herausgeberinnen nolens volens einordnen müßten. Durch den knappen Vergleich mit den gegensätzlichen Texturen einiger anderer Autoren ähnlichen Ranges treten die Besonderheiten der Freudschen Überlieferung, denen sich der Editionsstil anzuschmiegen hätte, deutlicher zutage. Gleichsam als Wegweiser werden einige Vorschläge zu Prinzipien einer neuen Freud-Ausgabe diskutiert sowie Mutmaßungen darüber angestellt, welche Ergebnisse wir von dem großen Projekt, so es denn auf den Weg käme, erwarten dürften und welche Wirkung, nicht zuletzt im Hinblick auf die Zukunft der Psychoanalyse selbst.

*

Noch einige technische Hinweise: Die Kolumnentitel der jeweils rechten Buchseiten differenzieren sozusagen das Inhaltsverzeichnis, ergänzen die Lakonik der Kapitelüberschriften. Sie signalisieren dem Leser die Einzelthemen, die sukzessive in den Kapiteln behandelt werden.

Um den Text von bibliographischen Angaben, die den Lesefluß stören, möglichst zu entlasten, sind Freud-Titel oft verkürzt und ohne Erscheinungsjahr angegeben. In dem im Anhang abgedruckten ›Verzeichnis der Freud-Titel‹ findet der Leser, auch unter der im Text genannten Kurzformulierung, diejenige Information, die er braucht, um die betreffende Schrift mit allen bibliographischen Detailangaben in der ›Bibliographie‹, gleichfalls im Anhang, zu identifizieren. Wo immer in den Fußnoten, ohne Namensnennung, lediglich Jahreszahlen mit kursivierten Kleinbuchstaben auftauchen, beziehen sie sich auf Freud-Titel, anhand der betreffenden Jahreszuordnung wiederum leicht in der Bibliographie auffindbar.

Sofern in den bisher unveröffentlichten Freud-Manuskripten Patientennamen vorkommen, habe ich sie verschlüsselt; wo es sich erkennbar um Personen handelt, die in früheren Freud-Veröffentlichungen bereits kodiert worden sind, habe ich die eingeführten Pseudonyme verwendet. Die Transkription folgt der Originalorthographie und -interpunktion; wo der Autor nachträglich korrigiert hat, gebe ich den zuerst niedergeschriebenen Wortlaut nur an, wenn dieser für meinen Argumentationszusammenhang von Belang ist. Ergänzungen, die ich zur Erleichterung des Verständnisses hinzugefügt habe, stehen in eckigen Klammern. Da die Freud-Sekundärliteratur sich tatsächlich ins Unübersehbare ausgedehnt hat, kann ich nicht mit letzter Sicherheit ausschließen, daß der eine oder andere Freud-Text, den ich in diesem Buch erstmals zu veröffentlichen meine, nicht schon anderwärts, gegebenenfalls ohne Erlaubnis der Rechteinhaber, publiziert wurde. In der sorgsam auf Stand gehaltenen Freud-Gesamtbibliographie[1] ist jedenfalls keiner der Texte als bereits veröffentlicht aufgeführt.

Da die Einteilung der ›Sigmund Freud Collection‹ in der Handschriftenabteilung der Library of Congress hinsichtlich Serienbezeichnungen und Container-Nummern noch immer Veränderungen unterliegt, hervorgerufen durch die fortlaufende Integration bisher gesperrter Bereiche der Sammlung, gebe ich, um Irreführung zu vermeiden, den genauen Standort der im folgenden zitierten Dokumente in der Regel nicht an; der übersichtliche Katalog der Handschriftenabteilung ermöglicht die Lokalisierung aber ohne größere Mühe.

---

1 Meyer-Palmedo und Fichtner, 1989.

I

Geschichte der Editionen

»... ohne Verlag wären wir
ohnmächtig.«

Motto: Aus einem Brief Freuds an Sándor Ferenczi vom 24. Januar 1932.

1 Wien: Von den Anfängen bis 1938

Sigmund Freud war nicht nur der Erfinder einer Worttherapie, der Erforscher unzähliger Verbalphänomene, fast von der ersten überlieferten Zeile an ein Schriftsteller von Rang – er war auch ein Mann des Buches, der für das, was er mitzuteilen hatte, Publikationsform und -zeitpunkt mit Bedacht auswählte. Wie er in der *Traumdeutung* mitteilte, hielt er seine früh »intim gewordenen Beziehungen zu Büchern«[1] für die »erste Leidenschaft«[2] seines Lebens. Zum eigenen Traum von der botanischen Monographie war ihm als Tagesrest eingefallen, daß er im Schaufenster einer Buchhandlung eine Zyklamen-Monographie gesehen hatte. Überdies assoziierte er jene Kinderszene, in der er eine Deckerinnerung für seine spätere Bibliophilie erkannte. Sein Vater hatte dem Fünfjährigen und seiner Schwester ein Buch mit farbigen Tafeln zum Zerreißen gegeben; »das Bild, wie wir Kinder überselig dieses Buch zerpflücken (*wie eine Artischocke*, Blatt für Blatt, muß ich sagen), ist nahezu das einzige, was mir aus dieser Lebenszeit in plastischer Erinnerung geblieben ist. Als ich dann Student wurde, entwickelte sich bei mir eine ausgesprochene Vorliebe, Bücher zu sammeln und zu besitzen [...]. Ich wurde ein *Bücherwurm*«[3], also einer, »dessen Lieblingsspeise Bücher sind«[4]. In einem Brief an den Jugendfreund Eduard Silberstein frohlockte der Achtzehnjährige in seinem dritten Semester über die »schöne Aussicht«, »jeden Monat meine allerliebste kleine Bibliothek vermehren zu können, was mir unendliche Freude macht«.[5]

---

1 1900*a*, S. 285.
2 AaO, S. 186.
3 AaO, S. 185 f.
4 AaO, S. 203.
5 1989*a*, S. 90.

Diese Bibliophilie bezog sich später natürlich nicht nur auf die Bücher anderer, sondern ebenso auf die selbstproduzierten Werke, hat deren Zustandekommen gewiß nachhaltig begünstigt. Es existiert eine von Freud niedergeschriebene sechsseitige ›Chronologie‹[1] seiner Veröffentlichungen, eine Art Autobibliographie. Die Seiten sind je-

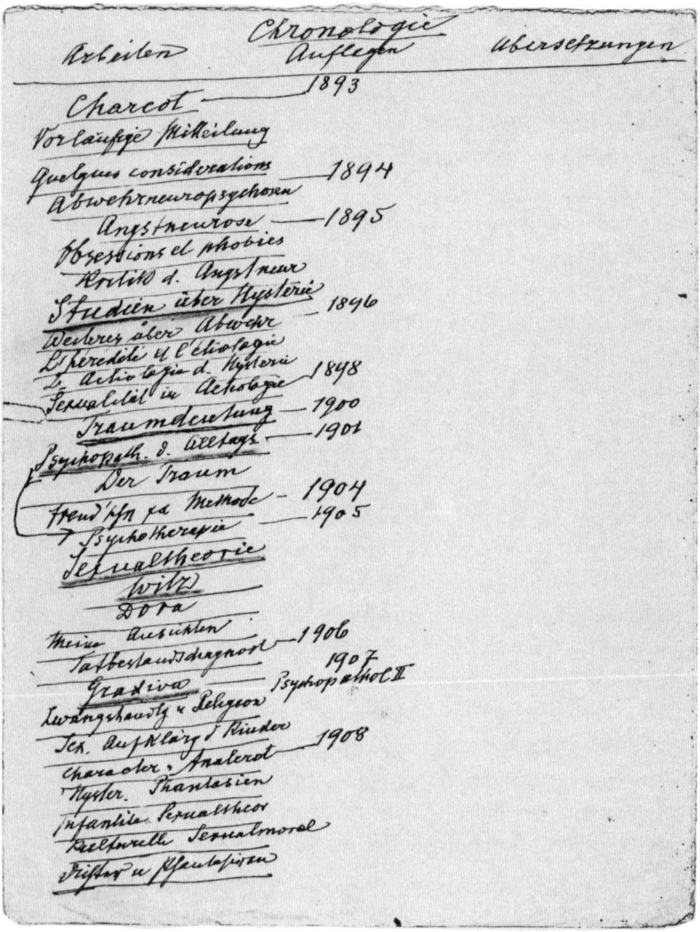

Chronologie
Arbeiten — Auflagen — Übersetzungen
Charcot — 1893
Vorläufige Mitteilung
Quelques considérations — 1894
Abwehrneuropsychosen
Angstneurose — 1895
Obsessions et phobies
Kritik d. Angstneur
Studien über Hysterie — 1896
Weiteres über Abwehr
L'hérédité et l'étiologie
Z. Aetiologie d. Hysterie — 1898
Sexualität in Aetiologie
Traumdeutung — 1900
Psychopath. d. Alltags — 1901
Der Traum
Freud'sche ψa Methode — 1904
Psychotherapie — 1905
Sexualtheorie
Witz
Dora
Meine Ansichten — 1906
Tatbestandsdiagnost
Gradiva — 1907 Psychopathol II
Zwangshandlg u Religion
Sex. Aufklärg d Kinder — 1908
Character u Analerot
Hyster. Phantasien
Infantile Sexualtheor
Kulturelle Sexualmoral
Dichter u Phantasieren

Erste Seite der Chronologie von Freuds Veröffentlichungen.

[1] Sigmund Freud Collection, Library of Congress.

weils in drei Spalten gegliedert: ›Arbeiten‹, ›Auflagen‹, ›Übersetzungen‹. Unter der Rubrik ›Arbeiten‹ führt Freud, zumeist abgekürzt, die Titel seiner jeweiligen Neuerscheinungen an, übrigens mit einigen Auslassungen. In der mittleren Rubrik folgt das Publikationsdatum. Erwähnt sind hier ferner die im betreffenden Jahr herausge-

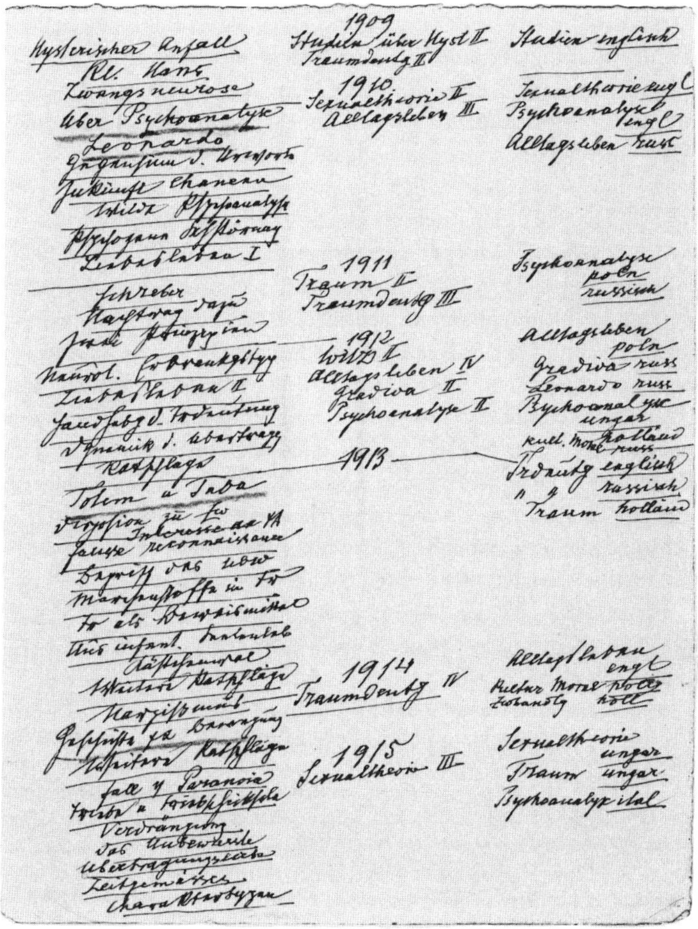

Zweite Seite der Chronologie.

kommenen Neuauflagen früher veröffentlichter Werke. Bezeichnenderweise beginnt die Chronologie erst mit der Eintragung »1893«, dem Charcot-Nachruf, und endet 1935 mit dem lapidaren Vermerk »(Moses)« in der ersten Spalte, einer Wunschnotiz, denn das letzte Buch Freuds war damals noch unveröffentlicht. Die dritte Spalte der Chronologie mit den Übersetzungen zeigt auf der ersten Seite des Dokuments noch keine Eintragung, 1909 wird die erste englische Teilübersetzung der *Studien über Hysterie* vermerkt. Alsbald platzt diese dritte Spalte gleichsam aus den Nähten, weil immer mehr Übersetzungen zu notieren waren. Wohl nicht zuletzt deshalb hat Freud 1923 eine eigene, wiederum sechsseitige Liste der ›Übersetzungen nach Sprachen‹ angelegt, die, einspaltig, mit »a) Englisch« beginnt und von 1909 bis 1935 dreiundzwanzig englische Titel anführt, in der Regel mit Angabe des Übersetzernamens. Die Tabelle umfaßt die Übertragungen seiner Werke in insgesamt sechzehn Sprachen und endet mit der Nennung der schwedischen Ausgaben. Freuds Sorge um die Übersetzung seiner Werke ist auch in einem Brief vom 27. September 1919 an seinen Neffen Edward L. Bernays bezeugt, der eine amerikanische Ausgabe der *Vorlesungen zur Einführung in die Psychoanalyse* vorbereiten wollte: er, Freud, müsse darauf bestehen, »daß die Person des Übersetzers bestimmte Garantien bietet. Er muß nicht nur mit *beiden* Sprachen intim vertraut sein, sondern auch mit dem Gegenstand der Psychoanalyse. Er muß selbst Analytiker sein, sonst könnte die Übersetzung großen Schaden anstiften.«[1]

Beide Listen, die der deutschsprachigen wie die der fremdsprachigen Ausgaben, zeigen Freud als einen Autor, der die Schicksale sei-

[1] 1965*b*, S. 180. Und vier Jahre später schrieb er am 14. September 1923 dem nach wie vor um amerikanische Ausgaben bemühten Neffen: »There is the question of the Translations. Brill's were not good, that of the lectures as you know, rather bad, but the new English translations are done by excellent people, clever pupils like Mrs. Riviere or the younger Strachey (brother of Lytton Sr.).« (Zitiert nach der hier unkorrigiert wiedergegebenen Transkription dieses Briefs, Sigmund Freud Collection.) Welchen Sinn Freud für Unzulänglichkeiten englischer Übersetzungen seiner Werke besaß, auch wenn er sich nicht immer darum kümmern mochte, dokumentiert nicht zuletzt eine zweiseitige Liste mit Einwänden des Autors gegen eine erste Übertragung von ›Traum und Telepathie‹ durch Wilson Vance, die auch vom Anfang der zwanziger Jahre stammt (Sigmund Freud Collection). Am Schluß findet sich die zusammenfassende ungehaltene Randbemer-

ner Bücher wachsam im Blick behielt, geradezu als umsichtig planenden Verleger, der er ja tatsächlich gewesen ist, seit er 1919 seinen eigenen, den Internationalen Psychoanalytischen Verlag gegründet hatte.[1] Aber auch ehe er sich von seinen bisherigen Verlegern unabhängig machte, also sogar in seiner Publikations- und Editionspolitik unkonventionelle Wege einschlug, hat Freud auf die Art und Weise, wie seinen Gedanken publizistisch-verlegerisch zu öffentlicher Wirkung zu verhelfen sei, viel Aufmerksamkeit verwendet.

Es würde an dieser Stelle zu weit führen, dies auch im Hinblick auf die voranalytischen Schriften im einzelnen nachzuzeichnen. Der Leser mag sich anhand der Freud-Bibliographie[2] über die Publikationsorte informieren. Er wird feststellen, daß der junge Student seine ersten zoologischen Arbeiten in den Sitzungsberichten der Wiener Akademie der Wissenschaften veröffentlichen konnte. Für seine späteren, thematisch weitgefächerten Studien über die Faseranatomie der Medulla oblongata, über Kokainwirkung, Hirnanatomie, klinische Kasuistik, Hypnose, Kinderneurologie usw. wie für seine vielen Rezensionen benutzte er die üblichen Publikationsmedien, nämlich die einschlägigen Fachzeitschriften, darunter die *Wiener Medizinische Wochenschrift* und das *Neurologische Zentralblatt.* Da Freuds umfangreichere voranalytischen Veröffentlichungen im Rahmen von Sammelwerken erschienen sind, können wir davon ausgehen, daß er für sie die Verlage nicht selbst ausgewählt hat. Das gilt

---

kung: »Es ist unmöglich alles zu korrigiren.« Und: »Die Übersetzung ist so schlecht, so voll von Irrtümern und so arm an Verständnis, daß ich vorschlage, sie neu zu machen. Über den englischen Stil habe ich kein Urteil, aber er imponirt mir auch nicht. Fr.« Offenbar folgte man Freuds Vorschlag, denn die erste publizierte englischsprachige Fassung stammt von C. J. M. Hubback.

[1] In der Sigmund Freud Collection finden sich maschinenschriftliche Aufstellungen über einzelne von Freud verfaßte, edierte oder übersetzte Werke mit detaillierten Angaben zu Erscheinungsjahr, Auflagenzahl und -höhe, Verlagsnummer, Honorar, Freiexemplaren, Absatzziffern. Die Buchführung der Absatzziffern endet in der Regel mit dem Vermerk: »1938 Rest beschlagnahmt« oder »1938 Rest Gestapo beschlagnahmt«. Die Herkunft dieser Listen, gleichsam ausführlicherer Fassungen der ›Chronologie‹, ist unklar; denkbar, daß auf Wunsch Freuds im Internationalen Psychoanalytischen Verlag solche Listen geführt wurden, auch von einigen vor dessen Gründung erschienenen Werken.

[2] Meyer-Palmedo und Fichtner, 1989.

jedenfalls für seine großen Untersuchungen über die Gehirnlähmungen[1], in Wien von Moritz Perles und von Franz Deuticke als Folgen der von Max Kassowitz herausgegebenen *Beiträge zur Kinderheilkunde* sowie von Alfred Hölder im Rahmen von Hermann Nothnagels *Specieller Pathologie und Therapie* verlegt.

Eine Sonderstellung nimmt die knappe Abhandlung *Zur Auffassung der Aphasien* von 1891 ein. Bekanntlich betrachtete Freud die Schriften, die er vor Begründung der Psychoanalyse veröffentlichte, rückblickend eher geringschätzig. Einzig die Monographie über die durch Hirnschädigungen verursachten Sprachstörungen ließ er gelten und rechnete sie schon früh zu seinen »wirklich guten Sachen«[2]. Die Beschäftigung mit den Sprachstörungen war ihm durch Fragen nahegelegt worden, auf die er beim Studium der hysterischen Lähmungen stieß, also unmittelbar im Zusammenhang der Entdeckung des Unbewußten. Von den zeitgenössischen Hirnforschern mag er sich physiologischen Aufschluß über das Wirken pathogener unbewußter Vorstellungen erhofft haben. Indem er sich nach sorgfältiger Prüfung von deren Auffassung kritisch absetzte, beförderte er sich selbst sozusagen von der Analyse des Sprachapparats zur psychoanalytischen Konzeptualisierung des seelischen Apparats. Wegen des besonderen Eingehens »auf die Abgrenzung zwischen der physiologischen und der psychologischen Betrachtungsweise«[3], aber auch wegen der Schönheit der Darstellung und der selbstbewußten Originalität der Gedankenführung gilt die Studie überdies als das eigentlich erste Freudsche Hauptwerk.[4] Die Veröffentlichung vertraute der junge Wissenschaftler dem jungen wissenschaftlichen Verleger Franz Deuticke an.

Das 1878 erworbene Verlagsunternehmen nannte sich zunächst Toeplitz & Deuticke; erst seit 1886 firmierte es unter dem Namen des nun alleinigen Inhabers Franz Deuticke. Im Zeitraum weniger Jahre hatte dieser es verstanden, insbesondere zahlreiche Vertreter der seinerzeit weithin berühmten Wiener medizinischen Fakultät als

[1] 1891*a*, 1893*b*, 1897*a*.
[2] 1985*c*, S. 67 (Brief vom 21. Mai 1894).
[3] 1897*b*, S. 473.
[4] Siehe auch unten, S. 350 f.

Autoren zu gewinnen.[1] Er brachte auch die vier Bände mit Freuds Übersetzungen von Büchern Charcots und Bernheims auf den Buchmarkt. Mit diesem beweglichen und aufstrebenden Unternehmer, seinem »Urverleger«[2], arbeitete Freud viele Jahre zusammen, auch als sich sein Interesse mehr und mehr in Richtung Psychopathologie verlagerte. Deuticke seinerseits hatte sich unterdessen nicht nur in den klassischen Universitätsfächern einen Namen gemacht, sondern sein Programm ebenfalls um neue Gebiete und aktuelle Themen, etwa aus dem Bereich der jungen Sozial- und Wirtschaftswissenschaften, erweitert.

Die voranalytische Arbeitsphase Freuds läßt sich von der psychologisch-psychoanalytischen gewiß nicht durch eine klare Datumsgrenze trennen. Mindestens ein Jahrzehnt lang bewegte er sich in beiden Sphären. Seine Untersuchungen über Hypnotismus, Hysterie, Abwehr-Neuropsychosen, Angstneurose usw. erschienen nach wie vor in den medizinischen Fachzeitschriften, und die damals entstandenen revolutionären Bücher, die *Studien über Hysterie* von 1895 und vor allem die zur Jahrhundertwende fertig gewordene *Traumdeutung*, mit welcher die Psychoanalyse »als etwas Neues vor die Welt«[3] trat, aber auch die 1905 veröffentlichten *Drei Abhandlungen zur Sexualtheorie* wurden von Franz Deuticke verlegt. Das gilt ebenso für die ein paar Jahre später in Amerika gehaltenen Vorlesungen *Über Psychoanalyse.* Die revidierte Buchform der ursprünglich 1901 als Zeitschriftenfortsetzung erschienenen Kapitel der *Psychopathologie des Alltagslebens* war 1904 allerdings im Berliner Verlag S. Karger herausgekommen.

Am Ende der »splendid isolation« seiner psychoanalytischen Anfänge, also nach Ablauf jener Zeitphase, in der Freud, im wesentlichen nur von den Freunden Josef Breuer und Wilhelm Fließ unterstützt, seine Forschungen außerhalb des akademischen Kontexts

---

[1] Vgl. *Verlag Franz Deuticke Wien, Gesamtkatalog 1878–1978,* Wien (März 1978).

[2] 1963*a,* S. 58. Vgl. auch das in *Zur Psychopathologie des Alltagslebens* festgehaltene Verleger-Autoren-Gespräch (1901*b*, S. 177). Brief-Dokumente der Sigmund Freud Collection belegen, daß es zwischen Freud und Deuticke natürlich auch zu den üblichen Autor-Verleger-Auseinandersetzungen über Bogenhonorare, Auflagenhöhe usw. gekommen ist.

[3] 1924*f*, S. 405.

fortgesetzt hatte, änderte er zielstrebig auch seine Publikationspolitik. Die Bildung eines Kreises von Mitarbeitern bald nach der Jahrhundertwende und die Gründung der Internationalen Psychoanalytischen Vereinigung im Jahre 1910 sind erste Schritte auf dem Wege einer Institutionalisierung der Psychoanalyse; demselben Zweck diente ohne Zweifel die Einrichtung einer Reihe von ausschließlich der Psychoanalyse vorbehaltenen Publikationsorganen. Mit ihnen schufen sich Freud und seine Mitarbeiter ein eigenes, von der medizinischen Fachwelt unabhängiges Forum, auf dem sie ihre Forschungsergebnisse an die Öffentlichkeit bringen konnten.

Das erste, 1909 gegründete Periodikum war das von Freud und dem Züricher Psychiater Eugen Bleuler herausgegebene, von C. G. Jung redigierte und wiederum von Deuticke publizierte *Jahrbuch für psychoanalytische und psychopathologische Forschungen.* Nach dem Bruch mit der Züricher Gruppe erschien es unter dem veränderten Titel *Jahrbuch der Psychoanalyse*, Freud zeichnete nun als alleiniger Herausgeber; es stellte sein Erscheinen jedoch schon zu Beginn des Ersten Weltkriegs ein. Die erste regelrechte Zeitschrift war das seit 1911 von Freud herausgegebene *Zentralblatt für Psychoanalyse, Medizinische Monatsschrift für Seelenkunde,* das im Wiesbadener Verlag von J. F. Bergmann veröffentlicht wurde. Nach der Trennung von Alfred Adler legte Freud die Herausgeberschaft nieder und edierte statt dessen von 1913 an die *Internationale Zeitschrift für ärztliche Psychoanalyse, Offizielles Organ der Internationalen Psychoanalytischen Vereinigung*, publiziert vom Wiener Buchhändler und Verleger Hugo Heller, einem Mitglied des Freudschen Arbeitskreises. Schon ein Jahr zuvor war ebenfalls unter Freuds Herausgeberschaft die *Imago, Zeitschrift für Anwendung der Psychoanalyse auf die Geisteswissenschaften* gegründet worden, wiederum von Hugo Heller verlegt. Man kann sagen, daß Freud fortan alle eigenen Schriften, welche nicht sogleich selbständig erschienen und sofern es sich nicht um Gelegenheitsarbeiten für andere Zeitschriften oder Sammelwerke handelte, in den erwähnten Organen herausbrachte.

Bei diesem einmaligen Abdruck ließ er es aber nicht bewenden. Vielmehr hatte er schon 1906 bei Deuticke eine Reihe eingerichtet, in deren Bänden dann seine Abhandlungen, nach der Erstveröffentlichung, zusammengetragen und auf dem Buchmarkt zugänglich gehalten wurden: die *Sammlung kleiner Schriften zur Neurosenlehre*, die bis 1922 in insgesamt fünf Folgen herauskam und alle nicht von vornherein in Monographieform erschienenen Werke Freuds enthält. Für zwei seiner Schriften[1] war die *Sammlung* sogar der Erstveröffentlichungsort. Charakteristischerweise beginnt der erste Band, wie die erwähnte ›Chronologie‹, mit dem Charcot-Nachruf; er wolle auf diese Weise, so beteuert Freud im Vorwort, »nicht nur einer Pflicht der Dankbarkeit genügen, sondern auch den Punkt hervorheben, an welchem die eigene Arbeit von der des Meisters abzweigt«[2]. Gleichfalls 1906 hatte Freud Hugo Heller zur Publikation einer neuen Serie, der *Schriften zur angewandten Seelenkunde*, bewogen; in ihren Bänden sollte dem Leser »die Anwendung psychologischer Erkenntnisse auf Themata der Kunst und Literatur, Kultur- und Religionsgeschichte«[3] vor Augen geführt werden. Freud zeichnete als Herausgeber und eröffnete die Reihe mit seiner Gradiva-Studie; drei Jahre später erschien *Eine Kindheitserinnerung des Leonardo da Vinci* als Heft 7 der Serie, die bereits 1908 vom Deuticke Verlag übernommen worden war.

Welches Gewicht Freud seiner schon damals sehr bewußt gelenkten Publikationspolitik bei der Durchsetzung der Psychoanalyse beimaß, zeigt sich nicht zuletzt daran, daß er sie in seiner Darstellung ›Zur Geschichte der psychoanalytischen Bewegung‹ ausdrücklich erwähnt.[4] Daß er bei der Verwirklichung dieser Politik von seinen Verlegern abhängig blieb, bereitete ihm Unbehagen, besonders im Hinblick auf Hugo Heller, den Verleger der psychoanalytischen Zeitschriften. Ihr Erscheinen war während des Ersten Weltkriegs gefährdet gewesen. »Beide fristen ja noch ihr Leben von der Gnade eines braven, aber launenhaften Verlegers«, klagte Freud in einem Brief an Lou Andreas-Salomé vom 9. November 1915. Und: »Ich habe gerade den Plan gefaßt, ihn sicherer in die Hand zu bekommen,

---

[1] 1918*a* und 1918*b*.

[2] 1906*b*, S. 557 f. Auch in Band 1 von Freuds *Gesammelten Schriften* aus dem Jahre 1925 bildet in der Rubrik ›Frühe Arbeiten zur Neurosenlehre (1892–1899)‹, die weitgehend die Gliederung der ersten Folge der *Sammlung* übernimmt, der Charcot-Nachruf den Auftakt.

[3] 1907*e*, S. 695 f.

[4] Vgl. auch die späteren Überblicke 1924*f* und 1925*d*.

dadurch daß ich ihm die Publikation meiner elementaren Vorlesung überlasse«[1]. Wenige Wochen später, am 6. Dezember 1915, konnte er Sándor Ferenczi brieflich von einem diplomatischen Erfolg berichten.[2] »Heller hat zugesagt, beide meine Bücher[3] zu nehmen und dafür die Zeitschrift aufrechtzuerhalten.« Nach Kriegsende konstatierte er rückblickend: »Unsere beiden periodischen Publikationen [...] sind in der Kriegszeit nicht wie viele andere wissenschaftliche Unternehmungen untergegangen. [...] aber infolge der Erschwerungen, Absperrungen und Verteuerungen [...] mußten sie sich eine ausgiebige Verkleinerung ihres Umfanges und unerwünscht große Intervalle zwischen den einzelnen Nummern gefallen lassen. [...] die Anzahl der Beitragenden schrumpfte zusammen wie die der Abnehmer; es ließ sich voraussehen, daß der begreifliche Mißmut des Verlegers bald den weiteren Bestand der für uns so wertvollen Zeitschriften in Frage stellen würde.«[4] Wertvoll waren sie für Freud nicht zuletzt deshalb, weil in ihnen seine eigenen neu entstehenden Arbeiten an die Öffentlichkeit gelangen konnten.

Im Herbst 1918 wurde zur Unterstützung psychoanalytischer Zwecke von dem ungarischen Industriellen Anton von Freund, einem Patienten Freuds, eine Stiftung eingerichtet; über einen Teil der

---

[1] 1966*a*, S. 38 f.

[2] Alle folgenden Zitate aus der Freud-Ferenczi-Korrespondenz werden nach der von Ingeborg Meyer-Palmedo besorgten Transkription wiedergegeben. Dieser Briefwechsel ist in der Originalsprache noch unveröffentlicht; die Vorbereitung des ersten Bandes war allerdings weit fortgeschritten, als das Manuskript des vorliegenden Buches in Satz ging.

[3] Außer den *Vorlesungen zur Einführung in die Psychoanalyse* bezieht sich Freud hier auf das unter dem Titel *Zur Vorbereitung einer Metapsychologie* geplante Buch mit den damals fertiggestellten zwölf metapsychologischen Abhandlungen. In jenem Brief hatte er freilich schon einschränkend hinzugesetzt: »Das zweite Buch, die μψ Abhandlungen, will er eine Weile später herausbringen.« Daraus ist dann nichts geworden. Hätte Heller seine Zusage unverzüglich in die Tat umgesetzt, brauchten wir heute nicht den Verlust der sieben seinerzeit nicht in der *Internationalen Zeitschrift für ärztliche Psychoanalyse* publizierten und später verschollenen Abhandlungen zu beklagen; ein beredtes Beispiel für den Einfluß von Verlegerentscheidungen auf die Schicksale eines Werks. Vgl. Grubrich-Simitis, 1985, S. 92–95.

[4] 1919*c*, S. 333 f.

Gelder sollte Freud unmittelbar verfügen können. Rasch entschied er: »Der [...] Fonds wurde von mir zur Gründung eines ›Internationalen psychoanalytischen Verlages‹ bestimmt. Ich hielt dies für das wichtigste Erfordernis unserer gegenwärtigen Lage.«[1] Zumal in der Korrespondenz mit Ferenczi läßt sich in den Briefen der Jahre 1918/19 verfolgen, mit welcher Genugtuung Freud seine verlegerische Unabhängigkeit vorbereitete. »Der neue, auf die Mittel der Budapester Stiftung gestützte Verlag stellt sich die Aufgabe«, heißt es in Freuds offizieller Beschreibung der Unternehmenszielsetzung, »das regelmäßige Erscheinen und eine verläßliche Austeilung der beiden Zeitschriften zu sichern. [...] Der Verlag wird aber außerdem [...] in das Gebiet der ärztlichen und der angewandten Psychoanalyse einschlägige Bücher und Broschüren zum Druck befördern, und da er kein auf Gewinn zielendes Unternehmen darstellt, kann er die Interessen der Autoren besser in Acht nehmen, als dies von Seite der Buchhändler-Verleger zu geschehen pflegt.«[2] Zwar gestand Freud Ferenczi am 29. Juni 1918, daß er die Verlagsgründung auch als »eine lang ersehnte Rache an Heller« empfinde, doch suchte er wegen der Unsicherheit hinsichtlich zukünftiger Zuflüsse zum Fonds sowie der Gefahr plötzlicher Requirierung öffentlicher Gelder in den politischen Umbrüchen der ungarischen Nachkriegszeit in kollegialer Verbindung zu Hugo Heller zu bleiben; wie es in einem weiteren Brief an Ferenczi vom 1. Januar 1919 heißt, wollte er Heller »zum Ratgeber und zur Auslieferungsstelle für den Buchhandel machen«.

Es geht hier indessen nicht um eine detaillierte Beschreibung des weitgefächerten Gesamtprogramms, das der Internationale Psychoanalytische Verlag in den rund zwanzig Jahren seiner finanziell stets mehr oder weniger prekären Existenz[3] auf den Buchmarkt gebracht

---

[1] AaO, S. 333. In seiner Rekonstruktion der Geschichte des Internationalen Psychoanalytischen Verlags betrachtet Murray G. Hall (1988) Freuds Entschluß zur Verlagsgründung nicht zuletzt aus dem Blickwinkel der österreichischen Verlagslandschaft in der Phase nach Kriegsende und Proklamation der Ersten Republik, in der es zu zahlreichen, allerdings meist kurzlebigen Verlagsgründungen gekommen war.

[2] 1919*c*, S. 334 f.

[3] Jones hat im dritten Band seiner Freud-Biographie (1962*b*) in vielen Passagen Einzelheiten darüber mitgeteilt. Vgl. auch Gay, 1989, S. 630 f.

hat; bekanntlich gehörten dazu neben den Periodika und Einzelveröffentlichungen auch Reihen, darunter die ›Imago-Bücher‹, die ›Internationale Psychoanalytische Bibliothek‹, ›Neue Arbeiten zur ärztlichen Psychoanalyse‹, herausgegeben von Freud, die ›Quellenschriften zur seelischen Entwicklung‹, die ›Beihefte der Internationalen Zeitschrift für Psychoanalyse‹, gleichfalls von Freud herausgegeben. Thema ist vielmehr, in welcher Form die Interessen des Autors Sigmund Freud vom neuen Unternehmen vertreten wurden, das heißt, wie der Verlag das Werk seines Begründers pflegte.

Die seit 1919 in eigener Regie verlegten *Periodika*, die *Internationale Zeitschrift für Psychoanalyse* sowie die *Imago*, blieben das Forum für viele Erstveröffentlichungen Freuds. Als mögliches Erstpublikationsorgan bot sich seit Ende 1925 überdies der *Almanach* des Internationalen Psychoanalytischen Verlags an, worin Freud allerdings gelegentlich auch Schriften nachdrucken ließ, die er andernorts bereits veröffentlicht hatte, vermutlich um noch breitere Leserschichten zu erreichen. Die erste Ausgabe des *Almanachs* für das Jahr 1926, immerhin in einer Auflage von neuntausend Exemplaren verbreitet, enthält am Schluß das fast achtzig Seiten umfassende Verzeichnis aller bis dahin erschienenen Publikationen des Verlags, eröffnet von einer photographischen Abbildung und detaillierten Inhaltsbeschreibung der damals vorliegenden zehn Bände von Freuds *Gesammelten Schriften*, seiner ersten Quasi-Gesamtausgabe. Anzeigen mit Freud-Einzelausgaben, samt zeitgenössischen Pressestimmen, schließen sich an. Da auch die folgenden Jahrgänge des *Almanachs*, bis 1938, mehr oder weniger ausführlich über die Verlagsproduktion informieren, erweist er sich für unser Thema als wichtige Quelle.[1] ›Mitteilungen des Internationalen Psychoanalyti-

[1] Übrigens nicht allein hinsichtlich der Aktivitäten, welche der Verlag zur Edition des Freud-Œuvres unternommen hat, sondern auch zur Vergegenwärtigung des intellektuellen Klimas, in dem sich Freud und seine Mitarbeiter in den zwanziger und dreißiger Jahren bewegten. Meinungsäußerungen von Zeitgenossen, z. B. Thomas Mann oder H. G. Wells, werden angeführt. Schmähende Pressestimmen, die der Verlag 1932 in seinen Anzeigen für Freuds *Die Zukunft einer Illusion* und *Das Unbehagen in der Kultur* publizierte – »festgehalten für die Nachwelt« (S. 218) –, bringen die Zeitstimmung prägnanter auf den Begriff als manche rekonstruierende Beschreibung. Doch erfährt man aus derselben *Almanach*-Aus-

schen Verlages‹ erschienen in Gestalt förmlicher Tätigkeitsberichte allerdings bereits früher, nämlich seit 1921, in den Jahrgängen der *Internationalen Zeitschrift für Psychoanalyse*, jeweils beginnend mit dem ausführlichen Bericht über die neuesten Initiativen, die der Verlag zur Veröffentlichung und Verbreitung der Schriften Freuds unterdessen ergriffen hatte.

Der seit 1921 zunächst als Mitarbeiter Otto Ranks, dann als Leiter im Verlag tätige Schriftsteller und Sprachforscher Adolf Josef Storfer[1] gab seit 1929 die Zeitschrift *Die psychoanalytische Bewegung* heraus, die laut Redaktionsdefinition »aus dem Kreise der engeren Fachgenossen der psychoanalytischen Wissenschaft hinausstrebt, ein Verbindungsglied zu den Gebildeten aller geistigen Interessengebiete sein will«[2] – auch sie ein wirksames Publikationsmedium zur Verbreitung neu entstehender Freud-Texte.

Im Hinblick auf das Buchprogramm des neuen Verlags hatte Freud schon am 1. Januar 1919 Ferenczi mitgeteilt: »Das erste Buch wird das Alltagsleben werden, das ich heute herzurichten beginne.« Er bezieht sich auf eine Neuausgabe, die erweiterte sechste Auflage seiner *Psychopathologie des Alltagslebens.* Offenbar war es ihm gelungen, die Rechte für den eigenen Verlag zu sichern. Dies glückte ihm auch im Falle von *Totem und Tabu*, einem seiner Lieblingsbücher, dessen zweite Auflage 1920 nicht mehr bei Heller, sondern im eigenen Haus herauskam. Heller gab ferner Verlagsrechte und Restbestände der *Vorlesungen zur Einführung in die Psychoanalyse* ab.[3] Seit 1920, von der dritten Auflage an, erschienen sie im Internationalen Psychoanalytischen Verlag; im Dezember 1921 kamen sie als sogenannte Taschenausgabe heraus, »in kleinem, handlichem Format auf

---

gabe auch: »Auf der Dresdener Papier-Ausstellung veranstaltete die Sächsische Landesbibliothek unter dem Titel ›Berühmte Bücher‹ eine Sonderschau der in den letzten 5 Jahren am meisten verlangten 19 Bücher. An 2. Stelle werden Freuds ›Vorlesungen‹ genannt. (U. a. stehen Gundolfs ›Goethe‹ an 3., Emil Ludwigs ›Napoleon‹ an 11., Nietzsches ›Zarathustra‹ an 13., Spenglers ›Untergang des Abendlandes‹ an 16. Stelle.)« (S. 220.)

[1] Nach 1938 nannte er sich Albert Josef Storfer, vgl. Reichmayr, 1990, S. 159.

[2] Bd. 1, 1929, S. 2.

[3] Vgl. die ›Mitteilungen des Internationalen Psychoanalytischen Verlages‹ in der *Internationalen Zeitschrift für Psychoanalyse*, Bd. 7 (1921), S. 533.

dünnem Papier in biegsamem Ganzleder-, bezw. Ganzleinenband«[1], offenbar mit großem Erfolg, denn wenige Monate später wurde eine korrigierte und durch ein Register ergänzte Neuauflage dieser Edition veranstaltet.[2]

Bei anderen Titeln hingegen gelang dieser Rechtetransfer nicht. Die ungefähr gleichzeitig mit der Neuauflage der *Psychopathologie des Alltagslebens* vorbereitete ergänzte zweite Auflage der Leonardo-Studie verblieb auch weiterhin bei Franz Deuticke. Das gilt gleichfalls für die vierte Auflage von 1922 der *Studien über Hysterie* und die zwischen 1919 und 1930 erschienenen Neuauflagen der *Traumdeutung*, ferner für die zwischen 1920 und 1925 veröffentlichten Neuauflagen der *Drei Abhandlungen zur Sexualtheorie* sowie die beiden Nachdrucke von *Der Witz und seine Beziehung zum Unbewußten* aus den Jahren 1921 und 1925. Alle diese teils unveränderten, teils revidierten Neuauflagen schmückten, auch nach dem Tode des Firmengründers im Jahre 1919, weiterhin das Deuticke-Verlagsprogramm.

Tatsächlich findet sich in der Sigmund Freud Collection ein Brief Freuds vom 14. Oktober 1918 an Franz Deuticke, der belegt, wie er sich früh darum bemühte, den Verleger beiläufig zum längerfristigen Verzicht auf seine Rechte zu bewegen. Das Schreiben handelt im wesentlichen von der sich im Druck befindenden fünften Auflage der *Traumdeutung*, und Freud erkundigt sich nach der vorgesehenen Höhe der Auflage und Steigerung des Honorars. Auf letzterer zu bestehen, schien er entschlossen. »Mit Rücksicht auf die allgemeine Steigerung, auch die der Bücherpreise, wird sich eine Erhöhung des Autorenhonorars nicht umgehen lassen.« Danach kommt er zu seiner dritten Frage: »Sind Sie bereit, mir eine etwaige nächste Auflage zur freien Verfügung zu überlassen, oder glauben Sie kontraktlich ein Anrecht auf alle folgenden zu haben?« Und dann schließt er mit einem neuen Absatz: »Diese letzte Frage ist zwar nicht aktuell, aber für die Zukunft nicht bedeutungslos, da sich in meinen Kreisen ein

[1] AaO, S. 534.

[2] Es sei erwähnt, daß der Internationale Psychoanalytische Verlag seinerseits einer 1933 vom Kiepenheuer Verlag, Berlin, auf den Markt gebrachten Lizenzausgabe der *Vorlesungen* zustimmte.

besonderer psychoanalytischer Verlag vorbereitet, der gewiß auch meine Werke erwerben möchte.« Zwar ist ein Antwortbrief Deutickes nicht überliefert – vielleicht kam es zu einem Gespräch zwischen beiden –, aber in Freuds wie üblich handgeschriebenem Brief findet sich eine Marginalie Deutickes: längs zur Schriftrichtung schrieb er neben Freuds Frage, ob er ihm die nächste Auflage der *Traumdeutung* überlasse, ein doppelt unterstrichenes und mit einem Ausrufungszeichen versehenes rigoroses Nein.[1] Doch scheint der Nachfolger, Hans Deuticke, immerhin zu Lizenzvergaben bereit gewesen zu sein, und zwar nicht nur im Hinblick auf die Bände von Freuds späteren *Gesammelten Schriften*, sondern auch in bezug auf Einzelausgaben des Internationalen Psychoanalytischen Verlags.[2]

Die erste *monographische Neuerscheinung* eines Freud-Werks präsentierte der Internationale Psychoanalytische Verlag im Jahre 1920, nämlich *Jenseits des Lustprinzips*. 1921 folgte *Massenpsychologie und Ich-Analyse* sowie, wiederum zwei Jahre später, *Das Ich und das Es*. Von nun an verstand es sich bis zur Auflösung des Verlags von selbst, daß alles, was Freud an Büchern oder Broschüren publizierte, durch den eigenen Verlag an die Öffentlichkeit gelangte – *Hemmung, Symptom und Angst* und *Die Frage der Laienanalyse* ebenso wie *Die Zukunft einer Illusion, Das Unbehagen in der Kultur* und die *Neue Folge der Vorlesungen zur Einführung in die Psychoanalyse*. Wann immer Freud nach der Gründung des Internationalen Psychoanalytischen Verlags einen Beitrag für einen anderen Verlag zu schreiben hatte, versuchte er offenbar, seinem eigenen Verlag zumindest die Einzelabdrucksrechte zu sichern. So hat er 1924 seine »*Selbstdarstellung*« ursprünglich für die von L. R. Grote herausgegebene Samm-

[1] Tatsächlich war Deuticke »kontraktlich« zu dieser Weigerung berechtigt gewesen. Denn am 3. Juni 1910 hatte Freud, anläßlich der dritten Auflage, durch seine Unterschrift unter einen erneuerten Vertrag bestätigt, das Urheberrecht an seiner *Traumdeutung* Deuticke übertragen zu haben, wenn auch für jede weitere Auflage die Bedingungen neu zu vereinbaren sein sollten. (Kopie dieses Vertrags in der Sigmund Freud Collection.)

[2] So führt der *Almanach* für das Jahr 1926 in seinem Anzeigenteil eine geheftete Version der *Drei Abhandlungen* an (S. XII). Weitere Dokumente in der Sigmund Freud Collection bezeugen, daß der Verlag Franz Deuticke in den zwanziger und dreißiger Jahren gegen finanzielle Entschädigung auf einige Übersetzungsrechte an der *Traumdeutung* verzichtet hat.

lung *Die Medizin der Gegenwart in Selbstdarstellungen* geschrieben, die im Leipziger Verlag Felix Meiner erschien. 1934 gingen die Verlagsrechte an den Internationalen Psychoanalytischen Verlag über, der eine Einzelausgabe veranstaltete, welcher 1936, anläßlich des achtzigsten Geburtstags von Freud, eine erweiterte Neuauflage folgte.

Als *Einzelausgaben* veröffentlichte der Internationale Psychoanalytische Verlag aber nicht bloß die erwähnten von vornherein als selbständige Publikationen präsentierten Titel, sondern auch Texte, die zunächst in den Periodika an die Öffentlichkeit gelangt waren: so erschienen beispielsweise 1924 jeweils als Einzelschrift ›Eine Teufelsneurose im siebzehnten Jahrhundert‹[1], ›Zur Einführung des Narzißmus‹, ›Zur Geschichte der psychoanalytischen Bewegung‹, die »Wolfsmann«-Krankengeschichte, ›Zeitgemäßes über Krieg und Tod‹ sowie die drei ›Beiträge zur Psychologie des Liebeslebens‹. Offenbar um verschiedene Leserkreise zu erreichen, wurden solche Einzelausgaben, mit aufsteigender Preisskala, in der Regel sowohl geheftet als auch als Pappband, mitunter in Halbleinen und/oder Ganzleinen angeboten.

Außer in den Periodika und Einzelausgaben präsentierte Freud sein Werk im Internationalen Psychoanalytischen Verlag noch in thematisch gegliederten *Anthologien.* Er begann 1924 mit dem Sammelband *Psychoanalytische Studien an Werken der Dichtung und Kunst*, in den er unter anderem die Essays ›Der Dichter und das Phantasieren‹, ›Das Motiv der Kästchenwahl‹, ›Der Moses des Michelangelo‹ und ›Das Unheimliche‹ aufnahm. Aus demselben Jahr stammt ferner die Anthologie *Zur Technik der Psychoanalyse und zur Metapsychologie.* Es handelt sich um jene zwei Themenbereiche, einen praktischen und einen theoretischen, über die je ein eigenes Buch zu veröffentlichen Freud Jahre zuvor sich vorgenommen hatte, ohne diese Pläne je zu verwirklichen. Nur Elemente der beiden Projekte hat er

---

[1] Also nur ein Jahr nach der Erstpublikation in *Imago.* 1928 folgte noch eine bibliophile Ausgabe für die Teilnehmer des ›Deutschen Bibliophilentags‹ in Wien, »auf holländischem Büttenpapier«, mit Reproduktionen des Mariazeller Kodex geschmückt. Vgl. den Tätigkeitsbericht des Verlags in der *Internationalen Zeitschrift für Psychoanalyse*, Bd. 14 (1928), S. 573.

in der Anthologie zusammengestellt.[1] *Kleine Beiträge zur Traumlehre* präsentierte Freud ein Jahr später in einer weiteren Anthologie, 1926 dann eine thematisch locker gefügte Sammlung mit *Studien zur Psychoanalyse der Neurosen aus den Jahren 1913–1925.* Auch die im Jahr 1931 veröffentlichten drei Sammelbände folgen eher einem bloß chronologischen als einem stringent inhaltlichen Gliederungsprinzip: *Schriften zur Neurosenlehre und zur psychoanalytischen Technik*, *Kleine Schriften zur Sexualtheorie und zur Traumlehre* sowie *Theoretische Schriften*; in allen drei Bänden finden sich, etwas repetitiv, Abhandlungen erneut abgedruckt, die bereits in früheren Anthologien enthalten waren. Das gilt nicht für die 1932 publizierte schöne Anthologie *Vier psychoanalytische Krankengeschichten*, in die Freud die Falldarstellungen der »Dora«, des »kleinen Hans«, des »Rattenmanns« und des Senatspräsidenten Schreber aufnahm; der Verlag warb für diese Sammlung im *Almanach* des Jahres 1933 mit der berühmten Passage aus den *Studien über Hysterie*, in der Freud beteuert, es berühre ihn selbst noch eigentümlich, daß die Krankengeschichten, die er schreibe, »wie Novellen zu lesen« seien.[2]

Im Jahre 1923 entstand der Plan, Freuds bisheriges Œuvre in Form einer *umfassenden Werkausgabe* unter dem Titel *Gesammelte Schriften* herauszubringen.[3] In editorischen Querverweisen innerhalb dieser Ausgabe ist immer wieder unumwunden von »Gesamtausgabe« die Rede; Freud selbst benutzt in seinen Briefen häufig diese Bezeichnung. Die Edition sollte zunächst auf zehn Bände beschränkt sein, »nach Themen geordnet, um den Verkauf von Einzelbänden sowie die photostatische Reproduktion einzelner Bände in Taschen-

[1] Die Zweiteilung wird durch das zweimalige »zur« in der Titelformulierung verdeutlicht. Der Technik-Teil enthält u. a. die zentralen behandlungstechnischen Schriften der Jahre 1911 bis 1915, der Metapsychologie-Teil u. a. die fünf klassischen metapsychologischen Texte von 1915.

[2] 1895*d*, S. 227. – Es sei noch erwähnt, daß die fünfte und letzte Folge der *Sammlung kleiner Schriften zur Neurosenlehre* 1922 gleichfalls im Internationalen Psychoanalytischen Verlag erschien, nachdem Deuticke 1906, 1909 und 1913 die ersten drei Folgen veröffentlicht hatte, Hugo Heller 1918 die vierte. Heller übertrug seine Rechte später auf den Internationalen Psychoanalytischen Verlag.

[3] Vgl. Jones, 1962*b*, S. 122.

format zu ermöglichen«[1]. Die Bände 4, 5, 7, 8 und 10 kamen 1924 auf den Markt, im darauffolgenden Jahr die Bände 1, 2, 3, 6 und 9. 1928 folgte ein elfter Band mit vermischten Schriften – Texten, die unterdessen neu entstanden waren wie die *»Selbstdarstellung«*, *Die Frage der Laienanalyse* und *Die Zukunft einer Illusion* –, aber auch zahlreichen Geleitworten und Gedenkartikeln. 1934 schließlich wurde noch ein zwölfter Band nachgereicht, welcher die *Schriften aus den Jahren 1928 bis 1933* sammelt, darunter *Das Unbehagen in der Kultur* und *Die Neue Folge der Vorlesungen zur Einführung in die Psychoanalyse*, ferner u. a. »Nachträge zu den Bänden I–XI«.

Eine gewisse Zufälligkeit der Gliederung jener beiden nachgetragenen Bände ergab sich zwangsläufig aus ihrer Entstehungsgeschichte. Doch vermag auch die inhaltliche Struktur der zehn zusammenhängend geplanten und in den Jahren 1924 und 1925 in rascher Folge erschienenen Bände nicht durchweg zu überzeugen.[2] Stringent aufgebaut wirken lediglich die Bände 1 (*Studien über Hysterie*/Frühe Arbeiten zur Neurosenlehre), 2 (*Die Traumdeutung*), 3 (Ergänzungen und Zusatzkapitel zur *Traumdeutung* sowie weitere Arbeiten über Traumlehre), 7 (*Vorlesungen zur Einführung in die Psychoanalyse*) und 8 (Krankengeschichten).

Anna Freud und A. J. Storfer zeichneten für die Bände 1 bis 11 als Herausgeber; die Bände 4, 5, 7, 8 und 10 hat Otto Rank mitediert. Zusammenstellung und Kommentierung des zwölften Bandes haben Anna Freud und Robert Wälder besorgt; denn A. J. Storfer war in-

---

[1] A. Freud, 1952, S. V. In der Tat kam es zu einer Mehrfachverwertung des Satzes ganzer Werkblöcke in Einzelausgaben einerseits und den *Gesammelten Schriften* andererseits.

[2] So ist, um nur ein Beispiel zu nennen, in Band 5 die Schrift ›Formulierungen über die zwei Prinzipien des psychischen Geschehens‹ nicht der Abteilung ›Metapsychologie‹ zugeordnet, sondern den ›Arbeiten zum Sexualleben und zur Neurosenlehre‹. Allerdings legt die kurze editorische Vorbemerkung zum ›Metapsychologie‹-Block nahe (S. 432), daß in dieser Rubrik diejenigen Texte vereint werden sollten, die Freud ursprünglich in Buchform unter dem Titel *Zur Vorbereitung einer Metapsychologie* hatte veröffentlichen wollen. Freilich ist bemerkenswert, daß diesmal hierzu nicht nur die fünf metapsychologischen Abhandlungen von 1915 (1915*c–e*, 1916–17*f* und *g*) gezählt werden, sondern auch ›Einige Bemerkungen über den Begriff des Unbewußten in der Psychoanalyse‹ aus dem Jahre 1912.

zwischen aus dem Verlag ausgeschieden.[1] Eine generelle Einleitung der Herausgeber, in der Gliederung und Editionsprinzipien dargelegt würden, sucht man vergebens. Allerdings finden sich vor einzelnen Abschnitten der Bände mitunter kurze editorische Hinweise, die beispielsweise erläutern, daß im folgenden bestimmte Texte Freuds aneinandergereiht werden, doch zumeist ohne Begründung der betreffenden editorischen Entscheidung. Wissenschaftliche Anhänge mit Bibliographien und Registern fehlen. Nach Verlagsanzeigen der *Gesammelten Schriften* zu urteilen, bestand ursprünglich die Absicht, dem Leser im elften Band Bibliographie und Gesamtregister zur Verfügung zu stellen.[2] In der Regel erhält der Leser nur spärliche und unsystematische bibliographische Angaben zu Beginn des betreffenden Abschnitts bzw. der jeweiligen Einzelschrift. Im fortlaufenden Text beschränken sich die editorischen Anmerkungen zumeist auf formale Querverweise, z. B. wo eine von Freud erwähnte andere Arbeit aus seiner Feder in den *Gesammelten Schriften* zu finden sei. Solche Verweise werden gelegentlich in eckige Klammern gesetzt, was sie als editorische Hinzufügungen kenntlich macht; dann wieder erscheinen sie in runden Klammern, also nicht klar von Freuds Text unterschieden. Selten wird in eckigen Klammern die Einfügung »[Zusatz . . .]:«, mit entsprechender Datierung, mitgeliefert, die den Leser darauf aufmerksam macht, daß Freud ein Textstück oder eine Anmerkung erst einer späteren Auflage des betreffenden Werks oder auch dessen Abdruck im Rahmen der *Gesammelten Schriften* hinzugefügt hat.[3]

---

[1] Später hat Anna Freud die Zuständigkeiten allerdings etwas anders rekonstruiert: »Die ersten ›Gesammelten Schriften von Sigm. Freud‹ erschienen im Internationalen Psychoanalytischen Verlag, Wien, in den Jahren 1924–1934, geplant, zusammengestellt und herausgegeben von A. J. Storfer, dem damaligen Leiter des Verlags.« (A. Freud, 1952, S. V.)

[2] Sie wurde jedoch nicht verwirklicht. Vgl. Band 11, S. 306, wo aus einer editorischen Bemerkung hervorgeht, daß das Manuskript des Gesamtregisters der elf Bände zwar zusammengestellt, aber nicht abgedruckt worden ist, vielmehr einem weiteren zusätzlichen Band der Edition vorbehalten bleiben sollte. Als Jahre später dieser zwölfte Band herauskam, wurde in ihm nicht näher erläutert, daß und warum der Abdruck des Gesamtregisters erneut unterblieb.

[3] Vgl. etwa die als Zusatz gekennzeichnete, bedeutsame Anmerkung von 1924 über das Gewicht der Verführung in der Neurosenätiologie, die Freud dem Ab-

Die einzige komplexe und kühne editorische Entscheidung, allerdings gleichfalls nicht näher begründet, betrifft die *Traumdeutung*. Im zweiten Band der Edition wird der Leser nämlich mit dem Wortlaut der *Erst*ausgabe des Texts, sozusagen dem Ur-Traumbuch, konfrontiert; die zahlreichen und teils umfangreichen »Ergänzungen und Zusätze, die auch über den Inhalt der letzten Auflage hinausgehen, werden in dem folgenden Band (Bd. III) enthalten sein«, wie es in einer editorischen Notiz heißt.[1] Aus einem Brief Freuds an Ferenczi vom 13. September 1924 geht hervor, daß er selbst der Initiator dieser neuartigen Präsentation seines magnum opus gewesen ist: »Dies Buch gedenke ich für die Gesamtausgabe umzuarbeiten. Es soll in einem Band die *erste* Auflage wiederabgedruckt werden, alle späteren Zusätze will ich zu neuen Kapiteln zusammengefaßt als zweiten Teil folgen lassen.«[2]

Der abschließende zwölfte Band enthält gelegentlich etwas ausführlichere editorische Vorbemerkungen, die den Leser mit den Entstehungsumständen einiger der abgedruckten Werke vertraut machen; so wird etwa der politische Hintergrund skizziert, der Albert Einstein 1932 bewog, Freud brieflich jene Fragen zu stellen, auf die dieser dann mit ›Warum Krieg?‹ antwortete. Gleichwohl wird man auch von diesem Band nicht behaupten können, er sei mit einem kritischen Apparat ausgestattet.

In der Terminologie der Editionswissenschaft[3] ausgedrückt, läßt

druck von ›Weitere Bemerkungen über die Abwehr-Neuropsychosen‹ (1896*b*) in den *Gesammelten Schriften* (Bd. 1, S. 369; *G. W.*, Bd. 1, S. 385) hinzufügte.

[1] Bd. 2, S. 2.

[2] James Strachey hat in seiner ›Editorischen Einleitung‹ zur *Traumdeutung* hierzu kritisch angemerkt: »Leider wurde diese Arbeit damals nicht sehr systematisch durchgeführt, die Ergänzungen selbst sind nicht datiert, wodurch man viele Vorzüge dieses Editionsplans opferte.« (1972, S. 13.)

[3] Wie im dritten Teil des vorliegenden Buches näher beschrieben (S. 307 ff.), wird gewöhnlich zwischen drei Editionstypen unterschieden: *Leseausgaben* sind Editionen, die weitgehend ohne Kommentar einfach der Bekanntmachung eines Texts dienen. *Kritische Ausgaben* wollen dagegen als Grundlage für Lehre und Forschung dienen. Wissenschaftliche Einleitungen und/oder Anhänge sowie Anmerkungen rekonstruieren die Entstehungsgeschichte des betreffenden Texts, erläutern Anspielungen, machen auf Verbindungen zu anderen Werken des Autors aufmerksam, zu intellektuellen Strömungen seiner Zeit usw. Kritische Ausgaben

sich zusammenfassend feststellen, daß es sich bei den *Gesammelten Schriften* nicht um eine kritische Ausgabe handelt, sondern, wie bei allen bis zum damaligen Zeitpunkt veröffentlichten Freud-Editionen, um kaum mehr als eine Leseausgabe.

Daß ein wissenschaftlicher Autor das Erscheinen einer Gesamtausgabe seiner Werke miterlebt, war in der damaligen Zeit nichts Selbstverständliches. Inwieweit Freud Planung und Verwirklichung der *Gesammelten Schriften* gefördert oder gar initiiert hat, wird sich vermutlich im einzelnen erst rekonstruieren lassen, wenn seine Korrespondenzen noch weiter erschlossen sind. Immerhin findet sich ein Fingerzeig in einem unveröffentlichten Brief an Anna Freud vom 24. April 1922, in dem er ihr von der soeben erschienenen spanischen Ausgabe der *Psychopathologie des Alltagslebens* berichtet und frohlockend hinzufügt: »Das Schönste ist aber eine Zeile auf dem Rücken des Buches. Da heißt es: Obras completas I. Also eine Gesammtausgabe!«[1] Er war offenbar fasziniert von der Vorstellung einer solchen umfassenden Edition. Die Krebs-Diagnose des Jahres 1923 mit ihrer akuten Bedrohung mag zudem Schüler, Mitarbeiter und Freunde in dem Gedanken bestärkt haben, Freud mit der kompakten Präsentation seines Lebenswerks zu erfreuen, die Gewißheit seiner über den Tod hinausreichenden Wirkung gleichsam greifbar vor ihn hinzustellen. Aus der schon erwähnten Bemerkung zum 1928 erschienenen elften Band geht jedenfalls hervor, daß die Herausgeber mit Freuds baldigem Ende gerechnet hatten, denn es heißt dort: »Der Textteil dieses Bandes lag im Sommer 1926 bereits gedruckt vor, und es war beabsichtigt, ihm – zum Abschluß des ganzen Werkes – das Gesamtregister anzuschließen.«[2] Angesichts der unerwarteten, trotz schwerster körperlicher Beeinträchtigung andauernden Produktivi-

---

kann es von Einzelschriften eines Autors, aber auch von größeren Blöcken seines Werks geben. *Historisch-kritische Ausgaben* wollen in kritischer Kommentierung und mit dem Anspruch auf Vollständigkeit sämtliche Texte veröffentlichen, die von einem Autor überliefert sind. Dazu gehören alle Werke, und zwar unter Berücksichtigung der Handschriften, Entwürfe und Varianten, ferner sämtliche Lebenszeugnisse aus dem Nachlaß.

[1] Zitiert in der Originalorthographie nach der von Ingeborg Meyer-Palmedo besorgten Transkription.

[2] S. 306.

tät Freuds änderten sie ihre Pläne und stellten fest, »daß es jetzt untunlich erscheint, den Textteil dieser Gesamtausgabe schon an dieser Stelle abzuschließen«.

Von der Impressumsseite der Bände erfahren wir zwar, daß die *Gesammelten Schriften* »unter Mitwirkung des Verfassers« zustande gekommen sind. Desungeachtet können wir davon ausgehen, daß Freuds Interesse nach wie vor primär seinen neu entstehenden Schriften galt, weniger den editorischen Detailüberlegungen hinsichtlich der im Aufbau begriffenen Gesamtausgabe, mochte diese ihm auch für einige Texte, etwa die deutschsprachige Fassung der populären Darstellung ›Kurzer Abriß der Psychoanalyse‹, als Erstpublikationsforum dienen. Es gibt sogar Anzeichen für eine begreifliche Ambivalenz Freuds gegenüber diesem auf feierlichen Abschluß, definitives Ende drängenden Projekt. So heißt es in einem Brief an Ferenczi vom 1. Dezember 1925, in dem er nicht nur von einer weiteren Operation, sondern auch von der verzweifelten finanziellen Lage des Verlags berichtet: »Die Ges[amt-]Ausgabe war – wie ich vorhergesagt – ein unsinniges Unternehmen. Ich glaube, es sind wenig über hundert Exemplare abgesetzt worden (Auflage 3000!).«

Andererseits hat die Edition ihn gewiß mit Stolz erfüllt; denn er erwähnte sie ausdrücklich, als er später rückblickend feststellte, in den mehr als zehn Jahren seit der lebensrettenden radikalen Gaumenoperation »habe ich nicht aufgehört, analytisch zu arbeiten und zu publizieren, wie meine mit dem XII. Band abgeschlossenen ›Gesammelten Schriften‹ [...] erweisen«[1]. Als es im Jahre 1932 zur schwersten Krise des Verlags kam, für deren Überwindung sogar ein Wechsel in der Leitung erforderlich wurde – Freuds Sohn Martin trat an die Stelle A. J. Storfers –, schrieb Freud am 5. Juni an Max Eitingon: »Die Sache hat zum Glück noch eine andere Seite. Storfer erscheint mir wie einer jener deutschen Duodezfürsten, die ihre Untertanen bedrückt und ausgesogen haben. Nachdem man sie aber weggejagt hat, findet sich das Ländchen im Besitz einer Residenz mit Schloß, Theater und Kunstsammlung [...].«[2] Die Residenzmetapher steht gewiß nicht zuletzt für die stattliche, fast prunkvolle Gesamt-

[1] 1935*a*, S. 32.
[2] 1960*a*, S. 429.

ausgabe, gesetzt in einer klassizistischen Antiqua, gedruckt auf Büttenwerkdruck-Papier, fadengeheftet, geschmückt mit Leseband, Farbschnitt, Sepia-Tiefdruckfrontispiz, handgebunden in Saffianleder mit Goldprägung – »Zwölf Bände in Lexikonformat«, wie es seit 1934 in den Verlagsanzeigen heißt, zum Preis von sechshundertachtzig Mark.[1] Schon im *Almanach* des Jahres 1926, aber auch in Einzelprospekten[2], hatte der Verlag mit Presseäußerungen geworben, in denen besonders die Qualität der Ausstattung gepriesen wird. Ohne Zweifel freute sich Freud, als einer seiner Ärzte es ablehnte, »sich anders als durch die ›Gesamtausgabe‹ honorieren zu lassen«[3]. Und als Arnold Zweig, durch die Nazis seiner Bücher beraubt, sich am 1. Mai 1937 aus Palästina bei Freud nach der Bandzahl von Goethes Sophienausgabe erkundigte, schrieb dieser, er könne die Frage von seiner Grinzinger Sommerunterkunft aus nicht beantworten, denn »British Encyclopaedia, Brockhaus und meine eigenen Gesammelten Schriften vertreten mir hier die ganze Bibliothek«[4]. Noch in der letzten *Almanach*-Ausgabe für das Jahr 1938 präsentierte der Internationale Psychoanalytische Verlag kurz vor seinem Untergang mit einer stolzen Widerstandsgeste seine Produktion in Textanzeigen und mittels einer demonstrativen Photographie: im Zentrum der Abbildung stehen die *Gesammelten Schriften.*

Es gibt kaum ein Sorgenthema, das während der zwei Dezennien vom Ende des Ersten Weltkriegs bis zu Freuds Emigration im Jahre 1938 tiefere Spuren in seinen Korrespondenzen hinterlassen hätte als das wechselvolle Schicksal des Internationalen Psychoanalytischen Verlags, durch den Freud sich seine eigene Bücherwelt geschaffen hatte. Als das Unternehmen 1932, wie erwähnt, unmittelbar vor der Bankrotterklärung stand, wandte er sich zu Ostern in einem dringlichen Rettungsappell an die Vorsitzenden der Psychoanalytischen

[1] Die Edition wurde auch in preiswerteren Ausstattungen angeboten: für zweihundertachtzig Mark in Halbleder, zweihundertzwanzig Mark in Ganzleinen und hundertachtzig Mark geheftet (vgl. etwa die Verlagsanzeige in Band 12 der *Internationalen Zeitschrift für Psychoanalyse,* 1926, S. 558).

[2] Sigmund Freud Collection.

[3] Brief an Ferenczi vom 6. August 1924.

[4] 1968*a*, S. 153.

Vereinigungen[1], »den Verlust großer Bücherwerte« durch Spenden abwenden zu helfen. Die Intensität seiner inneren Bindung an den Verlag beschwörend, schreibt er: »Sie haben gehört, daß der Verlag meine Schöpfung ist, mein Kind. Und Sie wissen, man will seine Kinder nicht überleben, will ihnen vielmehr die Existenz nach seinem eigenen Abgang versichern. Und da ich erkenne, welch schweren Zeiten der Verlag entgegengeht, ist mir in den Sinn gekommen, daß ich die I.P.V. auffordern könnte, sich seiner anzunehmen und für seine Zukunft zu sorgen.« Wohl einzig zur Legitimation seines Hilferufs erwähnt er eigene Opfer: »Nur dadurch, daß meine eigenen Veröffentlichungen den relativ größten Absatz fanden, während ich die Honorare für sie beim Verlag nicht behob[2], wurde er in den Stand gesetzt, die Werke unserer Mitglieder zu drucken.« Zuvor hatte er noch einmal an die Verlagszielsetzung erinnert: »Er sollte die psychoanalytische Literatur unabhängig machen von der Willkür der Verleger, die an unserer Sache nicht interessiert waren, sollte den Autoren aus unseren Kreisen bequeme Wege in die Öffentlichkeit eröffnen und gleichzeitig ihre Werke wie durch eine Art von offizieller Aichung von der Masse der pseudoanalytischen Produktionen abheben.« Und er unterstrich, daß der Verlag bei der Erfüllung seines Auftrags bereits große Dienste geleistet habe. Von seiner Unentbehrlichkeit sei er überzeugt, denn das Schicksal des Verlags sei aufs engste mit demjenigen der psychoanalytischen Bewegung verknüpft: »Wenn die psychoanalytische Bewegung in Deutschland zerbröckelt, wie es nach dem Untergang des Verlags gewiß geschehen würde, werden Sie alle, auch in England, Frankreich und Amerika, den Zerfall und die Entwicklungsstörung zu spüren bekommen.«

---

[1] Die zehnseitige Handschrift, meines Wissens bisher nicht vollständig veröffentlicht, befindet sich in der Sigmund Freud Collection.

[2] In früheren Jahren ließ sich Freud einen Teil der ihm zustehenden Summen wohl gelegentlich in Naturalien auszahlen: Zigarren, Büchern, Briefpapier mit gedrucktem Briefkopf. (Vgl. in der Sigmund Freud Collection einige von Otto Rank unterzeichnete Abrechnungen des Internationalen Psychoanalytischen Verlags aus dem Jahre 1922; ich danke Wolfram H. Becker, Bünde, für die Bestätigung, daß die angegebenen Markennamen, Quantitäten und Preise sich auf Zigarren beziehen.)

Schon einige Monate früher hatte er am 24. Januar 1932 in diesem Sinne an Ferenczi geschrieben: »[...] ohne Verlag wären wir ohnmächtig.« Als dieser ihm kurz darauf entgegenhielt, außer den Freudschen Werken und einigen wenigen Veröffentlichungen anderer Autoren sei der Wert der Verlagsproduktion doch eher zweifelhaft, bekräftigte Freud in seinem Antwortschreiben vom 24. April die eigene Auffassung von der Rolle des Verlags bei der Durchsetzung der Psychoanalyse, sozusagen seine Multiplikatorenfunktion: »Ihr Urteil über die Wertlosigkeit des größeren Teils der psychoanalytischen Literatur teile ich nicht; obwohl ich weitgehend Ihre kritischen Ansichten teile. Ohne solches Wiederkäuen, Wiederkommen in ungezählten Abänderungen, Vermengungen, Verfälschungen würde eine Assimilation des Stoffes nicht vor sich gehen können. Ich glaube ja auch nicht daran, daß wir je unsere Ernährung mit konzentrierten Nährpillen werden bestreiten können. Die ärgsten dieser Verfälschungen [...] sollte eben die durch den Verlag getroffene Auswahl fernhalten.«

Der Verlag überstand auch diese schwerste Krise. Freuds Appell wurde erhört. Er selbst verzichtete weiterhin auf seine Tantiemen und leitete, wie schon in den Jahren zuvor, Summen, die ihm von Zeit zu Zeit von Freunden und Förderern zur Verfügung gestellt wurden, großenteils an den Verlag weiter. Im Krisenjahr 1932 schrieb er sogar eigens eine Fortsetzung seiner *Vorlesungen*, des bestverkäuflichen seiner Bücher, um dem Verlag in Gestalt der *Neuen Folge der Vorlesungen zur Einführung in die Psychoanalyse* einen weiteren absatzkräftigen Titel zu verschaffen.

Die labile finanzielle Lage des Unternehmens war nur zum Teil die Folge mangelnder verlegerischer Erfahrung seiner Leitung. Der vorzeitige Tod Anton von Freunds, des Geldgebers, im Jahre 1920 warf von Anfang an einen Schatten; noch in der *Neuen Folge* bewertete Freud diesen Verlust als einen der »schwersten Unglücksfälle, die die Entwicklung der Psychoanalyse betroffen haben«[1]. Aber auch die Schwierigkeiten der Transferierung des ungarischen Fonds und der wiederholte Währungszerfall, der auch anderen österreichischen und deutschen Verlagen zu schaffen machte, wirkten beeinträchtigend,

[1] 1933*a*, S. 491.

Gefährdungen, die jedoch auf die beschriebene Weise immer wieder abgewendet werden konnten.

Kaum ein Jahr nach Überwindung der schwersten finanziellen Krise begann sich 1933 mit der Berliner Bücherverbrennung, auf der die Nazis auch die Schriften Freuds, wie es hieß, gegen »seelenzerfasernde Überschätzung des Trieblebens, für den Adel der menschlichen Seele« »der Flamme« übergaben[1], die Wucht jener politischen Veränderungen abzuzeichnen, die binnen weniger Jahre zur Vernichtung von Freuds Bücherwelt führen sollten. Schon 1932 hatte er geahnt, daß die damalige Rettung des Verlags bloß Aufschubcharakter haben würde. Kurz nach Verschickung seines Hilferufs schrieb er am 26. April an Ernest Jones: »Überflüssig, etwas über die allgemeine Weltlage zu sagen. Vielleicht wiederholen wir nur die lächerliche Aktion, ein Vogelbauer zu retten, während das Haus niederbrennt.«[2] Im Frühjahr 1936 wurde von der Gestapo das Buchlager, samt Freud-Editionen, bei der Leipziger Vertriebsfirma F. Volckmar konfisziert[3]; der Verlag verlor damit sein einst wichtigstes Absatzgebiet, den deutschen Buchmarkt, dessen Nachfrage nach psychoanalytischer Literatur sich freilich bereits seit 1934 drastisch verringert hatte.[4] Die endgültige Zwangsschließung des Wiener Verlagshauses erfolgte im Jahre 1938.[5] Rechtlich wurde die Liquidation jedoch

---

[1] Vgl. E. Freud, L. Freud und Grubrich-Simitis, 1976, S. 282.

[2] Jones, 1962*b*, S. 202.

[3] Hall (1988, S. 95 ff.) hat im einzelnen nachgewiesen, daß es Martin Freud durch zähes Verhandeln gelang, die beschlagnahmten Buchbestände wenige Monate später wieder ausgehändigt zu bekommen und nach Wien zu transportieren. Er erwirkte offenbar sogar die Erlaubnis, daß ein Teil der Vorräte der Freud-Drucke, insbesondere für eventuelle Auslandsverkäufe, bei der Vertriebsfirma bleiben konnte.

[4] Vgl. Martin Freuds Bericht über ›Tendenz der geschäftlichen Entwicklung‹ in *Internationale Zeitschrift für Psychoanalyse,* Bd. 23 (1937), S. 189 f., in welchem er auch die näheren Umstände von Beschlagnahme und Freigabe des Leipziger Bücherlagers schildert.

[5] Hinsichtlich der widersprüchlichen Informationen darüber, was mit den Buchbeständen des Internationalen Psychoanalytischen Verlags, also auch den Vorräten an Freud-Ausgaben, nach der Zwangsschließung geschah, vgl. Hall, 1988, S. 99 ff.; für weitere Einzelheiten und Dokumente siehe auch Leupold-Löwenthal, 1988.

erst 1941 abgeschlossen.[1] Der Liquidationsvorgang betraf übrigens gleichzeitig die Wiener Psychoanalytische Vereinigung, eine ironische Bestätigung jener engen Verknüpfung, die Freud in seinem Appell von 1932 zwischen dem Schicksal des Verlags und demjenigen der psychoanalytischen Bewegung gesehen hatte.

In einem nach der Emigration verfaßten Brief an die Herausgeberin von *Time and Tide* schrieb Freud rückblickend: »After seventy-eight years, including more than half a century of strenuous work I had to leave my home, saw the Scientific Society I had founded dissolved, our institutions destroyed, our Printing Press (Verlag) taken over by the invaders, the books I had published confiscated and reduced to pulp, my children expelled from their professions.«[2] In die Aufzählung der Schläge, die ihn getroffen hatten, bezog er also ausdrücklich die Vernichtung des Verlags und die Einstampfung seiner Bücher ein und setzte sie unmittelbar neben die Verfolgung seiner Kinder.

---

[1] Hall, aaO, S. 101 f.

[2] 1938*c*, S. 782 f.

2 London: Von 1938 bis 1960

Freuds jüngster Sohn Ernst emigrierte mit seiner Familie bereits 1933 nach London. Als er seinem Vater schon nach einigen Jahren vom Erwerb des Sommerhauses ›Hidden House‹ in Suffolk berichten konnte, welches das verlorene deutsche Feriendomizil auf der Insel Hiddensee ersetzen sollte, beglückwünschte ihn dieser am 17. Januar 1938: »Es ist echt jüdisch, auf nichts zu verzichten und sich für Verlorenes Ersatz zu schaffen. Schon Moses, der nach meinem Urteil den jüdischen Charakter dauernd geprägt hat, hat dafür das Vorbild geschaffen.«[1] Wenige Monate später ging Freud selbst ins Exil und verstand es gleichfalls, sich alsbald für die verlorene Bücherwelt Ersatz zu schaffen. Nicht nur hatte er den Amsterdamer Verlag Allert de Lange dafür gewinnen können, im ersten Kriegsjahr die deutschsprachige Originalausgabe seines Moses-Buchs herauszubringen[2], mit der Gründung der Imago Publishing Company in London im selben Jahr glückte in großartigem Trotz die Errichtung der Nachfolgeinstitution des untergegangenen Internationalen Psychoanalytischen Verlags.

---

[1] 1960*a*, S. 456.

[2] Der holländische Verlag Allert de Lange hatte 1933 unter demselben Namen diesen deutschsprachigen Verlag gegründet, in dem die Werke zahlreicher Emigranten erscheinen konnten. Geleitet wurde er von Walter Landauer, der zuvor, zusammen mit Fritz Landshoff, Inhaber und Direktor des Berliner Kiepenheuer Verlags gewesen war. (Persönliche Mitteilung von Gottfried Bermann Fischer.) Wie erwähnt, war dort noch 1933 eine Lizenzausgabe der *Vorlesungen zur Einführung in die Psychoanalyse* erschienen, so daß Freud die damalige Verbindung wiederaufnehmen konnte. 1939 kam bei Allert de Lange auch Marie Bonapartes Buch *Topsy* heraus, dessen Übersetzung Sigmund und Anna Freud in der bangen letzten Wiener Zeit beendet hatten, ehe die Familie die Ausreisegenehmigung erhielt.

Der englische Verleger John Rodker leitete das Unternehmen. Intellektueller wie A. J. Storfer, war er in seinen Anfängen selbst als Lyriker und Romancier sowie als Übersetzer u. a. von Lautréamont, Montherlant, Jules Romain, Henri Barbusse und Magnus Hirschfeld hervorgetreten. Mit Witterung für alle später einflußreichen Strömungen der Moderne hatte er sich als Verleger überdies früh für seinerzeit noch weithin unbekannte Autoren eingesetzt, darunter T. S. Eliot, James Joyce, Ezra Pound, Gertrude Stein und Le Corbusier. Durch Barbara Low seit 1926 mit der Psychoanalyse vertraut, traf er den nach London emigrierten Freud. Wenn man sich vergegenwärtigt, wie selbstverständlich die Psychoanalyse noch in den dreißiger Jahren in Intellektuellen- und Künstlerkreisen zur kulturellen Avantgarde gezählt wurde, erscheint Rodkers Entscheidung nicht verwunderlich, sich in seiner neu gegründeten Imago Publishing Company, die jahrelang als Ein-Mann-Unternehmen funktionierte, fortan ausschließlich der Veröffentlichung der neuen deutschsprachigen Freud-Ausgabe sowie anderer psychoanalytischer Texte zu widmen. Marie Bonaparte, die Rodker bei Freud kennenlernte[1], ermöglichte wie einst Anton von Freund durch finanzielle Unterstützung die Arbeit des Verlags.

Auch bei dieser Verlagsgründung scheint Freuds Sorge um das Weiterbestehen der psychoanalytischen Zeitschriften eines der Hauptmotive gewesen zu sein. Bereits 1939 begann bei Imago Publishing Company unter seiner Herausgeberschaft die Fortsetzung zu erscheinen. Wie der todkranke Freud in seiner Vorbemerkung mitteilt: »Der Jahrgang 1938 der ›Internationalen Zeitschrift für Psychoanalyse‹ und der ›Imago‹ konnte wegen der politischen Ereignisse in Österreich nicht erscheinen. Nach mehr als einjähriger Unterbrechung erscheinen die beiden Zeitschriften jetzt wieder, nun zu einem Band vereinigt und unter dem gemeinsamen Titel ›Internationale Zeitschrift für Psychoanalyse und Imago‹. [...] Die *eine* Zeitschrift wird die Tradition *beider* unverändert fortsetzen.«[2]

Und wieder wurde die Zeitschrift zum Forum Freudscher Erstveröffentlichungen. In den drei Jahren ihres Bestehens – die Pub-

---

[1] Vgl. Bonaparte, 1956, S. 587.
[2] 1939*e*.

likation mußte 1941 eingestellt werden – erschienen hier u. a. in Band 24 der Abschnitt ›Der Fortschritt in der Geistigkeit‹ aus dem dritten Essay des Moses-Buchs, sowie, posthum und nun unter der Herausgeberschaft Anna Freuds, in Band 25 der *Abriß der Psychoanalyse* sowie ›Die Ichspaltung im Abwehrvorgang‹ und in Band 26 ›Ein Jugendbrief‹ an Emil Fluß.

Nach Freuds Tod legte der Verlag überdies Einzelausgaben einiger seiner Schriften in deutscher Sprache[1] vor: dazu gehörten 1946 die *»Selbstdarstellung«* in einem Nachdruck der zehn Jahre zuvor vom Internationalen Psychoanalytischen Verlag veröffentlichten Edition, allerdings etwas anders illustriert, 1947 *Zur Psychopathologie des Alltagslebens* sowie 1950 die *Vorlesungen zur Einführung in die Psychoanalyse.* 1950 ist auch das Erscheinungsjahr der ersten großen Briefveröffentlichung, welche der noch zaghaften Freud-Biographik und Historiographie der Psychoanalyse einen kräftigen ersten Schub gab: *Aus den Anfängen der Psychoanalyse; Briefe an Wilhelm Fließ, Abhandlungen und Notizen aus den Jahren 1887–1902*, herausgegeben von Marie Bonaparte, Anna Freud und Ernst Kris. Ernst Kris verfaßte solide Anmerkungen und eine gedankenreiche Einleitung; ihm verdanken wir also nicht allein die erste kritische Freud-Briefausgabe, sondern die erste kritische Freud-Edition überhaupt.

Hauptziel der Verlagsgründung aber war zweifellos die Rettung von Sigmund Freuds *Gesammelten Schriften* in der verwandelten

[1] Als sollte nicht nur Freuds Originalwortlaut gerettet, sondern überhaupt die deutschsprachige psychoanalytische Literatur vor dem Verstummen bewahrt werden, veröffentlichte Imago Publishing Company 1949 und 1950 die deutschsprachigen Ausgaben der beiden Schriften von Anna Freud und Dorothy Burlingham, in denen die Autorinnen ihre während des Zweiten Weltkriegs in den Hampstead Nurseries gesammelten Erfahrungen verarbeitet haben: *Kriegskinder* und *Anstaltskinder.* Anna Freuds klassisches Werk *Das Ich und die Abwehrmechanismen* von 1936 und ihre *Einführung in die Technik der Kinderanalyse* von 1927 wurden aus den Beständen des untergegangenen Internationalen Psychoanalytischen Verlags ebenso in das Programm der Imago Publishing Company übernommen wie die zuerst in den Jahren 1927 und 1938 erschienenen vier Bände der zusammenfassenden Ausgabe von Sándor Ferenczis Schriften: *Bausteine der Psychoanalyse.*

Gestalt der *Gesammelten Werke*, später häufig als Imago-Ausgabe bezeichnet, also die Tradierung seines Œuvres in der »geliebten Muttersprache«[1]. Was ihm dies bedeutete, können wir aus einem Brief an Arnold Zweig vom 21. Februar 1936 erschließen, in welchem er dem nach Palästina ausgewanderten, dort in eine Krise geratenen und die Emigration nach USA erwägenden Dichter beizustehen sucht: »In Amerika müßten Sie auch Ihre Sprache abwerfen, nicht ein Kleidungsstück, sondern Ihre eigene Haut.«[2] In dem zwischen Freud und Imago Publishing Company am 16. Mai 1939 abgeschlossenen Vertrag heißt es jedenfalls programmatisch in der Präambel: »Whereas the Author's literary and scientific work consisting of 12 volumes entitled Gesammelte Schriften has been destroyed, the Publishers desire to republish it.« Wie buchstäblich dies ursprünglich gemeint war, zeigt ein früher Prospekt, mit dem Imago Publishing Company das Projekt in deutscher Sprache, mit englischem Anhang, als nun sechzehnbändige »Neue Ausgabe«, aber unter dem alten Titel »Sigmund Freud Gesammelte Schriften« ankündigte und zur Subskription ausschrieb.[3]

Wenige Monate nach Vertragsunterzeichnung starb Freud; er hat also das Erscheinen der ersten drei Bände (6, 11 und 13) seiner neuen Gesamtausgabe im Jahr darauf nicht mehr erlebt. Doch war mit den Vorbereitungen für die schließlich *Gesammelte Werke* genannte Edition bereits im Herbst 1938 begonnen worden, also noch unter Freuds Anleitung; trotz des nun rasch fortschreitenden Erlöschens seiner Lebenskraft mag sich die Dringlichkeit des Wunsches nach Sicherung einer zweiten Gesamtausgabe seiner Umwelt mitgeteilt und deren Anstrengungen angefacht haben. Aus dem Vorwort der Herausgeber wissen wir immerhin, daß er zumindest in einem Punkt auf die Entscheidungen des anfangs aus Anna Freud, Edward Bibring und Ernst Kris bestehenden Herausgebergremiums Einfluß genommen hat: »Die Absicht der Herausgeber, einige der voranalytischen Arbeiten Freuds in die ›Gesammelten Werke‹ aufzunehmen, wurde nach Besprechung mit dem Autor auf seinen ausdrücklichen

---

[1] 1915*b*, S. 37.
[2] 1968*a*, S. 132.
[3] Sigmund Freud Collection.

Wunsch hin wieder fallengelassen.«[1] Bis 1952 erschienen die siebzehn Textbände der Edition in einem Zeitraum von zwölf Jahren. Ihre Erstauflagen, die sowohl broschiert als auch in Leinenausstattung angeboten wurden, betrugen trotz der Kriegs- und Nachkriegsumstände jeweils zwischen fünfzehnhundert und dreitausend Exemplare.[2] Da Edward Bibring und Ernst Kris bereits 1940/1941 in die Vereinigten Staaten emigrierten, wurden Willi Hoffer und Otto Isakower als Editoren kooptiert. Mit Ausnahme der beiden 1944 erschienenen Bände 9 und 15 zeichnen sie als Mitherausgeber. Die Mitwirkung von Marie Bonaparte, deren Geldspende den Druck der *Gesammelten Werke* ermöglicht hatte, wird in sämtlichen Bänden erwähnt. Die Herausgeber bildeten als Personen gleichsam eine Brücke zur gewaltsam abgebrochenen Wiener Vergangenheit; denn bis auf Otto Isakower waren alle Genannten bei jener Liquidationszusammenkunft am 20. März 1938 in Wien Zeugen gewesen, auf der unter Leitung des von der NSDAP eingesetzten Kommissars Anton Sauerwald die Auflösung der Wiener Psychoanalytischen Vereinigung verfügt wurde.[3]

Was den Umfang der neuen Gesamtausgabe betrifft, so übersteigt er natürlich den der 1934 abgeschlossenen *Gesammelten Schriften*, und zwar nicht nur um die in der Zwischenzeit von Freud neu veröffentlichten Abhandlungen sowie die in Band 17 der *Gesammelten Werke* posthum publizierten Arbeiten; es wurden auch etliche kleinere frühere Arbeiten hinzugefügt, deren Abdruck in den *Gesammelten Schriften* unterblieben war.[4]

»Nach längerer Überlegung«, so heißt es im ›Vorwort der Herausgeber‹, habe man sich entschieden, »die thematische Einteilung der ›Gesammelten Schriften‹ durch eine chronologische Einteilung zu ersetzen, eine Anordnung, die den Bedürfnissen des wissenschaftlichen Arbeiters und des an der Entstehung der psychoanalytischen Wissenschaft interessierten Lesers besser zu entsprechen schien.«[5]

---

[1] A. Freud, 1952, S. VI.

[2] Briefliche Mitteilung Marianne Rodkers vom 10. Januar 1965 an mich.

[3] Nunberg und Federn, 1981, S. 321–323.

[4] Nämlich 1890*a* (noch irrtümlich auf 1905 datiert), 1897*b*, 1898*b*, 1911*f*, 1919*c*, 1926*c*. Doch erfolgte dieses Ergänzen nicht systematisch.

[5] A. Freud, 1952, S. V f.

Nur an einer einzigen Stelle sei das chronologische Prinzip absichtlich durchbrochen worden, »und zwar zugunsten der Einheitlichkeit in der Wiedergabe der ›Traumdeutung‹«[1]. Im Unterschied zur Präsentation des Werks in den *Gesammelten Schriften*, die, wie erwähnt, in Band 2 sozusagen den Urtext der Erstausgabe und, davon getrennt, in Band 3 die späteren Zusätze anbietet, enthält der umfangreiche Band 2/3 der *Gesammelten Werke* die achte Auflage samt den integrierten Zusätzen.

Tatsächlich haben die Herausgeber sonst das chronologische Prinzip rigoros angewendet, selbst dort wo die Bewahrung inhaltlicher Zusammengehörigkeit bestimmter Arbeiten das Verständnis des Lesers gefördert hätte: So werden die Werkgruppen der fünf metapsychologischen Abhandlungen von 1915 oder der sechs behandlungstechnischen Schriften der Jahre 1911 bis 1915 auseinandergerissen. Das gilt auch für die drei ›Beiträge zur Psychologie des Liebeslebens‹, die in den *Gesammelten Schriften* noch en bloc abgedruckt sind. Ähnliches trifft ferner für Nachschriften oder Nachworte zu bestimmten Arbeiten zu, die in den *Gesammelten Schriften* unmittelbar nach den Texten, auf die sie sich beziehen, wiedergegeben wurden.[2] Andererseits wird die Chronologie mitunter versehentlich durchbrochen. Zwei solcher Versehen erwähnt Anna Freud in ihrem Vorwort.[3] Doch gibt es noch andere, wohl unabsichtliche kleinere Abweichungen von der Chronologie.

Wenn auch anders gegliedert, übernehmen die *Gesammelten Werke* die Texte zum überwiegenden Teil in photomechanischer Reproduktion aus den *Gesammelten Schriften*, mitunter sogar mit identischer Paginierung. So gesehen, ist sozusagen die Masse der alten Wiener Ausgabe, bis in die formalen Details der Typographie, in den *Gesammelten Werken* erhalten geblieben. Wie in den *Gesammelten Schriften* wurden auch in der neuen Edition die Querverweise nicht durchgehend mittels eckiger Klammern als von den Herausgebern stammend kenntlich gemacht, was auch für viele andere edito-

---

[1] AaO, S. VII.

[2] Beispielsweise folgt dort in Band 8 die ›Nachschrift zur Analyse des kleinen Hans‹ von 1922 direkt auf die Krankengeschichte aus dem Jahre 1909.

[3] A. Freud, 1952, S. VII.

rische Einfügungen gilt. Im Vorwort spricht Anna Freud davon, daß von den Herausgebern eine »kritische Durcharbeitung des Textes«[1] vorgenommen worden sei, ohne indessen im einzelnen zu erläutern, worin diese bestanden hat und ob und in welchem Umfang Freud selbst daran beteiligt gewesen ist. Ein systematischer Textvergleich der beiden Editionen steht aus.

Stichproben legen nahe, daß die Herausgeber bei der Vorbereitung der *Gesammelten Werke* verschiedene Arten von Korrekturen vorgenommen haben. Nicht kommentarbedürftig erscheint die Richtigstellung eindeutiger Druckfehler bzw. Interpunktions- und Worttrennungsirrtümer. Hingegen könnte der Leser erwarten, bei gravierenderen Eingriffen in den Text über die Tatsache und die Gründe der jeweiligen Veränderung durch editorische Anmerkungen unterrichtet zu werden. Doch fehlen solche Mitteilungen in der Regel.[2] Einige Varianten scheinen durch Vergleich mit den Erstdrucken zustande gekommen zu sein[3]; so wurden etwa am Ende mancher Texte Ort und Datum der Entstehung hinzugefügt, wie Freud es im Erstdruck gehandhabt hatte. Aber die Herausgeber haben auch den in den *Gesammelten Werken* abgedruckten Freud-Text gelegentlich

---

[1] AaO, S. V.

[2] So wird beispielsweise nicht notiert, daß in den *Gesammelten Werken*, Band 11, S. 163, der Satzteil: »Wenn man im Traum eine Person aus dem Wasser rettet, macht man sich zu ihrer Mutter [...]« gegenüber der Vorlage der *Gesammelten Schriften*, Band 7, S. 163, korrigiert wurde, wo es irrtümlich heißt: »Wenn man im Traum eine Person aus dem Wasser rettet, macht man sie zu seiner Mutter [...]«. Vgl. die entsprechenden Passagen, z. B. S. 128, in Otto Ranks *Der Mythus von der Geburt des Helden* von 1909, auf welches Werk Freud sich bezieht.

[3] Dabei konnte es zu Verschlimmbesserungen kommen. Vgl. beispielsweise einen Satzteil im Geleitwort (1932*b*) zu Hermann Nunbergs *Allgemeiner Neurosenlehre auf psychoanalytischer Grundlage.* Er war in der Erstveröffentlichung in sinnverkehrender Weise abgedruckt worden: »Wer aber wissenschaftliches Denken bevorzugt, es als Verdienst zu würdigen weiß, wen die Spekulation, das Leitseil der Erfahrung, nie verläßt [...]«. In Band 12, S. 390, der *Gesammelten Schriften* war die Formulierung richtiggestellt worden: »Wer aber wissenschaftliches Denken bevorzugt, es als Verdienst zu würdigen weiß, wenn die Spekulation das Leitseil der Erfahrung nie verläßt [...]«. Die Herausgeber der *Gesammelten Werke* restituierten in Band 16, S. 273, dann jedoch die irrige erste Version. James Strachey (1961*a*) war dieser Fehler bereits bei seiner Übersetzung dieses Geleitworts aufgefallen.

geringfügig stilistisch verändert, ohne dies in Fußnoten kenntlich zu machen und zu begründen.[1]

Der Mangel an detaillierter Mitteilung editorischer Interventionen fällt besonders im Hinblick auf den 1941, also nicht lange nach Freuds Tod, aus dem Nachlaß herausgegebenen Band 17 der *Gesammelten Werke* ins Gewicht, obschon sich die Editoren hier häufiger zu Wort melden als in den anderen Bänden. Ein Vorwort von 1940 informiert kursorisch über die Nachlaßsituation, und jeder abgedruckte Text wird durch einen kurzen editorischen Vorspann eingeführt. Doch erfährt der Leser kaum etwas darüber, warum und nach welchen Regeln von den Herausgebern Auslassungen oder Ergänzungen vorgenommen wurden. Im zweiten Teil des vorliegenden Buches wird im Kapitel ›Posthum Veröffentlichtes‹ Näheres über die Art der teils massiven editorischen Eingriffe mitgeteilt.

Die bibliographischen Angaben zu den einzelnen Schriften der Bände sind von den Herausgebern jeweils in einer ›Bibliographischen Anmerkung‹ gesammelt und an den Schluß des betreffenden Bandes gerückt worden. Sie sind, wenngleich nicht systematisch, gegenüber den entsprechenden Hinweisen in den *Gesammelten Schriften* um Angaben über die unterdessen erschienenen weiteren Auflagen des Originalwortlauts sowie über die Übersetzungen ergänzt worden. In jedem Band folgt der ›Bibliographischen Anmerkung‹, im Unterschied zu den *Gesammelten Schriften,* ein ›Index‹, ein kombiniertes Namen- und Sachregister. Daß Qualität und Ausführlichkeit dieser Verzeichnisse variieren, ist auf ihre Entstehungsgeschichte zurück-

[1] Einige Beispiele: Im erst 1952 erschienenen Band 1 der *Gesammelten Werke* findet sich auf Seite 39 zur ersten der drei im Band abgedruckten französischen Arbeiten Freuds (1893*c*, 1895*c* und 1896*a*) eine nicht durch eckige Klammern als solche kenntlich gemachte Herausgeber-Anmerkung: »Les trois articles en français ont été revus et corrigés sur le texte original quant aux fautes de typographie et de français, tout en respectant strictement le sens.« James Strachey (1962, S. 72 f.), der diese Abweichungen im einzelnen geprüft hat, meinte, daß sie gelegentlich doch weiterreichten. Daß die zitierte Anmerkung, im Unterschied zu anderen editorischen Kommentaren in den *Gesammelten Werken*, in französischer Sprache abgedruckt ist, läßt vermuten, daß es unter den Herausgebern Marie Bonaparte war, die sich um diese Texte gekümmert hat. Aber auch im deutschen Freud-Wortlaut finden sich manche kleinere stilistische Veränderungen, die nicht als Herausgeber-Eingriffe kenntlich gemacht sind.

zuführen; einige wurden in Kellern während der Londoner Bombennächte zusammengestellt.[1] Um diese Mängel auszugleichen, planten Herausgeber und Verlag in den fünfziger Jahren als achtzehnten Band ein Gesamtregister, das 1956 zum hundertsten Geburtstag Freuds hätte erscheinen sollen. 1955 aber starb plötzlich John Rodker, und seine Witwe, Marianne Rodker, übernahm die Verlagsleitung; doch gelangte das umfangreiche, von Lilla Veszy-Wagner zusammengestellte Manuskript damals, also vor der Auflösung von Imago Publishing Company im Jahre 1961, nicht zum Druck.

Aus dem Blickwinkel der Editionswissenschaft betrachtet, läßt sich hinsichtlich der *Gesammelten Werke* wiederholen, was schon für die *Gesammelten Schriften* zu konstatieren war: es handelt sich nicht um eine kritische Ausgabe, sondern, trotz einiger editorischer Zusätze, abermals um kaum mehr als eine einfache Leseausgabe des Freud-Œuvres. Dem zitierten Vertragstext gemäß, hat Imago Publishing Company freilich erfüllt, wozu sich Rodker 1939 verpflichtet hatte: die im Nazi-Terror untergegangenen *Gesammelten Schriften* im deutschen Originalwortlaut in London neu herauszubringen; was die Ausstattung betrifft, gewiß eher dürftig, doch angesichts der Kriegs- und Nachkriegsumstände – Knappheit von Papier sowie Druck- und Bindematerialien, Kostensteigerungen, Geldnot, Mitarbeitermangel und -wechsel usw. – ein staunenswertes Rettungswerk. Es ist, als hätten sich die engsten Mitarbeiter nach dessen Tod die bedingungslose Werkorientiertheit Freuds zu eigen gemacht.

Seine nie nachlassende Sorge um das Œuvre ist für den Leser von heute wohl am lebendigsten in den Briefwechseln bezeugt. Eine Korrespondenz wie beispielsweise die mit Sándor Ferenczi enthält kaum je eine längere Passage, in der nicht von frisch entstehenden Werken oder neuen Auflagen und Übersetzungen bereits publizierter Schriften die Rede ist. Ähnliche Züge zeigen aber auch die knappen, tagebuchähnlichen Eintragungen, die Freud während einiger Jahre seines Lebens festhielt, nämlich in den drei überlieferten Jahrgängen 1916, 1917 und 1918 von *Prochaskas Familien-Kalender*[2] sowie der wäh-

---

[1] Persönliche Mitteilung Willi Hoffers.

[2] Sigmund Freud Collection.

rend des letzten Lebensjahrzehnts von 1929 bis 1939 geführten ›Kürzesten Chronik‹[1].

Prochaskas Familienkalender erschienen in der Zeit des Ersten Weltkriegs als Jahrbücher, eine illustrierte, wundersame Mischung aus Hausschatz, Erbauungs- und Durchhalteliteratur, auch Reklameträger. Ein Teil des Buchblocks besteht aus Seiten, auf denen für jeden Tag des Jahres eine freie Zeile für Eintragungen vorgesehen war. Freuds Vermerke betreffen einerseits Familienangelegenheiten wie Krankheiten, Geburtstage, Todesfälle, Besuche, militärische Auszeichnungen und Gefangenschaft der eingezogenen Söhne, aber auch die sich überstürzenden politischen Ereignisse wie »Revolution in Russland«, »Beginn der Deutschen Offensive im Westen«, »Revolution Wien u Budapest«, »Waffenstillstand mit Italien Krieg zu Ende!«, »Revolution in Kiel«, »Republik in Baiern!!«, »Republik in Berlin Wilhelm abgedankt«, »Ebert Kriegskanzler Waffenstillstandsbeding[un]gen«, »Kriegsende – K. Karl[2] verzichtet«, »Republik u Anschluss an Deutschland – Panik mitgemacht«. Andererseits werden unerschüttert mit akribischer Genauigkeit und Kontinuität die Schicksale der Werke festgehalten: »Alltagsleben 5. Aufl beendigt«, »Mnskrpt d. Vorlesungen abgeschlossen«, »V. Auflage Tr[aum]deut[un]g angekündigt«, »Totem u Tabu ungarisch«, »Karger[3] fordert VI Aufl Alltagsleben«, »Dänische Übersetz[un]g 5 Vorles[un]gen[4] verlangt«, »Vorlesungen 2. Aufl und Sam̄lung IV[5]«. Nicht anders die Mischung aus persönlich-familiären Ereignissen, politischen Nachrichten und Werkschicksalen in der ›Kürzesten Chronik‹. Neben Eintragungen wie »Perlen für Martha«, »Mutter gestorben 8^{h} früh«, »Dozentur erloschen – Hormoninjektion«, »Weihnacht in Schmerzen«, »Antisemit. Unruhen«, »Republik in Spanien«, »Anschluss an Deutschland«, »Hitler in Wien«, »Anna bei Gestapo«,

---

1 Einige Seiten aus der ›Kürzesten Chronik‹ wurden bereits in dem Band *Sigmund Freud. Sein Leben in Bildern und Texten* (E. Freud, L. Freud und Grubrich-Simitis, 1976, S. 270, 281, 288 und 336 f.) veröffentlicht. Das ganze Dokument, das insgesamt nur zwanzig Seiten umfaßt, erschien 1992 (vgl. Freud, 1976*m*).

2 Kaiser Karl I. von Österreich.

3 Der Verlag Karger in Berlin.

4 *Über Psychoanalyse*, 1910*a*.

5 Vierte Folge der *Sammlung kleiner Schriften zur Neurosenlehre.*

»Aufnahme in England gesichert« – führt Freud wiederum Buch über Wachstum und weiter zunehmende Weltgeltung seines Œuvres: »Norwegische Vorlesungen«, »Witz französisch«, »Japan. Überset-z[un]g ›Jenseits Lustprinzip‹«, »Libidinöse Typen begonnen«, »Weibl Sexualität beendigt«, »Französ Illusion[1]«, »Chinesisch[e] Vorles[un]gen«, »XII Band Ges. Ausgabe«, »Nachschrift zur Selbstdarstellung«, »Moses III neu begonnen« und endlich »Moses imprimirt«.

Sich mit dieser hier noch einmal dokumentierten Hingabe an das Werk identifizierend, haben die Mitarbeiter der ersten Nachfolgegeneration primär das Ziel verfolgt, die Schriften des Begründers der Psychoanalyse während des Zweiten Weltkriegs und in der Nachkriegsphase überhaupt verfügbar und wirksam zu erhalten. Editorische Mängel und Ungereimtheiten wurden dabei in Kauf genommen, als unabweisbare Realitäten akzeptiert, etwa als Folge der Tatsache, daß der geisteswissenschaftlich versierte Ernst Kris nach seiner Emigration in die Vereinigten Staaten infolge der kriegsbedingten Kommunikationserschwernisse seine Mitarbeit an der Edition weitgehend einstellen mußte. In einem Brief vom 11. Oktober 1969 an Alexander Mitscherlich räumte Anna Freud hinsichtlich der *Gesammelten Werke* später freimütig ein: »Ich weiß sehr gut, was die Fehler der jetzigen deutschen Ausgabe sind; sie sind nur durch die außerordentlich schwierigen Bedingungen zu entschuldigen, unter denen wir sie hergestellt haben. Und offenbar waren wir damals nicht sehr ›kompetent‹, haben auch keinerlei kompetente Hilfskräfte gehabt [. . .].«[2]

Anna Freud erwähnte damals nicht, daß das zunächst mit der Aufgabe betraute Herausgebergremium, eben sie selbst, Edward Bibring und Ernst Kris, ursprünglich tatsächlich eine anspruchsvollere Edition ansgestrebt hatte. In der Sigmund Freud Collection findet sich je ein Entwurf von Edward Bibring und Ernst Kris für einen nicht datierten, aber wohl von 1939/1940 stammenden Aufruf. Daraus geht hervor, daß damals die Absicht bestand, »der neuen Aus-

---

[1] *Die Zukunft einer Illusion* (1927*c*).

[2] Alexander-Mitscherlich-Archiv, Stadt- und Universitätsbibliothek, Frankfurt am Main.

gabe der Gesammelten Schriften« eine »Sammlung von Briefen und Stellen aus Briefen Freuds« hinzuzufügen, »die einen oder mehrere Bände umfassen soll«; nur jene Briefe oder Briefpassagen sollten abgedruckt werden, »in denen Fragen wissenschaftlicher und verwandter Natur, vor allem Probleme der Psychoanalyse, erörtert werden«. »Wir betonen, daß persönliche Mitteilungen von der Veröffentlichung ausgeschlossen sein sollen.« Offensichtlich richtete sich der Appell, von dem nicht bekannt ist, ob er je verschickt wurde[1], an frühere Korrespondenzpartner Freuds, den Wortlaut der in ihrem Besitz befindlichen Briefe in Abschriften den Herausgebern zur Verfügung zu stellen. Beiläufig wurde eine mögliche Verwendung der Briefquellen im editorischen Apparat der neuen Freud-Ausgabe angedeutet: »(Geeignete Stellen sollen auch als gelegentliche Anmerkungen in einem Anmerkungsapparat zu den Schriften verwertet werden.)«[2]

---

1 Aus einem unveröffentlichten Brief Marie Bonapartes an Anna Freud vom 16. Februar 1940 (Sigmund Freud Collection) geht immerhin hervor, daß diese bei ihr angefragt hatte, mit welchen französischen Kollegen Freud in regelmäßiger Korrespondenz gestanden habe.

2 Das bald nach seinem Tode wachgewordene Interesse für Freuds Briefe ist auch in den Schreiben dokumentiert, die 1939/1940 zwischen Ludwig Binswanger und der Freud-Familie gewechselt wurden. In einem Brief vom 29. Dezember 1939 berichtet Anna Freud Binswanger, der zuvor eine spätere Herausgabe von Freud-Briefen angeregt hatte, von der gemeinsam mit Bibring und Kris unternommenen Initiative. Ihren Vorsatz, daß man das allzu Persönliche ja weglassen könne, beantwortete Binswanger mit dem Rat, alle Arten von Briefen zu sammeln, nicht nur diejenigen wissenschaftlichen Inhalts (Freud, 1992*a*, S. 250–252).

3 Frankfurt: Von 1960 bis heute

In welchem Ausmaß es dem NS-Regime gelungen war, Freuds Schriften auf dem deutschen Buchmarkt zum Verschwinden zu bringen und das Denkuniversum, das er in seiner herrlichen Prosa in die Welt gesetzt hatte, aus dem öffentlichen Bewußtsein zu verbannen, ist heute, fast fünfzig Jahre nach Kriegsende, kaum noch vorstellbar. Daß das Werk im gleichgeschalteten ehemaligen Berliner Psychoanalytischen Institut bis unmittelbar vor Kriegsende, als das Gebäude abbrannte, in einem verschlossenen Schrank aufbewahrt wurde und gegen Unterschrift von den psychotherapeutischen Ausbildungskandidaten eingesehen werden konnte[1], wirkt in diesem Zusammenhang wie eine Ironie der Geschichte. Als Indiz für die lähmende Fortwirkung des traumatischen Vernichtungsakts gegen die einst so sorgsame und erfolgreiche Publikationspolitik Freuds sei die Tatsache hervorgehoben, daß es immerhin fünfzehn Jahre gedauert hat, ehe die Editionsinitiative im Hinblick auf die Freud-Werke in ihrem Originalwortlaut sich von London in den deutschen Sprachraum zurückverlagerte. Vermutlich wäre noch mehr Zeit verstrichen, hätte nicht der unerwartete Tod John Rodkers den Freud-Erben, die selbst nie aus dem Exil zurückkehrten, die Suche nach einem neuen Verlag und damit die Preisgabe der Sigmund Freud einst so wertvollen relativen verlegerischen Unabhängigkeit aufgezwungen. Wer nach dem Kriege seine Schriften in Deutsch lesen wollte, war jedenfalls jahrelang auf die Importe der Produktion von Imago Publishing Company angewiesen.[2]

---

[1] Dräger, 1971, S. 46.

[2] Daß der Verlag Franz Deuticke als erste Nachkriegserscheinung des Hauses 1945 aus seinem alten Rechtebestand eine Neuauflage der *Traumdeutung* heraus-

Es war wohl kein Zufall, daß das erste in der Bundesrepublik Deutschland produzierte und massenhaft vertriebene Freud-Taschenbuch, das die Aufmerksamkeit zumal der jungen Leser – übrigens erst 1953 – jäh auf sein Denken lenkte, von einem aus der Emigration zurückgekehrten Verleger veröffentlicht wurde: von Gottfried Bermann Fischer in der Fischer Bücherei des nun in Frankfurt ansässigen S. Fischer Verlags. In dem Band waren der *Abriß der Psychoanalyse* und *Das Unbehagen in der Kultur* sowie Thomas Manns Rede von 1936 zu Freuds achtzigstem Geburtstag abgedruckt. Kein anderer deutscher Verlag hatte sich bis dahin bei den Freud-Erben um eine Lizenz bemüht.[1] In wenigen Monaten war die Erstauflage von fünfzigtausend Exemplaren vergriffen. Bereits im Jahr darauf erschienen eine Neuauflage und ein weiteres Freud-Taschenbuch, nämlich *Zur Psychopathologie des Alltagslebens.* Für diese Ausgabe lud der Verlag Alexander Mitscherlich, den in der Öffentlichkeit führenden Repräsentanten eines schwierigen Neubeginns psychoanalytischer Ausbildung und Forschung im Nachkriegsdeutschland, zu einem Vorwort ein. 1956 und 1958 folgten, wiederum in der Fischer Bücherei, Taschenbuch-Lizenzausgaben von *Totem und Tabu* sowie von *Der Witz und seine Beziehung zum Unbewußten.*

Wenig später, 1960, folgte Gottfried Bermann Fischer einem verdienstvollen Hinweis seines damaligen Lektors Hans-Geert Falkenberg, der von der Verkaufsabsicht der Imago Publishing Company gehört hatte. Unverzüglich nahm Bermann Fischer in London die Verhandlungen mit Marianne Rodker über die Übernahme der Freud-Gesamtrechte auf, allerdings mit Ausnahme des englischen, spanischen und portugiesischen Sprachbereichs. Die Entschlossenheit, von nun an die verlegerische Verantwortung für die deutschsprachigen Freud-Ausgaben zu übernehmen, mag eine tiefe Wurzel in einprägsamen Begegnungen mit Sigmund Freud als altem Mann gehabt haben, letztlich in der Gemeinsamkeit des Verfolgtenschicksals.

brachte, blieb, obgleich 1950 eine weitere folgte, weithin unbeachtet. 1947 veröffentlichte Deuticke eine Neuauflage der *Drei Abhandlungen zur Sexualtheorie*, im selben Jahr einen Nachdruck der amerikanischen Vorlesungen, die 1951 noch ein letztes Mal im Deuticke-Programm wiederaufgelegt wurden.

[1] Persönliche Mitteilung von Bermann Fischer.

Eines der Gespräche fand seinerzeit in Freuds Wohnung in der Berggasse 19 statt, während der ersten Exiljahre der Verlegerfamilie 1936 bis 1938 in Wien.[1] Schon früher, am 2. Mai 1935, hatte Freud Arnold Zweig von einer Verbindung zum Verlag berichtet: »Über Anregung des Fischer Verlags habe ich eine kurze Begrüßung zu Thomas Manns sechzigstem Geburtstag[2] (6. Juni) verfaßt [. . .].«[3] Als Verleger Thomas Manns war das Ehepaar Bermann Fischer auch zugegen gewesen, als dieser am 14. Juni 1936 Freud in seiner Grinzinger Sommerunterkunft privatim den Festvortrag vorlas, den er im Wiener Konzerthaus-Saal zu dessen achtzigstem Geburtstag gehalten hatte.[4] Im Sommer 1938 schließlich bemühte sich Bermann Fischer von Stockholm aus, der nächsten Exil-Station seines Verlags, um die Rechte an Freuds Moses-Buch. Als der Autor ihm mitteilte, diese seien bereits vergeben, antwortete Bermann Fischer am 18. August: »Ich hoffe, daß sich doch noch einmal die Gelegenheit ergibt, eines Ihrer Bücher in meinem Verlag herauszubringen. Es würde mir eine besondere Freude und Genugtuung bereiten.«[5]

1960 bot sich endlich diese Gelegenheit, nicht bloß für ein Buch, sondern für das ganze Werk. Rückblickend bekräftigte der Verleger in seiner Autobiographie, daß er, da er dieses Œuvre schon lange zu den »grundlegenden Schöpfungen unseres Jahrhunderts« zählte, den Erwerb der Freud-Gesamtrechte als eine »bedeutende Erweiterung des Verlages« betrachtet habe.[6] In den folgenden Jahren konnte er auch seine frühere Verbindung zu Ernst Freud wiederaufnehmen, der nun, bis zu seinem Tod im Jahre 1970, für die Verwaltung der Rechte zuständig war. Bermann Fischer kannte ihn seit den zwanziger Jahren; damals hatte er als junger Architekt die Berliner Wohnung des Verlegerehepaars eingerichtet.

Mit der Vertragsunterzeichnung gingen nicht nur die Rechte an S. Fischer über. Auch die Freud-Buchbestände von Imago Publish-

[1] Vgl. Bermann Fischer, 1967, S. 124 und S. 376, ferner S. 130.
[2] 1935*c*.
[3] 1968*a*, S. 117.
[4] Mann, 1978, S. 316.
[5] Beide Briefe Bermann Fischers in der Sigmund Freud Collection.
[6] Bermann Fischer, 1967, S. 374.

ing Company wurden übernommen und von nun an von der Bundesrepublik aus vertrieben. Noch im Jahr der Vertragsunterzeichnung präsentierte S. Fischer in der ersten Auslieferung seiner damals als Ausstattungsform auf dem deutschsprachigen Buchmarkt eingeführten Paperback-Serie eine wiederum von Alexander Mitscherlich[1] ausgewählte und mit einem Nachwort versehene Freud-Anthologie: *Das Unbewußte*, mit dem Untertitel *Schriften zur Psychoanalyse.* Im Klappentext heißt es lakonisch: »Dieser Band soll eine Einführung in die vielgestaltige Welt des Werkes Freuds geben, das in Deutschland zwanzig Jahre nach seinem Tode so gut wie unbekannt geblieben ist.« Im Jahr darauf ließ der Verlag ein weiteres Freud-Taschenbuch folgen: *Drei Abhandlungen zur Sexualtheorie, Und verwandte Schriften*, Auswahl und Nachwort erneut von Alexander Mitscherlich. Die Textzusammenstellung von *Das Unbewußte* hatte bei den Freud-Erben Mißfallen ausgelöst; der Inhalt des Taschenbuchs mit den Schriften zur Sexualtheorie wurde daher im Gedankenaustausch mit Anna Freud festgelegt.

Unter dem einfachen Titel *Briefe 1873–1939* erschien 1960 überdies die erste große, fast den ganzen Lebenszyklus umspannende Sammlung persönlicher Briefe, ediert von Ernst Freud und seiner Frau Lucie, »um jenen, die Sigmund Freud nur aus seinem Werk kennen, ein Bild des Menschen zu geben«[2]. Ernst Freud hatte sich ursprünglich aus »Protest gegen Ernest Jones' Biographie« und »eigentlich gegen den Willen« seiner Geschwister zur Veröffentlichung dieser Auswahl *persönlicher* Briefe seines Vaters entschlossen.[3] Das Buch, eine Art Autobiographie in Briefform, zeigt gewiß mancherlei editorische Mängel; beispielsweise wurden Kürzungen nicht hinreichend deutlich markiert, geschweige denn begründet. Doch gewährte diese Anthologie dem Leser einen frühen Blick auf das gewaltige Massiv des Freudschen Briefnachlasses und fand in den

---

[1] Es sei an die Koinzidenz erinnert, daß Alexander Mitscherlich, zusammen mit Fred Mielke, im gleichen Jahr in der Fischer Bücherei die Dokumente des Nürnberger Ärzteprozesses, *Medizin ohne Menschlichkeit*, erstmals einem großen Leserkreis zugänglich machte.

[2] 1960*a*, S. 480.

[3] Zitiert aus einem Brief an mich vom 11. Februar 1968, anläßlich der erweiterten zweiten Auflage des Bandes.

Feuilletons damals, nicht zuletzt als literarisches Ereignis, ein fast hymnisches Echo. »Wir haben Grund, dankbar zu sein«, schrieb etwa Walter Jens[1], »unser Land ist um einen bedeutenden, endlich entdeckten Schriftsteller reicher geworden; die deutsche Sprache hat, wieder einmal, ihren Meister gefunden. [...] Ganz von selbst entblättert sich in dem [...] Buch das Leben eines Menschen, der unser Jahrhundert wie kaum ein zweiter umgewandelt hat.« Oder Friedrich Sieburg[2]: »Wir sind [...] um ein großes Lebenszeugnis reicher geworden. [...] Herrlich und ergreifend sind diese Briefe vom ersten bis zum letzten Tag. Wir lesen sie mit Bewunderung, aber auch mit der Scham darüber, daß wir Zeugen einer Zeit waren, die diesen großen Mann in die Verbannung trieb.«

Im Jahre 1962 brachte S. Fischer ferner eine preiswerte Ausgabe der Fließ-Dokumente, *Aus den Anfängen der Psychoanalyse*, heraus, wiederum in der neuen Paperback-Serie.

Nicht lange nach meinem Arbeitsbeginn bei S. Fischer[3] stellte ich 1963/64 einen Editionsvergleich an zwischen den *Gesammelten Werken* einerseits und der unter Leitung von James Strachey herausgegebenen, damals noch nicht abgeschlossenen vierundzwanzigbändigen *Standard Edition of the Complete Psychological Works of Sigmund Freud* andererseits und begründete im einzelnen, worin die Überlegenheit der englischen gegenüber der deutschen Ausgabe besteht. Die *Standard Edition* war inzwischen als die führende, die einzige kritische Edition des Hauptœuvres weithin bekannt geworden. Aus dem Vergleich entwickelte sich alsbald der Plan, Freuds Werke dem deutschsprachigen Leser in Zukunft im wesentlichen in zwei Versionen zu präsentieren: dem Fachpublikum in einer neuen, repräsentativ ausgestatteten *kritischen Gesamtausgabe*, dem allge-

[1] In der *Zeit* vom 17. Februar 1961.

[2] In der *Frankfurter Allgemeinen Zeitung* vom 12. November 1961.

[3] Die folgenden Passagen über die dritte Phase der Editionsgeschichte haben insofern zwangsläufig eine persönlichere Tönung, als seit 1963 im Lektorat des S. Fischer Verlags die Freud-Ausgaben zu meinem Verantwortungsbereich gehören. Auch als ich Mitte der siebziger Jahre aus dem Verlag ausschied, setzte ich in freier Mitarbeit, aber in der gleichen Weise verantwortlich wie bisher, ohne Unterbrechung meine Bemühungen um das Freud-Werk fort.

meinen Leser, zumal den Studenten aus den Nachbardisziplinen, in einer preisgünstigen fünf- bis sechsbändigen *Studienausgabe*, die systematischer ausgewählt und ausführlicher kommentiert sein sollte als die bisher vom Fischer Verlag vorgelegten einzelnen Freud-Taschenbücher und -Paperbacks.

Das weniger aufwendige zweite Projekt, die *Studienausgabe*, gelangte relativ rasch in das Stadium der Verwirklichung. Alexander Mitscherlich entwarf einen Inhaltsplan für die sechs Bände, wobei er sich teilweise an die Gliederung der *Collected Papers*, der 1924/25 und 1950 erschienenen fünfbändigen englischen Freud-Auswahl anlehnte. James Strachey wurde darum gebeten, der Wiedergabe von Auszügen des kritischen Apparats seiner *Standard Edition* in der *Studienausgabe* zuzustimmen. Er lehnte ab und begründete in einem Brief vom 16. März 1964 an mich seine Entscheidung mit einer radikalen Kritik an Mitscherlichs Exposé; er halte es für einen Irrweg, sich an der ihrerseits fragwürdigen Edition der *Collected Papers* zu orientieren, nach seinem Dafürhalten einem »out-of-date relic which should be buried and forgotten as soon as possible«. Stracheys Brief war hilfreich, weil er uns vollends die Augen darüber öffnete, daß eine Entsprechung der unterdessen in England entstandenen Freud-Editionskultur sich hierzulande nicht von heute auf morgen nachentwickeln lassen würde. Auf Einladung Mitscherlichs und des S. Fischer Verlags erklärten sich James Strachey und seine Mitarbeiterin Angela Richards bereit, die *Studienausgabe* mitherauszugeben.

Beide legten 1966 den Plan für eine ganz andere Werkauswahl vor. Sie hatten dabei das Ziel vor Augen, dem noch wenig informierten Leser zu ermöglichen, sich am Leitfaden einer wohldurchdachten *thematischen* Gliederung[1] in alle Hauptbereiche des psychoanalytischen Werks gründlich einzuarbeiten. Doch hatte sich die Bandzahl dabei unversehens verdoppelt. Dagegen erhob die Verlagsleitung Bedenken. Die Welle der großen Freud-Rezeption war damals noch nicht absehbar, und man bezweifelte, ob für eine derart umfangrei-

[1] Sofern sie nicht überhaupt ein einzelnes umfangreiches Werk präsentieren – wie Band 1 die *Vorlesungen* einschließlich der *Neuen Folge* oder Band 2 *Die Traumdeutung* –, herrscht *innerhalb* der Bände, die jeweils Texte zu einem bestimmten Thema sammeln, in der Regel die *chronologische* Reihenfolge.

che, also auch relativ teure Werkauswahl eine Nachfrage bestehe. Heute kaum noch vorstellbar, wagte man es seinerzeit nicht, Band 3 der *Studienausgabe*, seinem Inhalt entsprechend, *Metapsychologische Schriften* zu nennen, weil man vermutete, der Ausdruck ›Metapsychologie‹ sei gänzlich unbekannt und werde eher Ablehnung als Interesse provozieren. Schließlich befürchtete man, die *Studienausgabe* könne sich zu einem Konkurrenzunternehmen für die geplante kritische Gesamtausgabe auswachsen. So reduzierten die Herausgeber die ursprünglich zwölf Bände umfassende Gliederung auf eine zehnbändige Auswahl, allerdings unter der Bedingung, daß sich der Verlag verpflichtete, alle jene Hauptwerke, auf die einzig aus Umfanggründen »mit äußerstem Widerstreben«[1] verzichtet werden mußte, in seinem Taschenbuchprogramm in flankierenden preiswerten Ausgaben zur Verfügung zu stellen: zumal die *Studien über Hysterie, Zur Psychopathologie des Alltagslebens, »Selbstdarstellung«* und *Abriß der Psychoanalyse*[2].

Letzte Korrekturen des Inhaltsplans wurden diskutiert und die Editionsprinzipien[3] festgelegt. Unter dem Titel ›Über mögliche Mißverständnisse bei der Lektüre der Werke Sigmund Freuds‹ verfaßte Mitscherlich einen einführenden Essay über die Schicksale der Psychoanalyse in Deutschland, verknüpft mit Ratschlägen für den Leser. Die editorische Detailarbeit wurde im wesentlichen in einer jahrelangen intensiven Kooperation zwischen Angela Richards einerseits – James Strachey starb im Frühjahr 1967 – und dem Frankfurter Verlagslektorat andererseits durchgeführt; Mitscherlichs Mitarbeiterin Käte Hügel besorgte in der Regel die Übersetzung der in die *Studienausgabe* aufzunehmenden Passagen des editorischen Apparats der *Standard Edition.* Die ersten beiden Bände der *Studienausgabe*, die Bände 8 und 10, erschienen 1969.[4] Die Paradoxie unserer Lage, daß nämlich die erste umfangreiche kritische *deutsch-*

---

[1] Richards, 1969, S. 28.

[2] Der *Abriß* war schon seit 1953 in jenem ersten Freud-Taschenbuch auf dem Markt, *Zur Psychopathologie des Alltagslebens* seit 1954.

[3] Angela Richards hat sie in den ›Erläuterungen zur Edition‹ (1969) beschrieben.

[4] Im Rahmen der neuen, von Thure von Uexküll und mir herausgegebenen Reihe *Conditio humana; Ergebnisse aus den Wissenschaften vom Menschen.*

sprachige Freud-Edition wesentlich auf der Leistung *englischsprachiger* Editoren beruht, blieb allen Beteiligten während jener Jahre stets bewußt. Als wir über die Reihenfolge bei der Nennung der Herausgebernamen berieten und Strachey mit Noblesse vorschlug, Alexander Mitscherlich möge trotzdem den ersten Platz einnehmen, argumentierte er in einem Brief an mich vom 25. Januar 1965: »My reason for wanting us to take back seats as editors of the paperback Ausgabe is merely that it will be absurd for a couple of unknown English people to set themselves up as editors of a German classic.«

Hinsichtlich des viel umfassenderen Projekts einer neuen kritischen Freud-Gesamtausgabe war von Anfang an klar, daß es sich um eine langfristige Unternehmung handeln und mit dem Erscheinen der ersten Bände nicht bald zu rechnen sein würde. Deshalb wurde beschlossen, die vom S. Fischer Verlag vertriebenen und nachgedruckten siebzehn Bände der *Gesammelten Werke* unterdessen in zweifacher Hinsicht zu komplettieren: durch den achtzehnten Band, das *Gesamtregister*, und einen nicht numerierten *Nachtragsband.*

Das Manuskript des *Gesamtregisters*, das sich nun im Besitz von S. Fischer befand, war zu überprüfen. Es erwies sich als nicht satzfertig. Nach einem im Lektorat koordinierten aufwendigen Korrekturprozeß erschien Band 18 der *Gesammelten Werke* 1968 als überhaupt erstes Freud-Gesamtregister.

Im *Nachtragsband* wollten wir alle jene psychologisch-psychoanalytischen Freud-Texte sammeln, die aus verschiedenen Gründen bislang in den siebzehn Bänden der *Gesammelten Werke* fehlten. Mit anderen Worten: die *Gesammelten Werke* sollten für die Zwischenzeit bis zum Erscheinen der neuen kritischen Gesamtausgabe zumindest hinsichtlich des Textbestands des psychologisch-psychoanalytischen Teils von Freuds Œuvre der *Standard Edition* angeglichen werden. Dabei waren Schwierigkeiten zu überwinden. Anna und Ernst Freud widersetzten sich eine Zeitlang unserer Absicht, die aus Josef Breuers Feder stammenden Stücke der *Studien über Hysterie*, also die epochemachende Krankengeschichte der »Anna O.« und das Kapitel ›Theoretisches‹, in den *Nachtragsband* aufzunehmen. Gewiß konnten sie darauf verweisen, daß Freud den Ausschluß dieser Passagen aus seinen bisherigen Gesamtausgaben selbst gewünscht hatte – wohl nicht zuletzt weil er Texte nicht unter seinen Namen nehmen wollte, bei deren Entstehung er nicht einmal als Ko-Autor beteiligt gewesen war. Andererseits hatten James und Alix Strachey, schon Jahre vor unseren Diskussionen über den Inhalt des *Nachtragsbandes*, die Breuer-Stücke in ihre Neuübersetzung der *Studien* für den zweiten Band der *Standard Edition* in der Einsicht integriert, daß dem Leser andernfalls bloß ein Torso des revolutionären Buches vorgelegt würde. Anna und Ernst Freud revidierten schließlich ihren Standpunkt und stimmten unserer Absicht zu. Als Herausgeber des *Nachtragsbandes* stellte sich Angela Richards zur Verfügung, wodurch die Zusammenarbeit mit den englischen Editoren noch enger geknüpft wurde.

Doch zunächst zurück zum seinerzeit anspruchsvollsten Projekt einer kritischen Freud-Gesamtausgabe. Mit Editionswissenschaft noch wenig vertraut, sprachen wir damals rundweg von ›historisch-kritischer‹ Ausgabe: Sie sollte jedenfalls die von James Strachey in seinen Kommentaren zur englischen Ausgabe niedergelegten editorischen Leistungen integrieren, das heißt, diese sollten für die neue Ausgabe übersetzt und in deren editorischen Apparat eingearbeitet werden; es bestand die Absicht, in zusätzlichen wissenschafts- und kulturgeschichtlichen Anmerkungen, gleichsam über Strachey hinaus, von Freuds Konzepten und Methoden Verbindungen zum europäischen Ideenkontext herzustellen; ferner sollten nicht nur sämtliche Texte aus der psychoanalytischen Schaffensphase ediert, sondern überdies zwei große Textbereiche einbezogen werden, die James Strachey weitgehend unberücksichtigt gelassen hatte, nämlich die gesamten voranalytischen Schriften[1] und die wissenschaftlichen Briefe[2]; schließlich sollte für die neue Gesamtausgabe eine Arbeit systematisch und vollständig geleistet werden, der sich Strachey und

[1] Seinerzeit war von »histologischen und neurologischen Schriften« die Rede gewesen.

[2] Gewiß war es naiv anzunehmen, zwischen persönlichen und wissenschaftlichen Briefen könne klar unterschieden werden, wobei einzig letztere für werkrelevant gehalten wurden. Vermutlich ist diese Unterscheidung von den Freud-Erben in die Diskussion eingeführt worden, denn die seinerzeit in London geplante Briefedition (S. 68 f., oben) sollte sich gleichfalls auf die »wissenschaftlichen« Briefe beschränken.

seine Mitarbeiter nur in wenigen Fällen[1] unterzogen hatten, nämlich jeweils der Vergleich zwischen Druckfassung und Manuskript, sofern letzteres erhalten geblieben war.

Da infolge mancher Darstellungen seiner Kritiker in den letzten Jahren der unzutreffende Eindruck entstanden sein könnte, James Strachey sei bezüglich der eigenen Arbeit ein unbeweglicher, selbstgerechter Mann gewesen, möchte ich an dieser Stelle nicht unerwähnt lassen, daß er, ein begeisterter Befürworter einer derartigen neuen deutschen Gesamtausgabe, damals unsere Pläne begrüßte. So schrieb er mir am 16. Mai 1964: »I look forward ardently to a great Fischer German edition of Freud, which will put our English one completely into the shadow« – und sicherte seine Hilfe und den Zugang zu seinem Archiv zu.

In der zweiten Hälfte der sechziger Jahre wurde in zähen Verhandlungen mit Anna und Ernst Freud, Alexander Mitscherlich und der Deutschen Forschungsgemeinschaft darum gerungen, die personellen, organisatorischen und finanziellen Voraussetzungen für die Verwirklichung des Projekts zu schaffen.

Zuerst war Widerständen der Erben gegen die Ausdehnung der Edition auf voranalytischen Werkbereich und Briefe zu begegnen. Wie Mitscherlich mir am 13. Mai 1965 schrieb, hatte er aus London gehört, daß Argumente dagegen vorgebracht würden, »auch das neurologische Schrifttum [. . .] aufzunehmen. Ganz offenbar wollen die Psychoanalytiker der alten Generation Freud erst als Erleuchteten in die Geschichte eingehen lassen. Das ist aber eine völlig unkritische und unhaltbare Forderung, da insbesondere die Arbeiten von Herrn Vogel[2] und eine Preisarbeit der hiesigen Akademie[3] nachgewiesen haben, wie sehr das neurologische Schrifttum Freuds eine Vorbereitung der Psychoanalyse darstellt, insbesondere wie viele neurologische Begriffe später in die Psychoanalyse mit anderen Funktionen oder zur Beschreibung anderer Prozesse, nämlich der psychischen, eingegangen sind. [. . .] Gegen Widerstand solcher Art

[1] In der Regel lediglich bei Werken, deren Drucklegung Freud nicht selbst überwacht hatte.

[2] Vogel, beispielsweise 1953 und 1954.

[3] Spehlmann, 1953.

bin ich schlecht gewappnet, dann geht leicht mein Temperament mit mir durch. [...] Auch die Aufnahme der Briefe [...] scheint nicht zu gefallen.« Verständlicherweise kränkte es Mitscherlich, als er erfuhr, daß die Erben zunächst die Berufung eines Herausgebergremiums erwogen hatten, das unter anderen aus den Personen bestehen sollte, die einst im Exil für die Edition der *Gesammelten Werke* zuständig gewesen waren.

Was ihre Vorbehalte gegen eine Einbeziehung der voranalytischen Schriften und der Briefe in die neue Edition betraf, so fühlten sich die Erben offenbar nicht zuletzt Freuds eigenen Auffassungen verpflichtet; er hatte seine voranalytischen Arbeiten nicht sonderlich geschätzt, sie, wie die eingangs erwähnte ›Chronologie‹ und die bisherigen Gesamtausgaben zeigen, gleichsam nicht zu sich gerechnet, und von einer Veröffentlichung seiner Briefe wollte er ohnehin nichts wissen. Allmählich gelang es jedoch, die grundsätzliche Zustimmung Anna und Ernst Freuds zu dieser Erweiterung der Edition zu gewinnen. Ferner garantierten sie den Zugang zu dem in Hampstead stehenden Teil von Freuds Bibliothek und seinen Handschriften.

Ungeachtet noch bestehender Erschwernisse und Ungewißheiten hatte Mitscherlich bereits am 6. Mai 1965 bei der Deutschen Forschungsgemeinschaft seinen Subventionsantrag für die Vorbereitung einer historisch-kritischen Gesamtausgabe der Werke und Briefe Sigmund Freuds eingebracht, der mit dem Satz schließt: »Es ist gewiß überflüssig, noch anzufügen, daß mit der Erstellung dieser kritischen Gesamtausgabe in deutscher Sprache eine wirklich bedeutende Wiedergutmachungsleistung von unserer Seite einem der größten deutschsprachigen Forscher dieses Jahrhunderts gegenüber geleistet wird.«[1]

Um diesen Antrag zu konkretisieren, das heißt, um zu realisti-

[1] Unmittelbar danach gab die Deutsche Forschungsgemeinschaft gleichwohl zu bedenken, daß von ihr bisher vorzugsweise historisch-kritische Ausgaben von Werken solcher Autoren gefördert worden seien, die schon vor längerer Zeit verstorben seien und unvollendete Werke hinterlassen hätten, Werke jedenfalls, die nicht in einer vom Autor gebilligten Form zu dessen Lebzeiten veröffentlicht worden seien. Zwingend sei diese Regel indessen nicht. (Brief an Mitscherlich vom 12. Mai 1965, Alexander-Mitscherlich-Archiv.)

schen Angaben hinsichtlich Personalbedarf, Kosten- und Zeitaufwand zu gelangen, wurden Probeeditionen zweier Freud-Werke hergestellt, inklusive des Vergleichs zwischen Manuskript und Erstausgabe einerseits, Erstausgabe und späteren Auflagen andererseits wie auch der Übersetzung der Strachey-Kommentare. Dabei traten freilich gleichzeitig zusätzliche Schwierigkeiten vollends zutage, nämlich die aus dem Umstand resultierenden, daß Mitscherlich bei aller Begeisterungsfähigkeit für das Editionsunterfangen sich ihm nicht vorrangig widmen konnte. Er befand sich damals in einer Phase intensiver eigener Kreativität; in jenen Jahren entstand unter anderem das zusammen mit Margarete Mitscherlich verfaßte Buch *Die Unfähigkeit zu trauern*[1]. Außerdem bekleidete er vielfältige öffentliche Funktionen, wozu nicht zuletzt Aufbau und Leitung des Frankfurter Sigmund-Freud-Instituts gehörten. Aber auch die Personen, die er nacheinander als Bearbeiter vorschlug und die sich unter seiner Leitung des Projekts annehmen sollten, winkten ab.

Meine am englischen Modell orientierten Versuche, eine personelle und institutionelle Verankerung der Edition im Sigmund-Freud-Institut zu erreichen, scheiterten gleichfalls; die Bereitschaft, die Arbeit an der *Standard Edition* über Jahrzehnte zu unterstützen, war nämlich nicht im dortigen Verlag, The Hogarth Press, zentriert gewesen, sondern im Londoner Institute of Psycho-Analysis. In einer eingehenden Besprechung mit Mitscherlich und der Gruppe seiner Mitarbeiter skizzierte ich Ende 1967 dieses englische Modell und erläuterte die Bedeutung, welche die Edition als gewichtiges Projekt des Sigmund-Freud-Instituts nicht zuletzt für dessen Ausstrahlung im In- und Ausland erlangen könnte. Zwar zeigten die Mitarbeiter lebhaftes Interesse, gaben Anregungen und sicherten gelegentliche Hilfe zu. Was ich mir von dem Gespräch eigentlich erhofft hatte, erfüllte sich jedoch nicht, nämlich daß sich zumindest *ein* Mitarbeiter bereit erklärt hätte, sich der über weite Strecken entsagungsvollen Editionsarbeit zu verschreiben.

Dies wäre letzten Endes doch unverzichtbar gewesen. Inzwischen hatten wir zwar einen jungen, an Psychoanalyse interessierten Phi-

[1] A. und M. Mitscherlich, 1967.

losophie-Absolventen gefunden, der bereit und fähig gewesen wäre, den Manuskript- und Ausgabenvergleich sowie die Übersetzung des editorischen Apparats der *Standard Edition* zu besorgen. Die zusätzliche Kommentierung aber hätte nur ein ausgewiesener Freud-Forscher verfassen können. Einen solchen hat es unter den deutschen Psychoanalytikern damals vielleicht nicht gegeben. Aber die Nicht-Bereitschaft, die Verantwortung für das Freud-Werk zu übernehmen und als Gruppe mitzutragen, hatte wohl auch etwas mit einer abgewehrten Ambivalenz gegenüber diesem Werk zu tun, die ihrerseits in der immensen Verleugnungsnot gegenüber der eigenen Verstrickung in die Geschichte des Nationalsozialismus wurzelte. In welchem Ausmaß die Berufsgruppe der Psychoanalytiker die Mitscherlichsche Pionierarbeit nicht rezipiert hatte und in der eigenen Unfähigkeit zu trauern verharrte, begriff ich erst viel später, als ich selbst Psychoanalytikerin wurde. Bekanntlich hat sich daran erst seit 1980 etwas zu ändern begonnen, also mehr als zehn Jahre nach jenem Gespräch, in dem ich im Grunde dafür warb, die Editionsinitiative möge in Zukunft im wesentlichen überhaupt von den Psychoanalytikern des Sigmund-Freud-Instituts ausgehen. Denn seinerzeit bestand durchaus akuter Anlaß für meine Sorge um die Zukunft dieses Werks. Inzwischen hatten nämlich Gottfried und Brigitte Bermann Fischer ihren Verlag zu verkaufen begonnen und sich ins Privatleben zurückgezogen. Es folgte unter veränderten Eigentumsverhältnissen eine langwährende Interimsphase der Instabilität und Desorientierung hinsichtlich der Schwerpunkte des Verlagsprogramms.

In einem Brief an Alexander Mitscherlich vom 6. Mai 1969[1] unterstrich die Deutsche Forschungsgemeinschaft noch einmal den von ihr geforderten hohen Standard: das Kriterium ›historisch-kritisch‹ spiele für ihre Fachgutachter die entscheidende Rolle, einzig die Unterstützung einer so zu charakterisierenden Edition betrachte sie als ihre Aufgabe. Dem Brief war das Ergebnis einer erneuten Überprüfung von Mitscherlichs Antrag beigefügt, nämlich das skeptische Gutachten eines nicht genannten »erfahrenen Editors«. Er beschrieb die im Falle historisch-kritischer Ausgaben gültigen Maßstäbe, skizzierte, obgleich mit dem Œuvre wohl wenig vertraut, den Bauplan

[1] Alexander-Mitscherlich-Archiv.

einer entsprechend organisierten Freud-Gesamtausgabe, fand, daß die Übernahme von Teilen der Strachey-Kommentare »den wissenschaftlichen Wert der neuen Ausgabe als einer kritischen völlig infrage« stelle, zog die im Antrag formulierten Angaben über Zeitdauer und Personalbedarf als viel zu gering in Zweifel und forderte auch für den Fall einer vorläufigen Ausklammerung des Briefkorpus (wozu wir uns zum damaligen Zeitpunkt entschlossen hatten) Zugang der Editoren zum *gesamten* Nachlaßmaterial, um alle vorhandenen Quellen zumindest in den Kommentaren berücksichtigen zu können.

Trotz Verärgerung über Einzelheiten des Gutachtens – unter anderem wurden erneut Fragen gestellt, die wir längst beantwortet hatten –, hielten auch Mitscherlich und ich den möglichst unbeschränkten Zugang zum Nachlaß für eine notwendige Arbeitsvoraussetzung. Wir baten Anna und Ernst Freud deshalb nochmals um schriftliche Zusicherung. Als Reaktion distanzierten sich beide nach der Lektüre des Gutachtens der Deutschen Forschungsgemeinschaft indessen vehement vom Plan einer derart philologisch anspruchsvollen Ausgabe. In einem Brief Anna Freuds an mich vom 28. September 1969 heißt es: »Einerseits halte ich die Forderungen für unerfüllbar, da der Inhalt des S. Freud-Archivs vorläufig gesperrt ist und verschiedene Korrespondenzen aus Gründen der ärztlichen Diskretion gleichfalls. Anderseits halte ich eine ›kritische Ausgabe‹ der [vom Gutachter] geschilderten Art für ein überflüssiges Unding, mit dem ich selbst nichts zu tun haben möchte.[1] Die Analytiker, die wie Strachey daran arbeiten könnten, gibt es auch gar nicht, und man kann sie für den Zweck nicht erfinden. Alles, was der Plan erreichen würde, ist ein Aufschub der Herausgabe, oder besser des Erscheinens einer neuen Gesamtausgabe auf sehr viele Jahre, vielleicht bis zu einer Zeit, zu der es die Psychoanalyse im heutigen Sinne vielleicht gar nicht mehr gibt.« Mitscherlich verstand diese Äußerungen zunächst als Kritik schlechterdings an unseren Bemühungen und als

[1] Einige Tage später, am 11. Oktober 1969, räumte sie allerdings in einem weiteren Brief an mich ein: »Ich glaube, es stimmt auch, daß ich für die philologische Genauigkeit nicht genug Verständnis habe, vielleicht weil ich noch in der Erinnerung habe, wie wenig meinem Vater seinerzeit daran gelegen war [...].«

Mißtrauensvotum gegen seine Person, bis ihm Anna Freud beschwichtigend versicherte, sie bezögen sich auf die Maximalforderungen jenes Gutachters. Gleichwohl bestand Mitscherlich in einem Brief vom 14. Oktober 1969, im Sinne der Verläßlichkeit und Vollständigkeit des editorischen Kommentars, auf dem Zugang zu den Briefquellen: »Wenn darüber keine Einigung erzielt werden könnte, muß auf absehbare Zeit, nämlich bis die Briefwechsel offenliegen, der Plan einer historisch-kritischen Gesamtausgabe zurückgestellt werden.«[1] Anna Freuds Antwort vom 30. Dezember lautete erneut eher abwehrend, wobei in ihrer Zurückhaltung tatsächlich das Argument eine Hauptrolle gespielt zu haben scheint, daß es sich um die Korrespondenz eines Arztes handelt, in der, von den Jugendbriefen abgesehen, tatsächlich immer wieder von Patienten die Rede ist: das Arztgeheimnis müsse gewahrt, die Intimsphäre von Patienten geschützt bleiben. Jedenfalls resignierte Mitscherlich daraufhin und zog am 6. Mai 1970, genau fünf Jahre nachdem er ihn gestellt hatte, seinen Antrag bei der Deutschen Forschungsgemeinschaft förmlich zurück.

Zwei Hindernisse haben dieses Scheitern also hauptsächlich verursacht: auf seiten der damals kleinen Gruppe der deutschen Psychoanalytiker das Fehlen einer Persönlichkeit, die bereit gewesen wäre, für Jahre Energie und Können vorrangig der Herausgeberarbeit zu widmen; auf seiten der Freud-Erben die Unmöglichkeit, Zugang zu allen im Nachlaß gesammelten Dokumenten zu garantieren.[2] Das bedeutete, daß zwei Bedingungen nicht zu gewährleisten waren, auf

[1] Alexander-Mitscherlich-Archiv.

[2] Die Öffnung bestimmter Korrespondenzen wurde und wird übrigens gelegentlich auch von den Briefpartnern Freuds bzw. deren Nachlaßverwaltern verweigert. Das gilt etwa für die Eugen Bleuler-Briefe. Oder ein anderes Beispiel: als 1958 Kopien der Originalbriefe und Abschriften aus dem Freud-Jung-Briefwechsel dem Sigmund-Freud-Archiv übergeben wurden, geschah dies unter der Auflage, daß sie erst zwanzig Jahre nach Jungs Tod mit Erlaubnis des Jung-Archivs geöffnet werden dürften (McGuire, 1974, S. XXV). Es war sogar von noch längeren Veröffentlichungsfristen die Rede (aaO, S. XXXIII). Hingegen hätten die Freud-Erben im Falle dieser Korrespondenz schon seit Jahren nichts gegen deren Veröffentlichung einzuwenden gehabt. Der unerwartete Sinneswandel der Jung-Erben, welcher dann 1974 die Publikation ermöglichte, vollzog sich erst 1970.

deren Erfüllung die Deutsche Forschungsgemeinschaft bei ihrer Bewilligung von Subventionsanträgen für Editionsvorhaben bestand.[1]

Im Rückblick kommt es mir allerdings so vor, als habe sich im Mißglücken des ehrgeizigen Projekts einer historisch-kritischen Ausgabe noch eine übergeordnete Logik durchgesetzt: wir scheiterten, weil wir versucht hatten, den zweiten Schritt vor dem ersten zu tun. Gewiß will jede historisch-kritische Ausgabe ihren Autor für immer vor dem Vergessen bewahren, doch gleichsam in Gestalt eines prächtigen Grabmals. Mit anderen Worten, unweigerlich *historisiert* sie sein Werk, entrückt es in den Bereich unantastbarer Klassizität. In den sechziger Jahren aber ging es noch darum, nach dem Auslöschungsversuch der Nazis Freud als Denker, Schriftsteller und Therapeuten hierzulande allererst wieder lebendig zu machen, ihn gewissermaßen als zeitgenössischen Autor erneut in den Stoffwechsel des intellektuellen Lebens einzuführen, sein Werk also nicht vorzeitig zu historisieren, sondern es emphatisch zu *vergegenwärtigen.*

Das Erreichen dieses bescheideneren, realistischeren Nahziels editorisch und organisatorisch zu fördern blieb nun auch weiterhin gänzlich der Initiative des Verlagslektorats[2] überlassen. Im Laufe der Jahre gelang es mir, mit Anna und Ernst Freud sowie K. R. Eissler, dem Sekretär des Sigmund-Freud-Archivs, eine vertrauensvolle Zusammenarbeit aufzubauen, die den verschiedenen Freud-Ausgaben in vielfältiger Hinsicht zugute kam.[3] Das Scheitern der kritischen

---

[1] Es erschien allerdings auch nicht gänzlich abwegig, wenn Alexander Mitscherlich mitunter Anzeichen dafür zu erkennen glaubte, daß die Deutsche Forschungsgemeinschaft dem Freud-Werk nicht sonderlich gewogen sei, andernfalls hätte sie vielleicht den Besonderheiten des Freud-Nachlasses flexibler Rechnung tragen können, anstatt auf abstrakten Regeln zu beharren, die im Falle des Nachlasses von Autoren, die längt Figuren der Geschichte geworden sind, sich leichter einhalten lassen.

[2] Also der Arbeitskraft einer Einzelperson, zu deren Verantwortungsbereich noch andere Aufgaben gehörten. Bald danach kam Ingeborg Meyer-Palmedo hinzu. In sorgsamer Detailarbeit hat sie seither die Bürde der redaktionellen Durchführung vieler Freud-Publikationen unermüdlich mitgetragen.

[3] Die Darstellung, die Young-Bruehl in ihrer Biographie Anna Freuds von deren »ban on relations with Germany« (1988, S. 439) gibt, ist insofern allzu simpli-

Gesamtausgabe wirkte sich insofern auch auf andere, damals sich in Vorbereitung befindende Freud-Editionen verändernd aus, als ich in der Folgezeit versuchte, einiges von dem, was nun fürs erste aufgegeben werden mußte, auf anderen Ebenen zu verwirklichen, etwa durch Anheben des editorischen Niveaus verschiedener Einzelausgaben. So wurden nach und nach Bausteine zusammengetragen, die, weitgehend unverändert, einmal in eine spätere kritische Gesamtausgabe eingepaßt werden können.

Der bereits erwähnte *Nachtragsband* zu den *Gesammelten Werken*, zunächst als kurzfristiges Provisorium gedacht, das den Leser bis zum Erscheinen der neuen Gesamtausgabe mit jenen psychologisch-psychoanalytischen Texten aus den Jahren 1885 bis 1938 versorgen sollte, die in den siebzehn Bänden der *Gesammelten Werke* fehlen, wurde nun zu einer soliden Zwischenstation auf dem auch heute noch langen Wege zu einer in Zukunft zu realisierenden kritischen Gesamtedition ausgebaut. Es wurden mittlerweile neu identifizierte und unerwartet aufgetauchte, erst kürzlich veröffentlichte Freud-Schriften aufgenommen, die selbst in der *Standard Edition* fehlen. Eine übersichtliche inhaltliche Gliederung sollte dem Leser die Orientierung erleichtern, wobei das Schwergewicht auf jenen spannungsreichen frühen Jahren liegt, in denen Freud von der Neurologie zur Psychologie überwechselte. Im Unterschied zu den anderen Bänden der *Gesammelten Werke* wurde der *Nachtragsband* mit einem umfangreichen kritischen Apparat und detaillierten Registern ausgestattet. Der ›Entwurf einer Psychologie‹ von 1895 und die ›Originalnotizen zu einem Fall von Zwangsneurose‹ von 1907/08 erschienen in neuer, gegenüber früheren Abdrucken korrigierter Transkription. Das heißt, der Vergleich mit den Handschriften wurde von Ingeborg Meyer-Palmedo in diesen beiden Fällen bereits durchgeführt. Mit der Fertigstellung des *Nachtragsbandes* lag nun

---

stisch und übergeht das gut dokumentierte, sich in jener intensiven langwährenden Zusammenarbeit äußernde Interesse, das Anna Freud bis zu ihrem Tode dem Schicksal der Werke ihres Vaters gerade in der Bundesrepublik zuteil werden ließ, aller tiefen tragischen Entfremdung ungeachtet. Auch andere Passagen der Biographie, die sich auf editorische Sachverhalte beziehen, sind teils unrichtig, teils verzerrt und lassen sorgfältige und unvoreingenommene Auswertung der veröffentlichten und unveröffentlichten Quellen vermissen.

immerhin das Korpus des Freudschen psychologisch-psychoanalytischen Œuvres, was den bis dahin bekannten Textbestand anlangt, im Originalwortlaut in den *Gesammelten Werken* vollständig vor. Die im zweiten Teil des vorliegenden Buches erstmals veröffentlichten Texte und Textstücke konnten selbstverständlich nicht berücksichtigt werden; denn ich stieß auf sie, wie in der Einleitung beschrieben, erst im Zusammenhang jüngster Forschungsarbeiten. Struktur, Editionsprinzipien und Entstehungsumstände des *Nachtragsbandes* habe ich in dessen Einleitung im einzelnen dargestellt und begründet, warum sich infolge der schweren Erkrankung der Herausgeberin, Angela Richards, und ihres vorzeitigen Todes lange vor Beendigung der Arbeit das Erscheinen des Buches schließlich um viele Jahre, nämlich bis 1987, verzögerte.

Neben dem Beginn der Arbeit am *Nachtragsband* hatten wir uns nach dem Scheitern des Plans einer kritischen Gesamtausgabe darum bemüht, ohne Subvention zumindest den ersten Block des dreiteiligen Unternehmens zu verwirklichen, nämlich eine kritische Edition von Freuds voranalytischen Schriften. Ihre Bände sollten, zunächst mit eigener Numerierung, in der Ausstattung der *Gesammelten Werke* erscheinen und später in die erst in fernerer Zukunft entstehende große Freud-Ausgabe integriert werden. Alexander Mitscherlich schlug als Herausgeber den renommierten Heidelberger Neurologen Paul Vogel vor, der schon in den fünfziger Jahren Forschungen über Freuds Anfänge veröffentlicht hatte.[1] Vogel entwarf eine vier Bände umfassende Gliederung. Dabei wurden die thematisch weitgefächerten Frühschriften Freuds um inhaltliche Schwerpunkte gruppiert: Der erste Band sollte die Schriften zur Zoologie bzw. Histologie des Nervensystems, ferner zur Faseranatomie der Medulla oblongata, die Kokain-Arbeiten sowie die Untersuchungen ›Zwischen Hirnanatomie und Hysterie‹, darunter die Aphasien-Monographie, umfassen, der zweite die Abhandlungen über Hypnose und klinische Kasuistik, während der dritte und der vierte Band für die teils umfangreichen kinderneurologischen Werke aus den Jahren 1888 bis 1900 vorgesehen waren, durch die Freud, nach Vogels Urteil, heute als Vater der Neuropädiatrie zu gelten hat.

---

[1] Siehe oben, S. 79.

Die editorischen Kommentare für die beiden ersten Bände waren nahezu abgeschlossen, als Vogel, damals schon emeritiert, erkrankte und sich Mitte der siebziger Jahre gezwungen sah, die Herausgabe der beiden kinderneurologischen Bände einem anderen Editor zu überlassen. Er schlug dafür nacheinander, im Abstand mehrerer Jahre, zwei Wissenschaftler vor, die jeweils zustimmten, die Aufgabe zu übernehmen, dann aber nicht zu ihrer Durchführung fortschritten. Inzwischen war Vogel, ohne die Arbeit an den beiden Bänden, insbesondere notwendige bibliographische Recherchen, zu Ende bringen zu können, verstorben. Die jahrelange Stagnation des Projekts war nicht mehr zu verleugnen; deshalb entschlossen wir uns schließlich, einige der für die beiden ersten Bände vorgesehenen Schriften über Hypnose und Hysterie, da für den Übergang zur Psychoanalyse unmittelbar von Belang, in den *Nachtragsband* aufzunehmen, wo sie mittlerweile zugänglich sind.[1] Erst in allerjüngster Zeit zeichnet sich für das gesamte Projekt der Frühschriften eine neue Lösung ab.[2]

Im Jahre 1970 waren bereits vier Bände der *Studienausgabe* erschienen; Inhaltsplan und Bandeinteilung sowie das System der Querverweise innerhalb der Bände lagen also unabänderlich fest. So war es nicht mehr möglich, auf das Scheitern der kritischen Gesamtausgabe durch Preisgabe des Konzepts der *Studienausgabe* zugunsten einer vollständigen Reproduktion der *Standard Edition* in deutscher Sprache zu reagieren. Dennoch haben wir versucht, bei der Arbeit an den damals noch in Vorbereitung sich befindenden Bänden der *Studienausgabe* der neuen Situation Rechnung zu tragen. Dies erschien um so mehr gerechtfertigt, als sich unterdessen herausgestellt hatte, daß die veröffentlichten Bände dieser Edition nicht nur in

---

1 1886*d*, 1889*a*, 1891*d* und 1956*a* [1886].

2 Der Neurowissenschaftler und Psychoanalytiker Mark Solms wird in London die englische Ausgabe von Freuds voranalytischen Schriften herausgeben. Vorgesehen ist ein umfangreicher kritischer Kommentar auf dem neuesten Stand der Forschung, in den allerdings die von Paul Vogel geleisteten editorischen Vorarbeiten sowie aufwendige bibliographische Recherchen von Ingeborg Meyer-Palmedo integriert werden sollen. Umgekehrt ist geplant, den Herausgeberapparat der englischen für die deutsche Ausgabe zu adaptieren. Vgl. im dritten Teil des vorliegenden Buches S. 351, Anm. 3.

der Presse und beim allgemeinen Leserpublikum unerwartet positiv aufgenommen worden waren, sondern wegen ihres kritischen Apparats auch von den Fachleuten, insbesondere den psychoanalytischen Ausbildungskandidaten benutzt wurden.

Wir erweiterten fortan diesen kritischen Apparat. Beispielsweise berücksichtigt die 1972 erschienene Edition der *Traumdeutung* im zweiten Band der *Studienausgabe* »die in den verschiedenen Auflagen enthaltenen Varianten«. »Es ist der Versuch gemacht worden«, wie es in der ›Editorischen Einleitung‹ heißt, »jede wesentliche Änderung, die seit der Erstveröffentlichung des Buches vorgenommen worden ist, kenntlich zu machen und zu datieren.«[1] Ähnliches gilt, um zumindest noch ein zweites Beispiel zu erwähnen, für die im fünften Band der *Studienausgabe* 1972 veröffentlichten *Drei Abhandlungen zur Sexualtheorie*; durch Markierung und Datierung der Varianten wird es dem Leser gleichfalls ermöglicht, Schritt für Schritt nachzuvollziehen, wie Freud dieses neben der *Traumdeutung* wohl revolutionärste Werk seit dem Erscheinen der Urfassung fast für jede Neuauflage aus dem Blickwinkel seines inzwischen gewachsenen Wissens revidiert hat.

Die Bände wurden mit besonders feinmaschigen Registernetzen ausgestattet, um ihre Handhabung beim wissenschaftlichen Arbeiten zu erleichtern. In einem *Ergänzungsband* fügten wir Freuds Schriften zur Behandlungstechnik und zur Theorie der Therapie hinzu. Ernst Freud hatte bereits 1968 vorgeschlagen, eine Bibliographie sämtlicher Publikationen seines Vaters zusammenzustellen, sozusagen eine Fortsetzung jener frühen, vom Autor selbst festgehaltenen ›Chronologie‹, der eigentlich ersten Freud-Bibliographie. 1974 legte Angela Richards in dem von ihr herausgegebenen, nach Stracheys Tod erschienenen Schlußband der *Standard Edition* eine solche Bibliographie vor. Sie konnte dabei auf der verdienstvollen früheren, von Alan Tyson und James Strachey 1956 zusammengestellten ›Chronological Hand-List of Freud's Works‹ aufbauen, fügte aber noch ein alphabetisches Titelverzeichnis hinzu. Beide Listen wurden 1975 in von Ingeborg Meyer-Palmedo adaptierter deutschsprachiger Version in einem eigenen Bändchen der *Studienausgabe* angegliedert:

---

[1] Strachey, 1972, S. 15.

Sigmund Freud-Konkordanz und -Gesamtbibliographie; der gleichfalls enthaltene detaillierte Seitenvergleich zwischen *Gesammelten Werken, Studienausgabe* und *Standard Edition* erleichtert es dem Leser, Textstellen in den drei genannten Freud-Editionen rasch aufzufinden. Durch die Konkordanz wird nicht zuletzt augenfällig, daß mehr als zwei Drittel der in der *Standard Edition* enthaltenen Freud-Texte, kritisch ediert, auch in der *Studienausgabe* vorliegen.[1]

Wie erwähnt, bestand seit Festlegung des Inhalts der *Studienausgabe* die Absicht, diejenigen Freud-Schriften, die, obgleich inhaltlich von größter Bedeutung, einzig aus Umfanggründen nicht in die Edition aufgenommen werden konnten, während der Erscheinungsjahre der *Studienausgabe*, also zwischen 1969 und 1975, sofern sie nicht ohnehin bereits seit Jahren als Taschenbücher vorlagen, in einem Beiprogramm des Fischer Taschenbuch Verlags zu präsentieren. 1970 erschienen die *Studien über Hysterie* mit den Breuer-Beiträgen; 1971 gab ich unter dem Titel *»Selbstdarstellung«; Schriften zur Geschichte der Psychoanalyse*, mit kritischem Apparat, Freuds sogenannte autobiographischen Texte heraus. In einem anderen, eher formalen Sinne als Ergänzungen zur *Studienausgabe* erschienen in jenen Jahren überdies folgende Taschenbücher: 1969, unter dem Titel *Darstellungen der Psychoanalyse*, Freuds kürzere Zusammenfassungen seiner Lehre, darunter die fünf amerikanischen Vorlesungen (die *Studienausgabe* enthält dagegen die umfangreiche Reihe der fünfunddreißig *Vorlesungen zur Einführung in die Psychoanalyse* inklusive *Neuer Folge*); 1971, unter dem Titel *Über Träume und Traumdeutungen*, wiederum kleinere Texte zum Thema, samt *Über den Traum* (während die *Studienausgabe* die große *Traumdeutung* präsentiert). In den Jahren nach Abschluß der *Studienausgabe* wurden zahlreiche weitere Freud-Titel in Taschenbuchausgaben auf den Markt gebracht.

Anläßlich des fünfzigsten Todesjahrs von Sigmund Freud wurde Ende der achtziger Jahre die gesamte Taschenbuch-Präsentation des

---

[1] Seit 1989 erscheint dieses Nachschlagewerk unter dem Titel *Freud-Bibliographie mit Werkkonkordanz* in revidierter und wesentlich erweiterter Neuausgabe. Bei der Revision der Bibliographie konnten die Ergebnisse der Recherchen von Gerhard Fichtner hinzugefügt werden, der nun als Mitherausgeber zeichnet. Die Bibliographie wird fortlaufend komplettiert.

Œuvres revidiert. Einige der bereits in den fünfziger und frühen sechziger Jahren publizierten Freud-Anthologien, die eine gewisse Zufälligkeit des inhaltlichen Aufbaus zeigen, sollen in Zukunft nicht mehr nachgedruckt, die betreffenden Texte in andere Titelzusammenstellungen aufgenommen werden. Speziellere Themenbereiche wie Krankheitslehre und Behandlungstechnik erscheinen erstmals in Taschenbuch-Einzelausgaben. Im Rahmen dieser neuen, systematisch gegliederten Serie *Sigmund Freud – Werke im Taschenbuch* (sie umfaßt insgesamt achtundzwanzig Bände) werden im Laufe der nächsten Jahre, Band nach Band, nahezu das gesamte psychoanalytische Werk und einige Stücke der voranalytischen Schriften, nämlich Aphasien-Monographie sowie Kokain-Arbeiten, in preisgünstigen Leseausgaben zugänglich gemacht. Alle Bände werden nicht nur mit bibliographischen Anhängen, sondern auch mit neuen Einleitungen bzw. Nachworten ausgestattet, in denen zeitgenössische Wissenschaftler – Psychoanalytiker, Historiker, Soziologen, Ethnologen, Philologen – Verbindungen zur neueren Forschung herstellen, zu einer differenzierten Neubewertung des Freudschen Werks gelangen und dessen Fortwirken in einem weiten Spektrum der intellektuellen Moderne beschreiben. Einige Bände präsentieren darüber hinaus zusätzliche Bausteine für eine zukünftige kritische Gesamtausgabe: so wird der Band mit Freuds Analyse von Wilhelm Jensens *Gradiva*-Novelle den Jensen-Text enthalten, versehen mit den sprechenden Randbemerkungen, die Freud während der Lektüre in sein Exemplar eingetragen hat; der Band mit der Moses-Arbeit soll erstmals eine vollständige Edition der Erstfassung, des sogenannten »historischen Romans«[1] vorlegen.

Wiederholt war von Buchgemeinschaften an den Verlag der Wunsch nach einer kommentierten zweibändigen Freud-Werkauswahl für den fachlich nicht vorgebildeten Laien herangetragen worden. Als ich Anna Freud Ende 1974 bat, eine solche Auswahl zu treffen und zu kommentieren, willigte sie nur unter der Bedingung ein, daß wir die Edition gemeinsam erarbeiteten und herausgäben. In den folgenden Jahren diskutierten wir ausführlich Auswahl, Kommentierung sowie die Inhalte der editorischen Einleitungen und

---

[1] Vgl. unten im Kapitel ›Erstfassungen‹, S. 244 ff.

Zwischentexte. Für die Gliederung des ersten Bandes, *Elemente der Psychoanalyse*, wählten wir, einer Idee Anna Freuds folgend, gleichsam als roten Faden die Schrift *Die Frage der Laienanalyse*, einen von Freuds luzidesten propädeutischen Texten; wir stellten diese Arbeit an den Anfang und gruppierten die weiteren Freud-Schriften des Bandes entsprechend der Themenfolge, die Freud dort einhält, um einen Uninformierten allmählich in die Grundprinzipien der Psychoanalyse einzuführen. Für den zweiten Band, *Anwendungen der Psychoanalyse*, der die ursprüngliche Reichweite der Freudschen Lehre jenseits der Medizin gleichsam programmatisch dokumentieren sollte, orientierten wir uns bezüglich der Themenfolge – von der Literaturwissenschaft über die Religionspsychologie bis zur Pädagogik – an Passagen von Freuds *»Selbstdarstellung«*. Die *Werkausgabe in zwei Bänden* erschien im Jahre 1978, ausgestattet mit bibliographischen und didaktischen Anmerkungen, die auch die Verbindung zur neueren psychoanalytischen Forschung herstellen.

Zusammenfassend läßt sich feststellen, daß die Publikation des Freud-Œuvres in der Originalsprache nach Übernahme der Rechte durch den S. Fischer Verlag auf drei Ebenen erfolgt: Erstens in Form des gebundenen Buches – in Gestalt der *Werkausgabe in zwei Bänden*, der einzigen kompakten didaktischen Einführung, vor allem aber in Gestalt der durch *Gesamtregister* und *Nachtragsband* abgerundeten *Gesammelten Werke*, der einzigen umfassenden Edition des psychologisch-psychoanalytischen Hauptwerks, in den Bänden 1 bis 17, wie beschrieben, eine Art verlegerischen Relikts aus der Wiener Pionierzeit; zweitens in Form des Paperbacks – in Gestalt der *Studienausgabe*, der einzigen kritischen Edition eines großen Teils des Hauptwerks; drittens in Form des Taschenbuchs – in Gestalt zahlreicher, fast das gesamte psychoanalytische Œuvre und einige Stücke des voranalytischen Werks reproduzierender Einzelbände, massenhaft verbreiteter Leseausgaben.

Bekanntlich sind Auflagen- und Verkaufszahlen für die Wirkungsgeschichte eine besonders bedeutsame Dimension von Bücherschicksalen, auf die ich hier allerdings nicht näher eingehen kann. In der Freud-Biographie von Ernest Jones[1] finden sich mancherlei auf-

[1] Jones, 1960, 1962*a* und 1962*b*.

schlußreiche Hinweise auf die Absatzzahlen einzelner Werke zu Freuds Lebzeiten; beispielsweise ist zu erfahren, daß die Erstauflage der *Traumdeutung* 600 Exemplare umfaßte und nur langsam, nämlich im Zeitraum von acht Jahren, verkauft werden konnte.[1] Um dem Leser zumindest eine erste Vorstellung von der Taschenbuch-Verbreitung der Freud-Werke zu vermitteln, seien die Gesamtauflagen dreier Freud-Taschenbücher erwähnt: vom 1953 erschienenen Band *Abriß der Psychoanalyse/Das Unbehagen in der Kultur* wurden bis Ende 1991 zweiundvierzig Auflagen, 755 000 Exemplare, gedruckt; die Taschenbuchausgabe der *Traumdeutung*, erstmals 1961 erschienen, liegt inzwischen in zwanzig Auflagen vor, bei einem Verkauf von rund 246 000 Exemplaren; von den Jahre später, 1977, also nach der stürmischsten Phase der Freud-Rezeption und nach Veröffentlichung des Werks im ersten Band der *Studienausgabe* erstmals als Fischer-Taschenbuch erschienenen *Vorlesungen zur Einführung in die Psychoanalyse* wurden bisher dreizehn Auflagen, 88 000 Exemplare, gedruckt.

Zuletzt sei noch daran erinnert, daß Anfang der achtziger Jahre sogar in der ehemaligen DDR mehrere deutschsprachige Freud-Lizenzausgaben offiziell erscheinen konnten, die ungeachtet teilweise tendenziöser editorischer Kommentare den dortigen Lesern immerhin den direkten Zugang zu einigen Primärquellen eröffnet haben.[2]

Neben der verlegerischen Pflege der Werke wurde die mit der Veröffentlichung der Fließ-Dokumente und der Anthologie *Briefe 1873–1939* begonnene Erschließung des Freudschen Briefnachlasses fortgesetzt. Nacheinander erschienen die Briefwechsel mit Oskar Pfister (1963), Karl Abraham (1965), Lou Andreas-Salomé (1966), Arnold Zweig (1968) sowie 1973 die Originalfassung der zuerst in

---

[1] Jones, 1960, S. 417.

[2] Für Einzelheiten vgl. Grubrich-Simitis, 1989, S. 906, Anm. 115. Als 1989 in der DDR die urheberrechtliche Schutzfrist für Freuds Werk erlosch, erschien, kurz vor der Vereinigung, im Leipziger Verlag Johann Ambrosius Barth eine Sammlung einiger der kürzeren voranalytischen Schriften unter dem Titel *Sigmund Freud (1856–1939) Hirnforscher · Neurologe · Psychotherapeut*, herausgegeben von Ingrid Kästner und Christina Schröder.

englischer Sprache erschienenen Briefe an Edoardo Weiss (1970).[1] Diese erste Folge von Briefpublikationen wurde noch von Herausgebern ediert, die entweder in enger verwandtschaftlicher oder sonst vertrauter Beziehung zu Freud und/oder dem jeweiligen Briefpartner standen; es fehlte ihnen infolgedessen in der Regel die für kritische Ausgaben notwendige Distanz sowie die Kenntnis des Editionshandwerks. Um die Privatsphäre erwähnter Personen, nicht selten Patienten, und ihrer Familien zu schützen, jedenfalls sofern diese noch lebten, waren Kürzungen angezeigt.[2]

Der Anmerkungsapparat dieser frühen Briefeditionen beschränkte sich gewöhnlich auf spärliche Basisinformationen. Wie seinerzeit bei der Erstveröffentlichung der Werke, entstanden in jener ersten Etappe der Erschließung der Briefe – einer Phase im allmählichen Historisierungsprozeß, die sich freilich nicht überspringen, nicht einmal beschleunigen läßt – wiederum eher Leseausgaben als kritische Ausgaben. Eine Ausnahme bildet in gewisser Weise der Briefwechsel mit Lou Andreas-Salomé, den der als Herausgeber erfahrene Ernst Pfeiffer edierte.

Erst 1974, also rund fünfunddreißig Jahre nach Freuds Tod, konnte die erste den Standards einer kritischen Ausgabe voll genügende Briefpublikation veröffentlicht werden, die von William McGuire in Zusammenarbeit mit Wolfgang Sauerländer besorgte Edition des Briefwechsels zwischen Sigmund Freud und C. G. Jung. 1986 folgte die ungekürzte, von Jeffrey Moussaieff Masson neu edierte Ausgabe der *Briefe an Wilhelm Fließ 1887–1904*. Anna und Ernst Freud hatten sich bereits in den sechziger Jahren mit einer ungekürzten Ausgabe dieser Dokumente einverstanden erklärt[3]; Max

---

[1] Außer diesen mehr oder weniger umfangreichen Briefbänden wurden im Laufe der Jahre viele Einzelbriefe oder kleinere Briefsequenzen andernorts veröffentlicht, beispielsweise Freuds Mitteilungen an den Jugendfreund Emil Fluß (1969*a*). Andere schmalere Brieffolgen sind im Werkzusammenhang der betreffenden Adressaten herausgekommen, etwa die Briefe an Georg Groddeck (Freud, 1970*b*), Thomas Mann (Freud, 1988*g*), James Jackson Putnam (Freud, 1971*a*) oder Stefan Zweig (Freud, 1987*c*).

[2] Für ein Beispiel der Unvermeidbarkeit solcher Kürzungen in frühen Briefveröffentlichungen vgl. Grubrich-Simitis, 1989, S. 907, Anm. 117.

[3] Laut Protokoll einer Besprechung zwischen Ernst Freud und mir im Oktober 1968.

Schur faßte damals den Plan einer solchen Neuedition, starb aber, ehe er ihn verwirklichen konnte. Die von Masson besorgte Ausgabe wurde 1985 zuerst in englischer Sprache von Harvard University Press veröffentlicht. Michael Schröter überarbeitete und ergänzte sie für die deutsche Edition, wobei er unter anderem die Beiträge von Ernst Kris zur Erstpublikation von 1950 integrierte; zuvor hatte Gerhard Fichtner die Briefe und Manuskripte neu transkribiert und Fehllesungen korrigiert. Im fünfzigsten Todesjahr Freuds erschienen 1989 in der Edition von Walter Boehlich die *Jugendbriefe an Eduard Silberstein 1871–1881*; mit diesen teils in selbsterlerntem, privatsprachlichem Spanisch verfaßten Texten des Gymnasiasten und Studenten Freud fällt Licht auf eine noch wenig bekannte, frühe Lebensphase sowie verzweigte ideengeschichtliche Wurzeln der Psychoanalyse. 1992 legte Gerhard Fichtner die kritische Ausgabe des Briefwechsels mit Ludwig Binswanger vor. In Vorbereitung befinden sich ungekürzte Editionen u. a. der Korrespondenzen mit Minna Bernays, Max Eitingon, Sándor Ferenczi, Anna Freud, Ernest Jones.[1]

Wie in der Einleitung bereits erwähnt, brachten wir 1977 die bibliophile Faksimileausgabe des Essays ›Das Motiv der Kästchenwahl‹ heraus, in mehrfarbiger Reproduktion und im Originalformat von Freuds großflächigen Papierbogen. Diese Edition sollte dem Publikum einen ersten Eindruck vom Zauber der Freudschen Handschriften vermitteln, der nun im zweiten Teil des vorliegenden Buches näher beschrieben wird. Mittels einer separat beigefügten buchstabengetreuen Transkription sollte der Leser in die Lage versetzt werden, im direkten Seitenvergleich von Faksimile und Tran-

[1] Bedauerlicherweise kann nicht als gesichert gelten, daß in Zukunft erscheinende Briefausgaben hinsichtlich der Editionsqualität in jedem Fall das mit dem Freud-Jung-Briefwechsel endlich erreichte Niveau einhalten werden. Nach dem Tode Anna Freuds, die Sigmund Freud in seinem Testament (1990*q*), zusammen mit ihren Brüdern Ernst und Martin, als »Vollstrecker und Treuhänder« eingesetzt hatte, kann man insofern von einem Traditionsbruch sprechen, als die Enkelgeneration, der nun die Rechteverwertung zusteht, an Freuds Werk inhaltlich wenig interessiert ist, geschweige denn an zwangsläufig kostenintensiver qualifizierter Editionsarbeit. Die Korrespondenz mit Ferenczi wird nicht einmal im S. Fischer Verlag erscheinen.

skription dem kreativen Prozeß nachzuspüren, soweit er sich in bestimmten Eigenheiten des Schreibvorgangs zu erkennen gibt. In den ›Notizen zum Manuskript‹[1] habe ich schon damals auf einige solcher Besonderheiten aufmerksam gemacht. Auch sollte der Leser Spuren von Freuds innerer Nötigung studieren können, in der schriftstellerischen Arbeit unmittelbar »ein Stück Formgefühl, eine Schätzung der Schönheit als einer Art der Vollkommenheit«[2] zu befriedigen. Als Faksimileausgabe veröffentlichte ich, kritisch ediert, 1985 auch jenes bis dahin unbekannte Manuskript, den Entwurf der verschollenen zwölften metapsychologischen Abhandlung von 1915, *Übersicht der Übertragungsneurosen*, den ich überraschend zwei Jahre zuvor in London unter Nachlaßpapieren Sándor Ferenczis gefunden hatte. Urschrift, buchstabengetreue Transkription und edierte Fassung stehen nebeneinander und geben dem Leser Einblick in den Vorgang des Edierens.

Nicht allein Freuds Schreiben, sondern überhaupt seine untergegangene Lebenswelt optisch wahrnehmbar zu machen war das Ziel gewesen, das wir bei der Arbeit an der 1976 erschienenen Bildbiographie – *Sigmund Freud; Sein Leben in Bildern und Texten*[3] – anstrebten. Ernst Freud hatte Mitte der sechziger Jahre, wohl als visuelles Analogon zu seiner Sammlung *Briefe 1873–1939*, den Plan für ein solches Buch gefaßt: Bilder sollten das Leben Sigmund Freuds erzählen, Auszüge, teils unpublizierte, aus seinen Werken und Briefen die Begleittexte sein. Schon in der Schlußphase seiner Krankheit hatte ich ihn hinsichtlich der Strukturierung des Materials beraten. Doch war das Projekt bei seinem Tode 1970 nicht über das Stadium einer inkohärenten, in vielerlei Hinsicht lückenhaften Ansammlung von Fotos und Zitaten hinausgelangt. In den folgenden Jahren ging es mir darum, den anfänglichen Zuschnitt des Familienalbums zu überwinden und die Dokumentation im Hinblick auf politische Ereignisse, kulturelle Einflüsse, Aspekte des Werks und des Umgangs mit der ersten Schülergeneration usw. zu erweitern, ferner insbesondere die in Freuds Schriften verstreuten Selbstkommentare einzubeziehen,

[1] Grubrich-Simitis, 1977.
[2] 1985*c*, S. 410.
[3] E. Freud, L. Freud und Grubrich-Simitis, 1976.

schließlich mittels knapper Herausgebertexte Kontinuitäts- und Verständnislücken zu schließen, überhaupt durch ein eigens für dieses Buch entwickeltes Gliederungs- und Montageschema die zahllosen Einzelelemente zu einem komplexen, rhythmisch gefügten Bild-Text-Erzählganzen zu verbinden. Dabei entstand, während der Abschlußphase in inspirierender Zusammenarbeit mit dem großen Buchgestalter Willy Fleckhaus, die erste Bildbiographie dieses Typs, das Modell für viele später folgende Bildbiographien anderer Figuren.

Der Leser sollte sich in dieser posthum zusammengesetzten, illustrierten Quasi-Autobiographie Freuds ohne Mühe bewegen können, sinnliche Eindrücke von den Umständen sammelnd, unter denen die Psychoanalyse entstanden ist. Eine der Entdeckerfreuden während dieser Arbeit bestand übrigens darin, im Falle mancher Darstellungen, die Freud von *visuellen* Wahrnehmungen in seinen Werken oder Briefen gab, bei dem durch das Buch ermöglichten *gleichzeitigen* Anblick von Bild *und* Text, Beschriebenem *und* Beschreibung unverhofft nachprüfen zu können, wie präzise er Äußeres anschaute und anschmiegsam in Sprache umsetzte – so etwas wie ein indirekter Beweis für seine Sorgfalt bei Beobachtung und Beschreibung der Phänomene des eigentlichen psychoanalytischen Forschungsfeldes, des *unsichtbaren* Inneren.

Als unmittelbaren Zeugen der Entwicklung bestimmter Freudscher Grundbegriffe und Denkfiguren in statu nascendi vermag sich der Leser bei der Lektüre der von Herman Nunberg und Ernst Federn herausgegebenen vier Bände der *Protokolle der Wiener Psychoanalytischen Vereinigung* zu fühlen, die zwischen 1976 und 1981 bei S. Fischer erschienen. Die Reden und Diskussionsvoten, die Freud zwischen 1906 und 1918 zur Arbeit seiner Wiener Mitarbeitergruppe beigetragen hat, liegen uns zwar nicht im Originalwortlaut vor – Otto Rank protokollierte sie als Schriftführer der Vereinigung bis 1915 –, doch handelt es sich fraglos um inhaltlich authentische Überlieferungen mündlicher Äußerungen Freuds, gewissermaßen zum Werk gehörend, von Belang also für eine spätere kritische Gesamtausgabe, unentbehrlich jedenfalls für deren Kommentierung.[1] Illumi-

[1] In Form umfangreicher Namen- und Sachregister, in welchen zumal Freuds Mitteilungen nach vielfältigen Kategorien aufgeschlüsselt sind, hat Ingeborg

nierung des Werkkontexts leistet auch die von Muriel Gardiner herausgegebene Dokumentensammlung zu Freuds »Wolfsmann«-Fall, deren deutsche Fassung S. Fischer 1972 veröffentlichte.[1]

Soweit der Bericht über die Versuche, Sigmund Freuds Schriften nach dem vom NS-Regime verursachten gewaltsamen Bruch in ihrer Wirkungsgeschichte erneut im deutschen Sprachraum zu verankern. Vielleicht könnte man sogar sagen, *erstmals* zu verankern; denn Freuds entschlossene Gründung des Internationalen Psychoanalytischen Verlags ließe sich als die vorsorgliche Emigration in ein verlegerisches Exil auffassen, in dem er sein Werk beheimaten wollte, weil er zu den traditionellen Verlegern wenig Zutrauen hatte, daß sie die in seinen Texten festgehaltenen unbequemen Einsichten gegen alle Widerstände würden durchsetzen helfen. Er wußte schließlich, »daß die Analyse kein Mittel ist, sich beliebt zu machen«[2]. Gewiß sind manche unserer Bemühungen nicht geglückt. Sie waren insofern Pionierarbeit, als es innerhalb der langsam sich restituierenden deutschen Psychoanalyse keine Editionskultur gab, an die wir hätten anknüpfen können. Sie blieben Stückwerk, weil es an zulänglicher institutioneller und finanzieller Stützung fehlte. Manche Projekte fielen unweigerlich biographischen Wechselfällen zum Opfer oder konnten nur mit Verzögerung verwirklicht werden. Was an Freud-Veröffentlichungen unter solchen Verhältnissen dennoch entstand, war fast immer das kompromißhafte Ergebnis mühsamer, mitunter schmerzlicher Kämpfe um Editionsqualität, personelle Hilfe, finanzielle Subvention – in leiser Beharrlichkeit sperrigen Realitäten abge-

Meyer-Palmedo im vierten Band der *Protokolle* hierfür bereits das Arbeitsinstrument zur Verfügung gestellt; unter der Rubrik ›Freud, Sigmund, *Werke*‹ sind beispielsweise seitenlang diejenigen Stellen notiert, an denen Freud auf seine Schriften zu sprechen kommt.

[1] Der Wiederbelebung psychoanalytischer Tradition im S. Fischer Verlag dienten seinerzeit auch Neuveröffentlichungen von Werken engster Mitarbeiter Freuds, insbesondere jeweils zweibändiger Ausgaben von Schriften Karl Abrahams (1969/1971), Sándor Ferenczis (1970/1972) und Anna Freuds (1971, mit Dorothy Burlingham, und 1972, mit Thesi Bergmann), erschienen im Rahmen der Reihe *Conditio humana*, also in unmittelbarer Nähe der Freudschen *Studienausgabe*.

[2] 1960*a*, S. 358 (Brief vom 14. Mai 1922 an Arthur Schnitzler).

trotzt. Aber wir dürfen behaupten, daß diese polyphonen Publikationen dazu beigetragen haben, Sigmund Freuds Erbe hierzulande lebhaft zu vergegenwärtigen. Von einer verläßlichen Verankerung dieses dauerhaft vibrierenden Aufklärungspotentials freilich wird man erst dann sprechen können, wenn in einer neuen, vierten Phase der Editionsgeschichte eine dem Rang des Autors angemessene kritische Ausgabe der Werke und zumindest einer Auswahl der Briefe entstünde, in welche dann auch die unterdessen zusammengetragenen Bausteine eingefügt werden könnten. Nach dem Erkundungsgang durch die Landschaft der Handschriften werde ich im dritten Teil des Buches Umrisse einer solchen Edition skizzieren.

II

Landschaft der Handschriften

»Ich war die ganze Zeit über
betrübt und betäubte mich
durch Schreiben –
Schreiben – Schreiben.«

Motto: Aus einem Brief Freuds an Sándor Ferenczi vom 2. Januar 1912.

1 Schreiben – Schreiben – Schreiben

Die Briefe an Wilhelm Fließ sind nicht nur das Logbuch von der Entstehung der Psychoanalyse; sie enthalten zugleich Freuds dichteste Beschreibung des eigenen kreativen Prozesses. »Meine intellektuelle Arbeit leiten habe ich nie können«[1]. Aber er hatte es offenbar früh gelernt, mehr oder weniger passiv sich dem dunklen Takt vorbewußter und unbewußter Abläufe anzuvertrauen. Immer wieder – oft lange – abzuwarten, bis ihn eine Art Drangstimmung ergriff, in der vereinzelt auftauchende Einfälle und Ahnungen sich nicht mehr hinter die Bewußtseinsschwelle zurückzogen, sondern in raschen Schüben sich endlich zu prägnanten Gestalten gruppierten. Diese werden von Freud fast wie Lebewesen mit eigener Wachstums- und Bewegungsdynamik beschrieben, als stelle er sich ihnen nur als Behälter zur Verfügung. Zur Charakterisierung der Abschlußphase des schöpferischen Vorgangs – unter »greulichen Wehen«[2] – benutzte er selbst die Metapher der Geburt. Doch verliefen auch die Vorbereitungsphasen nicht durchgehend im Wohlbefinden. Um sie überhaupt sich in Gang setzen zu fühlen, bedurfte es einer mäßigen seelischen und/oder körperlichen Schmerzbelastung, der Spannung jenes »Mittelelends«[3], die für Freuds »Hirntätigkeit das Optimum«[4] herstellte. Nicht nur für die Arbeit seines Denkvermögens, auch für das Glücken seiner Prosa. So heißt es in einem Brief vom 6. September 1899 aus dem Berchtesgadener Sommeraufenthalt, während der Arbeit an der *Traumdeutung*: »Mein Stil war leider schlecht,

1 1985*c*, S. 342.
2 AaO, S. 301.
3 AaO, S. 191.
4 AaO, S. 149.

weil es mir zu gut körperlich ging; ich muß etwas elend sein, um schön zu schreiben.«[1]

Spuren dieser Grundvoraussetzungen für das Ingangkommen und Gelingen des kreativen Prozesses finden sich ebenso in den intimeren unter Freuds späteren Briefwechseln, zumal in der Korrespondenz mit Sándor Ferenczi. Auch hier ist an vielen Stellen die Bereitschaft zum geduldigen, gleichsam witternden Abwarten bezeugt, eine Art intermediärer Befindlichkeit zwischen Passivität und Aktivität. Die deutsche Sprachstruktur mag diese Einstellung unterstützt haben, dank ihres Reichtums an Verbformen für den Ausdruck der passiven Verhaltensrichtung, aber auch aufgrund ihrer Möglichkeit, Aktivsätze behend in Passivsätze zu verkehren und vice versa, sowie der spezifischen Passivformen, die eine Verschleierung von Passiv und Aktiv erlauben.[2] Weil er die Fruchtbarkeit dieses demütigen Nichts-erzwingen-Wollens kannte, mißtraute Freud Arbeiten, die er auf Bestellung schrieb. So heißt es von der kleinen Studie über ›Die psychogene Sehstörung‹ aus dem Jahre 1910, die er als Festbeitrag zum sechzigsten Geburtstag des mit ihm befreundeten Ophthalmologen Leopold Königstein verfaßt hatte, abschätzig: »Sie taugt nichts, wie alles Kommandierte.«[3] Lieber überließ er sich seinen ureigenen inneren Rhythmen, bis sich das »Glück« eines Gedankens oder einer Theoriekontur einstellte. »Die Tabu-Ambivalenzfrage«, berichtete er während der Arbeit an *Totem und Tabu*, »ist vor einigen Tagen plötzlich zusammengegangen, fast mit einem hörbaren ›Ruck‹ eingeschnappt, und seither bin ich wie blöde. Mein Interesse ist zunächst erloschen, ich muß warten, bis es sich wieder ansammelt.« Oder, im Zuge der Entstehung von *Hemmung, Symptom und Angst*: »Genese: nach Art eines Zeitungsromans, wobei der Autor sich selbst von jeder Fortsetzung überraschen läßt. [...] Das Zeug ist so schlecht geschrieben, daß es wahrscheinlich umgeschrieben werden muß;

---

[1] AaO, S. 406.

[2] Vgl. Grubrich-Simitis, 1986*a*, S. 58 f.

[3] Dieses Zitat sowie die zahlreichen in diesem und in den beiden nächsten Absätzen folgenden Formulierungen aus der Korrespondenz mit Ferenczi stammen, gemäß der Reihenfolge, in der sie hier angeführt werden, aus Freuds Briefen vom 12. April 1910, 1. Februar 1912, 14. August 1925, 4. Mai 1913, 13. Februar 1919 und 2. April 1911.

lange Zeit fragte es sich, ob es nicht ungeschrieben bleiben sollte. Aber das Schicksal hat es anders gewollt.«

Das einzige, wozu er sich zwang, war, sich für Nachdenken und Schreiben Zeit zu sichern. Beide Tätigkeiten nannte er »Arbeit«, wohingegen fast alles andere als »Plage« bezeichnet wurde – Vorlesungen halten, Briefe schreiben, Sitzungen leiten, Bücher lesen, an Kongressen teilnehmen, auch Patienten behandeln. »Leider komme ich so wenig zur Arbeit, daß ich mich immer wieder von neuem in die Stimmung pressen muß. Das schadet dem Stil ebenso wie der vielstündige Verkehr mit Menschen, die schlecht Deutsch sprechen.« Von der Plage immer wieder zur Arbeit zurückzufinden war also ein Ziel, das Freud aktiv und bewußt anstrebte. Doch bildeten Plage und Arbeit nicht ernstlich Gegensätze. Vor allem aus den therapeutischen Dialogen mit seinen Analysanden gewann er schließlich den Stoff für sein schriftstellerisches Werk. Und wenn es gelang, zwischen Plage und Arbeit eine Balance zu finden, schien zugleich ein prekäres inneres Gleichgewicht gesichert. Er war jedenfalls, so oder anders, intensiv beschäftigt; denn es sei gut für ihn, wenn er »keine Stunde des Tages zur Selbstbesinnung komme«. Beschäftigungslos neigte er dazu, sich leer und stumpf zu fühlen.

Auch für die andere Grundvoraussetzung seiner Kreativität, jenes »Mittelelend«, finden sich im Briefwechsel mit Ferenczi vielerlei Anzeichen. Wiederholt betont Freud, daß er, um etwas hervorzubringen, »ein Stück Unbehagen brauche, von dem ich mich losreißen soll«. Auf diese Weise lud sich offenbar immer wieder eine Art Sehnsuchtsspannung auf, ein utopisches Moment, gerichtet auf ein Ideal der Vollkommenheit bezüglich Schönheit der Sprache und Klarheit des Gedankens.[1] Freud hatte sich mit diesem hintergründigen, leisen Unglücklichsein als dem Stachel seiner Kreativität gut eingerichtet. Vielleicht schwingt etwas von einem weisen Akzeptieren eigener seelischer Verwundungen mit, wenn er, auf C. G. Jungs »Komplexmythologie« anspielend, dem heilungsbegierigen Ferenczi einmal

---

[1] Freuds Sinn für Schönheit hatte sich früh entwickelt und richtete sich nicht nur auf seinen Stil. So beschreibt der gerade Dreiundzwanzigjährige in der ›Notiz über eine Methode zur anatomischen Präparation des Nervensystems‹ (1879*a*) mit spürbarem Entzücken ausdrücklich die »Schönheit« der Nervenpräparate, die das von ihm modifizierte Isolierungsverfahren ergab.

entgegenhält: »Der Mensch soll seine Komplexe nicht ausrotten wollen, sondern sich ins Einvernehmen mit ihnen setzen, sie sind die berechtigten Dirigenten seines Benehmens in der Welt.« Und ein paar Wochen nach diesem am 17. November 1911 verfaßten Brief heißt es in einem Schreiben vom zweiten Tag des folgenden Jahres wie zur Illustration: »Ich war die ganze Zeit über betrübt und betäubte mich durch Schreiben – Schreiben – Schreiben.«

Es mag verlockend erscheinen, über die Quellen jenes Mittelelends nachzudenken. Nicht auf die bekannten *äußeren* Verursachungsmomente sei das Augenmerk des Lesers gelenkt: Armut der Herkunft, Diskriminierung als Jude, Außenseiterexistenz als Tabuverletzer und Institutionenkritiker, politische Verfolgung und Angriff auf das Lebenswerk. Aber es ist auch nicht mein Anspruch, eine Hypothese über die Tiefendynamik von Freuds Kreativität vorzuschlagen. Sozusagen an der Oberfläche verweilend, sollen bloß einige augenfällige Phänomene beschrieben werden, die nach dem Zeugnis der Dokumente die Hervorbringung des Œuvres mehr oder weniger regelmäßig begleitet haben. Nur hie und da, wo es sich geradezu aufdrängt, sei die eine oder andere Vermutung über zugrundeliegende *innere* Konflikte eingeflochten.

Manches spricht dafür, daß auch bei Freud die drei Faktoren zusammenkamen, deren Verbindung Kreativität von Rang überhaupt erst zu ermöglichen scheint: An erster Stelle die mitgebrachte Hochbegabung, zu der vor allem eine entfaltbare Fähigkeit zur Herstellung komplexer neuartiger Zeichenkombinationen und ein trennscharfer Sinn für Rhythmus, Form, Material gehören. Zweitens ein Stück geglückter anfänglicher Bemutterungserfahrung, so daß sich basale Ichstrukturen als Voraussetzung von Symbolisierung, Sublimierung und Frustrationstoleranz ausbilden können. Drittens traumatische Verlust- und Diskontinuitätserlebnisse in der Beziehung zum zunächst verläßlichen Primärobjekt, und zwar ehe sich die Selbst-Objekt-Differenzierung etabliert hat, das heißt, frühe seelische Verwundungen und Vernarbungen mit der Folge eines relativen Durchlässigbleibens der Ichgrenzen. Und dieses Durchlässigbleiben der Ichgrenzen vergrößert gleichsam den Wahrnehmungsspielraum im Hinblick auf das Unbewußte wie auf die äußere Realität, allerdings um den Preis lebenslanger psychischer Fragilität.

Man könnte diese Zusammenhänge, die hier, sehr vereinfacht, unter Betonung des traumatischen Moments eher in Begriffen der Entwicklungstheorie von Margaret S. Mahler formuliert sind, ebenso in kleinianischen Denklinien zu skizzieren versuchen. Das Mittelelend bezöge sich dann auf das Erleben nicht abgewehrter Depression in einer Art Trauer, was nur möglich ist, wenn sich die Toleranz für depressive Phantasien und Ängste sowie das Vertrauen in die eigenen reparativen Fähigkeiten ein Stück weit entwickeln konnten, also die »depressive Position« sozusagen in Reichweite ist und im kreativen Prozeß immer wieder durchgearbeitet werden kann. Doch ist wohl einzuräumen, daß die Psychoanalyse, gleich welcher Richtung, sich mit dem Erfassen der *formalen* Momente schwer tut, die für künstlerische wie wissenschaftliche Kreativität – und in Freuds Werk verbinden sich beide – konstitutiv sind. Zumindest für viele psychoanalytische Studien über Kunst gilt, was Flaubert einst Sainte-Beuve und Taine als Kritiker vorhielt, »daß sie die *Kunst* nicht genug berücksichtigen, das Werk an sich, die Komposition, den Stil, kurz alles, was das Schöne ausmacht«[1].

Was den erwähnten dritten Faktor beim Zustandekommen kreativer Leistungen betrifft, die ständig zur Selbststabilisierung antreibende frühe Traumatisierung, so könnte dieses Moment bei Freud in einer plötzlichen inneren Abwendung der Mutter von ihrem Erstgeborenen in dessen zweitem Lebensjahr bestanden haben. Damals starb als Säugling Freuds jüngerer Bruder Julius, und die mit ihrem dritten Kind schwangere Mutter hatte nicht nur den Tod ihres zweiten Kindes zu verwinden, sondern auch noch den Verlust eines eigenen Bruders, der fast gleichzeitig gestorben war. Diese doppelte Trauerarbeit dürfte die Einfühlungsfähigkeit der jungen Mutter, zumindest vorübergehend, ziemlich unvermittelt vermindert und in dem Kleinkind Affektstürme ausgelöst haben, die das keimende Ich überforderten. Ohne hier näher auf Freuds Frühbiographie und ihren Widerhall in seinen Texten eingehen zu können[2], sei lediglich die Verbindung angedeutet, die zwischen seinem produktiven Unglücklichsein und jenem mutmaßlich traumatischen Einbruch in seine

[1] Flaubert und Turgenev, 1989, S. 29.
[2] Für einige weitere Einzelheiten vgl. Grubrich-Simitis, 1991, S. 35 ff.

Ichentwicklung vor Abschluß der Separation bestehen könnte. Natürlich läßt sich eine solche Verbindung nicht beweisen. Und wir tun gut daran, ein Bedenken zu beherzigen, das Freud in einem Brief vom 16. September 1930 an Ferenczi im Hinblick auf dessen damalige Trauma-Studien erhob: »Ihre angedeuteten neuen Anschauungen über die traumatische Fragmentierung des Seelenlebens scheinen mir sehr geistreich [...]. Ich meine nur, bei der außerordentlichen synthetischen Tätigkeit des Ichs wird man kaum vom Trauma sprechen können, ohne die reaktive Narbenbildung mitzubehandeln. Die letztere erzeugt ja auch das, was wir sehen, die Traumen müssen wir erschließen.« Freuds Texte sind jedenfalls wohl nicht zuletzt das Ergebnis immer wieder gelingender Versuche, mit einer inneren Not umzugehen, mit zumeist unbewußten, nie ganz zu beschwichtigenden Ängsten vor Verlorengehen, Verhungern, Tod.

Welche Rolle spielte dabei das Schreiben – ganz konkret, als motorische Tätigkeit? Schon in der Fließ-Periode hatte Freud *zwei* intellektuelle Zustände unterschieden: einen, in dem er nichts anderes tat als seinen Patienten sehr genau zuzuhören, das heißt, er fühlte sich ein, nahm wahr, registrierte, und einen zweiten, in dem er Schlüsse zog und Notizen niederschrieb.[1] Wir können darin bereits eine Vorstufe jener später[2] dem Analytiker empfohlenen Unterscheidung zwischen zwei Einstellungen erkennen, nämlich dem Analysieren auf der Basis gleichschwebender Aufmerksamkeit, ohne Mitschreiben, einerseits und der synthetischen Denkarbeit andererseits,

[1] In der Selbstanalyse scheint das Niederschreiben sogar noch früher eingesetzt zu haben. Dadurch verstand es Freud offenbar nicht nur, etwas von der objektivierenden und vorwärtstreibenden Kraft des Dialogs zwischen Analytiker und Analysand zu simulieren bzw. zu substituieren, sondern auch die in der Selbstbeobachtung gewöhnlich rasch einsetzende und hemmend wirkende Kritik zu ermäßigen. Schon in der *Traumdeutung* hatte er mitgeteilt: »[...] ich selbst kann es sehr vollkommen, wenn ich mich dabei durch Niederschreiben meiner Einfälle unterstütze« (1900*a*, S. 123). Später hat er diese Technik auch seiner Tochter empfohlen, denn in einem Brief Anna Freuds an ihren Vater vom 7. August 1921 heißt es: »Jetzt endlich glaube ich Dir auch, daß man die Traumanalysen, wenn man sie allein macht, nur schriftlich machen kann.« (Der Briefwechsel zwischen Sigmund und Anna Freud ist noch nicht veröffentlicht; ich zitiere nach der Transkription von Ingeborg Meyer-Palmedo.)

[2] 1912*e*, S. 174.

die auf schriftliche Fixierung angewiesen bleibt. Der Schreibakt begleitete den kreativen Prozeß bei Freud offensichtlich von einem ziemlich frühen Zeitpunkt an.

Als ich Mitte der siebziger Jahre an der Edition der Faksimileausgabe von Freuds Essay ›Das Motiv der Kästchenwahl‹ arbeitete, fragte ich Anna Freud nach den Schreibgewohnheiten ihres Vaters. Sie glaubte sich damals zu erinnern, daß er jeweils erst zu einem relativ späten Zeitpunkt mit der Niederschrift eines Werks begonnen habe, nämlich erst wenn es bis in die Feinheiten der definitiven Sprachgestalt in ihm herangereift war, so daß er es gleichsam bloß noch von einem in seinem Inneren gespeicherten Textbild abzuschreiben brauchte. Diese Schilderung hat sich mittlerweile als unzutreffend erwiesen. Sie mag das Ergebnis einer rückwirkenden Idealisierungstendenz gewesen sein; denn noch 1940 hatte Anna Freud als Mitglied des Herausgebergremiums der *Gesammelten Werke* im Vorwort zum siebzehnten Band mitgeteilt, daß Freud als »ersten Ansatzpunkt für spätere Arbeiten«[1] Aufzeichnungen und Notizen festzuhalten pflegte. Wie sich zeigen wird, belegen die Dokumente, daß die Hervorbringung des Werks kaum je nach dem Muster der Eingebung geschah, sondern in der Regel, über jeweils mehrere schriftlich fixierte Stufen, als verzehrende, oft stockende Schwerarbeit. »[. . .] für mich war es meist qualvolles Ringen. Warum sollen Sie es besser haben?« bestätigt Freud in einem Brief vom 6. Dezember 1915 an Ferenczi, der sich bei ihm über die Schwierigkeit definitiven Formulierens beklagt hatte. Obwohl er aus seinen Schreibgewohnheiten nie ein Hehl gemacht hat – er beschreibt sie in seinen Briefen ja immer wieder –, gab es unter seinen Schülern eine Idealisierungstendenz hinsichtlich der vermeintlichen Leichtigkeit seines Produzierens offenbar schon zu seinen Lebzeiten. Noch Jahrzehnte später sprach beispielsweise Sándor Radó in einem Interview von den fast korrekturlosen Handschriften; es sei atemberaubend gewesen, Freud habe sie ohne vorherige Entwürfe einfach so hinschreiben können.[2]

---

[1] S. viii.

[2] Radó sprach von Reinschriften jeweils neu entstehender Werke, die Freud Ferenczi gelegentlich zur Kritik zuschickte und die dieser gemeinsam mit Radó zu

Wie bei jedem Schriftsteller war das Schreiben hochbesetzt. Es war auch leicht störbar. Mitunter litt Freud unter Schreibkrampf und erkannte darin ein Widerstandsphänomen. Selbst kleinere Veränderungen seiner Handschrift beobachtete er voller Sorge, als könne sich darin die lebenslang befürchtete Einbuße seiner »Leistungs- und damit Wehrfähigkeit«[1] ankündigen. So stellte er gegen Ende des Ersten Weltkriegs, am 17. Februar 1918, in einem Brief wiederum an Ferenczi fest: »Daß meine Schrift sich jetzt rapid verschlechtert (auch Kälteeinwirkung dabei?), wird Ihnen nicht entgangen sein.« Ein paar Wochen später konnte er dem Freund erleichtert mitteilen, die »Verderbnis« sei unterdessen vorwiegend auf Altersarthritis zurückzuführen. Unter noch extremerer äußerer Belastung machte er 1938, kurz nach Ankunft im Exil, wiederum eine organische Ursache, diesmal Störungen der Harnfunktion, für eine erneute Beeinträchtigung seiner Handschrift verantwortlich.[2]

Aber selbst wenn Freud seiner Handschrift sicher war, konnte ihn der »Horror calami«[3] plagen. Es bedurfte gewisser äußerer Bedingungen, um dieses Grausen, diese Scheu vor der Feder zu überwinden, beschützender Umstände in Zeit und Raum. Dazu gehörten: die Erwartung ungestörter Dauer – patientenfreie Tage und wochentags vorwiegend die Abend- und Nachtstunden; ein von Wohntrakt und Familienalltag gut abgeschirmter stiller eigener Bezirk – der mit dem Behandlungszimmer verbundene Arbeitsraum; ein zur Stützung bestimmter Körperhaltungen speziell angefertigter Schreibtischstuhl; die Einhüllung in Zigarrenrauch; die schweigsame Präsenz von Gegenständen, die Vergangenes verdichten, vergegenwärtigen – also der Bücher und Antiquitäten, insbesondere der auf dem Schreibtisch in einer strengen Doppelzeile aufgestellten ägyptischen, etruskischen, römischen und chinesischen Bronzestatuetten und Terrakottafiguren, denen er beim Arbeiten buchstäblich Aug' in

---

lesen und zu diskutieren pflegte. Das Interview führte in den sechziger Jahren Bluma Swerdloff im Rahmen des Columbia Oral History Project. Herausgegeben von Paul Roazen und der Interviewerin, wird dieses Material demnächst unter dem Titel *Sándor Radó and the Psychoanalytic Movement* erscheinen.

[1] 1966*a*, S. 57.

[2] Siehe unten, S. 125 f.

[3] 1985*c*, S. 128.

Freuds Schreibtisch in der Berggasse 19.

Auge gegenübersaß und deren zeremonielle Feierlichkeit zugleich herausfordernd und spiegelnd auf ihn gewirkt haben mag; schließlich bestimmte Schreibutensilien – schwere Füllfederhalter, bunte Fettstifte – und das ungewöhnlich großflächige Papier.

Solche beschützenden Umstände in Zeit und Raum gewährte aber nicht nur das Berggassen-Domizil. Freud konnte sie auch in jenen Abschnitten seiner Ferien finden, in denen er nicht reiste, sondern mit der Familie an festen Sommerplätzen weilte – etwa in Berchtesgaden, Aussee, Karlsbad, Klobenstein, Badgastein, später am Semmering. Die Briefe dokumentieren, daß tatsächlich ein beträchtlicher Teil des Werks in diesen von »Plagen« freien Phasen entstanden ist – jedenfalls in den Grundzügen; bibliographische Ergänzungen, den Wortlaut von Zitaten, Verifizierungen und Berichtigungen aller Art trug Freud dann nach der Rückkehr nach. In den Ferien aber reagierte er, wie er einmal an Ferenczi schrieb, »endlich auf die Milliarden Eindrücke, die ich von zehn Leuten neun Stunden täglich durch neun Monate aufnehmen mußte, freilich nicht angemessen, sonst müßte ich Bände produzieren können«.[1] Unmittelbar nach Ankunft am Urlaubsort pflegte Freud sich eine kurze Weile auszuruhen. Dann widmete er sich der mitgebrachten Lektüre und fing an, sich auf die kreative Arbeit einzustimmen. Wieder waren dafür bestimmte Räume erforderlich: »ein schönes Plätzchen im nahen Wald, wo man lesen und Noten machen kann«[2], und, für das eigentliche Schreiben, in der Pension oder im Hotel ein behagliches Zimmer für sich allein, in dem er sich eine »Schreibecke« einrichten konnte. Die vertrauten Schreibutensilien, von denen Freud sich abhängig fühlte, wurden mitgeführt. In einem Brief vom 19. September 1918 an seine Tochter Anna, aus dem ungarischen Ferienort Lomnic, heißt es: »Wenn Du Sachs siehst, mahne ihn, daß er mir die Füllfeder mitbringt. Meine gute ist zerbrochen; ich kann kaum schreiben.«

Des Schriftstellers Sigmund Freud »fördernde Umwelt« könnte man, in Begriffen D. W. Winnicotts, diese besonderen Arrangements nennen, oder seinen »Bereich der kulturellen Erfahrung«[3], des schöp-

[1] Brief vom 21. Juli 1922.
[2] Brief, wiederum an Ferenczi, vom 4. August 1911.
[3] Winnicott, 1967.

ferischen Umgangs mit Kulturdingen, den Winnicott als einen dritten von dem Bereich der Außenwirklichkeit einerseits und dem der triebgesteuerten inneren Realität andererseits unterschieden hat. Winnicott lokalisierte diesen Bereich in dem »potentiellen Raum«, der am Beginn des Lebens Baby und Mutter, sich konstituierendes Selbst und haltgebendes Objekt, gleichermaßen verbindet und trennt, buchstäblich ein Zwischen-Raum, der, sofern er sich öffnet, Spielen und kreatives Arbeiten, den variablen Umgang mit Symbolen, allererst ermöglicht und dem Winnicott bekanntlich auch den Gebrauch der Übergangsobjekte zuordnete. Vielleicht haben die besonderen Schreibutensilien und vor allem die großflächigen Blätter im kreativen Prozeß tatsächlich so etwas wie die Funktion von Übergangsobjekten erfüllt. Auf die Wahl dieses auffallenden, herrschaftlichen Papierformats angesprochen, soll Freud, laut Theodor Reik, einmal gesagt haben, wenn er sich im Leben schon in so vielerlei Hinsicht einschränken müsse, wolle er zumindest beim Schreiben Platz und Freiheit haben.[1] Denkbar, daß er mit dem Hinweis auf Einschränkungen nicht zuletzt die eigenen agoraphobischen Züge meinte, von denen uns Reik in einem anderen Buch eine einfühlsame Schilderung hinterlassen hat.[2]

Jedenfalls konnte Freud in diesen besonderen Umgebungen und mit Hilfe jener spezifischen Utensilien es offenbar wagen, mit dem Anfangen jedes Werks etwas zu wiederholen, dessen Ausgang nie sicher war: im angespannten Noch-nicht-formulieren-Können des bloßen Ahnens und Dämmerns sich zuerst dem bedrohlichen Erleben von Abhängigkeit, Undifferenziertheit, Chaos auszuliefern, dann aber, Spuren eigener traumatischer *und* geglückter frühester Objekterfahrungen wiederbelebend, sich in einer Art »Befreiungskampf«[3] mittels immer klarerer Sprachbewegungen davon abzusetzen – Benennen ist ja immer auch ein Sichtrennen – und schließlich in-

---

[1] Reik, 1956, S. 22. – Alle im vorliegenden Buch abgebildeten ganzseitigen Faksimiles sind also wesentlich verkleinert. Verkleinert sind auch die nur wenige Zeilen umfassenden Auszüge. Für eine getreue Wiedergabe von Blatt- und Schriftgröße, Farbgebung, Typographie usw. sei der Leser auf die Faksimileausgabe des Kästchenwahl-Essays (1913*f*) verwiesen.

[2] Reik, 1983, S. 45 f.

[3] So in einem Brief an Ferenczi vom 3. Dezember 1910.

tellektuelle Autonomie zu erlangen. Sobald dieser Vorgang der Herausdifferenzierung einmal in Gang gekommen war, scheint er von Bemeisterungslust, entspannter Freude, köstlichem Sich-unterhalten-Fühlen, also allen Affektqualitäten kreativen Spielens begleitet gewesen zu sein. Freud konnte in diesen gehobenen Phasen dann offenbar auch sehr schnell schreiben.[1] Daß sich solche Selbstkonturierung *in eigener Regie* vollzog und im Falle des Gelingens etwas gänzlich Neues, vielleicht Unverlierbares dabei Gestalt gewann, erfüllte ihn, zumindest vorübergehend, mit Genugtuung und Zuversicht.[2]

Der Befreiungskampf vollzog sich nicht zuletzt – fast physisch – in Freuds Beziehung zu seinem neu entstehenden Werk. In der Regel arbeitete er, abgesehen von Schriften, die er auf Bestellung verfaßte, mit inbrünstiger Ausschließlichkeit und unerhörter Intensität an *einem* Buch, *einem* Essay. Eine bestimmte Formulierung, in der dieses Verschmolzensein sich äußert, taucht in den Briefen immer wieder auf. »Ganz Traum«, schreibt er an Fließ[3] aus Berchtesgaden, während er die *Traumdeutung* verfaßte. Aus der Versenkung in die ›Psychoanalytischen Bemerkungen über einen autobiographisch beschriebenen Fall von Paranoia‹ teilte er Ferenczi mit: »Ich bin nämlich sonst Schreber, nichts als Schreber.«[4] Und während der Niederschrift von *Totem und Tabu* beteuerte er gleich mehrfach: »Ich bin ganz Totem und Tabu« und »Ich war eben ganz Allmacht, ganz Wilder. So muß man es machen, wenn man mit etwas fertig werden will.« Als wolle

---

[1] Jones, 1962*b*, S. 159.

[2] Auch wenn Freuds kreativer Prozeß hier vorwiegend als Umgang mit Trennungskonflikten beschrieben wird, klammert dies selbstverständlich die genitalen, generativen Aspekte nicht aus, die sich wahrscheinlich am Grunde jeglicher schöpferischen Tätigkeit entdecken lassen – es sei nur an die eingangs erwähnte Geburtsmetapher erinnert –, und zwar im Sinne einer bisexuellen Kapazität. »Aus Langeweile beginne ich etwas zu schreiben«, heißt es in einem Brief an Anna Freud vom 20. April 1927, »ob es lebensfähig sein wird, weiß ich noch nicht.« Als sei Freud gleichermaßen mit einem Vater identifiziert, der Leben initiieren kann, und einer Mutter, die bereit ist, das Kind auszutragen, aber noch nicht sicher, ob das Wachstum vorankommen wird.

[3] 1985*c*, S. 403.

[4] Brief vom 3. Dezember 1910; die beiden folgenden Zitate stammen aus Briefen an denselben Adressaten vom 11. August 1911 bzw. 30. Dezember 1912.

er sagen, nur eine derart innige oder auch sich verbeißende Symbiose mit einem solchen Text ermögliche es, sich schließlich von ihm zu lösen.

Bei Freud geschah dieses zunehmende und dann wieder abnehmende libidinöse und auch aggressive Besetzen eines neuen Werks in mehreren Stufen. Und das Schreiben als motorische Aktivität scheint dabei eine unverzichtbare, zunächst intensitätssteigernde und dann wieder intensitätsvermindernde Funktion erfüllt zu haben. Wie erwähnt, hat es den kreativen Prozeß von einem ziemlich frühen Zeitpunkt an mitgetragen, mitinspiriert. Der eigenen Gedanken in ihrer Schriftgestalt ansichtig zu werden, sich ihnen gleichsam gegenüberzustellen, bot seiner Selbstkritik endlich die konkrete Angriffsfläche – einer Fähigkeit, auf die er, wie er Ferenczi einmal gestand[1], stolz war, denn sie sei nächst seinem Mut das Beste an ihm, habe unter seinen Publikationen eine strenge Auswahl getroffen, ohne sie hätte er leicht dreimal soviel an die Öffentlichkeit bringen können. Was aber schlechterdings für das Zustandekommen des Œuvres konstitutiv gewesen ist: schreibend, nämlich *Notizen* aufzeichnend und *Entwürfe* skizzierend, tastete er sich überhaupt erst an neue Werke heran, hegte sie eine Zeitlang wie ein Stück von sich, um sie, *Reinschriften* ausarbeitend, allmählich zu verabschieden. Wie sich zeigen wird, sind einige Notizen und Entwürfe erhalten geblieben, die Masse der aus der Werkentstehung überlieferten Dokumente bilden jedoch die Reinschriften. Sie stellen auch den Übergang zum öffentlichen Wortlaut der Druckfassung dar.

Aus einigen überlieferten Fahnen geht hervor, daß Freud in der Regel noch während der Fahnenlektüre letzte inhaltliche und stilistische Korrekturen und Ergänzungen eingetragen hat.[2] In diesem Sta-

[1] Im Brief vom 17. Oktober 1910.

[2] Das gilt insbesondere für die Fahnen der »*Selbstdarstellung*«, die tatsächlich noch einige bedeutsame Textmodifikationen enthalten. Geringfügigere Korrekturen, teils von anderer Hand, finden sich allerdings auch in den Fahnen der Abhandlungen ›Der Humor‹, ›Fetischismus‹, ›Die Feinheit einer Fehlhandlung‹, ›Die endliche und die unendliche Analyse‹, ›Moses, ein Ägypter‹, ›Wenn Moses ein Ägypter war...‹ sowie des Nachrufs auf Lou Andreas-Salomé. Dagegen sind die Fahnen der *Zukunft einer Illusion* unkorrigiert. Einige Kapitel bzw. Kapitelteile der vierten Folge der *Sammlung kleiner Schriften zur Neurosenlehre* (näm-

dium bildete er aus seinen Mitarbeitern gerne so etwas wie eine intime Öffentlichkeit; denn er schickte Fahnen herum, was er mit Manuskripten nur im Verkehr mit den Vertrautesten zu tun pflegte, und bat um Kritik. Offenbar empfand er aber erst Drucklegung und Publikation als das eigentliche Trennungsgeschehen. In seinen Briefen finden sich Hinweise darauf, daß er auf die Beendigung der Fahnenkorrektur mit Müdigkeit und depressiver Abwendung zu reagieren neigte. So heißt es nach dem Ende der Diskussion mit Ferenczi über Fahnen von *Totem und Tabu*: »Meine Gedanken fliehen jetzt davon.« Und mit dem Beginn des Drucks von *Das Ich und das Es*: »Nun bin ich in der bekannten Depression nach allen Korrekturen.«[1]

lich Kapitel XXVI und Stücke der Kapitel XXV und XXVII) sind als korrigierte Umbruchbogen archiviert.

[1] Die beiden Aussprüche stehen in Briefen vom 26. Juni 1913 bzw. 17. April 1923.

2 Manuskriptschicksale

Mit dem Abschluß des Korrekturvorgangs scheint Freud das Interesse an seinen Handschriften, die er gewiß zur Privatsphäre rechnete, jäh verloren zu haben. Die ungeteilte Aufmerksamkeit gehörte von nun an, wie im ersten Teil des Buches beschrieben, dem veröffentlichten Werk und seiner Zukunft. Kaum daß er die Druckfassung in Händen hielt, warf er, nachdem sie ihre Dienste erfüllt hatten, die handschriftlichen Vorlagen weg. Auf diesem Wege ging uns also nicht zuletzt das Manuskript des Jahrhundertbuchs, der *Traumdeutung*, verloren[1], was Freud in einem späten Brief an Abraham Schwadron vom 12. Juli 1936 ausdrücklich bestätigte: er habe es »unbedenklich dem Papierkorb überantwortet«.[2] Schon früher, am 8. Juli 1929, hatte er auf einer Karte an Israel Spanier Wechsler[3] betont, auch die Handschrift der *Drei Abhandlungen zur Sexualtheorie*[4] existiere nicht mehr.

Der Usus der Handschriftenzerstörung[5] scheint erst 1913/14 wirklich aufgehört zu haben, obwohl Freud in seinem Brief an Schwa-

---

[1] Überliefert sind, wie sich im Notizen-Kapitel zeigen wird, lediglich Manuskripte mancher Ergänzungen zu späteren Auflagen des Werks.

[2] Vgl. Gay, 1989, S. 688.

[3] Sigmund Freud Collection.

[4] Wiederum sind lediglich Kopien der Manuskripte einiger Anmerkungen zu späteren Auflagen des Buchs überliefert, etwa eines Stücks der Anmerkung von 1920 zur Frage der Inversion (1905*d*, S. 57 f.) oder der berühmten, aus demselben Jahr stammenden Fußnote über den Ödipuskomplex als Kernkomplex der Neurosen (aaO, S. 129, Anm. 2).

[5] Gemeint ist der Alltagsumgang mit den handschriftlichen Unterlagen seiner Werke. Bekanntlich hatte Freud außerdem in verschiedenen Lebensphasen alle seine Papiere systematisch durchgesehen und jeweils große Teile davon vernichtet, erstmals 1885, letztmals 1938 vor der Emigration.

dron 1905 als Datum angibt. Allerdings ist auch aus früheren Jahrzehnten, wohl eher zufällig, das Manuskript manch wichtigen Werks erhalten geblieben. Dazu gehören die Blätter der Studien ›Charakter und Analerotik‹, ›Über infantile Sexualtheorien‹, ›Die »kulturelle« Sexualmoral und die moderne Nervosität‹, ›Allgemeines über den hysterischen Anfall‹ und ›Formulierungen über die zwei Prinzipien des psychischen Geschehens‹, ferner die Handschriften der Krankengeschichte des »Rattenmannes« und der Schreber-Falldarstellung, der Leonardo-Schrift sowie des dritten und vierten Essays von *Totem und Tabu*[1]. Auch von den einst den Briefen an Wilhelm Fließ beigelegten Abhandlungen und Notizen, die vom Autor nicht zur Publikation bestimmt waren und erst posthum an die Öffentlichkeit gelangten, liegen Handschriften vor.[2] Andererseits sind aus den frühen Schaffensjahrzehnten, außer der *Traumdeutung* und den *Drei Abhandlungen*, noch andere zentrale Dokumente verlorengegangen, darunter die Reinschrift der Falldarstellung des »kleinen Hans« und der Gradiva-Studie, der behandlungstechnischen Aufsätze ›Zur Dynamik der Übertragung‹ und ›Ratschläge für den Arzt bei der psychoanalytischen Behandlung‹, ferner der metapsychologischen Abhandlung ›Einige Bemerkungen über den Begriff des Unbewußten in der Psychoanalyse‹.

Die Folge des Überlieferten wird erst ab 1913/14 dicht. Nur einige wenige Lücken fallen auf. So fehlen beispielsweise die Originalblätter von *Massenpsychologie und Ich-Analyse*[3], ›Der Realitätsverlust bei

---

[1] Von Teilen des zweiten Essays (nämlich den Abschnitten 3 und 4, wobei der Abschnittbeginn von 4 in der Handschrift etwas früher lokalisiert ist als in der Druckfassung) befindet sich in der Sigmund Freud Collection immerhin eine Photokopie der Reinschrift. Letzeres gilt auch für Auszüge des dritten und vierten Kapitels der *Psychopathologie des Alltagslebens.*

[2] In diesem Zusammenhang ist noch das undatierte Manuskript ›Kritische Einleitung in die Nervenpathologie‹ zu erwähnen, das, bisher nur auszugsweise veröffentlicht (1983g), vermutlich aus der zweiten Hälfte der achtziger Jahre stammt. Es fand sich im Nachlaß des Sohnes von Wilhelm Fließ. In der Sigmund Freud Collection ist lediglich eine Photokopie des Originals archiviert.

[3] In der Sigmund Freud Collection sind von dieser Schrift bloß Photokopien eines Manuskriptfragments aufbewahrt, nämlich jeweils die obere Hälfte der durchgerissenen Manuskriptseiten 73 bis 76 aus der Reinschrift des zehnten Kapitels ›Die Masse und die Urhorde‹.

Neurose und Psychose‹, ›Die Feinheit einer Fehlhandlung‹ und der ersten der drei Moses-Abhandlungen, ›Moses, ein Ägypter‹. Aber auch die Reinschriften von ›Zur Psychologie des Gymnasiasten‹, ›Vergänglichkeit‹, ›Dostojewski und die Vatertötung‹ sowie von ›Warum Krieg?‹ sucht man vergebens. Bei den zuletzt genannten vier Titeln handelt es sich um Beiträge, die Freud auf Bestellung verfaßte und die, in Verbindung mit Texten anderer Autoren, nicht im Rahmen psychoanalytischer Fachveröffentlichungen auf den Markt kamen. Er mag es versäumt haben, seine Manuskripte nach abgeschlossener Satzarbeit zurückzuverlangen[1], wie er es sonst seit 1913/14 getan zu haben scheint.

Offenbar hat Freud seinen Umgang mit den eigenen Niederschriften in jenem Zeitraum deshalb geändert, weil er sich damals ihres Autographenwertes bewußt zu werden begann. Kurz vor dem Ersten Weltkrieg hatte er von Paul Federn erfahren, daß sich die New Yorker Pierpont Morgan Library für den weiteren Aufbau der von dem amerikanischen Bankier John Pierpont Morgan begründeten Sammlung auch um den Erwerb seiner Manuskripte bemühen wolle. Obwohl sich diese Absicht offenbar infolge des Krieges zerschlug[2], hob Freud von nun an auf. Nicht lange nach seiner ersten Krebsoperation teilte ihm sein Neffe Edward L. Bernays aus den Vereinigten Staaten brieflich mit, er sei von der Bibliothekarin der Sammlung erneut angesprochen worden. Freud antwortete am 27. November 1924: »Ich hätte gar nichts dagegen, wenn die Dame auf diese frühere Absicht zurückkäme. Ich kann mir nicht vorstellen, was solche Manuskripte für Wert haben mögen. Für mich sind sie jedenfalls

[1] Mit Sicherheit trifft dies für den 1933 unter dem Titel ›Warum Krieg?‹ veröffentlichten Briefdialog mit Albert Einstein zu. Das Manuskript dieses Werks kam Ende 1990 bei Sotheby's in New York unter den Hammer – wie es im Katalog hieß: »Sold by Authority of the Trustees of an Educational Institution.« Der Sekretär des vom Völkerbund geförderten Internationalen Instituts für geistige Zusammenarbeit, Leon Steinig, der jenen Briefwechsel initiiert hatte, scheint die in seinem Besitz überlieferten Blätter zuvor der Erziehungsinstitution verkauft zu haben. Das Dokument wurde nun von einem amerikanischen Privatsammler für 165 000 Dollar erworben, konnte also bedauerlicherweise nicht dem Manuskriptbestand der Library of Congress zugeführt werden.

[2] Vgl. einen Brief Freuds vom 24. Januar 1915 an Paul Federn (Photokopie in der Sigmund Freud Collection).

nichts wert, und wenn sich ein Liebhaber findet, bin ich gerne bereit, sie in gutes Geld umzusetzen. Aber natürlich müßte es der Mühe wert sein. Schon des Prestiges wegen. Jedenfalls ein interessantes Revival.«[1]

Zwar wurde auch im zweiten Anlauf nichts aus dem Plan, doch erreichten Freud in den folgenden Jahren noch weitere derartige Anfragen. So legte ihm Ende der zwanziger Jahre Israel Spanier Wechsler, Neurologe in New York, nahe, seine Handschriften der Universität Jerusalem zu vermachen. Freud fühlte sich an den früheren Anlaß erinnert und antwortete am 8. Mai 1929, nicht ohne Selbstironie, hinhaltend: »Ihre Annahme, daß mir diese Universität lieb und teuer ist, trifft zu, in der Einschätzung solcher Manuskripte sind wir vielleicht nicht einig. Mir bedeuten sie nichts, es wäre mir ja nie eingefallen, sie der Universität als Geschenk anzubieten. Ich pflegte sie nach dem Abdruck in den Papierkorb zu werfen, bis mich einmal jemand auf eine andere Art der Verwendung aufmerksam machte. Er sagte mir, daß es unter den Reichen Narren gäbe, die, falls ich durch irgendein Ungefähr berühmt würde, bares Geld für solche beschriebenen Papiere zahlen könnten. Seither bewahrte ich sie auf und warte auf so erfreuliche Konsequenzen meines Ruhms in der Erwägung, daß ich unseren eigenen Institutionen wie Verlag, Wiener Institut, Berliner Sanatorium auf keinem anderen Weg etwas schenken oder hinterlassen kann, ja daß ein solches Legat auch für meine sieben Enkel nicht unerwünscht wäre. Wirklich hörte ich vor Kriegsausbruch, daß ein bekannter Makulatursammler auch an die Erwerbung meiner Lappen denke.«[2] Als sich 1936 die Jewish National and University Library mit der gleichen Bitte direkt aus Jerusalem an Freud wandte, schlug er vor, die Bibliothek möge sich nach seinem Tode mit seiner Tochter Anna ins Benehmen setzen, die seine Bücher und Schriften erben werde.

Noch einmal bestätigte Freud bei dieser Gelegenheit seine »Antipathie gegen persönliche Reliquien, Autogramme, Handschriftensammlungen und alles, was davon rührt«; zwar habe er sich dazu bewegen lassen, seine Blätter nicht mehr wegzuwerfen, aber er gebe

---

[1] 1965*b*, S. 196f.

[2] 1960*a*, S. 404.

sich nicht gern mit ihnen ab.[1] Dies war nicht bloß Redensart. Vielmehr ist nicht zuletzt aus Freuds Verhalten seinen Mitarbeitern gegenüber zu erkennen, daß er die Wertschätzung von Manuskripten tatsächlich nicht teilte und bis zum Schluß mit den eigenen nicht sonderlich pietätvoll umging. Zwei Beispiele: Als er 1915 Sándor Ferenczi die Entwurfshandschrift seiner zwölften metapsychologischen Abhandlung zuschickte, stellte er ihm anheim, sie wegzuwerfen oder zu behalten. Und aus dem unveröffentlichten Briefwechsel mit Max Eitingon geht hervor, daß Freud ihm im Laufe der Jahre, wohl auf dessen Bitte, drei Manuskripte geschenkt hatte, und zwar keine geringeren als diejenigen von *Jenseits des Lustprinzips*, der *»Selbstdarstellung«* und des *Unbehagens in der Kultur*[2]. Später vergaß er offenbar, welche Handschriften er weggegeben hatte. Denn als 1934 zu seiner Irritation von einer Bilder- und Autographenhandlung das Manuskript der kleinen Arbeit ›Ein religiöses Erlebnis‹ zum Verkauf angeboten wurde, teilte er Eitingon am 27. November nicht nur mit, daß der Internationale Psychoanalytische Verlag die Seiten unterdessen für hundert Schillinge erworben habe[3], sondern fragte auch an: »Nun verfolgt mich die wahrscheinlich unwichtige Idee, ich hätte Ihnen diese Blätter einmal auf Ihren Wunsch geschenkt. Wie wären sie Ihnen dann abhanden gekommen? Aber einmal habe ich Ihnen ein Manuskript gegeben. Was war es nur?«[4] Eitingon klärte Freud daraufhin über die viel gewichtigeren Geschenke auf, und dieser konnte wenig später vom Ergebnis erfolgreicher Recherchen berichten, daß nämlich der ehemalige Leiter des Internationalen Psychoanalytischen Verlags, A. J. Storfer, die Manuskripte – es waren de facto mehrere – auf den Markt gebracht hatte. Freud war also

---

[1] Gay, 1989, S. 688.

[2] Die Schenkung der letzteren Handschrift scheint sogar in der ›Kürzesten Chronik‹ vermerkt: dort steht unter dem Datum des 24. Dezember 1929: »Weihnacht – Eitingon ›Unbehagen‹«. Alle drei Manuskripte befinden sich heute in der Sigmund Freud Collection, und zwar, im Unterschied zu den anderen Handschriften, in gebundener Form. Eitingon hat sie also nicht nur binden lassen, sondern wohl auch dafür gesorgt, daß sie schließlich zurückgegeben wurden.

[3] Heute fehlt diese Handschrift allerdings in der Sigmund Freud Collection.

[4] Zitiert nach einer von Sigmund Freud Copyrights zur Verfügung gestellten Transkription.

auch entgangen, daß er etliche Handschriften nach Abschluß des Herstellungsprozesses nicht vom eigenen Verlag zurückerhalten hatte.

So ist es fast verwunderlich, daß zumindest seit 1913/14 die meisten Handschriften beisammen blieben und überliefert wurden. Nach Auskünften seiner Tochter Anna[1] hat Freud die inzwischen kostbaren Blätter schließlich seinen Kindern vermacht; an die Stelle der früh verstorbenen Tochter Sophie trat deren Sohn Ernst. Mit Ausnahme des Anna Freud gehörenden Teils, wurden die Manuskripte vor Jahren von der American Psychoanalytic Association erworben und, um sie endgültig vor Verkauf und Verstreuung zu schützen, der Sigmund Freud Collection, also der Library of Congress übereignet. Anna Freud vervollständigte die Sammlung, indem sie Mitte der siebziger Jahre ihr Sechstel der Library of Congress schenkte. Doch war vereinbart worden, daß sämtliche Niederschriften in Hampstead bleiben sollten, solange Anna Freud lebte. Als ich die Blätter 1975/76 erstmals durchsah, befanden sie sich, aufgestellt in großen Lederkassetten, noch in Freuds Arbeitszimmer. Nach Anna Freuds Tod im Jahre 1982 wurden sie vorübergehend in einer Londoner Bank untergebracht und dann 1986 der Manuscript Division der Library of Congress übergeben. Die Kongreßbibliothek ist ihr definitiver Aufbewahrungsort.

Zugänglich ist die in der Serie B enthaltene umfangreiche Sammlung der ›Writings, 1877–1985 and undated‹[2]. Ob sich in den gegen-

[1] Sie gab sie mir anläßlich der Vorbereitungen für die Faksimileausgabe von ›Das Motiv der Kästchenwahl‹.

[2] Unter dieser Rubrik sind übrigens auch drei Konvolute mit Handschriften der von Freud besorgten Übersetzungen katalogisiert. Das erste, aus seinen wissenschaftlichen Anfängen stammende umfaßt Auszüge aus den *Neuen Vorlesungen über die Krankheiten des Nervensystems, insbesondere über Hysterie* (1886*f*) von Jean-Martin Charcot. – Das zweite betrifft ein Stück der Übersetzung des 1923 in London erschienenen Buches *The Unconscious* von Israel Levine. Freud, der von diesem Werk eine hohe Meinung hatte, mag die von seiner Tochter Anna angefertigte Übersetzung angeregt haben, die 1926 im Internationalen Psychoanalytischen Verlag herauskam. Im ersten Teil seines Buches stellt Levine Autoren vor, die sich *vor* Freud mit dem Unbewußten befaßt hatten, darunter den englischen Schriftsteller Samuel Butler und dessen Theorie eines »unbewußten Gedächtnisses«. Jones (1962*b*, S. 266) und Strachey (1957, S. 205) haben bereits darauf auf-

wärtig[1] mit den Initialen A, E, F, Z, ZR und Zpat gekennzeichneten Serien der Sigmund Freud Collection noch einige andere, im Hinblick auf die Werkentstehung unmittelbar relevante Handschriften befinden, wird sich erst zu einem späteren Zeitpunkt ermitteln lassen; denn der Zugang zu diesen Teilen des Archivs ist größtenteils noch verschlossen. Aber die *systematische* Erforschung der Masse der heute nicht mehr gesperrten Handschriften aus der Serie B ist zweifellos selbst noch eine Aufgabe der Zukunft.

Die in den folgenden Kapiteln des zweiten Teils erörterten Details sind Auszüge, Beispiele aus meinen Studienergebnissen, ausgesucht und angeordnet in dem Bestreben, dem Leser eine kohärente und möglichst kurzweilige Lektüre zu ermöglichen. Was die Varianten betrifft, so sind sie mir in der Regel bei mehr oder weniger zufälligen punktuellen, also nur kleinere Textausschnitte berücksichtigenden Vergleichen zwischen Handschrift und Druckfassung aufgefallen. Einige meiner Recherchen haben sich allerdings unweigerlich an Themen meiner früheren Freud-Forschungen orientiert – beispielsweise Trieb/Trauma, Phantasie/Erinnerung, archaische Erb-

merksam gemacht, daß Freud es sich nicht hatte nehmen lassen, gerade diesen Passus selbst zu übersetzen, und zwar nicht wegen einer besonderen Wertschätzung Butlers, sondern allein weil dieser mit seinem Hinweis auf den Physiologen Ewald Hering Freud die Gelegenheit bot, einem wirklichen Vorläufer einen Dankestribut zu zollen; denn in Gestalt einer eigenen Anmerkung des Übersetzers und anhand eines hinzugefügten Hering-Zitats bekundet Freud seine Auffassung, daß Hering in der Tat zu den Denkern gehöre, die bereits vor ihm etwas von unbewußter Seelentätigkeit verstanden hätten (vgl. *G. W.*, Nachtragsband, S. 770 f.). Die Handschrift belegt überdies: Freud hat nicht nur die Butler-Passage, sondern auch den folgenden Abschnitt, ›Abschließende Bemerkungen‹, selbst übersetzt, wahrscheinlich mit einem gewissen Stolz, weil Levine darin ausführt, daß alle diese Vorläufer von Leibniz über Schopenhauer bis Hartmann und Nietzsche sowie eben Butler bezüglich ihrer Aussagen über das Unbewußte »in hohem Grade spekulativ, nicht recht faßbar und leicht angreifbar« (S. 40) geblieben seien. – Das dritte Konvolut bildet die Handschrift großer Teile der Übersetzung von Marie Bonapartes Buch *Topsy; Der goldhaarige Chow*, die, wiederum das Ergebnis einer Zusammenarbeit mit der Tochter Anna, 1939 im holländischen Exilverlag Allert de Lange erschienen ist, wie im ersten Teil des Buches berichtet.

[1] Das heißt zum Zeitpunkt meines letzten Aufenthalts in der Library of Congress im Februar 1992.

schaft/phylogenetische Konstruktion; wer sich lange Zeit mit Freuds Texten befaßt hat, wird nicht koordinatenlos durch diese Autographen wandern können. Bei einer Reihe von Schriften, insbesondere des Spätwerks, habe ich Handschrift und veröffentlichte Version nicht nur in Form von Stichproben, sondern insgesamt und Wort für Wort verglichen. Was mir unpubliziert vorkam, habe ich zu dechiffrieren versucht. Das im folgenden Mitgeteilte ist dennoch kaum mehr als eine erste Vermessung der Landschaft von Freuds Handschriften. Dabei lasse ich Dokumente wie handschriftliche Krankenblätter aus der Zeit seiner ärztlichen Ausbildung, Vorlesungsinskriptionen usw. sowie das gewaltige Briefkorpus, obgleich für den Werkkontext mittelbar von Belang, unberücksichtigt. Die nächsten Kapitel folgen der Chronologie jener drei typischen Stufen der Entstehungsdynamik von Freuds Texten: Notizen, Entwürfe, Reinschriften.

3 Notizen

Als die Herausgeber der *Gesammelten Werke* 1941 einen Band mit Schriften aus dem Nachlaß publizierten, präsentierten sie auch eine kurze Sammlung von Notizen Freuds.[1] Die zwei Blätter umfassende Handschrift dieser Notizen ist in der Sigmund Freud Collection überliefert. Der Titel lautet: »Ergebnisse, Ideen, Probleme. London Juni«. Die nur mit Tages- und Monatsangaben versehenen Eintragungen stammen unzweifelhaft von 1938, aus der Exil-Zeit. Vergleicht man das Manuskript mit dem veröffentlichten Text, so fällt auf, daß die Herausgeber, ohne dies näher zu erläutern, eine Reihe editorischer Eingriffe vorgenommen haben. Angleichung von Orthographie und Interpunktion an moderne Gepflogenheiten sowie Auflösung von Abkürzungen mögen sich von selbst verstehen, und eine sinnentstellende Fehllesung geschah gewiß unbeabsichtigt.[2] Doch wurden auch Eigennamen anonymisiert, und eine Eintragung ist offensichtlich gekürzt.[3]

Die Editoren geben an, daß sie nur eine Auswahl aus jener Notizensammlung wiedergegeben hätten. Es zeigt sich bei der Parallellektüre von Handschrift und Druckfassung, daß lediglich zwei Notate fortgelassen wurden. Das eine, am 24. Juni niedergeschriebene, ist autobiographisch und handelt von dem bereits erwähnten Zusammenhang zwischen Schreibkrampf und Harnsymptomatik:[4]

---

[1] 1941*f*.

[2] In der Eintragung vom 20. Juli heißt es statt »Erspuren« (Freuds üblicher Abkürzung für »Erinnerungsspuren«) irrtümlich »Erbspuren« (aaO, S. 151).

[3] Die Notiz vom 16. Juni (S. 151) endet in der Handschrift mit dem Satz: »Beispiel: Dorothy in erster Verliebtheit in James den Gärtner.«

[4] Um dem Leser eine möglichst authentische Vorstellung von Freuds Handschriften zu vermitteln, gebe ich, wie bereits am Ende der Einleitung betont, alle fol-

»24/6 Die einzige Anlehnung an die Graphologie, 1909, 53 J alt in New York trat plötzlich bei mir Prostataschwellung mit unpulsirend. Harndrang auf; gleichzeitig[,] was mir völlig neu war, ein Schreibkrampf, der nach Wochen (oder Monaten?) verschwand. Gegenwartig bei neuem stärkerem Anfall derselben Affektion bemerke ich die ganz auffällige Verschlechterung und Erschwerung meiner Handschrift. Die alte Harnsymbolik des Schreibens setzt sich durch.« – Die andere nicht abgedruckte Notiz stammt vom 22. September und lautet: »22/9 Für Ursprung des Eros – Moglichkeit, daß mit Entstehung des Lebenden gleichzeitig Zerfall in m u f[1] Substanz geschah, die sich [,] wie Plato vermutet[2], seither vereinigen wollen. Obwol nicht alles dazu stim̄t. Ursprung von Eros u Tod wäre also der gleiche. Aber woher die Gleichzeitigkeit der beiden Ereigniße?«

In ihrem Vorwort zum siebzehnten Band der *Gesammelten Werke* teilen die Herausgeber mit, daß es sich bei ›Ergebnisse, Ideen, Probleme‹ um »das einzige Blatt« aus Freuds »tagebuchartigen« Aufzeichnungen handele, das erhalten geblieben sei. »Alle ähnlichen Notizen aus den vorhergehenden Jahren sind von Freud selbst vor seiner Abreise von Wien vernichtet worden.«[3] Diese Schilderung aus dem Kriegsjahr 1940 entsprach gewiß dem Bild, das die Editoren zum damaligen Zeitpunkt von Freuds Nachlaß gewonnen hatten. Bei meinen Studien in der Sigmund Freud Collection konnte ich feststellen, daß noch eine Fülle anderer Notate, teils als Originalmanuskript, teils als Handschriftenphotokopie, überliefert ist, ja daß es ein bis heute unbekanntes, noch nicht gehobenes *Notizenwerk* Freuds gibt. Bisher wußte man nur, daß dank einer Intervention der

---

genden, meines Wissens noch nicht veröffentlichten Zitate in buchstabengetreuer Transkription wieder. Der Zeilenfall des Originals wird allerdings in der Regel nicht berücksichtigt. Alle Hinzufügungen meinerseits stehen in eckigen Klammern; editorische Kommentare sind jedoch auf ein Minimum beschränkt. In eckige Klammern gesetzte Fragezeichen signalisieren Unsicherheiten der Lesung. Einige von Freuds gelegentlich eigenwilligen orthographischen u. a. Schreibusancen werden im Kapitel ›Reinschriften‹ näher erläutert.

[1] Abkürzung: maskuline und feminine.

[2] Lesung unsicher, vielleicht: vermutete.

[3] 1941*f*, S. viii.

1938 in Wien weilenden Marie Bonaparte die Auswirkungen jener Vernichtungsaktion gemildert werden konnten, die Freud vornahm, ehe er ins Exil ging. Sie bat nämlich die Haushälterin der Familie, Paula Fichtl, weggeworfene Handschriften aus dem Papierkorb zu nehmen und ihr zu übermitteln. Vielleicht wird sich einmal aus dem Briefwechsel zwischen Anna Freud und Marie Bonaparte rekonstruieren lassen, ob die Prinzessin die Notizen nach dem Kriege den Erben zurückgab und welcher Teil dessen, was ich auf den folgenden Seiten beschreiben werde, dieser Rettungsoperation zu verdanken ist. Gewiß nicht alles, denn manches spricht dafür, daß auch Freud selbst solche Blätter aufbewahrt und ins Exil mitgenommen hatte.

Viele der überlieferten Notizen sind mit Tages- und Monatsdaten, etliche auch mit Jahresangaben versehen. Daraus sowie aus Variationen der Handschrift geht hervor, daß sie aus verschiedenen Schaffensphasen stammen. Einige reichen bis in voranalytische Zeiten, bis zu den Hysterieforschungen der frühen neunziger Jahre zurück. Ebenso weichen die teils bereits recht fragilen Schriftträger voneinander ab. Manche seiner Notizen hat Freud auf Zettel oder kleinere, dünnere Papiere geschrieben, andere auf seine üblichen großen festen Bogen, fast immer mit Tinte. Wieder andere sind in Form von an mehreren Seiten angerissenen, teils nachträglich mittels Klebestreifen wieder zusammengeklebten Fragmenten erhalten; diese könnten der Rettungsaktion Marie Bonapartes zu verdanken sein. Aber es gibt auch Konvolute, die aus Blättern bestehen, auf die Freud teils unmittelbar Gedanken niederschrieb, teils Papierstreifen klebte mit Aufzeichnungen, die er zuvor offensichtlich aus anderen, wohl früheren Notatsammlungen ausgeschnitten hatte. Die formale Verschiedenheit der Notizen bezieht sich auch auf deren Umfang. Er reicht vom Ein-Wort-Notat bis zu recht umfangreichen, fast entwurfsartigen Textgebilden, dazwischen die Form des gleichsam wissenschaftlichen Aphorismus, die schon die im Nachlaßband veröffentlichten ›Ergebnisse, Ideen, Probleme‹ zeigen.

Um dem Leser eine möglichst lebendige Vorstellung von der semantischen Verdichtungsintensität solcher Notate mittlerer Länge zu geben, sei hier eine ähnliche, frühere, gleichfalls zweiseitige Sammlung abgedruckt[1], deren Einzeltexte zwischen Dezember 1911 und Januar 1914 aufgezeichnet wurden:

Ideen u Entdeckungen

[1911] 5 Dez. Die Primitiven zeigen die Seelenregungen in ihrer ursprüngl Vollständigkeit u Ambivalenz

6 Dez. Determinative im Traum, die nicht übersetzt werden

10 Dez. Die Reihenbildung in der Neurotik ist analog der Gruppenverwandtschaft der Wilden.

10 Dez. Angst entsteht [,] wenn einer Ph[antasie] die Libido entzogen wird. Ist das richtig? Wie kann man das beweisen? Vielleicht nur einer ubw [Phantasie]?

17 Dez. Es giebt 3 neurotische Erkrankungstypen, a) durch Versagung, b). durch Realforderung, c) durch (4ter[2] dazu) Entwicklungshem̄ung. Kombination derselben.

19 Dez. Phobien (hy[sterische] wie Zw[angs-]) zeichnen sich durch die Projektion innerer Komplexe auf Außenwelt aus.

19 Dez Der Unglaube bei Zw[angsneurose] ersetzt die Amnesie bei Hy[sterie].

31 Dez. Alle inneren Abhaltungen waren einmal äußere Widerstände – Phylogenetische Erklär[un]g der Verdrängung.

31 Dez. Die Entstehung des Schuldbew. durchaus analog der Angst, organisch.

31 Dez. Fragmentarische Träume bestehen aus den zugehörigen Symbolen.

1912 15 Jan Herkunft der Häufigkeit d. Vaterbeschuldig[un]g.

19 Jan Das Tabu kom̄t von Ambivalenz.

1 März Schuldbewußtsein vom ~~so~~ erotischen Faktor der sozialen Gefüle. (wichtig!).

[1] In der Sigmund Freud Collection befindet sich lediglich eine Photokopie des Originalmanuskripts.

[2] Zu ergänzen: Erkrankungstypus.

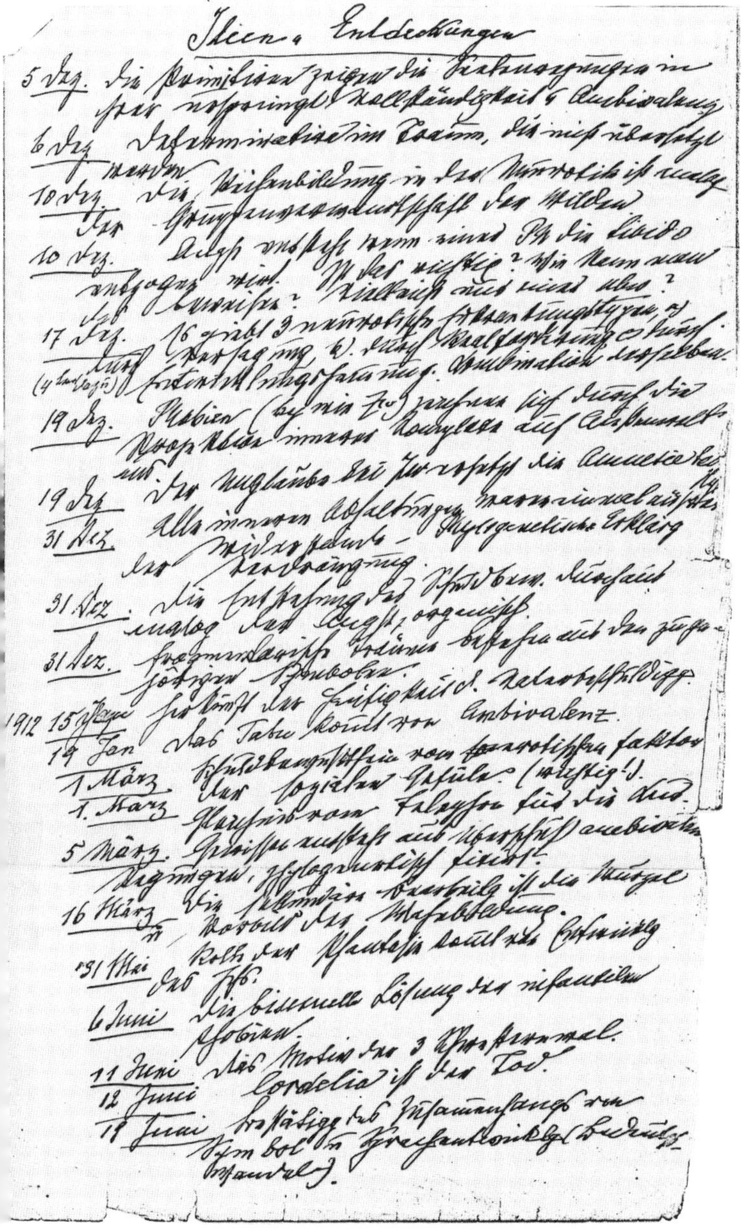

Erste Seite von ›Ideen u[nd] Entdeckungen‹.

1. Marz	Gleichnis vom Telephon für die Kur.
5 März.	Gewissen entsteht aus Uberschuß ambivalen[ter] Regungen, phylogenetisch fixirt?
16 März	Die sekundäre Bearbeit[un]g ist die Wurzel u Vorbild der Wahnbildung.
31 Mai	Rolle der Phantasie kom̄t von [vor?] Entwickl[un]g des Ichs.
6 Juni	Die bisexuelle Lösung der infantilen Phobien.
11 Juni	Das Motiv der 3 Schwesternwal.
12 Juni	Cordelia ist der Tod.
19 Juni	Bestätig[un]g des Zusam̄enhangs von Symbol u Sprachentwickl[un]g (Bedeut[un]gs-wandel).

[Zweite Seite:]

Okt 1913.	Die selbstbeobachtende Instanz u Silberers Arbeiten – Der Beachtungswahn.
	Die praegenitale Organisation
28 Okt.	Masochismus von Kastrationsdrohung, Sadismus von Belauschung des Coitus.
Jan 14.	Zusamenhang von Masochis[mus] mit Kastration Impotenz, Analerotik

Es würde zu weit vom Thema fortführen, die entsprechenden Transformationsprozesse Schritt für Schritt nachzuzeichnen; doch wird der mit Freuds Œuvre Vertraute beim Nachdenken über diese Ideen und Entdeckungen erkennen, daß in den knappen Sätzen oder Satzteilen, Genen einer Keimzelle vergleichbar, die Informationen konzentriert sind, welche dann das Wachstum der im selben Zeitraum entstehenden Werke gesteuert haben: beispielsweise von *Totem und Tabu*, aber auch von ›Über neurotische Erkrankungstypen‹, ›Erfahrungen und Beispiele aus der analytischen Praxis‹, ›Ratschläge für den Arzt bei der psychoanalytischen Behandlung‹, ›Das Motiv der Kästchenwahl‹, ›Zur Einführung des Narzißmus‹.

Abgesehen davon, daß erst die weitere Erforschung dieses Handschriftenteils Zuordnungsfragen bezüglich vieler nichtdatierter Notate klären kann, würde schon der Versuch, die verschiedenen Notizenkonvolute hier in chronologischer Reihenfolge in Umrissen zu beschreiben, den Rahmen des Kapitcls sprengen. Statt dessen mögen einige Lichtkegel, auf ausgewählte thematische Areale gerichtet, Eigenart und Reichtum des Notizenwerks erhellen. Daß sich die ganze Weite des Freudschen Denkens darin widerspiegelt, zeigt selbst die kürzeste Auswahl aus den Überschriften, die Freud vielen seiner Aufzeichnungen vorangestellt hat:

Angst vor Alleinsein
Die Sphynx
Höhlenforscher
Eine wahre Kindergeschichte
Das Kind übersieht das »Wie«
Wortbrücken
Hysterisches Stottern
Zwangsdenken u Zwangshandeln
Doppelsinn der Symptome
Das Jammern
Übertragung u Hindernis
Neue Formel für die Aufgabe der Cur
Vorkom̄en u Ausbleiben von Phantasien
Gegensätzlichkeit der Phantasien zu
den Erinner[un]gen
Organisation des Ubw.
Die Metapsychologie des Jenseits
Verlorene Tendenzen in der Kunst
Eine Quelle des Antisemitismus.
Wie die schwierige Aufgabe gelöst wird, vom Tod
der Mutter zu träumen

Die im folgenden kurz oder länger ausgeleuchteten sechs Themenbereiche – Notizen aus der Arbeit mit Patienten, Aufzeichnungen über Sprachphänomene, über Träume, über Kultur, Stichworte zu bestimmten Werken, quasi-autobiographische Reflexionen – haben Freud zeitlebens beschäftigt; entsprechende Notate sind also aus den verschiedenen Schaffensphasen überliefert. Zwanglos zwischen den Dekaden hin- und herwandernd, möchte ich dem Leser also einerseits, aus der Nahperspektive, am Beispiel mancher Einzelelemente die pointillistische Feinstruktur des Notizenwerks zeigen und andererseits, nur aus etwas größerer Distanz zu erkennen, einige übergeordnete Konfigurationen hervortreten lassen.

Ein beträchtlicher Teil der Bögen, Blätter, der Vorder- und Rückseiten von Ausschnitten ist mit Notizen über das in den Behandlungsstunden Vorgefallene gefüllt, also mit dem unermeßlich reichen Stoff, den die therapeutische Interaktion zwischen Freud und seinen Patienten tagtäglich zum Vorschein brachte.[1] »Beispiele schreibe ich am Abend nach Abschluß der Arbeit aus dem Gedächtnis nieder.«[2] Tatsächlich handelt es sich bei diesen Aufzeichnungen nicht um ausführliche fortlaufende Stundenprotokolle. Sie unterscheiden sich insofern von der bekannten, in den Jahren 1907/1908 entstandenen kompakten Niederschrift aus der Analyse des »Rattenmannes«.[3] In kurzen und kürzesten Vignetten scheint Freud mittels solcher Notate Material im Hinblick auf sich gerade herausschälende theoretische Überlegungen gesammelt oder auch durch dieses emsige Zusammentragen von Einzelheiten sich auf die Spur übergeordneter Schlußfolgerungen gesetzt zu haben.

Oft werden die Patienten nur mit Vornamen charakterisiert, gelegentlich auch mit Nachnamen bzw. mit Vornamen und der Initiale des Nachnamens; nicht selten glaubt man die aus dem veröffentlich-

---

[1] Nicht wenige Notizen bezeugen allerdings, daß er sich von Anfang an nicht nur für das *rekonstruierte* Kind interessierte, das in der Arbeit mit dem erwachsenen Patienten im Laufe einer Analyse allmählich Gestalt annimmt; viele Aufzeichnungen halten frische, unmittelbare Kinderbeobachtungen fest und illustrieren höchst anschaulich Freuds Wahrnehmungsgenie auch für die *direkte* Aktualität des Infantilen. In diesem Zusammenhang ist freilich daran zu erinnern, daß Freud bei seiner jahrelangen Tätigkeit in Kassowitzens Kinder-Krankeninstitut sich früh zu einem erfahrenen Kinderbeobachter entwickelt hatte, wie seine kinderneurologischen Schriften bezeugen.

[2] 1912*e*, S. 173.

[3] Vgl. die Neutranskription durch Ingeborg Meyer-Palmedo in *G. W.*, Nachtragsband, S. 509–569, und die Beschreibung dieser Handschrift dort in der ›Editorischen Einleitung‹.

ten Werk vertrauten Gestalten wiederzuerkennen. Manche Analysanden-Aussage ist verbatim festgehalten. Ein Beispiel: »Der Anfall ist ein Extrakt aus der Geschichte, sagt Patientin.« In einer gleichfalls unter den Notizen überlieferten Zehn-Punkte-Aufstellung theoretischer Ergebnisse der Hysterieforschungen findet sich dann ein Widerhall dieses Patientinnenausspruchs: »Der hysterische Anfall entspricht einer Eriñerung aus dem Leben der Kranken; er besteht aus der Wiederkehr der erlebten Scene udgl und dem dazugehörigen Ausdruck der Gemütsbewegung.« Und von hier wie von den anderen neun Punkten aus kann der Kenner der veröffentlichten Breuer-Freudschen Hysterie-Arbeiten Verbindungslinien zu der aus dem Jahre 1892 stammenden Fünf-Punkte-Liste ›Zur Theorie des hysterischen Anfalls‹[1] ziehen sowie zu Vortrag und Vorläufiger Mitteilung ›Über den psychischen Mechanismus hysterischer Phänomene‹[2] und schließlich zu den *Studien über Hysterie*[3]. Er gewinnt dabei nicht zuletzt einen Eindruck von Freuds theoretischer Energie in dieser berühmten, die Entstehung der Psychoanalyse initiierenden Zusammenarbeit.

Von der Mühsal der klinischen Alltagsarbeit zeugt aber ebenso das angestrengte Nachdenken über alle Äußerungsformen der Zwangsneurose, über Zwangsdenken und Zwangshandeln sowie über die logischen Prozesse, die ihnen zugrunde liegen. Das gilt gleichfalls für die Notizen über »eine ganze Klasse von Symptomen, die noch nicht beschrieben worden sind, die zwischen mißlungener Verdräng[un]g u Sublimir[un]g stehen, die der gelungenen Verdrängung mit Narbenersatzbild[un]g«. Dazu rechnete Freud beispielsweise die Erinnerungstäuschungen und Vorurteile, aber auch Liebhabereien und Monomanien.

Immer wieder ist seine empirische Behutsamkeit, seine disziplinierte Vorsicht im Prozeß der Hypothesenbildung dokumentiert, beispielsweise das Ausschauhalten nach »Spuren« im klinischen Material, die ihm bei der Erforschung der Neurosenätiologie die Beurteilung des Gewichts realer traumatischer Erlebnisse einerseits und

1 1940*d*.
2 1893*b* und 1893*a*.
3 1895*d*.

pathogener Phantasien andererseits erleichtern würde. Diese Schlüsselfrage, die in den neunziger Jahren das Entstehen der Psychoanalyse gleichsam provoziert hat, beschäftigte Freud lebenslang. Entgegen jenen unsäglich simplifizierenden und verfälschenden Behauptungen der medienwirksamen gegenwärtigen Anti-Freud-Polemik[1] hat dieser den eventuell krankmachenden Einfluß traumatischer Realereignisse und Realerfahrungen bzw. der entsprechenden Erinnerungen und ihrer weiteren Verarbeitungen nie bestritten.[2] In der Notizenüberlieferung findet sich unter der Überschrift ›Vorkom̅en u Ausbleiben von Phantasien‹ beispielsweise folgende Passage: »Ich habe einen Fall, in dem ich fast alles für wirkliche Erin̅er[un]g nehmen möchte, der sich also dadurch von allen anderen mit ihrem Reichtum an Phantasien unterscheidet. Das kan̅ nicht am Wegfall der Masturb. liegen, die gerade bei diesem Fall am besten bezeugt ist. Vielleicht aber daran, daß sich hier eine continuirliche Reihe von zu verdrangenden Fakten bis in's 12–14 J erstreckt, bei den anderen die wirklichen Erlebniße sehr bald noch innerhalb der praehistorischen Periode abbrechen. Die betreffende Kranke zeigt sich während der Kur geschützt gegen jede Heilwirkung der Arbeit, indem sie die gefundenen Erinner[un]gen für unwahr hält, jeden Zusam̅enhang zwischen ihnen und dem Bewußt Erin̅erten abweist u an die Cur weiter nicht denkt. Sie hat an dem Benehmen des Vaters nichts Auffälliges gefunden, nicht weiter darüber nachgedacht. Wie ist ihr das gelungen?« Immer wieder, auch in zahllosen anderen Notizen die Betonung des Nichtwissens: »(nicht verständlich)« oder »Noch sehr dunkel – Non liquet«, jene juristische Wendung, deren sich Freud bei Unklarheit auch in seinem publizierten Werk wiederholt bedient hat.

Frühe Aufzeichnungen, vor fast hundert Jahren niedergeschrieben, vermitteln dem Leser von heute, für den all dies mittlerweile zum selbstverständlichen psychologischen Grundwissen gehört und der sich das Denken ohne solches Grundwissen nicht mehr vorzustellen vermag, ganz unmittelbar die Schwere der revolutionären

[1] Vgl. beispielsweise Masson, 1984.

[2] Für weitere Einzelheiten siehe meine Untersuchung über ›Trauma oder Trieb – Trieb und Trauma‹ (1987*b*).

Entdeckung von Ubiquität und Tiefe der Übertragungsprozesse und der Entwicklung erster Elemente einer psychoanalytischen Behandlungstechnik. Freud ermahnte sich damals in seinen Notizen selber: »Daß alles Unklare Übertrag[un]g ist, vergeße ich noch immer zu leicht.« Unter der Überschrift ›Übertragung u Hindernis‹ enthält die erste Eintragung erneut eine Aufforderung zu Selbstdisziplin und Präzision: »Das muß scharfer genom̅en werden.« Dann fährt Freud fort: »1). Erstens die Ü[bertragung] ist so lange nicht anzugreifen[,] solange sie kein Hindernis ergibt. 2). Sie wird früher zum Hindernis, als in spontanen Fällen wegen der Hinlenkung der Aufmerksamkeit, 3). wegen der Neigung[,] Widerstände zu bilden, die von der Arbeit ausgeht, u wegen ihrer ausgezeichneten Eignung dazu[,] 4). wegen ihrer Intensität oder sobald sie eine zu große Intensität erreicht[,] 5). wegen ihrer negativen Seiten[,] die mehr oder minder gut ausgebildet sind. Es bestand bei mir die Neigung[,] die Hindernisnatur der Ubertrag[un]g uberhaupt auf das letzte Moment zu schreiben, allein dies nicht haltbar, viel komplizirter. Im Ganzen setzt sich die ΨA [Psychoanalyse] in Nachtheil gegen die Suggestivbehandl[un]g, indem sie frühzeitig die Üb[ertragung] negativ macht, Konflikte hervorruft, aber durch deren Uberwindung wirkt sie heilend.«

Wie sehr früher noch, schon Ende der neunziger Jahre, das Suchen nach einer ganz neuen Art des Umgangs mit seinen Patienten und deren Mitteilungen Freuds Nachdenken auch außerhalb der Ordination bis in die Privatlektüre beherrscht hat, bezeugt eine undatierte Eintragung, die sich unter der Überschrift ›Citate u Analogien‹ findet: »Für die Art, wie man sich bei der Deutungsarbeit verhalten soll: Burckhardt. Griech. Kulturgesch. p 5, gerade mit heftiger Anstrengung ist hier das Resultat am wenigsten zu erzwingen; ein leises Aufhorchen bei gleichmäßigem Fleiß führt weiter.«

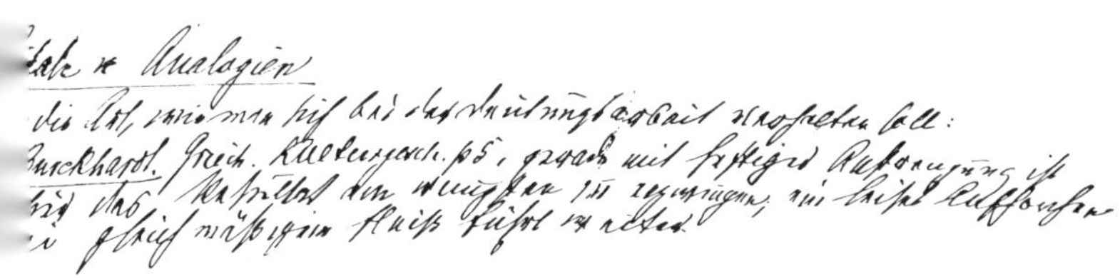

Dies erinnert nicht nur an Merkmale von Freuds Schreibprozeß; es enthält in nuce auch das spätere behandlungstechnische Konzept der »gleichschwebenden Aufmerksamkeit«[1], also eine erste Umschreibung jener dem Analytiker empfohlenen charakteristischen Einstellung in bezug auf die Mitteilungen des Patienten. In einem Brief an Fließ vom 30. Januar 1899 erwähnte Freud übrigens jene inspirierende Lektüre: »Zu meiner Erholung lese ich Burckhardts Griechische Kulturgeschichte, die mir unerwartete Parallelen liefert.«[2]

Eine andere undatierte Notiz aus dem gleichen Zeitraum steht unter der Überschrift ›Doppelsinn der Symptome‹: »Wen̄ wir annehmen, daß Symptome nur im Fall des Conflicts zu Stande kom̄en konnen, so läßt sich als Beding[un]g setzen, daß das entstehende Symptom beiden im Conflict befindlichen Strömungen gleichzeitig durch einen[3] Art Doppelsinn entsprechen muß. Diese Beding[un]g concurrirt mit einer anderen, welche besagt, daß das Symptom mindestens einer sexuellen Wunschsituation entsprechen muß, daneben alle anderen Erin̄erungen und Motive ausdrücken darf. So zB. das Erbrechen der Y. Es stellt wahrscheinlich Schwangerschaft dar, außerdem als sex. Situation u mittelst des Vergleiches von Kopf mit Steiß die Ejakulation der Liebhaber, die ihr fehlen. Der letztere Sinn dient der lüsternen Strömung, die so lange bei ihr die herrschende war, aber indem sie erbricht, kom̄t sie um die Nahrung, magert ab, wird häßlich, so daß sie keinem Liebhaber gefallen kann, zur Strafe. Die Strafe vollzieht sich an ihr ebenso raffinirt, wie sie ihre Liebhaber gequält hat, indem sich ihr Sexuelles zeigt, sie aber nichts davon genießen darf. – Ahnlich scheint das Davonlaufen aus Concert u Theater bei Helene A. doppelsin̄ig zu sein. Sie entflieht der Versuchung, aber sie dient auch einer alten Vorstellung, daß die Liebenden einander am Abort treffen zum Rendezvous, u indem sie voraus (hinausgeht)[,] fordert sie den Anderen auf nachzukom̄en, wie sie es wahrscheinlich in der Kinderscene gehört hat.«

---

1 Vgl. insbesondere 1912*e*.

2 1985*c*, S. 374. Vgl. unten S. 337 f. Briefdatum sowie Erscheinungsjahr des Burckhardt-Werks, 1898, ermöglichen die recht genaue Datierung der Aufzeichnung.

3 So in der Handschrift.

Das hier sozusagen für den Privatgebrauch verkürzt Festgehaltene, daher dem Leser von heute nicht in allen Einzelheiten verstehbar, hat in Auszügen freilich Eingang in den veröffentlichten Text gefunden. Was das Erbrechensbeispiel betrifft, so erwähnte Freud es bereits in einem Brief an Fließ vom 19. Februar 1899 – was wiederum die Datierung des Notats ermöglicht –, der von der ganz frischen Entdeckung einer Mehrfachbedeutung des Symptoms handelt: »Ein Symptom entsteht dort, wo der verdrängte und der verdrängende Gedanke in einer Wunscherfüllung zusammentreffen können.« Und begeistert fährt er fort: »Mit dem Schlüssel geht nun vieles auf. Weißt Du z. B., warum die X. Y. hysterisch erbricht? Weil sie in der Phantasie gravid ist, weil sie in ihrer Unersättlichkeit es nicht entbehren kann, auch von dem letzten Phantasiegeliebten ein Kind zu tragen. Aber sie darf auch erbrechen, weil sie dann ausgehungert wird, abmagert, ihre Schönheit verliert und niemandem mehr gefallen wird. So ist ein kontradiktorisches Paar von Wunscherfüllungen der Sinn des Symptoms.«[1]

Die Fließ-Briefe sind bekanntlich gegen den Wunsch ihres Verfassers posthum publiziert worden. Doch hat Freud das in Notat und Brief Skizzierte noch vor der Jahrhundertwende im siebten Kapitel der *Traumdeutung* selbst der Öffentlichkeit zugänglich gemacht[2] – vorsichtig manche Verständnislücke schließend, die im Notat klafft, und die Dialektik von Wunscherfüllung und Nicht-genießen-Können durch einen antiken Vergleich aus seiner Plutarch-Lektüre zusätzlich dramatisierend: »Ich kann also ganz allgemein sagen, *ein hysterisches Symptom entsteht nur dort, wo zwei gegensätzliche Wunscherfüllungen, jede aus der Quelle eines anderen psychischen Systems, in einem Ausdruck zusammentreffen können.* [. . .] Beispiele würden hier wenig fruchten, da nur die vollständige Enthüllung der vorliegenden Komplikationen Überzeugung erwecken kann. Ich lasse es darum bei der Behauptung und bringe ein Beispiel bloß seiner Anschaulichkeit, nicht seiner Beweiskraft wegen. Das hysterische Erbrechen also bei einer Patientin erwies sich einerseits als die Erfüllung einer unbewußten Phantasie aus den Pubertätsjahren,

[1] 1985*c*, S. 378.
[2] Darauf hat bereits James Strachey hingewiesen (1966*b*).

nämlich des Wunsches, fortwährend gravid zu sein, ungezählt viele Kinder zu haben, wozu später die Erweiterung trat: von möglichst vielen Männern. Gegen diesen unbändigen Wunsch hatte sich eine mächtige Abwehrregung erhoben. Da die Patientin aber durch das Erbrechen ihre Körperfülle und ihre Schönheit verlieren konnte, so daß kein Mann mehr an ihr Gefallen fand, so war das Symptom auch dem strafenden Gedankengang recht und durfte, von beiden Seiten zugelassen, zur Realität werden. Es ist dieselbe Manier, auf eine Wunscherfüllung einzugehen, welche der Partherkönigin gegen den Triumvir Crassus beliebte. Sie meinte, er habe den Feldzug aus Goldgier unternommen; so ließ sie der Leiche geschmolzenes Gold in den Rachen gießen. ›Hier hast du, was du dir gewünscht hast.‹«[1]

Das zweite Beispiel der Notiz über den Doppelsinn der Symptome, das der Phobie der Helene A., könnte ein nachträglicher Einfall Freuds sein oder vielmehr die Aufzeichnung eines ihm unter dem Aspekt des Doppelsinns von Symptomen aufgehenden *neuen* Verständnisses der Beschwerden einer Patientin, deren Behandlung schon einige Jahre zurücklag. Es scheint denkbar, daß Helene A. mit einer Kranken identisch ist, die Freud bereits 1894 in seiner Abhandlung ›Die Abwehr-Neuropsychosen‹, dort allerdings im Zusammenhang einer theoretischen Argumentation über Dislozierung und Transposition von Affekten, vorgestellt hatte.[2]

Noch unmittelbarer wortbezogen als die Notiz über den Doppelsinn der Symptome bezeugen viele Aufzeichnungen Freuds Sprachfaszination und sein linguistisches Ingenium. Sie wirken wie Überbleibsel einer permanenten multidimensionalen Übersetzungsarbeit – vom Symptom zum unbewußten Konflikt, vom manifesten zum latenten Trauminhalt, von der Übertragungskonstellation zur Kindheitsszene, von der Urphantasie zu Realereignissen in der Stammesgeschichte. Unter der Überschrift ›Wie die Hy[sterie] den Sprachwurzeln nahe kom̄t.‹ steht zu lesen: »Eigentlich die Psychoneurose. Einer meiner Pat., der nach einem Streit mit seinem Bruder Richard erkrankt war, zeigte von da an eine krankhafte Abneigung

[1] 1900*a*, S. 542 f.
[2] Vgl. 1894*a*, S. 69 f.

gegen alles[,] was an diesen Bruder erin̄erte[.] Er wollte selbst nicht an das Reichwerden denken, weil der Bruder Richard hieß. Er selbst hielt diesen Zwang für ein lächerliches Detail durch den Gleichklang des Wortes u des Anfangsbuchstabens herbeigeführt. Nun zeigt aber L. Geiger (Ursprung der Sprache), daß das ›Reich‹ demselben Stam̄e entsprossen ist wie die ähnlichen Silben in den Namen Heinrich, Friedrich, Richard, und wie das lateinische Rex.«

Unverhofft stoßen wir auf die erste Notierung von Sprachgleichungen, die wir aus den veröffentlichten Werken kennen, beispielsweise: madeira – materia – mater, also wie Holz (portugiesisch: madeira) »zur Vertretung des Mütterlichen, Weiblichen, gelangt ist«[1]. Oder auf geträumte Wortspiele, etwa unter der Überschrift ›Alter Tr[aum] von Irma.‹: »Die Mutter sagt zu ihr u den Freundin̄en: So, jetzt macht jede von Euch eine Dessertbemerkung (Bonbon – bon mot).« Exempel jener »Silbenchemie«, als welche Freud solches Freisetzen und Rekombinieren von Verbalelementen einmal bezeichnet hat.[2]

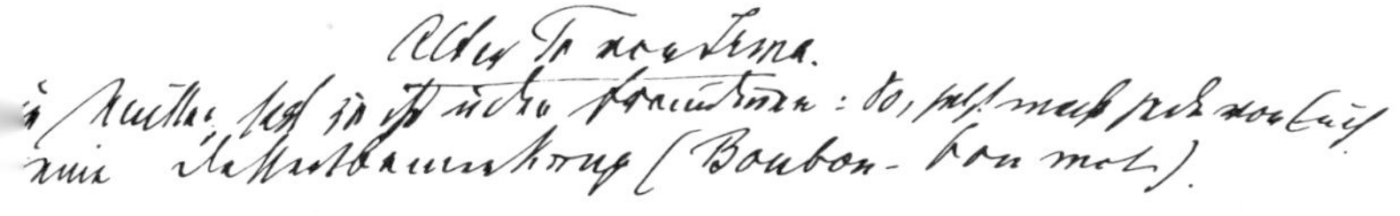

Eine Vielzahl der Notizen belegt den Rang der semantischen und syntaktischen Sprachaspekte in den Funktionsweisen des unbewußten psychischen Geschehens. Auf einem beidseitig beschriebenen Blatt zeichnete Freud ›Verschiedene Stile der indirekten Darstellung‹ auf, darunter Wortdarstellung, Sinndarstellung, Darstellung von Beziehungen zwischen Begriffen oder Begebenheiten, direkte Symbolisierung und Darstellung durch Vignetten. Jede dieser Kategorien wird dann knapp, stichwortartig charakterisiert. Zur Wortdarstellung heißt es beispielsweise: »a) Wortdarstell[un]g, meist wo ein in Worten aufbewahrter Gedanke darzustellen ist. 1). Verkleid[un]g jedes Wortes (Begriffes) in einem Satz, einer Erin̄erung, oder in Reihe

[1] 1916–17*a*, S. 168; vgl. auch 1900*a*, S. 350, und 1913*d*, S. 3, Anm. 2.
[2] 1900*a*, S. 298, Anm. 2.

von Sätzen, die dieses Wort gemeinsam haben. In letzterem Fall meist das Wort do[1] mehrdeutig genom̄en, um sich nicht zu rasch zu verrathen. Die späteren Sätze verrathen das Wort im̄er mehr, allmäliche Annäherung an den Wortlaut.« Der Kommentar zur direkten Symbolisierung ist lakonisch: »Ein schmutziger Weg, den viele gehen[.] Abstract durch sexuell[?] Concretum.«

Weil aber der Traum sich des Darstellungsmittels der direkten Symbolisierung so häufig bedient, drängte sich dieses Phänomen förmlich in Freuds Aufmerksamkeit, auch noch lange nach Erstveröffentlichung der *Traumdeutung*. Tatsächlich gelten weitaus die meisten Ergänzungen, die er späteren Auflagen des großen Buchs hinzugefügt hat, dem Thema der Traumsymbolik. Am Anfang des erst für die vierte Auflage von 1914 ausformulierten Abschnitts E im sechsten Kapitel hat Freud ausdrücklich betont, daß er das Vorkommen der Symbolik im Traum zwar von Anfang an erkannt habe, zu einer angemessenen Würdigung ihres Umfangs und ihrer Bedeutung aber erst allmählich durch zunehmende Erfahrung und unter dem Einfluß der Arbeiten Wilhelm Stekels gelangt sei.[2] In den überlieferten Notizen finden sich viele Spuren dieses Lernprozesses. Auf ›3 Sammelbögen‹ aus dem Jahr 1909 heißt es über die Traumsymbolik lapidar: »Sie geht viel weiter[,] als ich geglaubt.« Und die erste Eintragung einer längeren Liste, in der Symbole und das von ihnen Symbolisierte parallel mitgeteilt werden, heißt: »Stiege ist ein in Stein gehauener Coitus.«

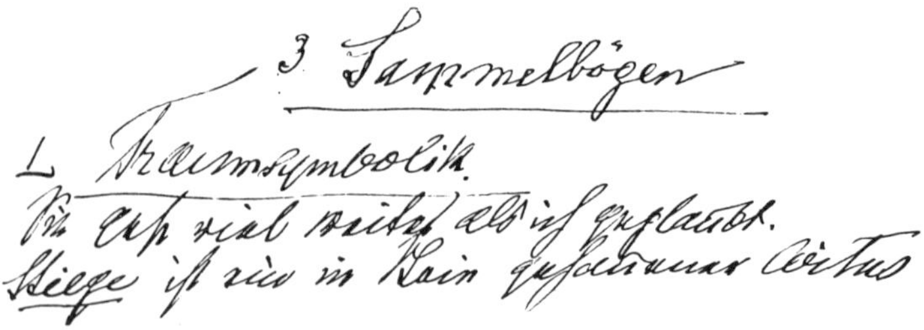

[1] Freud wollte wohl zuerst »doppeldeutig« bzw. »doppelsinnig« schreiben.
[2] 1900*a*, S. 345.

Es folgen in diesem Dokument und in anderen Aufzeichnungen zahlreiche Beispiele von weiteren Symbolen – glatte Wände, Zahn, Krawatte, Hut, Brücke usw. –, oft eingebettet in die Texte der konkreten Träume, konkreten Analysen, aus denen Freud sie gewann. Der Anfang eines zweiseitigen Notizenexempels dieser Art sieht folgendermaßen aus:

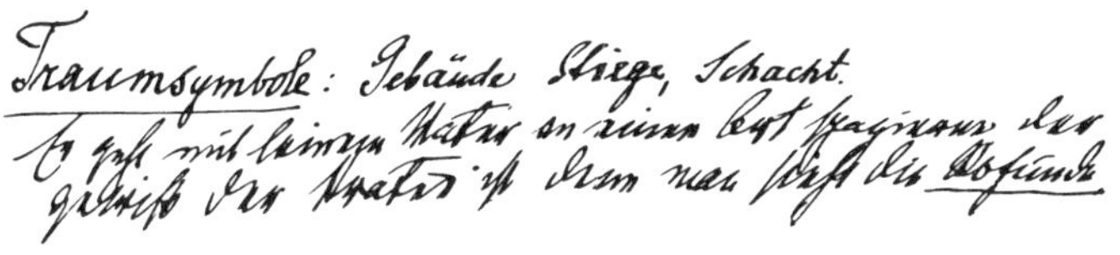
Traumsymbole: Gebäude Stiege, Schacht.
Er geht mit seinem Vater an einem Ort spazieren der
gewiß der Prater ist denn man sieht die Rotunde

Der volle Wortlaut heißt:

Traumsymbole: Gebäude, Stiege, Schacht.

Er geht mit seinem Vater an einem Ort spazieren, der gewiß der Prater ist, denn man sieht die Rotunde, vor dieser einen kleineren Vorbau, an dem ein Fesselballon angebracht ist, der aber ziemlich schlaff scheint. Sein Vater fragt ihn, wozu das alles ist; er wundert sich darüber, erklärt es ihm aber. Dann kom̅en sie in einen Hof, in dem eine große Platte von Blech ausgebreitet liegt. Sein Vater will sich ein Stück davon abreißen, sieht sich aber vorher um, ob es nicht jemand bemerken könnte. Er sagt ihm, er braucht es doch nur dem Aufseher zu sagen, dann kann er sich ohne Weiteres davon nehmen. Aus diesem Hof führt eine Treppe in einen Schacht herunter, dessen Wände weich ausgepolstert sind, etwa wie ein Lederfauteuil. Am Ende dieses Schachtes ist eine längere Platform u dann beginnt ein neuer Schacht. ......

Zur Analyse. Rotunde usw, sagt er sofort, sind seine Genitalien, der Fesselballon ist der Penis, über dessen Schlaffheit er zu klagen hat. [Rotunde also = Hinterer, Vorbau = Hodensack][1]. Der Vorgang in diesem Stück des Tr.[aums] ist umzukehren. Er fragt den Vater nach der Funktion der Genitalien. Da dieß nie wirklich geschehen ist, hat man die Tr[aum]gedanken konditionell zu nehmen: ›Wenn ich den Vater um sexuelle Aufklärung gebeten

[1] Eckige Klammern von Freud.

hätte‹ ... (Fortsetz[un]g wahrscheinlich: hätte er mir doch nicht die Wahrheit gesagt.) Die zweite Szene hat zum Mittelpunkt das Abreißen, das widerum, wie aus dem Zusam̅enhang hervorgeht, Onaniren bedeutet. Die Onanie ist auf den Vater geschoben, und dazu Vorwürfe verwendet, die er dem Vater wegen Inkorrektheiten im Geschäft zu machen gewohnt ist. Das ›Blech‹ ist eine Anspielung auf die Waare[1] im Geschäft des Vaters. Das Geheimniß der Onanie ist sehr keck durch das Gegenteil ausgedrückt. (Man darf es ja offen thun). Die Unredlichkeit des Vaters als Kaufmann ist gewiß auch zur Deutung: hätte er mich betrogen[,] wie er seine Kunden betrügt, zu verwenden. Den Schacht deutet er sofort als Vagina. Er hat eine Weile koitirt, dann den Geschlechtsverkehr aufgegeben und hofft ihn jetzt mit Hilfe der Kur wider aufzunehmen. Dieß nach seinem eigenen Einfall der Sinn der Platform zwischen beiden Schachten.

Es ist bemerkenswert, daß das Herabsteigen hier zum Symbol des Coitus wird wie sonst das eine Treppe Heraufsteigen.

Der Traum entspricht einem häufigen Typus, in dem der Träumer sein Sexualleben übersieht, dem biographischen Traum.

17. 4. 10. Freud

Der Leser, der den Fortwirkungen dieser Notiz im publizierten Werk nachgehen möchte, wird sie, fast verbatim, doch um einige das Verständnis erleichternde und komplettierende Zusätze ergänzt, in den im darauffolgenden Jahr 1911 im neu gegründeten *Zentralblatt für Psychoanalyse* veröffentlichten ›Nachträgen zur Traumdeutung‹[2] finden sowie in der *Traumdeutung*, als Ergänzung zur dritten Auflage[3], aber auch in den *Vorlesungen zur Einführung in die Psychoanalyse*[4].

Im Kapitel über die Schicksale von Freuds Handschriften wurde bereits darauf hingewiesen, daß Freud das Urmanuskript der *Traumdeutung* fortgeworfen hat, es für die Forschung also verloren ist. Anhand der vielen überlieferten Notizen zum Thema Traum, die der

[1] So vom Autor korrigiert.
[2] 1911*a*, S. 608–610 (*Zbl. Psychoanal.*, Bd. 1, S. 190 f.).
[3] 1900*a*, S. 358 f.
[4] 1916–17*a*, S. 199 f.

Zerstörung entgangen sind, wird es aber in Zukunft möglich sein, nicht nur einige Elemente aus der Entstehung des Jahrhundertbuchs nachzuweisen, etwa Lektürenotizen, sondern Etappen des Revisionsprozesses, dem der Autor sein magnum opus in rund drei Jahrzehnten unterworfen hat, genauer zu rekonstruieren, als es der bloße Auflagenvergleich zuläßt.[1] Einige weitere Beispiele mögen dies dem Leser vor Augen führen.

Eine fruchtbare Sammelzeit war offenbar gerade das erste Jahrzehnt des Jahrhunderts, also die Periode zwischen der Erstpublikation der *Traumdeutung* und dem Erscheinen der revidierten zweiten und dritten Auflage. Immer wieder scheint Freud damals den Dialog mit seinen neugewonnenen Mitarbeitern und Schülern gesucht, sie in einen kollektiven Arbeitsprozeß hineingezogen zu haben. Hinweise darauf finden sich in den *Protokollen der Wiener Psychoanalytischen Vereinigung.* So heißt es im Protokoll vom 3. März 1909: »Prof. Freud möchte noch auf einen Traum von bestimmter Art aufmerksam machen und daran die Rundfrage knüpfen, ob der Traum selbst bekannt sei und wie seine Deutung laute. Es handle sich in diesen Träumen gewöhnlich um das *Heruntersteigen über eine glatte Mauer* oder an der Außenseite eines Hauses in den verschiedensten Formen. Der Traum endet gewöhnlich, wenn der Boden erreicht werden soll, mit Angst.«[2] Auch wenn Freud seinem Verleger die Veränderungen für die zweite Auflage der *Traumdeutung* damals bereits übergeben haben dürfte, war er offensichtlich weiter mit Ergänzungen des Abschnitts über ›Typische Träume‹ im fünften Kapitel beschäftigt. Diese typischen Träume hängen insofern eng mit dem soeben erörterten Thema der Traumsymbolik zusammen, als Freud davon ausging, daß ihre stereotypen Szenarios bei jedem Träumer dieselbe Bedeutung

[1] Übrigens ist sogar die Handschrift manch späteren Zusatzes zu revidierten Auflagen der *Traumdeutung* in der Sigmund Freud Collection erhalten, beispielsweise jenes 1911 hinzugefügten Absatzes zu Abschnitt ›G Absurde Träume – Die intellektuellen Leistungen im Traum‹ im sechsten Kapitel (1900*a*, S. 416 f.), von »Eine andere Art von Absurdität, die sich in Träumen von toten Angehörigen findet [...]« bis »[...] mußte dieser Traum so absurd ausfallen«. In der Sigmund Freud Collection befindet sich auch, auf zwei Doppelblättern, das Manuskript der später teilweise in das Buch integrierten ›Nachträge zur Traumdeutung‹.

[2] Nunberg und Federn, 1977, S. 153 f.

haben, also in ihren Grundzügen ohne dessen spezifische Einfälle gedeutet werden können. Außerdem versprach er sich von dieser Uniformität Fingerzeige für das Verständnis der überindividuellen, vielleicht phylogenetischen Quellen der Traumsprache.

In diesen Forschungszusammenhang und -zeitraum scheint eine undatierte zweiseitige Notiz zu gehören, die in der Sigmund Freud Collection als Photokopie überliefert ist.[1] Ihre Form vermittelt den Eindruck, Freud habe seine Erinnerungen nach eigenen typischen Träumen durchforscht, eine Anstrengung, der vielleicht auch andere Mitarbeiter sich unterziehen sollten mit dem Ziel, die Resultate schriftlich zu fixieren und zu signieren.

Meine individuelle Traumcharakteristik.
(Typische Träume).

<u>Freud</u>

Ich möchte Sensationsträume u andere unterscheiden. Zur ersten Gruppe gehörten: Fliegen, Fallen, Schwim̄en, Lähmung, die zweite ist bekannt. Tod Verwandter, Prüfung, Nacktheit, Oedipustraum, etwa noch Geldtraum, Reisetraum, durch Reihe von Zim̄ern gehen.

An Sensationsträumen bin ich arm. An's Fliegen kann ich mich nicht erinnern, ebensowenig an's Schwim̄en als besonders häufig. Den Falltraum habe[2] ich oft, früher in cruder Form, jetzt in der verfeinerten, daß ich vom Fenster aus über die Façade des Hauses mit Benützung der Vorsprünge von Gesimsen etc auf die Straße zu steigen habe, wobei mich ein peinliches Fallgefül beschleicht. – Der Lähmungstraum ist in letzten Jahren geradezu selten geworden, in früheren häufig[,] aber wenig prägnant gewesen.

Den Oedipustraum habe ich unverhüllt nie gehabt, einen verhüllten Angsttraum dieses Sinnes habe ich in der Traumdeutung mitgeteilt. Vom ~~Traum~~ Tod lebender Verwandter erinnere ich nur ein einziges Beispiel. Bald nach der Geburt meines jüngsten Mädchens träumte ich, die ihr vorhergehende Kleine todt[,] aber rot-

[1] Das Originalmanuskript ist kürzlich von Christie's versteigert worden; Teilabdruck im Katalog (1989*f*).

[2] Korrigiert aus »hatte«.

wangig in der Wiege liegend, ohne Angstaffekt. In der Analyse erin̄erte ich mich, daß ich mich als 8j[ähriger][?] Knabe nach der Geburt der letzten Schwester (die in der Reihe meiner jüngsten Tochter entspricht) zur Wiege der vorhergehenden schlich, ~~und~~ die damals 1 J alt rotbackig schlief[,] u dabei dachte: Jetzt bist du nicht mehr die Jüngste.

Der Nacktheitstraum war bei mir sehr häufig u trat in vielerlei interessanten Formen auf, auch in militärischer Einkleidung. Auch er ist in den letzten Jahren verschwunden. Die ihm entsprechende Exhibitionsneigung bestand bei mir noch in den Pubertätsjahren. Als ihre Abköm̄linge sehe ich die Schwierigkeiten an, die sich bei mir jeder Publikation zeitweise widersetzen, aber auch den endlich durchbrechenden Zwang zur Publikation intimer Dinge.

Der vertrauteste unter den typischen Träumen ist mir der Prüfungstraum, der den gewöhnlichen Fortschritt von der Matura zum Rigorosum gemacht hat. In den letztvergangenen Jahren, die mir soviel Kampf um Anerkennung u wahrscheinlich doch tief gehende Kränkung über Kritik gebracht haben, hat dieser Traum geradezu gewuchert u mir Gelegenheit gegeben, seine Deutung zu versuchen. Ich halte im̄er noch daran fest, daß er vor erwarteten u gefürchteten Blamagen auftritt, bin aber jetzt durch Benützung einer unbekannt wo aufgefundenen Idee dahin gekom̄en, ihn besser zu verstehen und als eine Tröstung gegen die Erwartungsangst aufzufassen.

Ich habe nämlich irgendwo die Bemerkung gelesen, daß in den Prüfungsträumen doch nur solche Prüfungen vorkom̄en, die man bestanden,[hat] nie solche, ~~die~~ in denen man durchgefallen ist. Dieß stim̄t für mich. Ich bin vor dem dritten Rigorosum in Gerichtl[.] Medizin durchgefallen, habe aber nie von diesem Gegenstand geträumt. Im Rigorosentraum handelt es sich meist um die Vorprüfungen, Botanik u bes. quälend Zoologie. In Botanik war ich bei Wiesner[,] weil ich keine Pflanze erkan̄te, in Gefahr; mein gutes theoretisches Wissen hat mich dan̄ gerettet. Vor der Zoologie wollte ich (aus gut begründeter Angst) durchgehen; Claus, den ich auf dem Gange traf, erfaßte mich aber beim Arm, nötigte mich zu bleiben und gab mir die Fragen, die zu einer Auszeichnung führen mußten. Ahnliche Rolle spielte beim Maturatraum die Prüfung in Geschichte; durch einen kühnen Streich entgieng ich der Gefahr u legte eine ausgezeichnete Prüfung ab. Der Traum scheint also zu trösten, indem er die aktuelle Angst auf Gelegenheiten zurückbezieht, in denen sich die Angst als unberechtigt erwiesen. Den Wortlaut dieses Trostes: Was fürchtest du dich denn? Du hast dich damals auch gefürchtet u bist heute doch schon Doktor oder Professor! mißversteht das Bw u faßt ihn als Protest gegen den Unsinn des Traumes[.]

Den Traum[,] Geld zu finden, kenne ich nicht. Reiseträume, in denen sich die wunderbarsten Landschaften an einander reihten, hatte ich in früheren Dezennien häufig; seitdem ich zu reisen begoñen habe (1895), sind sie selten geworden. Bekañte Landschaften oder Städte sah ich nicht oft im Traum, einmal Rom[,] ehe ich es noch kannte[,] nach einem Stich, und ein andermal Florenz genau so, wie ich es bereits gesehen hatte.

Das Wandern durch eine Flucht von Zim̄ern ist mir eher häufig vorgekom̄en, hat sich aber der Deutung bisher entzogen.

Der Leser mag selbst einige Abkömmlinge dieser ›Traumcharakteristik‹ Freuds in den Metamorphosen der *Traumdeutung* aufspüren; doch enthält sie auch autobiographisches und Traummaterial, welches in keiner der publizierten Versionen wiedererscheint. Daß aus der Fülle des durch Patientenbehandlung, Selbstanalyse, Kinderbeobachtung, Mitarbeiterkooperation erhobenen empirischen Materials tatsächlich nur ein Ausschnitt in den öffentlichen Freud-Text gelangte, bestätigen viele Notizen. Hierfür noch ein Beispiel.

Am 13. Januar 1908 hat Freud auf einem Blatt – es ist nur als Ausschnitt erhalten – einen Traum samt anschließender Überlegung zu dessen Übertragungsbedeutung festgehalten, der ersichtlich aus der Behandlung des »Rattenmanns« stammt. In den posthum veröffentlichten ›Originalnotizen‹ aus dieser Analyse finden sich lediglich unter den Daten des 7. und 20. Januar 1908 Eintragungen.[1] Zieht man die Handschrift jener ›Originalnotizen‹ zu Rate, so ergibt sich zweifelsfrei, daß die Notiz vom 13. Januar dort nicht etwa nachträglich

[1] 1955*a*, S. 568 f.

herausgetrennt worden ist; vielmehr hat Freud sie von Anfang an separat notiert, wohl weil er diesen Traum unter einem von der Falldarstellung unabhängigen Gesichtspunkt bedeutsam fand. Das Blatt trägt denn auch eine eigene Überschrift: ›Wie man vom Todten tr[äumt][,] absurd‹. Nicht lange danach hat Freud in der zweiten und dritten Auflage des Traumbuchs, erschienen 1909 bzw. 1911, im Abschnitt ›Absurde Träume‹ des sechsten Kapitels, einen Passus eingefügt[1], in welchem er sich mit der Darstellung von Toten im Traum und insbesondere mit dem auch jenen Rattenmann-Traum charakterisierenden Zug befaßt, daß der Träumer nämlich eine zunächst als tot dargestellte Person alsbald wieder als lebend auftreten lassen kann. Freud erwähnt aber an dieser Stelle den Rattenmann-Traum nicht, sondern zitiert andere, teils gleichfalls schon in den Notizen festgehaltene Beispiele. Die Traumnotiz vom 13. Januar 1908 dürfte also zu einer umfangreicheren Belegsammlung gehört haben, auf die Freud seine dieses Thema betreffenden Hypothesen stützte und aus der er für sein veröffentlichtes Werk bloß eine knappe Auswahl traf.

Eine zweiseitige, auf den 12. Dezember 1911 datierte Niederschrift signalisiert dieses emsige Zusammentragen wiederum unmittelbar im Titel: ›Sammlung zum Traum‹. Unter Stichworten wie ›Traum im Traum‹, ›Auftreten d. Symptome im Tr[aum]‹, ›Bevorzugte Traumsituation‹ notierte Freud eigene sowie Träume von Analysanden. Etliche dieser Notate wurden später, mehr oder weniger ausgearbeitet, wiederum in die nachfolgenden Auflagen der *Traumdeutung* verwoben und/oder im Rahmen der Kollektion ›Erfahrungen und Beispiele aus der analytischen Praxis‹ veröffentlicht. Die Vorläufer etlicher Elemente dieser Kollektion[2] lassen sich leicht in jenen Aufzeichnungen identifizieren. So entspricht etwa die erste Eintragung der veröffentlichten Beispiele, ›*Traum ohne kenntlichen Anlaß*‹, im Notizenmanuskript dem Notat ›Tr[aum] ohne sichtbaren Anlaß‹. Die Druckfassung von 1913 lautet: »Ein guter Schläfer erwacht eines Morgens in einem Tiroler Sommeraufenthalt mit dem Wissen, er habe geträumt: Der Papst sei gestorben. Er findet dafür keine Erklärung. Am Vormittag desselben Tages fragt ihn seine Frau:

[1] 1900*a*, S. 416 ff.

[2] Etwa die Eintragungen 2 und 19 bis 22 (1913*h*, S. 616 und S. 619).

Hast du heute früh das entsetzliche Glockengeläute gehört? Er hatte es nicht gehört, aber offenbar darüber geträumt. Die Deutung, die sein Traum dem Glockenläuten gab, war seine Rache an den frommen Tirolern. Der Papst war nach Zeitungsberichten um jene Zeit leicht erkrankt.«[1] Aus der kürzelhaften Notizenversion erfahren wir, daß dies ein eigener Traum Freuds gewesen ist; also wieder ein Beleg dafür, wie sehr die eigene Person stets in den Beobachtungsprozeß einbezogen blieb. Die Notiz hat folgenden Wortlaut: »Ich tr[äumte] in Klobenstein: Der Papst ist gestorben. Keine Erklärung. Vormittag fragt Martha: Hast du das entsetzliche Glockenlauten gehört heute früh? Ich nicht. Papst war damals krank. Rache an Tirolern.«[2]

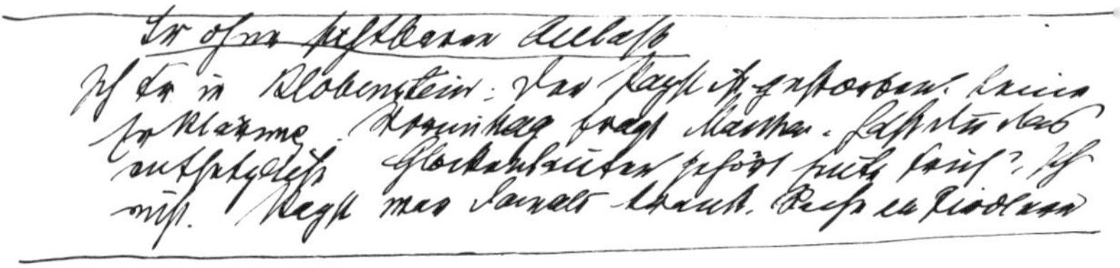

Noch über viele Seiten ließe sich die Beispielfülle solcher Protokolle von Träumen und Traumdeutungen ausbreiten. Sie kann uns erneut lehren, welchen Erkenntnisgewinn Freud lebenslang sich vom Traumstoff versprach. Er hortete ihn buchstäblich. Und diese privaten, bisher stummen Dokumente machen augenfällig, daß er, nachdem er sie einmal gefunden hatte, tatsächlich zeitlebens nicht mehr von seiner *Via regia* zur Kenntnis des Unbewußten abgewichen ist. Die früh entwickelte Überzeugung, daß ihm auf diesem Königswege »ein Stück weit Einsicht in die Zusammensetzung dieses allerwunderbarsten und allergeheimnisvollsten Instruments«[3], unseres Seelenlebens, gewährt werde, hat er nie verloren.[4]

---

[1] AaO, S. 616.

[2] Allerdings hat Freud, als er 1914 dieses Beispiel auch der vierten Auflage der *Traumdeutung* (1900*a*, S. 239) hinzufügte, nicht mehr verhüllt, daß es sich um einen eigenen Traum handelte, auch nicht in den *Vorlesungen* (1916–17*a*, S. 111).

[3] 1900*a*, S. 577.

[4] Es bleibe nicht unerwähnt, daß auch das andere Normalphänomen, an dem

Und doch ist der gesamte Kosmos des Freudschen Denkens, nicht allein seine Traumforschung, in den Notizen repräsentiert. Hier und da leuchten, allerdings eher vereinzelt, Gedankensplitter zu den kulturtheoretischen Schriften auf. Wieder einige Beispiele: »Die Menschen vertragen die Elternlosigkeit nicht[,] u so schaffen sie sich ein neues Elternpaar aus Gott und der Natur: Grund, letzter Grund der Religion die infantile Hilflosigkeit des Menschen.« Und – bereits 1905: »Religion als Zw[angs]neurose – Privatreligion –.« Oder: »Wenn ein Vorwurf, den sich ein Volk aus seiner Vergangenheit macht, später ubw wiederkehrt, dann als Vorwurf gegen ein anderes. [. . .] Genaue Analogie mit dem Vorkom̄en in der Einzelpsychologie, Paranoia, der es mit ebensolchen Vorwürfen ähnlich geht[.] Verfolg[un]gswahn. Auf andere projicirte Selbstvorwürfe.« Und wie zur Illustration solcher projektiven Vorgänge in der Gesellschaft, aber in einem anderen Notizenkonvolut untergebracht, das den Titel ›Aus älteren Aufzeichnungen von 1897 an‹ trägt, eine unter der Überschrift ›Eine Quelle des Antisemitismus‹ stehende Aufzeichnung: »Daß der Antis[emitismus] in der Kinderstube erzeugt wird, ist ja klar. Irma hat einen physischen Abscheu vor jedem Juden. In ihrer Kindheit sagte man (in Ofen[1])[,] wenn das Hemdchen die Spur von Incontinentia alvi zeigte: Da hat der Jud sich wieder den Mund abgewischt.«

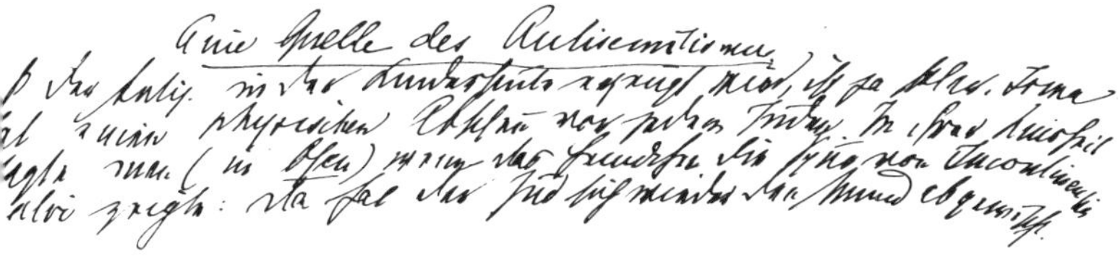

Oder eine andere kulturanalytische Notiz: »Die Ungebildeten u Wilden überschätzen ψ [psychische] Leistungen, die ihnen wenig geläufig sind: Symbolisir[un]g, Wortfindung, Phantasiebildung[,] wie bei uns das Volk das Gedruckte[,] und schreiben all diesen Ef-

Freud das Wirken unbewußter Kräfte studiert hatte, nämlich die Fehlleistungen, als Thema in den Notizen wieder und wieder auftaucht.

[1] [Deutsche Bezeichnung für Buda, den Westteil von Budapest.]

fekten Zauberwirkung zu. Die geringere reale Bedeutung u die größere Ehrung fallen zusammen.«

Schließlich eine kunsttheoretische Aufzeichnung: »Am Kunsttrieb ist wol das Primäre die künstlerische Eignung, das Vermögen des Umsetzens u Ausdrückens, das physiologisch bestimt sein muß. ψ [psychisch] gehört aber das Motiv z. Ausbeutung dieses Vermögens ursprünglich dem Bemächtig[un]gstrieb an, indem das gemachte Bild in jeder Hinsicht als Ersatz des Orig[inals] gilt, wahrsch[einlich] auch ursprünglich dem Schöpfer Macht darüber geben sollte, so daß hier eine verlorene Tendenz der Kunst zu suchen wäre. Das nämliche natürlich, weñ es sich um ein geliebtes Objekt handelt; auch hier dient das Schaffen der Bemächtig[un]gscomponente. Von vorne herein zwei Arten der Kunst, die ein Ebenbild schafft u die Gefühle ausdrücken will. Die erstere ursprünglicher u leichter zu verstehen; die zweite wol Ursprung in Liebeswerbung, aber kaum alleinigen[?], auch beim Ausdruck socialer Gefüle: Ceremoniell, Tanz, Scene, Musik. Natürlich ausgiebig im Dienste der Liebesfunktion.« Im selben Konvolut folgt an dieser Stelle ein Zettel, den Freud offensichtlich aus anderen, wahrscheinlich früheren Aufzeichnungen ausgeschnitten und mit der Zeile ›Aufnahme aus 4 Notizbüchern v. 1901.[1] an‹ versehen hatte. Dieser Ausschnitt beginnt mit folgender Eintragung: »1. – Idee, daß Kunst ursprünglich im̄er tendenziös war u daß diese Tendenzen verloren gegangen sind (Religion, Abwehr[2]«.

Wie eine Notizenfiliation findet sich an anderer Stelle in der Sigmund Freud Collection noch die Photokopie einer Aufzeichnung, ausdrücklich unter dem Titel ›Verlorene Tendenzen in der Kunst‹, die auf einer ganzen Seite detaillierte Gedanken zu solchen Tendenzen, das heißt, zu den religiösen, politischen und sozialen Funktionen sammelt, welche die Kunst in früheren Zeiten zu erfüllen hatte – als Bildzauber, Weihgeschenk, Kultobjekt, Preisgesang, Eigentums- und Stammeszeichen usw. Im veröffentlichten Werk

[1] Nach der Jahreszahl steht hier im Manuskript tatsächlich ein Punkt. Das letzte Wort, »an«, hat Freud offenbar nachträglich hinzugefügt, als er feststellte, daß er auch aus später als 1901 entstandenen Notizen Auszüge machen wollte.

[2] Die Aufzählung endet unabgeschlossen.

scheint Freud diese Gedanken allerdings nicht weiterverfolgt zu haben; lediglich in *Totem und Tabu* steht ein kurzer allgemeiner Hinweis[1]. Nicht verwirklicht wurde auch ein am 15. Mai 1904 als Notiz festgehaltener Vorsatz, etwas über den »Sexualcharakter d. antiken Baukunst« zu schreiben; realistisch hatte er seinerzeit freilich schon hinzugefügt, »obwol wann u wie mir unklar ist«.

Die Notizen, mit denen sich Freud dann den vielen Werken, die tatsächlich zustande kamen, sozusagen entgegenschrieb, halten ganz verschiedene Stadien des jeweiligen Entstehungsprozesses fest. Erste Keime zu seinem Buch *Der Witz und seine Beziehung zum Unbewußten* finden sich auf der Rückseite eines jener Papiere, die Freud aus früheren Aufzeichnungen ausgeschnitten und auf einen neuen Bogen aufgeklebt hatte. Die Vorderseite, auf die es ihm einzig ankam, enthält eine frische Vignette aus der Behandlungsstunde einer Patientin mit Zwangssymptomatik. Der Text der Rückseite, der ihm nicht aufbewahrenswert erschien und auf dessen Zeilenverlauf er beim Ausschneiden keine Rücksicht nahm, ist infolgedessen lediglich als Fragment erhalten. Zeilenbruchstücke legen nahe, daß Freud, vielleicht durch die Traumforschung angeregt, dabei war, am Beispiel der von seinem einstigen Philosophielehrer Franz Brentano ersonnenen Daldalrätsel über die Techniken des Rätsels nachzudenken, und von da aus erst einen kontrastierenden Vergleich mit den Techniken des Witzes erwog. Also genau umgekehrt wie im später verfaßten Witz-Buch selbst, wo diesem Vergleich, durchaus zuungunsten des Rätsels, fast bloß noch Anmerkungsrang zukommt.[2] In der Notiz fährt Freud, weiter mit dem Rätsel beschäftigt, fort: »Der Lustgewinn im Zusamenhang mit der Lösungsarbeit. Das ursprünglich Tendenzlose des Rätsels. – Beding[un]gen d. Convertirbarkeit[.] Weiter gehen aber die Einfälle heute nicht. Es ist ein geistloser Tag.« Ob das, was sich auf dem Blatt anschließt, anderntags niedergeschrieben wurde? Denn es enthält, wie in einer Einfallsexplosion, bereits die Grundstrukturen von Aufbau und Hauptthesen des Buches über den Witz:

---

[1] 1912–13*a*, S. 378.

[2] Vgl. 1905*c*, S. 34, Anm. 2, und S. 66, Anm. 1.

a). Technik d. Witzes.
b). Psychogenese d. Witzes
c). Tendenz d. Witzes.
d). Witz u Komik, Humor
e). Witz u Rätsel.
f). Theorie der Lust am Witz.

Witz – – Komik – Rätsel
ubw. vbw – bw.
) vielleicht auch Ironie Satire etc.

Wichtiger Gesichtspunkt d. Charakteristik der versch. Arten der Lustgewinnung durch die psychische Lokalisation.

Rätselbuch von Mises, Polle. – Gesichtspunkte:
Witz liegt in Technik – entwitzen
Psych. Lokalisation.
Ersparungstheorie
Lachen mit Ubersättigung
Vorstufe des Scherzens.
a) Aufheb[un]g von Hem̄ungen.
b). Ursprüngl[.] Lustquellen.

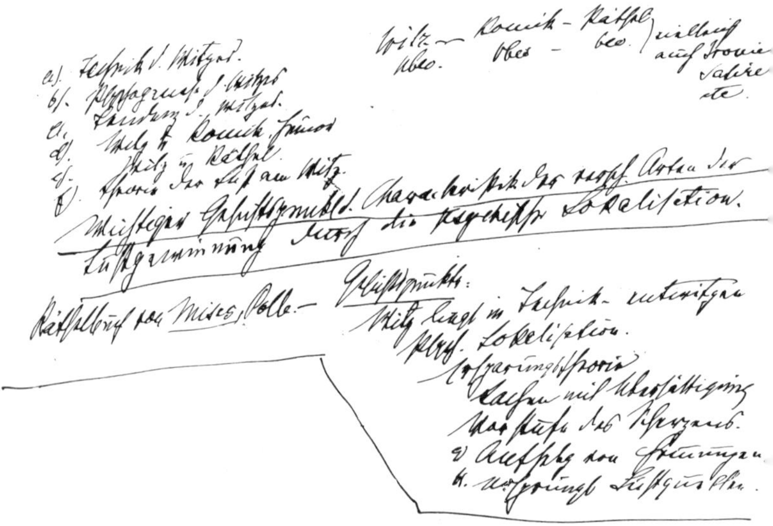

Außerdem verdienen noch zwei jener aufgeklebten Zettel im Zusammenhang des Buches über den Witz unser Interesse. Der eine trägt die Überschrift ›Eine wahre Kindergeschichte‹ und lautet: »Drei Kinder, ein alteres Mädchen, zwei kleine Buben (Alter nachzutragen)[.] Der altere Bub warnt den jüngeren vor einer Unvorsichtigkeit in der Kleidung. Weñ Du nicht folgst, wirst Du krank werden und mußt Bubizin nehmen. Bubizin ist kein neues Alkaloid, sondern folgender Art entstanden. Als die Schwester krank war, hörte das Kind, sie bekäme Medizin (Mädizin); er meinte also, da der Geschlechtsunterschied für ihn bereits diese Welt durchzieht, bei einem kranken Buben wäre Bubizin das Analoge. – Die Geschichte hat sich vor einigen Wochen in Strakowitz in Bohmen zugetragen.« Der andere Zettel, auf dem Freud, wahrscheinlich nachdem er sich danach erkundigt hatte, das Alter nachtrug, heißt: »Der Held des Bubizin ist 2½ J. alt.« Und diese alte wahre Geschichte tauchte wahrscheinlich aus seinem Gedächtnis wieder auf, als er beim Schreiben des Witz-Buches im siebten Kapitel, das von den Arten des Komischen handelt, nach einem Beispiel für die unwiderstehliche Wirkung des Naiven, vor allem in Aussprüchen von Kindern, suchte. Vielleicht schrieb er die Episode nun so nieder, wie sie sich ihm eingeprägt hatte, ohne noch einmal den Wortlaut der früheren Notiz zu konsultieren, denn die veröffentlichte Fassung zeigt einige charakteristische Abweichungen[1], wenn auch der im guten Glauben des Kindes und aufgrund seines ernsthaften Schlußfolgerns zustandegekommene Wortwitz Mädizin/Bubizin erhalten geblieben ist.[2]

Das Entstehen der ›Beiträge zur Psychologie des Liebeslebens‹ läßt sich anhand von Notizen nur in den allerersten Anfängen rekonstruieren, sozusagen als Dokumentierung des Augenblicks, da sich Freud ein »neues centrales Problem: Psychologie der menschlichen Liebe« stellte und alsbald begann, »einiges Material« festzuhalten, darunter eine ›Erste Sam̃lung zum Liebesleben.‹. Deren kurze Eintragungen lauten beispielsweise: »Rätsel der Liebe ist Erweckung des Infantilen«; »Das rätselhaft Gesuchte der ersten Liebe wie blutsverwandt, speziell wie zwischen Mutter u Kind«; »Verliebtsein ist die Normalpsychose –«; »Ubergang des Größenwahns in Sexualüber-

[1] AaO, S. 170f.
[2] Daß Freud auch nach Veröffentlichung seines Buches am Phänomen des Witzes interessiert blieb, zeigen zwei Blätter mit dem Titel ›Kriegswitze‹, eine während des Ersten Weltkriegs zusammengestellte Sammlung, die sich heute gleichfalls in der Sigmund Freud Collection befindet.

schätz[un]g beim Manne. Fehlen derselben beim Weib«; »Genitaleitelkeit analog dem Penisnarzissmus«; »Schätzungen der Geschlechter für einander zu versch. Lebenszeiten«; »Koketterie als Verweilen bei der Vorlust«. Und danach eine Selbstermahnung zur Beobachtungssorgfalt, wohl auch eine Warnung vor zu raschem Theoretisieren: »Das Meiste fehlt noch, aber es ist nicht systematisch zu machen, sondern bei guter Gelegenheit aufzuspüren.«

Als Freud im Sommer 1914 in Karlsbad zur Kur weilte, schrieb er am 17. Juli, nur wenige Tage vor Ausbruch des Ersten Weltkriegs, an Ferenczi: »Da wären wir also wieder bei den warmen Quellen, genießen Hitze und Regen, wie sie kommen [...]. Ich [...] habe begonnen, den Macbeth zu studieren, der mich lange quält, ohne daß ich bisher die Lösung gefunden hätte. Sonderbar, den Macbeth habe ich vor Jahren Jones abgetreten und nehme ihn jetzt gleichsam zurück. Da sind dunkle Mächte im Spiel.« Tatsächlich finden sich unter Freuds Notizen zwei am Vortag begonnene Seiten[1], deren Anfangszeilen lauten:

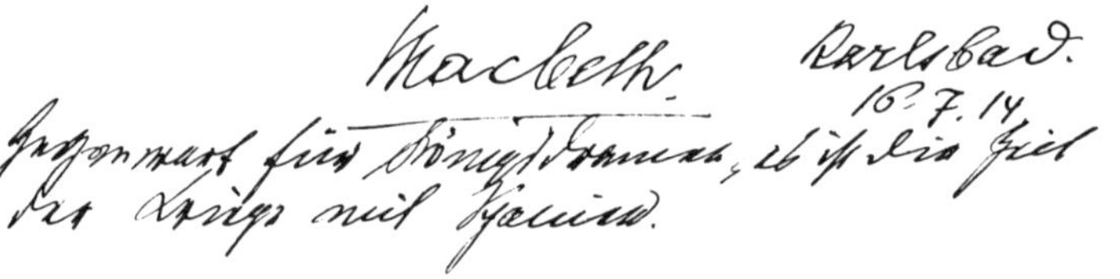

Macbeth. Karlsbad.
16. 7. 14.

Gegenwart für Königsdramen, es ist die Zeit
der Kriege mit Spanien.

Das Konvolut umfaßt noch einige weitere photokopierte Dokumente, nämlich ein Blatt, das wiederum unter der Überschrift ›Macbeth‹ zehn Tage später, am »26/7.«, verfaßt wurde, sowie ein im Original angerissenes, vorder- und rückseitig beschriebenes Blatt mit dem Titel ›Das Urbild der Lady Macbeth‹, datiert auf den »30/9 14«.

[1] In der Sigmund Freud Collection als Photokopien überliefert, ursprünglich wohl vorder- und rückseitig auf ein einziges Blatt geschrieben.

Die Aufzeichnungen belegen die sorgfältige Wiederlektüre des Stücks, den Vergleich mit anderen Shakespeare-Dramen sowie das Studium historischer Quellen und der Sekundärliteratur. In Freuds Niederschrift erster eigener Gedanken und Fragen lassen sich leicht Vorläuferformulierungen zum zweiten Abschnitt der zwei Jahre später veröffentlichten Schrift ›Einige Charaktertypen aus der analytischen Arbeit‹ identifizieren. Bekanntlich hat Freud an Charakter und Schicksal der Lady Macbeth den Menschentypus des am Erfolge Scheiternden zu illustrieren versucht.[1] Alle Kerngedanken zum Verständnis bzw. zum Nicht-verstehen-Können der, nach dem Verlauf des Dramas zu urteilen, im Zeitraum weniger Tage sich abspielenden Wesensveränderung der Lady Macbeth sind bereits angedeutet: die Kinderlosigkeit, die Aufteilung der Züge einer einzigen Persönlichkeit auf zwei Rollen, so daß Macbeth und Lady Macbeth eigentlich *eine* Figur verkörpern, die Parallelisierung der Lady Macbeth mit Elisabeth I. »Elisabeth, Mörderin der Maria Stuart, auch eines Gastes, kinderlos gestorben, mußte Sohn[2] z. Erben einsetzen. Elisabeth ist Lady Macbeth[.] Ihre letzten Stunden[.]«

Wie in dem zitierten Brief an Ferenczi betont, hatte das Drama *Macbeth* Freud schon viel früher beschäftigt; und er hörte auch nach Veröffentlichung der Charaktertypen-Arbeit nicht auf, sich mit den Geheimnissen des großen Stücks auseinanderzusetzen. Davon zeugt einer jener ausgeschnittenen, einzeln aufgeklebten Notizenzettel, auf dem die scherzhaft formulierte Vermutung zu lesen ist: »Wenn der Jul. Caesar, Hamlet u Macbeth es gestatten, so möchte ich glauben, daß Shakespeare um die Zeit selbst an Hallucinat. litt u vom Geist seines Vaters heimgesucht wurde. Der Vater übte übermachtigen Einfluß auf ihn aus; ihn zu rehabilitiren war das praktische Ziel seines Lebens. So fiele der Macbeth auf ihn selbst, wie die Lady auf Elisabeth.« Denkbar, daß diese Zeilen aus dem Kontext des 1919, also nach Kriegsende erschienenen Essays über ›Das Unheimliche‹ stammen.[3]

Erste Vorbereitungsnotizen sind ferner von der 1923 publizierten

[1] 1916*d*, S. 238–244.

[2] James I., Sohn der hingerichteten Maria Stuart.

[3] Vgl. 1919*h*, S. 272.

Studie ›Eine Teufelsneurose im siebzehnten Jahrhundert‹ erhalten geblieben. Wie sich zeigen wird, ist dies ein Werk, von dem Dokumente aus allen drei Phasen der typischen Entstehungsdynamik von Freuds Texten überliefert sind: zwei Notizblätter, ferner große Teile des Entwurfs und schließlich die Reinschrift. Bei den als Photokopie überlieferten Notizen handelt es sich um Stichworte, die Freud vermutlich während der Lektüre der ihm zur Verfügung gestellten Kopie des *Trophaeum Mariano-Cellense* festhielt, jenes Manuskripts, auf dessen Material er seine Deutung der dämonologischen Neurose des Malers Christoph Haitzmann stützte. Wie bei Behandlungsprotokollen, welche die Grundlage später veröffentlichter Falldarstellungen bildeten, hat Freud nicht alles in den Teufelsneurose-Notizen Festgehaltene in Entwurf bzw. Reinschrift ausgearbeitet. Das erste der beiden Notizblätter ist auf den »5 Nov 22.« datiert und trägt den Titel ›Teufelsverschreibung‹. Freud beginnt gleichsam mit einer Aufforderung an sich selbst: »Figuren ansehen u beschreiben.« Gemeint sind die acht im Manuskript enthaltenen Bilder des Malers von den verschiedenen Erscheinungen des Teufels samt Beschriftungen. Freud exzerpiert und pointiert gleichsam diese Beschriftungen.[1] Anhand einer Be- und Auswertung der verschiedenen Quellen folgen dann detaillierte weitere Notate über die Teufelsverschreibungen und ihren Wortlaut sowie über Einzelheiten der Lebens- und Krankengeschichte des Malers. Es handelt sich also um eine kompakte Sammlung jenes Grundmaterials, das Freud dann in Entwurf und Reinschrift entfaltet und gedeutet hat.

Ganz ungewöhnlich umfangreich ist das Notizenkonvolut zu *Totem und Tabu*. Deshalb sei es am Ende der Beschreibung jener Aufzeichnungen erwähnt, die aus dem Entstehungszusammenhang bestimmter Einzelwerke stammen. Auf überraschende Weise fixiert dieses Konvolut ungezählte Momente aus Freuds tastendem Nachdenken während der Vorbereitung seines ersten großen kulturtheoretischen Buchs, zumal des berühmten vierten Essays über ›Die infantile Wiederkehr des Totemismus‹. Dieser Schlußessay bildet den Höhepunkt des Werks; denn er enthält die Hypothese über die Ermordung des Urvaters in der prähistorischen Familie und die Ent-

[1] Auf ein Extrablatt hat er noch Kurzcharakterisierungen der Bilder geschrieben.

stehung des Schuldgefühls sowie der kulturellen Institutionen. Und er gehörte, wie schon angedeutet, zeitlebens zu Freuds Lieblingstexten unter den eigenen Schriften. Eine auf den »30/3 13« datierte Notiz hält stichwortartig den Anfang des Essays fest:

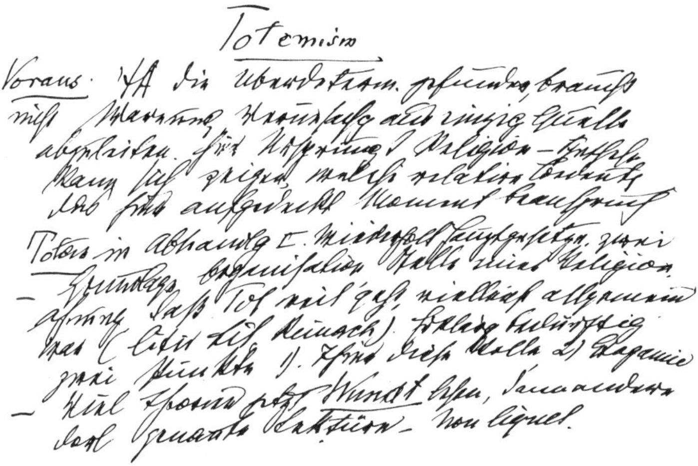

Totemism

Voraus. ΨA die Uberdeterm. gefunden, braucht
nicht Warnung, Verursachg aus einzig Quelle
abzuleiten. Hier Ursprung d Religion – Synthese
kann sich zeigen, welche relative Bedeutg
das hier aufgedeckt Moment beanspruch
Totem in Abhandlg I. Wiederholt Hauptgesetze. zwei
Grundlage Organisation, Stelle einer Religion.
– Ahnung, daß Tot weit geht, vielleicht allgemein
war (Citir Lit. Reinach). Erklärg bedürftig
zwei Punkte 1). Thier diese Rolle 2) Exogamie
– Viel Theorien jetzt Wundt lesen, dann andere
dort genan̄te Lektüre – Non liquet.

Der Leser wird die in der Transkription ohne jegliche Konjektur wiedergegebene Notiz leicht selbst ergänzen können, wenn er nun die drei ersten Absätze der Druckfassung des vierten Essays hinzuliest:

»Von der Psychoanalyse, welche zuerst die regelmäßige Überdeterminierung psychischer Akte und Bildungen aufgedeckt hat, braucht man nicht zu besorgen, daß sie versucht sein werde, etwas so Kompliziertes wie die Religion aus einem einzigen Ursprung abzuleiten. Wenn sie in notgedrungener, eigentlich pflichtgemäßer Einseitigkeit eine einzige der Quellen dieser Institution zur Anerkennung bringen will, so beansprucht sie zunächst für dieselbe die Ausschließlichkeit so wenig wie den ersten Rang unter den zusammenwirkenden Momenten. Erst eine Synthese aus verschiedenen Gebieten der Forschung kann entscheiden, welche relative Bedeutung dem hier zu erörternden Mechanismus in der Genese der Religion zuzuteilen ist; eine solche Arbeit überschreitet aber sowohl die Mittel als auch die Absicht des Psychoanalytikers. [...]

In der ersten Abhandlung dieser Reihe haben wir den Begriff des Totemismus kennengelernt. Wir haben gehört, daß der Totemismus ein System ist, welches bei gewissen primitiven Völkern in Australien, Amerika, Afrika die Stelle einer Religion vertritt und die Grundlage der sozialen Organisation abgibt. Wir wissen, daß der Schotte McLennan 1869 das allgemeinste Interesse für die bis dahin nur als Kuriosa gewürdigten Phänomene des Totemismus in Anspruch nahm, indem er die Vermutung aussprach, eine große Anzahl von Sitten und Gebräuchen in verschiedenen alten wie modernen Gesellschaften seien als Überreste einer totemistischen Epoche zu verstehen. Die Wissenschaft hat seither diese Bedeutung des Totemismus in vollem Umfange anerkannt. Als eine der letzten Äußerungen über diese Frage will ich eine Stelle aus den *Elementen der Völkerpsychologie* von W. Wundt [...] zitieren: ›Nehmen wir alles dies zusammen, so ergibt sich mit hoher Wahrscheinlichkeit der Schluß, daß die totemistische Kultur überall einmal eine Vorstufe der späteren Entwicklungen und eine Übergangsstufe zwischen dem Zustand des primitiven Menschen und dem Helden- und Götterzeitalter gebildet hat.‹

Die Absichten der vorliegenden Abhandlungen nötigen uns zu einem tieferen Eingehen auf die Charaktere des Totemismus. Aus Gründen, welche später ersichtlich werden sollen, bevorzuge ich hier eine Darstellung von S. Reinach, der im Jahre 1900 nachstehenden *Code du totémisme* in zwölf Artikeln, gleichsam einen Katechismus der totemistischen Religion, entworfen hat.«[1]

Und dann folgen detaillierte Äußerungen zur Rolle des Tiers und schließlich, an späterer Stelle, auch Ausführungen über Exogamie.

Der Textvergleich zwischen Notat und Druckfassung führt uns erneut die Technik äußerster Verknappung vor Augen, mit welcher Freud seine Anfangsideen zu fixieren pflegte. Überdies ermöglichen es weitere überlieferte Aufzeichnungen, uns davon zu überzeugen, daß zwischen erster Skizzierung und späterer Ausarbeitung der Auftaktpassage zum vierten Essay tatsächlich jener intensive und extensive Lernprozeß stattgefunden hat, zu dem sich Freud am Ende der Notiz gewissermaßen anfeuerte: »jetzt Wundt lesen, dann andere dort genan̄te Lektüre«. Wieder hatte er »non liquet« hinzugesetzt. Zweifellos bewegten ihn bereits bestimmte Ahnungen, sich allmählich präzisierende Hypothesen, aber zunächst ging es darum, sich über den Stand der zeitgenössischen ethnologischen und soziologischen Fachdiskussion bezüglich der ihn interessierenden Themen – Totemismus, Exogamie, Inzestscheu, prähistorische Familie usw. – umfassend zu informieren. Auf manchen dieser Notizblätter scheint Freud denn auch unter dem Gesichtspunkt solcher Hauptthemen, beispielsweise ›Inzest‹ oder ›Ableit[un]g d. Exogamie‹, Auffassungen verschiedener Gelehrter und weiterführende bibliographische Hinweise gesammelt zu haben.

Ein Großteil des Konvoluts besteht aber aus Lektürenotizen jeweils zu *einer* Quelle. Auf diesen Seiten notierte Freud Autor und Titel des Buches, das er gerade studierte. Am linken Rand warf er die Pagina von Seiten aus, bei deren Lektüre er auf etwas ihm bedeutsam Erscheinendes gestoßen war, kennzeichnete die betreffenden Zusammenhänge stichwortartig, unterstrich manches oder exzerpierte das eine oder andere Zitat im Originalwortlaut, also gelegentlich auch in Englisch oder Französisch; ferner notierte er Fortführung versprechende Literaturangaben und hob diese zuweilen mittels griechischer Buchstaben hervor. In einer wahrscheinlich nur wenige Wochen, höchstens einige Monate andauernden leidenschaftlichen Leseexpedition ging er solchen bibliographischen Hinweisen nach, wie

[1] 1912–13*a*, S. 387 f.

wieder andere Lektürenotizen, etwa über Werke und Thesen von J. J. Atkinson, Ch. Darwin, E. Durkheim, J. G. Frazer oder A. Lang bezeugen – sozusagen von Autor zu Autor, von Buch zu Buch weiterlesend.

Zur Veranschaulichung der Struktur dieser Lektürenotizen seien zunächst zwei Ausschnitte aus Aufzeichnungen wiedergegeben, die Freud während des Lesens von ›Wundt. Elemente d. Völkerpsych[ologie] II Cap[itel] p 116‹ niederschrieb; der Leser wird sogleich manches aus dem soeben zitierten Textstück wiedererkennen:

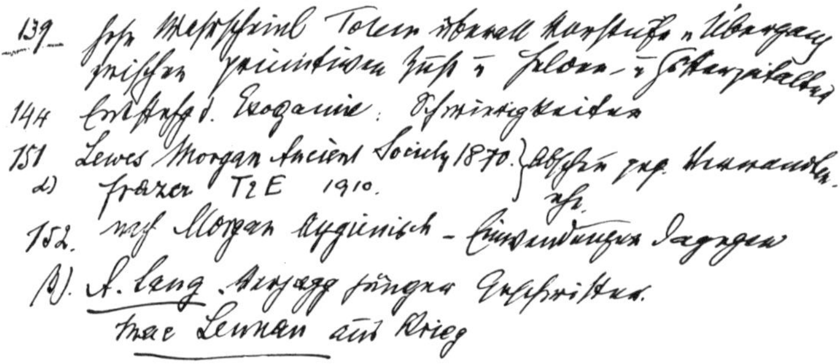

139: hohe Wahrscheinl[ichkeit] Totem[ismus] überall Vorstufe u Übergang
zwischen primitiven Zust[änden] u Helden- u Götterzeitalter
144 Entsteh[un]g d. Exogamie: Schwierigkeiten
151 Lewes Morgan Ancient Society 1870. } Abscheu geg. Verwandten-
α) Frazer T[otemism] & E[xogamy] 1910. } ehe.
152. nach Morgan hygienisch – Einwendungen dagegen
β). A. Lang. Verjag[un]g jünger[er] Geschwister.
Mac Lennan aus Krieg

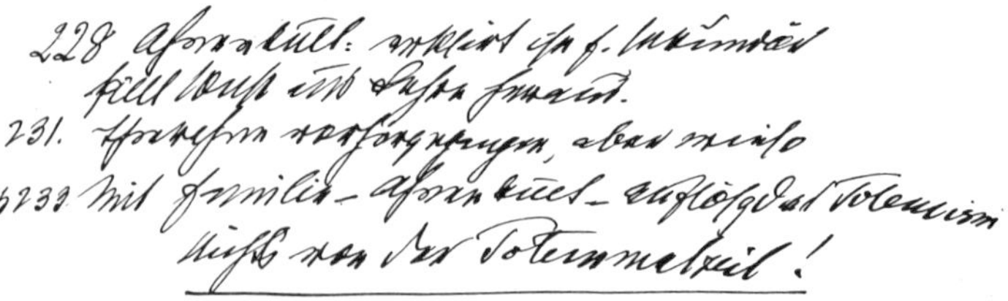

228 Ahnenkult: erklärt ihn f. sekundär
fällt sonst aus Lehre heraus.
231. Thierahne vorhergegangen, aber wieso
p 233 Mit Familie – Ahnenkult – Auflös[un]g des Totemism
Nichts von der Totemmalzeit!

Der Ausruf »Nichts von der Totemmalzeit!« verrät wohl eine Enttäuschung des Lesers Freud, die begreiflich wird, wenn wir uns eines der Hauptziele vergegenwärtigen, das er im vierten Essay von *Totem und Tabu* zu erreichen suchte: er fahndete nämlich nach den phylogenetischen Wurzeln der unbewußten Urphantasien über Kastration, Vatermord, Mutterinzest oder, anders ausgedrückt, nach konkreten dramatischen und traumatischen Ereignissen in der prähistorischen Familie, die sich mittels lamarckistischer Evolutionsmechanismen in den Urphantasien niedergeschlagen haben könnten und als archaische Erbschaft noch im Seelenleben des Menschen der Gegenwart, inneren Aufruhr stiftend, tradiert würden. Im Grunde geht es um den Versuch Freuds, in seinem Nachdenken über die Neurosenätiologie Trauma-Modell und Trieb-Modell miteinander zu verbinden.[1] Die Totemmahlzeit mag ihn aus zwei Gründen derart interessiert haben, weil sie erstens eine faktische Opfertötung impliziert, welche die Täter ambivalent erleben, einerseits triumphal feiern, andererseits in Schuldbewußtsein und Trauer beklagen, und weil zweitens das gemeinschaftliche Verzehren des Getöteten eine leibhaftige Form von Verinnerlichung darstellt, konkretistisch den Weg zur Identifizierung mit dem Verlorenen bahnt.

Ein auf den »1/4 13« datiertes Blatt mit Aufzeichnungen, die Freud offenbar während der Lektüre des Artikels über Totem bzw. Totemismus in der von ihm hochgeschätzten *Encyclopedia Britannica* niederschrieb, endet entsprechend mit dem ungeduldigen, durch eine Unterstreichung hervorgehobenen Fragesatz: »Wo Totemmalzeit?« So nimmt es nicht wunder, daß er die wenigen Quellen, in denen die Totemmahlzeit tatsächlich erörtert wird, mit besonderer Sorgfalt in seinen Notizen registrierte. Das Blatt über den ersten und zweiten Band von Salomon Reinachs *Cultes, mythes et religion* trägt sogar den Titelblock:

[1] Vgl. Grubrich-Simitis, 1987*b*.

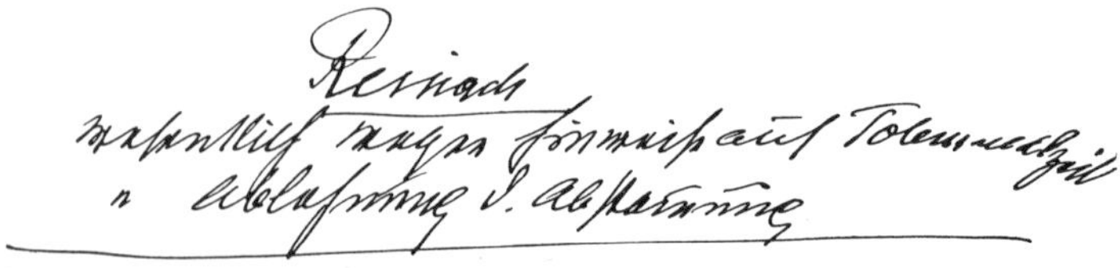

Reinach
wesentlich wegen Hinweise auf Totemmalzeit
u Ablehnung d. Abstam̄ung

Um nur ein paar dieser Eintragungen anzuführen:

»13. Totem marque distinctive caractère sacré reside
non dans l'individu mais dans l'espèce
ganz wie bei Thierphobien[1].
14. Opfer aus Totemmalzeit. Dan̄ Gottesopfer
Menschenopfer.
16. Stellen dazu. Pausanias
[...]
59 Beweis von Robertson Smith, daß Opfer
das Totemtier ist.
T[ome] II. Mort d'orphée
Rob. Smith Sarrasins Totemmalzeit«

Diesem W. Robertson Smith gegenüber fühlte sich Freud woh lebenslang zu Dank verpflichtet. Als der nach Los Angeles emigrierte Ernst Simmel 1938 das Manuskript von sechs Vorträgen, mi denen er das dortige Universitätspublikum in die Psychoanalyse einführen wollte, Freud zur Korrektur vorlegte, mahnte dieser, eir Vierteljahrhundert nach dem Erscheinen von *Totem und Tabu*: »Robertson Smith nicht vergessen[,] deßen Entdeck[un]g ich nur aufgegriffen habe.«[2] Und in der Druckfassung des vierten Essays hatte er

[1] Es sei daran erinnert, daß es die Tierphobien der Kinder waren, als Verschiebungsersatz für die Angst vor dem Vater, die Freud auf die Spur von *Totem unc Tabu* gesetzt hatten.

[2] Diese handschriftlichen Korrekturen befinden sich in der Sigmund Freud Collection. Sie werden im Rahmen des Briefwechsels zwischen Sigmund Freud, Anna

ihn, der ihm in seinen *Lectures on the Religion of the Semites* sozusagen die gesuchte Totemmahlzeit bereitet hatte, geradezu gefeiert: »Der im Jahre 1894 verstorbene W. Robertson Smith, Physiker, Philologe, Bibelkritiker und Altertumsforscher, ein ebenso vielseitiger wie scharfsichtiger und freidenkender Mann, sprach in seinem 1889 veröffentlichten Werke über die Religion der Semiten die Annahme aus, daß eine eigentümliche Zeremonie, die sogenannte *Totemmahlzeit*, von allem Anfang an einen integrierenden Bestandteil des totemistischen Systems gebildet habe. Zur Stütze dieser Vermutung stand ihm damals nur eine einzige, aus dem 5. Jahrhundert n. Chr. überlieferte Beschreibung eines solchen Aktes zu Gebote, aber er verstand es, die Annahme durch die Analyse des Opferwesens bei den alten Semiten zu einem hohen Grad von Wahrscheinlichkeit zu erheben. [...] Ich will nun versuchen, aus dem ausgezeichneten Buch von Robertson Smith die für unser Interesse entscheidenden Sätze über Ursprung und Bedeutung des Opferritus herauszuheben unter Weglassung aller oft so reizvollen Details und mit konsequenter Hintansetzung aller späteren Entwicklungen. Es ist ganz ausgeschlossen, in einem solchen Auszug dem Leser etwas von der Luzidität oder von der Beweiskraft der Darstellung im Original zu übermitteln.«[1]

Was Freud an den Ausführungen von Robertson Smith fesselte und wovon er im veröffentlichten Text des vierten Essays einige Gedankenzüge referiert, ist bereits in den entsprechenden Stichworten der ausführlichen privaten Lektüre-Notizen festgehalten. Hier wie dort hat er auch Gegenstimmen derjenigen Fachgelehrten zu Wort kommen lassen, die sich geweigert hatten, dem Konzept der Totemmahlzeit ein solches Gewicht beizumessen. Aber Freud ließ sich davon nicht beirren, sondern schritt statt dessen, flankierende Hypothesen Atkinsons und Darwins über den Urzustand der menschlichen Gesellschaft aufgreifend, im anschließenden fünften Abschnitt des Essays zu seiner großen phylogenetischen Konstruktion fort, unverhohlen frei phantasierend: »Stellen wir uns nun die Szene

---

Freud und Ernst Simmel demnächst veröffentlicht, herausgegeben von Ludger M. Hermanns und Ulrich Schultz-Venrath.

[1] 1912–13*a*, S. 417 f.

einer solchen Totemmahlzeit vor und statten sie noch mit einigen wahrscheinlichen Zügen aus [...].«[1] Noch einmal beschreibt er die zeremonielle Tötung des Totemtiers durch die Clanmitglieder und die hochaufgeladene Ambivalenz während der gemeinsamen Totemmahlzeit, welche die Identifizierung mit dem getöteten Tier einleitet. Aber nun erst verbindet er diese Schilderung mit der psychoanalytischen Schlußfolgerung, daß das Totemtier der Ersatz des Vaters sei, auf diese Weise »eine unvermutete Einheit zwischen bisher gesonderten Reihen von Phänomenen«[2] herstellend: In der prähistorischen Familie habe ein gewalttätiger Urvater, der die Herrschaft über die Frauen beanspruchte, seine Söhne, wenn sie sich dem Erwachsenenalter näherten, kastriert oder ausgetrieben. »Eines Tages taten sich die ausgetriebenen Brüder zusammen, erschlugen und verzehrten den Vater und machten so der Vaterhorde ein Ende. Vereint wagten sie und brachten zustande, was dem Einzelnen unmöglich geblieben wäre. (Vielleicht hatte ein Kulturfortschritt, die Handhabung einer neuen Waffe, ihnen das Gefühl der Überlegenheit gegeben.) Daß sie den Getöteten auch verzehrten, ist für den kannibalen Wilden selbstverständlich. Der gewalttätige Urvater war gewiß das beneidete und gefürchtete Vorbild eines jeden aus der Brüderschar gewesen. Nun setzten sie im Akte des Verzehrens die Identifizierung mit ihm durch, eigneten sich ein jeder ein Stück seiner Stärke an. Die Totemmahlzeit, vielleicht das erste Fest der Menschheit, wäre die Wiederholung und die Gedenkfeier dieser denkwürdigen, verbrecherischen Tat, mit welcher so vieles seinen Anfang nahm, die sozialen Organisationen, die sittlichen Einschränkungen und die Religion.«[3]

Gewiß differenzierte Freud das hier zunächst holzschnitthaft skizzierte Szenario in den folgenden Passagen des Essays weiter aus. Doch mindert dies den hochgradig spekulativen, quasi-mythologischen Charakter der Konstruktion kaum.[4] Mit welch extrem wider-

---

[1] AaO, S. 424.

[2] AaO, S. 425.

[3] AaO, S. 426.

[4] Wie der ganze Freudsche Neolamarckismus ist dieses Szenario, so viel sei hier angemerkt, keineswegs etwas leichtfertig Dahinphantasiertes. Es ist gewissermaßen eine Verlegenheits- oder Verzweiflungskonstruktion. Freud konnte sich die unvergängliche Macht des Unbewußten nicht anders als in hereditären Disposi-

sprüchlicher Gefühlsbeteiligung Freud bei der Arbeit war, bezeugen zumal die Frühsommer-Briefe des Jahres 1913 an Sándor Ferenczi. Am 4. Mai heißt es dort: »Ich schreibe jetzt am Totem mit der Empfindung, daß es mein Größtes, Bestes, vielleicht mein letztes Gutes ist. Innere Sicherheiten sagen mir, daß ich recht habe.« Und vier Tage später: »Seit der Traumdeutung habe ich nichts mit ähnlicher Überzeugung geschrieben.« Aber bald trat Ernüchterung ein. »Ich bin von meiner anfänglichen Hochschätzung der Arbeit sehr zurückgekommen«, teilte er Ferenczi am 12. Juni mit, »und im ganzen bedenklich.« Zwei Wochen danach, am 26. Juni: »Ich halte die Sache einerseits für zu schön, anderseits Zeiten und Dinge für zu dunkel und dem sicheren Urteil einigermaßen entzogen.«

Der manifeste Text des vierten Essays ist inzwischen von der neueren Ethnologie vollends ad absurdum geführt worden. Mario Erdheim[1] hat dies kürzlich im einzelnen beschrieben und zugleich hervorgehoben, daß *Totem und Tabu* zu jenen Büchern gehöre, die alt werden müßten, um in ihrer Radikalität erkannt zu werden. Die Radikalität des Werks bestehe nicht nur darin, daß Freud hier dem von ihm entdeckten Unbewußten erstmals systematisch in gesellschaftlichen und kulturellen Strukturen nachspüre, sondern vor allem in der Tatsache, daß es heute helles Licht auf aktuelle Probleme unserer eigenen Gesellschaft werfen könne; Erdheim empfiehlt also ganz neue Lesarten des Buches. Für unseren Zusammenhang aber besteht dessen Gewicht vor allem darin, daß die phylogenetische Konstruktion, wie sich noch an anderer Stelle zeigen wird, tatsächlich so etwas wie ein auch in den späteren Schriften immer wieder wirksam werdendes intellektuelles Magnetfeld bildet. Und nicht zuletzt deshalb verdient das Notizenkonvolut, zu dem noch kompakte Skizzierungen von Stücken des dritten und fünften sowie des sechsten und siebten Abschnitts aus dem vierten Essay gehören, eine so detaillierte Darstellung im vorliegenden Kapitel. Es ist gelegentlich

---

tionen, als im Soma verankert vorstellen. Was sich vorläufig natur- und sozialwissenschaftlichen Begriffen noch gänzlich entzieht, versuchte er zumindest in mythologischen Denkbildern festzuhalten (vgl. Grubrich-Simitis, 1985, 1987*b*, und Lorenzer, 1986).

[1] Erdheim, 1991; vgl auch Wallace, 1983.

die Vermutung geäußert worden, *Totem und Tabu* sei nicht zuletzt als Freuds Reaktion auf die Sezessionen seiner Schüler aufzufassen, insbesondere auf den damals seinem Höhepunkt zutreibenden Konflikt mit dem sozusagen vatermörderischen Sohn C. G. Jung. Für eine solche autobiographische Konnotation scheint es unter den überlieferten Notizen indessen keinen Beleg zu geben.[1]

Überhaupt handeln die Notizen, soweit im Archiv bisher zugänglich, nicht ausdrücklich von äußeren[2] und inneren Ereignissen im Leben Freuds. Und doch stößt man in diesen Arbeitspapieren mitunter auf biographisch-autobiographisch-selbstreflexive Passagen. Beispielsweise schrieb Freud einige Zeilen über die »Paranoia« seines einstigen Freundes Fließ auf oder notierte über den Hieroglyphen-Entzifferer und Begründer der Ägyptologie Jean François Champollion: »Champollion sehr interessant. Ein wirkliches Genie[,] nicht von Gnaden seiner Anhänger, wie ich es jetzt für eine Zeit lang werde. Bekräftigt meine Meinung, daß zum Entdecker allein die fixe Idee befähigt. ›Überall sehe ich mich in Aegypten‹. Das Festhalten am Jugendwunsch gibt allein dem Vorsatz die Stärke, also wie bei Schliemann. Man könnte eine Sammlung anstellen: Die Bedeutung infantiler Wünsche.«

Das Studium der Rückseiten jener Zettel, die Freud gelegentlich aus anderen Aufzeichnungskontexten ausschnitt und auf neue Blätter klebte, offenbar weil er die auf der Vorderseite festgehaltenen Gedanken weiterverfolgen wollte, ergibt, daß manche dieser rückseitigen Textfragmente fast Tagebuchcharakter haben.[3] So hält eine Samstagseintragung am 25. Dezember fest – es ist das Jahr 1909 –, daß er »etwas Kraft zur Frechheit« in sich spüre, frech sei er auch »in den polemischen Stellen der Vorträge in Worcester«[4] gewesen. Und in bezug auf die in diesen fünf Kollegs vorgestellte Psychoanalyse konstatiert er: »Es ist doch ein ganz kolossales Gebäude u eigentlich

[1] Siehe jedoch unten, S. 267 und S. 272.

[2] Im Unterschied etwa zur sogenannten ›Kürzesten Chronik‹.

[3] Die auseinandergeschnittenen Zettel liegen gegenwärtig in der Sigmund Freud Collection nicht in der richtigen Reihenfolge; sie gehören aber, wie im folgenden zitiert, zusammen.

[4] *Über Psychoanalyse*, 1910*a*.

durchaus von mir. Die japanische Zwergtanne in der Mitte des Zim̄ers gibt mir auch heitere Stimmung. Sie wird leider nicht bei mir bleiben können. Mit der Verausgabung von soviel Geld zu Weihnachten stim̄e ich mich eigentlich wider zur Arbeitsbereitschaft.« Und im anschließenden Absatz heißt es: »Ich bin ganz entwöhnt, einmal eine Stunde zur freien Arbeit zu haben. Soll ich mich über meinen theuern Leonardo[1] machen? Amerika[2] ist bereits im Couvert, die Sexualtheorie fertig bei Seite gelegt[3], beides sehr flüchtig behandelt. Ich habe die ewigen Widerholungen satt.«

Etwa aus dem gleichen Zeitraum stammt eine ähnlich freimütige Notiz Freuds darüber, wie er wohl auf eine angedrohte Polemik gegen ihn und die Psychoanalyse in der Zeitschrift *Die Fackel* reagieren werde: »Sonderbar, wie sich nun mein Ehrgeiz dazu verhält. Ganz deutlich, daß ich mich sehr darauf freue u sehr empfindlich gegen die zu erwartende Kritik sein werde. Dahinter der Arger uber solche Popularität u eigene Dum̄heit.« Letzteres bezieht sich wohl auf die Tatsache, daß am 12. Januar 1910 im Kreise der Wiener Psychoanalytischen Vereinigung der Vortrag von Fritz Wittels über ›Die »Fackel«-Neurose‹, eine Pathographie, ja »Vivisektion« des Schriftstellers Karl Kraus, diskutiert worden war, was jene Polemik provozierte. Eine noch intimere, jedoch angeschnittene und deshalb in der Lesung nicht ganz gesicherte Notiz wiederum über Fließ: »Eingeschoben weil dazwischen eingefallen. Ich weiß jetzt, worauf die hebende Wirk[un]g der Reise nach Sizilien[4] beruht, [...] völlige Befreiung von Fliess [...].«

Manches klingt tatsächlich wie ein leises permanentes Selbstgespräch zur eigenen Ermutigung. So lautet ein angeschnittenes Satzfragment: »Das Ubw[5] vielleicht für die Ferien u dann getrost Kunstworte prägen. Uberhaupt mehr Kühnheit.« Oder: »An den Kinder Er[innerungen] die ganze Kindheitsgeschichte hervorziehen wie das Netz an den Korkstücken.« Vielleicht gehört in diesen eher autobio-

---

[1] 1910*c*.

[2] Dies bezieht sich auf die amerikanische Fassung von *Über Psychoanalyse*.

[3] Die Ergänzungstexte für die 1910 erschienene zweite, erweiterte Auflage der *Drei Abhandlungen zur Sexualtheorie*, 1905*d*.

[4] Gemeint ist die im September 1910 in Begleitung Ferenczis unternommene Reise.

[5] Wohl die metapsychologische Arbeit ›Das Unbewußte‹.

graphischen Zusammenhang auch die aphoristische Sentenz: »Das Größte thut nur, wer nicht anders kann.« Andernorts, am Ende längerer Notate aus Behandlungen stehen dann stolze Ausrufe: »Solche Einsichten haben doch noch etwas Befriedigendes« und »Tiefe Einblicke«.

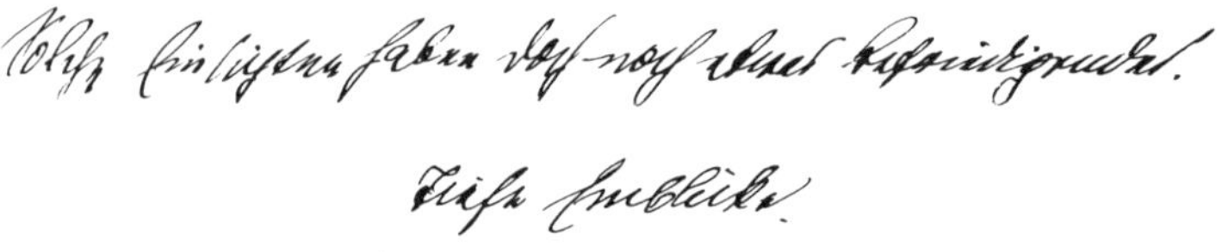

Zum Schluß dieses weit aufgefächerten Kapitels über die Notizen ein zusammenfassendes Wort. In Briefen hat Freud seine Gewohnheit des Notizenmachens immer wieder erwähnt. Schon am 9. November 1899 teilte er Fließ mit, daß er die Ergebnisse der vier Analysen, an denen er damals täglich arbeitete, »jeden Abend notiere«[1], und wenig später bemerkte er, er führe über eine bestimmte Behandlung »eine Art Tagebuch«[2]. Es waren eigentlich Fingerübungen für eine ganz neue Art der Beschreibung menschlicher Innenwelt. Nicht zuletzt »die Architektonik der Fälle«, wie es in einem Brief an C. G. Jung vom 6. Juni 1907 heißt[3], versuchte er auf diese Weise sichtbar zu machen; wenngleich er diesbezüglich seinen Erfolg eher skeptisch beurteilte: »Ich [...] wollte aber immer zuviel, wollte die Garantie des vollkommenen Durchschauens, wollte alle Komplikationen darstellen und blieb so jedesmal stecken.«[4] Erst später hat er diese Defizite als dem Stoff und den Schwierigkeiten seiner sprachlichen Wiedergabe immanent aufgefaßt. Noch im Alterswerk *Abriß der Psychoanalyse* ließ er das Kapitel über ›Die Innenwelt‹ in diesem Sinne programmatisch beginnen: »Wir haben keinen anderen Weg, von einem komplizierten Nebeneinander Kenntnis zu geben als durch das Nacheinander der Beschreibung, und darum sündigen alle

[1] 1985*c*, S. 423.
[2] AaO, S. 426.
[3] 1974*a*, S. 65.
[4] AaO.

unsere Darstellungen zunächst durch einseitige Vereinfachung und warten darauf, ergänzt, überbaut und dabei berichtigt zu werden.«[1]

Die primäre Funktion des Notizenmachens bestand für Freud jedoch wohl im Festhalten von Eindrücken, im Sammeln von Material. Einerseits um mit dieser Stoffülle seine Neigung zum vorauseilenden Systematisieren, zum rasch ordnenden Bilden von »Reihen« und »Formeln«, zum phantasievollen Spekulieren zu bremsen. Kurz nachdem er Ferenczi den Entwurf zur hochspekulativen, später verworfenen zwölften metapsychologischen Abhandlung zur Kritik zugeschickt hatte, rief er sich in einem Brief an ihn vom 31. Juli 1915 in diesem Sinne gewissermaßen zur Ordnung: »Ich halte darauf, daß man Theorien nicht machen soll – sie müssen einem als ungerufene Gäste ins Haus fallen, während man mit Detailuntersuchungen beschäftigt ist [. . .]«. Und die Notizen gemahnten ihn sozusagen ständig an solche Detailuntersuchungen. Andererseits aber dienten sie ganz unmittelbar der Aufbewahrung dieses Stoffs, damit sich späterhin, gewissermaßen auf Grund eines additiven Effekts, Hypothesen, Theorien herausdifferenzieren könnten; so wie er es einmal in der Studie über ›Die Disposition zur Zwangsneurose‹ beschrieben hatte: »An diesen Punkt hat das kleine, von mir neugebildete Stückchen Theorie angeknüpft, welches natürlich nur scheinbar auf dieser einen Beobachtung ruht, in Wirklichkeit eine große Summe früherer Eindrücke zusammenfaßt, die aber erst nach dieser letzten Erfahrung fähig wurden, eine Einsicht zu ergeben.«[2] Noch etwas anders ausgedrückt: die Aufzeichnungen halfen Freud dabei, allmählich »jene Vereinfachung ohne Vernachlässigung oder Vergewaltigung der Tatsachen« zu erreichen, »nach der wir in der wissenschaftlichen Arbeit streben«[3].

Immer wieder stößt man beim Lesen der Notizen auf Zeugnisse für die Art und Weise, wie Freuds wissenschaftliche Wachsamkeit operierte, gewissermaßen *mehrfach fokussierend*, je nachdem welche theoretischen Fragestellungen ihn gerade beschäftigten. Er selbst hat ausdrücklich darauf hingewiesen, daß es »Daten, Traumtexte oder

---

[1] 1940*a* [1938], S. 136.
[2] 1913*i*, S. 112.
[3] 1930*a*, S. 247.

einzelne bemerkenswerte Ergebnisse« gäbe, »die sich leicht aus dem Zusammenhange lösen lassen und für eine selbständige Verwendung als Beispiele geeignet« seien[1]. Durch die Verwendung dieser Beispiele in der einen oder anderen Schrift, nicht selten nach jahrelanger, manchmal jahrzehntelanger Aufbewahrung, entstand schließlich im veröffentlichten Text so etwas wie eine verborgene vieldimensionale und werkübergreifende Materialarchitektur, die wahrscheinlich erst die Erschließung der privaten Notizen vollends sichtbar machen wird.

Schließlich war das Notieren zuweilen aber auch von schierer Wiedererkennungsfreude und Sammellust motiviert, von der Hoffnung, daß sich im Austausch mit den Mitarbeitern auf diesem Wege immer neues, immer anschaulicheres, immer beweiskräftigeres Material hervorlocken ließe. In diesem Sinn schrieb Freud am 6. Januar 1913 an Ferenczi: »Unter dem Titel ›Sammlung‹ werde ich Ihnen jetzt öfter solche zur Isolierung geeignete Erfahrungen aus der Praxis zugehen lassen, die ich selbst anzuordnen, d. h. mit ähnlichen gelegentlich zu vereinigen bitte. Tun Sie desgleichen und wirkt das Beispiel auf andere, so werden wir mit der Zeit ein schönes ψα [psychoanalytisches] Bilderbuch zustande bringen.« Und schon ein Vierteljahr später, am 10. April 1913, heißt es: »Ich habe aus Ihren und meinen kleinen Notizen eine erste Serie ›Erfahrungen und Beispiele‹ zurechtgemacht, mit der Sie noch anfangen können, was Sie wollen.« Tatsächlich erschien schon im selben Jahr in der *Internationalen Zeitschrift für ärztliche Psychoanalyse* unter dem Titel ›Erfahrungen und Beispiele aus der analytischen Praxis‹ die erwähnte Kollektion von zweiundzwanzig Notaten, zwölf davon aus der Feder Freuds.[2] Was er hier veröffentlichte, »ohne eine Bearbeitung von übergeordneten Gesichtspunkten her«[3], war gleichwohl nicht ein wortgetreuer Auszug aus seinen handschriftlichen Aufzeichnungen. Für einige Beispiele lassen sich, wie beschrieben, die spröderen, noch kürzer gefaßten Vorformulierungen in der ›Sammlung zum Traum‹ vom 12. Dezember 1911 identifizieren.

Mit anderen Worten: die Notizen waren und blieben strikt private

---

[1] 1912*e*, S. 173.

[2] 1913*h*.

[3] AaO, S. 616.

Dokumente. Blättert man sie heute durch, gewinnt man den Eindruck, daß Freud diese Vorstufe seines publizierten Werks, im Unterschied zu den Entwürfen und Reinschriften, von Beginn seines Arbeitslebens an aufzuheben pflegte. Von Zeit zu Zeit – wohl nicht erst 1938 während der Vorbereitung auf die Emigration – scheint er sie durchgesehen und aussortiert zu haben. Was er in seinen veröffentlichten Schriften bisher nicht verwertet hatte, aber noch weiterzuverfolgen gedachte oder aus einem anderen Grund für bewahrenswert hielt, schnitt er aus oder exzerpierte es; gelegentlich numerierte er solche Auszüge bzw. Ausschnitte und/oder versah sie mit gliedernden Randbemerkungen. Vermutlich warf er den Rest fort.

Für diese Technik sprechen die Zusammenstellungen, die unter den Überschriften ›Aus älteren Aufzeichnungen von 1897 an‹ bzw. ›Aufnahme aus 4 Notizbüchern v. 1901. an‹ überliefert sind. Die abschließende unter den numerierten Eintragungen der letzteren Kollektion lautet: »7. Geburtsakt Ursache der Quelle der Angst. Macduff.« Und darunter die Zeile: »Dieß von 1901.« Das Notat bestätigt nicht allein einmal mehr Freuds frühe Beschäftigung mit dem *Macbeth*-Drama, genauer, mit der traumatischen Geburt des Rächers Macduff; diese frühe Aufzeichnung überhaupt zu extrahieren und den Jahreshinweis ausdrücklich hinzuzusetzen könnte überdies als Reaktion auf Otto Ranks Theorie von der ätiologischen Bedeutung des Geburtstraumas, bei Erscheinen 1923/1924 heftig diskutiert, gedeutet und somit als Datierungsindiz benutzt werden für den Zeitpunkt, zu dem Freud in diesem Falle seine Notizbücher durchsah und aussortierte. Dann hätte dieses Durchsehen und Aussortieren manchmal auch den Charakter von Bestandsaufnahme, sozusagen persönlicher Ideenhistoriographie gehabt. Dies sind freilich bloß Vermutungen.

Als gesichert kann gelten, daß die Notizen als erste informelle Befestigung seiner Beobachtungen, Leseeindrücke, Einfälle und Gedanken für Freud über Jahrzehnte eine unverzichtbare Funktion erfüllten. Sie waren die verläßlichen Begleiter seiner Forschungs- wie seiner schriftstellerischen Arbeit. Und so gesehen, spricht manches dafür, daß zumindest ein Teil des überlieferten und hier erstmals beschriebenen Notizenwerks von Freud selbst ins Exil mitgenommen worden ist.

4 Entwürfe

Entwürfe verkörpern die zweite Stufe der für Freuds Texte charakteristischen Entstehungsdynamik. Gemeint sind jene detaillierten Vorbereitungsmanuskripte, aus denen die Reinschriften der von ihm veröffentlichten Werke unmittelbar hervorgingen. Freud selbst hat den Texttypus so bezeichnet.[1] Dieser Definition der Kategorie ›Entwurf‹ entsprechend, bleiben die im Kontext der Briefe an Wilhelm Fließ aufgefundenen, erst posthum publizierten Handschriften unberücksichtigt.[2] Dies gilt ebenso für die unzähligen Skizzen und tastenden Formulierungen, die Freud vor, während und nach der Niederschrift eines neuen Werks in seinen verschiedenen Korrespondenzen ausprobierte, wenn er dem jeweiligen Briefpartner zu beschreiben versuchte, woran er gerade arbeitete.

Handschriften, die Freud sozusagen als Vorlagen für seine Reinschriften gedient haben, sind leicht zu erkennen. Es sind Blätter, deren Text – üblicherweise mit Tinte geschrieben und stichwortartig festgehalten, jedenfalls durch zahlreiche Abkürzungen gekennzeichnet – blockweise diagonal durchgestrichen ist.[3] Man gewinnt den Eindruck, als habe der Autor beim Verfassen der Reinschrift den betreffenden Entwurf neben sich auf dem Schreibtisch liegen gehabt und Absatz für Absatz mittels jener Diagonalstriche markiert, wie

---

[1] Vgl. beispielsweise 1985*a*, S. 8.

[2] 1950*a* bzw. 1950*c* und 1985*c*; unberücksichtigt bleibt auch die in die Fließ-Periode gehörende, von Freud nicht zur Publikation vorgesehene ›Kritische Einleitung in die Nervenpathologie‹ (1983*g*), obgleich sie manche Entwurfsmerkmale, z. B. Abkürzungen, zeigt.

[3] Vgl. als Beispiel das Faksimile des Entwurfs der *Übersicht der Übertragungsneurosen* (1985*a*, S. 15 ff.) sowie unten S. 178 und S. 181.

weit er beim Übertragen des im Entwurf Festgehaltenen in die definitive Form der Reinschrift jeweils fortgeschritten war.[1]

Wie bereits angedeutet, sind offenbar nur wenige Entwürfe bzw. Entwurfspassagen erhalten geblieben. Es handelt sich insgesamt um fünf umfangreichere Dokumente, hier in der Reihenfolge ihrer Entstehungschronologie genannt. Erstens: Unter den Manuskripten der Sigmund Freud Collection stieß ich auf einen Entwurf des Vortrags ›Wir und der Tod‹, den Freud am 16. Februar 1915 im Israelitischen Humanitätsverein ›Wien‹ des Ordens B'nai B'rith gehalten hat.[2] Zweitens: 1983 fand ich unter Nachlaßpapieren Sándor Ferenczis den Entwurf der zwölften metapsychologischen Abhandlung von 1915, jener ›Übersicht der Übertragungsneurosen‹, deren Reinschrift zwar niedergeschrieben wurde, aber, vom Autor nicht veröffentlicht, heute als verschollen gilt. Drittens: Wie im Notizen-Kapitel schon erwähnt, befindet sich in der Sigmund Freud Collection der 1922 verfaßte Entwurf für ›Eine Teufelsneurose im siebzehnten Jahrhundert‹. Viertens: Dort konnte ich auch den Entwurf für *Das Ich und das Es* identifizieren. Fünftens schließlich: Bei den Moses-Manuskripten liegt in der Handschriften-Sammlung der Entwurf von einigen Passagen der dritten Abhandlung von *Der Mann Moses und die monotheistische Religion*, nämlich jener drei Abschnitte, in denen Freud seine religionspsychologische und religionsgeschichtliche Konstruktion über Entstehung und Wirkung des Monotheismus in Analogie setzt zur Ätiologie der Neurosen.[3]

---

[1] Die Gestalt mancher Reinschriften, beispielsweise derjenigen der Leonardo-Studie, legt die Vermutung nahe, daß Freud gelegentlich Stücke aus dem Entwurf oder auch aus den Notizen herausschnitt und in die Reinschrift einklebte; es handelt sich dabei um Zitate, die er in den Vorfassungen schon in extenso wiedergegeben hatte und deren erneute Abschrift er sich auf diese Weise sparte.

[2] Denkbar, daß es sich dabei um den Text handelt, den Schur (1973, S. 349, Anm. 8) als »fast vollständige Fassung dieses Vortrags« erwähnte; er sei in Freuds Bibliothek darauf gestoßen. Den Vorsatz, ihn zu veröffentlichen, scheint Schur dann aber nicht ausgeführt zu haben.

[3] Einiges spricht dafür, daß auch das Manuskript des Spätwerks *Abriß der Psychoanalyse* aus dem Jahre 1938 eigentlich zu den überlieferten Entwürfen zu zählen ist. Da dieses Werk im übrigen aber zum Kontext des posthum Veröffentlichten gehört, werde ich diese Annahme erst im achten Kapitel erörtern (siehe unten, S. 276ff.).

Die an zweiter und fünfter Stelle genannten Entwürfe habe ich bereits andernorts ediert[1] oder näher beschrieben[2]. So erübrigt sich hier eine ausführlichere Darstellung. Während ich auf den Vortragsentwurf im folgenden nur kurz eingehe, möchte ich die Aufmerksamkeit des Lesers vor allem auf die Entwürfe für die ›Teufelsneurose‹ und für *Das Ich und das Es* lenken und beide miteinander vergleichen.

Das erste Blatt des zwölfseitigen Entwurfs von ›Wir und der Tod‹ trägt das Datum »7/2 15«.[3] Das Dokument ist deshalb von Interesse, weil es zeigt, daß Freud auch seine Vorträge zunächst als Entwurf skizzierte, und weil es sozusagen eine frühe Entstehungsphase des zweiten Teils von ›Zeitgemäßes über Krieg und Tod‹ festhält. Denn bekanntlich sind ›Wir und der Tod‹ und ›Unser Verhältnis zum Tode‹[4] in ihrer gedanklichen Substanz fast identisch[5]; sie unterscheiden sich vor allem in ihrer rhetorischen Struktur, besonders in der Art und Weise, wie Freud die je spezifische Adressatengruppe berücksichtigt. Allerdings ist im Vortrag manches, etwa die Parallelisierung der Mordlust des Urmenschen mit unserer eigenen archaischen Aggressivität derber, schonungsloser, aber auch ironisch-witziger formuliert als im Essay. In einem Brief vom 8. April 1915 annoncierte Freud Sándor Ferenczi das Manuskript von ›Wir und der Tod‹ denn auch folgendermaßen: »Ich will Ihnen einen kecken, von Galgenhumor inspirierten Vortrag schicken, den ich hier im Judenverein gehalten habe (im Druck). Bitte aber, schicken Sie ihn mir gleich zurück, da er als ganz populäres Stück viel verlangt wird und nur in

---

[1] 1985*a*.

[2] Grubrich-Simitis, 1991, S. 14 ff. und S. 99 ff.

[3] Er ist in der Sigmund Freud Collection lediglich in Form einer Photokopie überliefert, die aber die charakteristischen Diagonalstriche klar erkennen läßt.

[4] In 1915*b*, S. 49–60.

[5] Eine noch frühere Skizzierung einiger Thesen von ›Wir und der Tod‹ bzw. ›Unser Verhältnis zum Tode‹ steht in Freuds Brief an den holländischen Psychopathologen und Essayisten Frederik van Eeden vom 28. Dezember 1914, also wenige Monate nach Kriegsausbruch verfaßt (1915*g*). Für Näheres zu den Umständen des Vortrags, dessen Drucktext der Autor wieder zugänglich gemacht hat, vgl. Nitzschke, 1991.

Einzahl vorhanden ist.« Freud spricht hier offensichtlich von der Reinschrift des Vortrags[1], die er anhand des Entwurfs angefertigt und nun bereits von der Setzerei zurückbekommen hatte. Dieser Entwurf fixiert den Gedankengang allerdings in erheblicher Verkürzung. Vergleicht man ihn mit der im *Zweimonatsbericht für die Mitglieder der österreichisch israelitischen Humanitätsvereine B'nai B'rith* abgedruckten Vortragsfassung, so ergibt sich ungefähr die Relation, die ich im folgenden Falle der ›Teufelsneurose‹ bezüglich des Verhältnisses Entwurf/Reinschrift im einzelnen beschreiben werde. Allerdings ist eine im Vortragsentwurf festgehaltene sarkastische Schlußbemerkung offensichtlich nicht in die Reinschrift von ›Wir und der Tod‹ übernommen worden. Sie lautet: »Damit wäre ich zu Ende u kann vom Thema des Todes zu den nächsten Details unserer[2] Lebens zurückkehren. Ich weiß, was mir zunächst bevorsteht. Bei dem bevorstehenden Brudermale wird einer von ihnen den Auftrag erhalten, mich für diesen Vortrag zu bedanken. Ich widme dem Armen meine brüderliche Teilnahme, ich habe es ihm nicht leicht gemacht. Er wird sich in den kulturellen Konventionen des Lobes ergehen müßen u hat dabei das Recht, sich in tieferen Schichten seines Seelenlebens zu sagen: Hol ihn der Teufel, er hat mir gründlich den Appetit verdorben.«

Freud wollte damit wortspielerisch an eine frühere Stelle des Vortragsentwurfs anknüpfen, wo es im Zusammenhang mit den Todeswünschen heißt: »Wir beseitigen in Gedanken alle, die uns im Wege stehen, die uns gehindert oder beleidigt haben, täglich und stündlich. Das Hol ihn der Teufel, das sich als schattenhafte Interjektion so oft über unsere blutleere[n] abgeblaßte[n][3] Lippen drängt, ist kraftvoller Ernst in den tiefen Schichten unseres Seelenlebens. [4]Für jedes Vergehen gegen uns hat das Ubw wie die drakon. Gesetzgeb[un]g nur die Todesstrafe. Unser Ubw mordet um Kleinigkeiten. Ein Glück, daß alle diese Wünsche keine Macht haben, sonst wäre das Menschen-

[1] Sie ist nicht überliefert, wohingegen sich die Reinschrift von ›Zeitgemäßes über Krieg und Tod‹ in der Sigmund Freud Collection befindet.
[2] So in der Handschrift.
[3] Dieses Wort ist unter »blutleere« geschrieben, wohl nachträglich.
[4] Die beiden folgenden Sätze am Blattrand notiert.

geschlecht längst gestorben, u nichts[1] der Beste, nicht der Weiseste, nicht die Schönste u Holdeste wäre mehr am Leben.« Um dem Leser an einer kurzen Passage die Relation des Entwurfs zum definitiven Vortragstext, wie er dann im *Zweimonatsbericht* abgedruckt wurde, vor Augen zu führen, sei hier das entsprechende Stück zitiert: »Wir beseitigen in unseren stillen Gedanken alle, die uns im Wege stehen, die uns beleidigt oder geschädigt haben, täglich und stündlich. Das: ›Hol' ihn der Teufel‹, das sich als schwächliche Interjektion so häufig über unsere Lippen drängt und das ja eigentlich bedeutet: ›Hol' ihn der Tod‹, ist für unser Unbewußtes kraftvoller Ernst. Ja unser Unbewußtes mordet selbst für Kleinigkeiten; wie die alte athenische Gesetzgebung des Drakon kennt es für Verbrechen keine andere Strafe als den Tod, und dies mit einer gewissen Konsequenz, denn jede Schädigung unseres allmächtigen und selbstherrlichen Ichs ist ja im Grunde ein crimen laesae majestatis. Ein wahres Glück, daß alle diese bösen Wünsche keine Macht besitzen. Das Menschengeschlecht wäre sonst längst ausgestorben, nicht die besten und weisesten unter den Männern, nicht die schönsten und holdesten Frauen würden mehr existieren.«[2]

Nun zu Beschreibung und Vergleich der beiden anderen, gewichtigeren Entwürfe. Wie der Entwurf für die zwölfte metapsychologische Abhandlung scheint auch derjenige für ›Eine Teufelsneurose im siebzehnten Jahrhundert‹ seine Erhaltung dem Zufall zu verdanken. Ursprünglich bestand die Handschrift aus zweiundzwanzig paginierten Seiten; allerdings fehlen heute die Seiten 5 bis 8.[3] Und auf

[1] So in der Handschrift.

[2] 1915*i*, S. 48.

[3] Wie anhand der Reinschrift und der Druckfassung zu rekonstruieren, handelt es sich um jene Seiten, auf denen, anhand der Quellen, die näheren Umstände beschrieben werden, unter denen der Maler Christoph Haitzmann, der nach dem Tode seines Vaters an einer Depression erkrankte, seine Seele dem Teufel verschreibt (1923*d*, S. 295 ff.). In der Sigmund Freud Collection finden sich außer den Originalmanuskripten zur ›Teufelsneurose‹, also Entwurf und Reinschrift, und der Notizen-Photokopie noch Kopien von insgesamt vier abgerissenen unteren Blatthälften, die ersichtlich zum Entwurfskontext gehören. Und zwei dieser Fragmente stammen aus eben jenem in der Entwurfshandschrift heute fehlenden Stück.

Seite 9 der Entwurfshandschrift findet sich im fortlaufenden Text eine Stelle, an der Freud durch ein »etc.« und einen langen Querstrich zu erkennen gibt, daß er hier etwas übersprungen hat.[1] Sämtliche vorhandenen Seiten zeigen das Entwurfsmerkmal: sie sind von oben nach unten jeweils mit mehreren schrägen Rotstiftlinien durchgestrichen. Außer den ersten vier Seiten eines Doppelblatts sind alle anderen durchgerissen und mit Klebestreifen später wieder zusammengefügt worden; freilich ist dieses Klebeband inzwischen vertrocknet und abgesprungen, so daß der Entwurf aus vielen Papierfragmenten besteht. Wer seinerzeit versucht hat, die zerrissene Handschrift wieder zusammenzuleimen, ist unklar. Wir können aber davon ausgehen, daß es Freud selber war, der die Blätter zerriß und wegwarf – vielleicht bei jener Aussortierung seiner Papiere vor der Abreise ins Exil.

Der Titel des Entwurfsmanuskripts lautet etwas anders als im veröffentlichten Text: »Eine Teufelsverschreib[un]g im 17 Jahrhundert«[2]; Freud hat also seine Vorgehensweise, nämlich »diese Teufelsverschreibung wie eine neurotische Krankengeschichte«[3] zu lesen, erst in der Reinschrift sogleich in der Titelformulierung zu erkennen gegeben: »Eine Teufelsneurose im 17ten Jahrhundert«.[4] Vergleicht man die Reinschrift mit dem Entwurf, so wird augenfällig, daß es sich bei diesem um eine bis in die Details der Gedankenführung ausgearbeitete Skizze handelt. Was Freud 1915 an Sándor Ferenczi hinsichtlich seiner ›Übersicht der Übertragungsneurosen‹ schrieb, nämlich daß die Reinschrift dem Entwurf Satz für Satz folge und nur wenig von ihm abweiche[5], gilt ebenso in bezug auf die ›Teufelsneurose‹. Um den Skizzencharakter des Entwurfs bzw. die Relation

---

[1] Es sind die Passagen über die Vaterambivalenz und die Widerspiegelung dieses Gefühlszwiespalts im Gott/Teufel-Gegensatz sowie in Haitzmanns Symptomen (in der Druckfassung, 1923*d*, S. 300–303). Die beiden anderen in der vorherigen Anmerkung erwähnten Blatthälften betreffen dieses in der Entwurfshandschrift übersprungene und vermutlich später ausgearbeitete Stück.

[2] Vgl. das folgende Faksimile der ersten Seite des Entwurfs.

[3] 1923*d*, S. 294.

[4] Es sei daran erinnert, daß auch die Notizen zu diesem Werk unter dem Titel »Teufelsverschreibung« stehen.

[5] 1985*a*, S. 8 f.

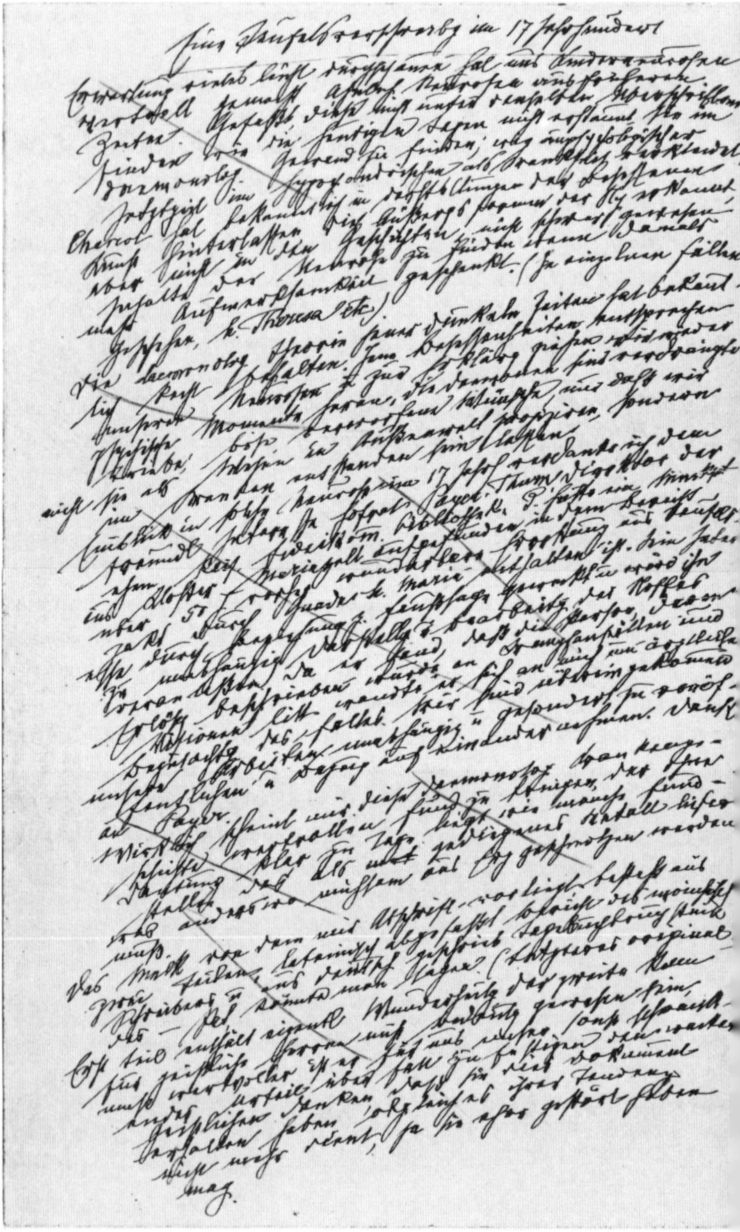

Erste Seite des ›Teufelsneurose‹-Entwurfs.

Entwurf/Reinschrift zu verdeutlichen, seien beide Versionen des ersten Absatzes zitiert.

Im Entwurf lautet dieser folgendermaßen: »Erwartung vieles leicht durchschauen hat uns Kinderneurosen wertvoll gemacht. Ahnlich Neurosen aus früheren Zeiten. Gefaßt, diese nicht unter denselben Uberschriften finden wie die heutigen Tagen, nicht erstaunt, sie im daemonolog. Gewand zu finden, wie unpsychologischer Jetztzeit im hypochondrischen, als Krankheit verkleidet. Charcot hat bekanntlich in Darstellungen der Besessenen Kunst hinterlassen, die Äußer[un]gsformen der Hy erkannt, aber nicht in den Geschichten, nicht schwer gewesen[,] Inhalte der Neurose zu finden[,] wenn damals mehr Aufmerksamkeit geschenkt. (In einzelnen Fällen geschehen, h. Theresa etc.).«

In der Reinschrift heißt die entsprechende Passage[1]: »An den Neurosen der Kinderzeit haben wir gelernt, daß manches hier mühelos mit freiem Auge zu sehen ist, was sich späterhin nur gründlicher Forschung zu erkennen giebt. Eine ähnliche Erwartung wird sich für die neurotischen Erkrankungen früherer Jahrhunderte ergeben, wenn wir nur darauf gefaßt sind, dieselben unter anderen Überschriften als unsere heutigen Neurosen zu finden. Wir dürfen nicht erstaunt sein[,] wenn die Neurosen dieser frühen Zeiten im daemonologischem[2] Gewande auftreten, während die der unpsychologischen Jetztzeit im hypochondrischen[,] als organische Krankheiten verkleidet, erscheinen. Mehrere Autoren, voran Charcot, haben bekanntlich in den Darstellungen der Besessenheit und Verzückung, wie sie uns die Kunst hinterlassen hat, die Äußerungsformen der Hysterie agnoszirt; es wäre nicht schwer gewesen, in den Geschichten dieser Kranken die Inhalte der Neurose wiederzufinden, wenn man ihnen damals mehr Aufmerksamkeit geschenkt hätte.«

Blendet man also die Reinschrift über den Entwurf, so wirkt letzterer, einer Röntgenaufnahme vergleichbar, wie ein Schattenbild des Gedankenskeletts. Bis auf den in Parenthese gesetzten Hinweis auf die Heilige Theresa erscheinen in der definitiven Textgestalt ge-

---

[1] Die Druckfassung ist hier, von minimalen Abweichungen in Orthographie und Interpunktion abgesehen, mit der Version der Reinschrift identisch.
[2] So in der Handschrift.

wissermaßen alle Knochenelemente des Entwurfs wieder, nun durch Weichteilgewebe zu einem vollständigen, natürlichen Sprachkörper ergänzt. Der Skizzencharakter des Entwurfs bezieht sich insgesamt tatsächlich vorwiegend auf den sprachlich-stilistischen Aspekt des Texts. Artikel, Pronomina, Konjunktionen, adverbiale Bestimmungen, Hilfsverben, Satzzeichen usw. werden häufig ausgespart, Infinitivformen verkürzt wiedergegeben, Wortwiederholungen nicht gescheut. Alles gedanklich Wesentliche hingegen wird vom Entwurf bereits getreulich festgehalten.

Die beim Übergang vom Entwurf zur Reinschrift zu leistende Arbeit war also vorwiegend eine literarisch-schriftstellerische. Es ging nicht nur um die Vervollständigung des Sprachkörpers bzw. das Weglassen einiger Einfälle, die sich im nachhinein als eher störend erwiesen, sondern darüber hinaus um die spannungssteigernde Gliederung und Rhythmisierung des Texts. So werden zusätzliche Absätze, Abschnitte, Zwischentitel eingefügt. Manches, was im Entwurf noch im fortlaufenden Text steht, erscheint in der Reinschrift als Fußnote, wodurch der Hauptgedankengang, von den Details etwa der Quellennachweise befreit, an Schlankheit und Kontur gewinnt. Einen ähnlichen Effekt haben Ziselierungen stilistischer Aspekte: Wortwiederholung wird in der Reinschrift fast immer vermieden, die den Leser involvierende, Plausibilität und Kohärenz steigernde rhetorische Dialogstruktur verstärkt, die Metaphorik geschliffen.

Das Studium des Entwurfs von *Das Ich und das Es* führt zu einem anderen Ergebnis. Schon die Überlieferungsgeschichte unterscheidet sich von derjenigen des ›Teufelsneurose‹-Entwurfs. Wie die Entwurfspassagen für die dritte Moses-Abhandlung hat Freud diese Blätter offensichtlich selbst aufbewahren wollen; sie liegen nämlich unversehrt bei den Reinschriften. Die Handschrift besteht aus vorder- wie rückseitig beschriebenen Doppelbogen und umfaßt insgesamt zweiunddreißig Seiten. Neunundzwanzig dieser Seiten und der erste Abschnitt von Seite 30 zeigen erneut das Charakteristikum der Freudschen Entwürfe – blockweise diagonale Durchstreichungen[1], zumeist mit Blaustift, gelegentlich auch mit Rotstift. Danach folgen,

[1] Vgl. das Faksimile der ersten Seite.

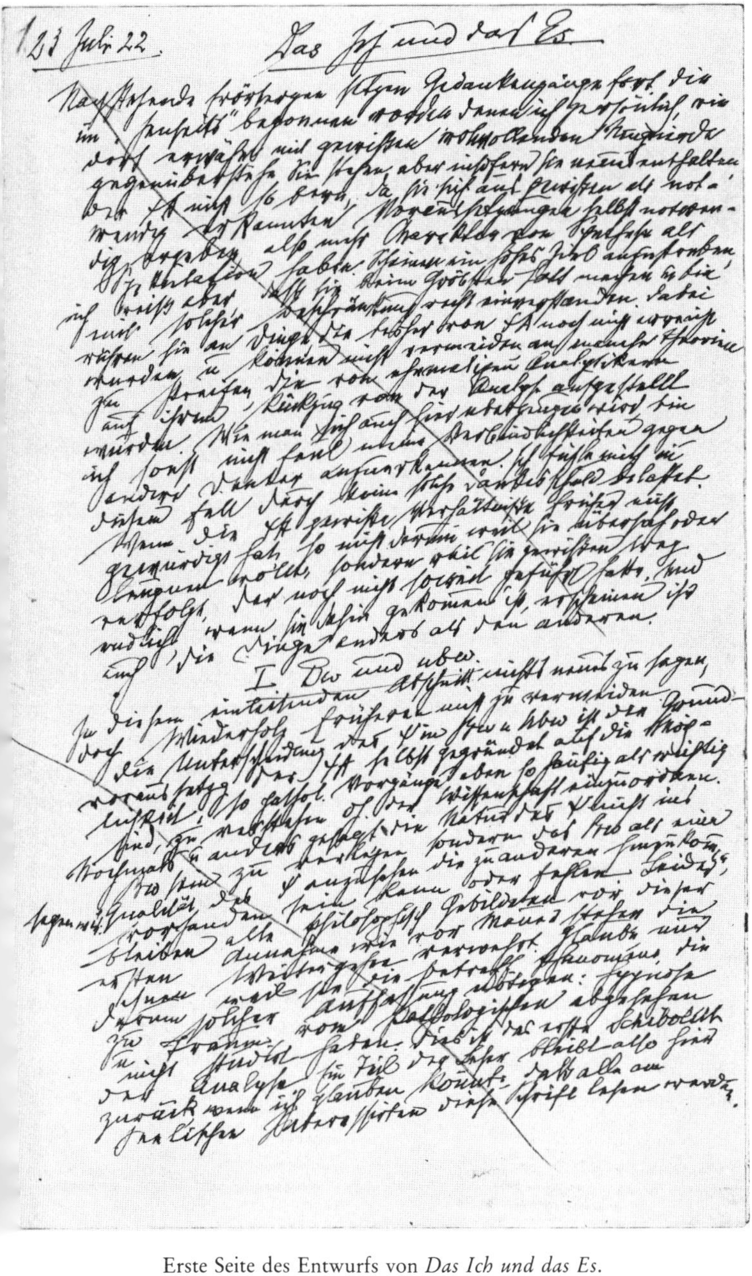
23 Juli 22

Das Ich und das Es

Erste Seite des Entwurfs von *Das Ich und das Es*.

unter dem Zwischentitel ›Seitenfragen, Themata, Formeln, Analysen‹, etwa zwei Seiten kurzer Notate. Auf der ersten Seite des Manuskripts steht links neben der Titelzeile die Datierung des Beginns der Niederschrift: »23 Juli 22.« Am Fuß von Seite 31 findet sich die Zeitmarke »9 Aug 22.« mit dem lapidaren Kommentar: »Soweit fertig. –«[1] Noch ein paar Tage zuvor hatte Freud in einem Brief an Otto Rank vom 4. August bemerkt, sozusagen wieder aus hellwacher Passivität, das neue Werk sei »im Entwurf ziemlich weit gediehen, wartet sonst Stimmungen und Einfälle ab, ohne die es nicht vollendet werden kann«[2]. Am »13/8« und »30/8« hat er dann auf der Schlußseite der Handschrift noch einige nachträgliche Gedanken festgehalten. Der eigentliche Entwurfstext ist jedenfalls in kaum mehr als zwei Wochen niedergeschrieben worden. Und der Autor muß unmittelbar danach mit der Reinschrift begonnen haben, denn er konnte diese, laut Datierung ihrer letzten Seite, bereits am »2. Sept. 22.« abschließen.

Bekanntlich ist *Das Ich und das Es* das letzte theoretische Hauptwerk Freuds. Das in ihm eingeführte Modell der Psyche, ihres Aufbaus und ihres Funktionierens, birgt eine derartige innovative und strukturierende Potenz, daß das Erscheinungsjahr des knappen Texts, 1923, alle psychoanalytische Literatur tatsächlich in ein Davor und ein Danach zweiteilt. Freud hatte sich, kurz vor der Diagnose seiner Krebserkrankung, der grundstürzenden metapsychologischen Veränderungsarbeit gestellt, welche die aus Jahren klinischer Erfahrung gewonnene Einsicht erzwang, daß Ich und Unbewußtes nicht antagonistische Sphären seien, sondern daß es auch im Ich Funktionsbereiche gäbe, die als unbewußt charakterisiert werden müßten, beispielsweise Abwehr bzw. Widerstand. Im Zuge dieses theoretischen Umschichtungswerks ist nicht nur das erste topische Modell des seelischen Apparats (mit der Unterscheidung unbewußt/vorbewußt/bewußt) vom zweiten (mit der Instanzeneinteilung Es/Ich/Überich) abgelöst worden; vielmehr reflektierte Freud gleichzeitig Auswirkungen seiner neuen Konzeptualisierungen auf die Triebtheorie, präzisierte die Phänomenologie des unbewußten

[1] Vgl. das Faksimile.
[2] Zitiert nach Gay, 1989, S. 458.

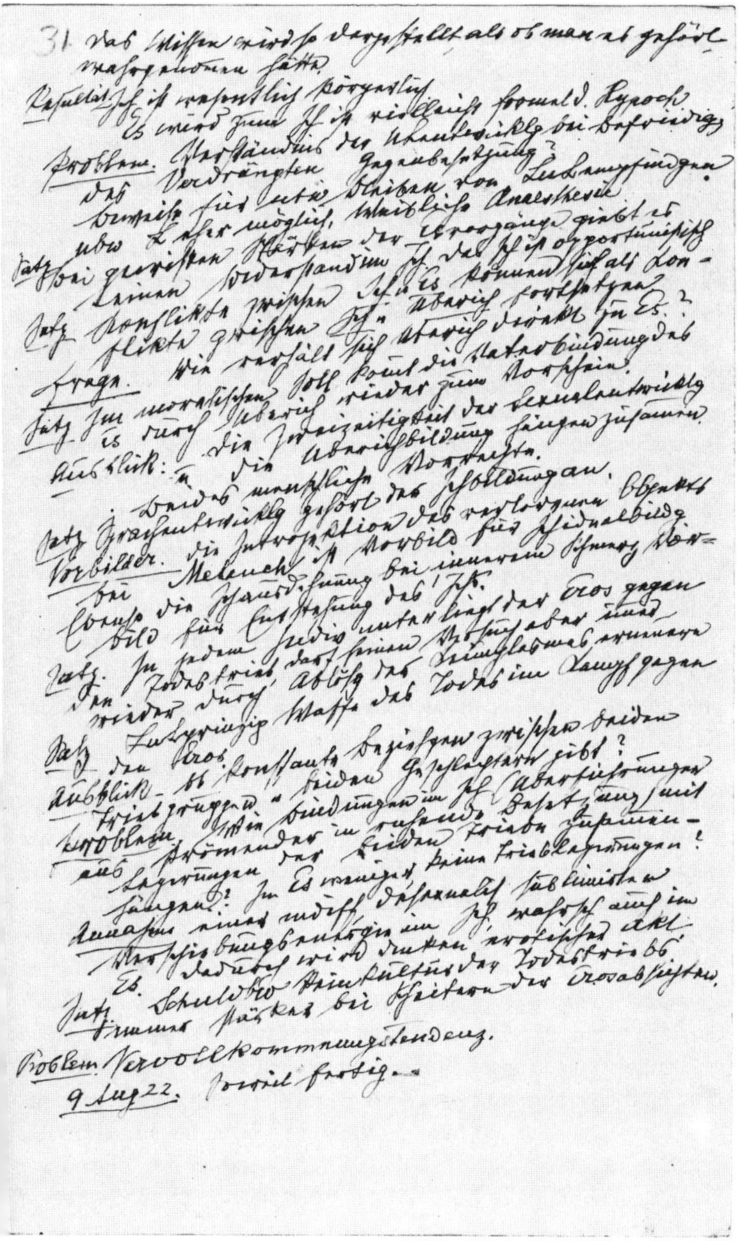

Seite 31 des Entwurfs von *Das Ich und das Es*.

Schuldgefühls, vertiefte seine Einsicht in die Mechanismen von Identifizierung und Sublimierung und führte den Terminus des Überichs ein – letzterer, wenn auch inzwischen mannigfach variiert und erweitert, bis heute ein Eckstein psychoanalytischen Denkens.

Inwiefern sind der Entwurf der ›Teufelsneurose‹ und derjenige von *Das Ich und das Es* vergleichbar? Sie entstammen der nämlichen Schaffensperiode, sogar demselben Entstehungsjahr, 1922. Und es mag in des Autors Kräftehaushalt insofern einen Zusammenhang gegeben haben, als Freud nach der intellektuellen Strapaze, welche die Niederschrift des metapsychologischen Hauptwerks bedeutet hatte, Entspannung suchte beim detektivischen Spiel der Erprobung neurosenätiologischer Kategorien an einem fesselnden historischen Stoff, auf den ein Wiener Bibliotheksdirektor damals seine Aufmerksamkeit gelenkt hatte. »›Ich und Es‹ lagert gegenwärtig ab«, heißt es in einem Brief an Sándor Ferenczi vom 25. Januar 1923, während er an der ›Teufelsneurose‹ schrieb, was er dem Freund gleichzeitig mitteilte. Beide Schriften unterscheiden sich jedoch nicht nur bezüglich des Rangs, der ihnen im Kanon des Freudschen Œuvres zukommt. Die Relation ihrer Entwürfe zur jeweiligen Reinschrift ist gleichfalls eine andere. Der Abstand zwischen Entwurfstext und Wortlaut der Reinschrift ist im Falle von *Das Ich und das Es* weitaus größer.

Am augenfälligsten ist diese Distanz zunächst im Hinblick auf die Schlußpassage. Während sich der letzte Absatz des ›Teufelsneurose‹-Entwurfs lediglich in einigen minimalen sprachlichen Details von der definitiven Version unterscheidet, wird man eine Entsprechung der abschließenden Seiten des Entwurfs von *Das Ich und das Es* in der Reinschrift vergeblich suchen. Vielmehr gewinnt man den Eindruck, Freud habe hier das zusammenhängende Skizzieren der eigentlichen Entwurfsarbeit aufgegeben und sei auf eine frühere Stufe der Werkentstehung zurückgekehrt, nämlich zum Notieren einzelner Einfälle und aphorismenartiger Keimformulierungen. Findet sich bereits auf der Handschriftenseite 28 der Zwischentitel »Nachträge u Ergänzungen«, so signalisiert auf Seite 30 die Zeile »Seitenfragen, Themata, Formeln, Analysen« deutlich den Notat-Charakter des folgenden.

Tatsächlich stellt der Autor Fragen – beispielsweise: »Wieweit man Thieren Sonderung von Ich u Es und Uberich zugestehen darf«; »ob Sublimir[un]g wirklich Identifiz voraussetzt oder ob dieser Vorgang nur Einzelfall ist«. Er notiert Themen – etwa: »Das Verhältnis d. Phylogenese z. Uberich stärker betonen«; »Idee des vertikalen Ichzerfalls«. Er formuliert Kernsätze – wie: »Bw kann nur werden, was schon bw war, dh. aus W[ahrnehmung] stammt. Einen Gedanken bw machen = ihn so herrichten, als ob er gehört würde«; »Alle Ken̄tnis geht von Oberfläche, vom Ich aus; also von W[ahrnehmung]«; »Ich ist wesentlich körperlich. Es wird zum Ich ist vielleicht Formel d. Hypoch[ondrie].« Und er versucht eine kürzeste Zusammenfassung des Inhalts von *Das Ich und das Es*: »Die Arbeit kombinirt 1) den Groddeck'schen Gedanken vom Es mit 2). der Annahme aus Jenseits [des Lustprinzips] von den zwei Triebarten u 3) der Tatsache des ubw Schuldgefüls, fügt neue Annahme hinzu über 4) Mechanism der Desexualisir[un]g (Sublimir[un]g), über 5). Vorhandensein einer Entmischung und fußt auf einer neuen Einsicht 6) der Ablösung der Objektbesetz[un]g durch Identifizirung.«

Manches Element dieser Notizensammlung kehrt dann, mehr oder weniger transformiert, doch in der Reinschrift wieder. Als unverkennbarer Abkömmling der mit dem Datum »13/8« versehenen vorletzten Eintragung des Entwurfs – »Ich liebedienerisch, opportunistisch – Lloyd George« – erscheint auf Seite 34 der Reinschrift der Satz: »In seiner Mittelstellung zwischen Es und Realität unterliegt es [das Ich] nur zu oft der Versuchung, liebedienerisch, opportunistisch und lügnerisch zu werden, etwa wie ein Staatsmann, der bei guter Einsicht[?] sich doch in der Gunst der offentlichen Meinung behaupten will.« Andere Bausteine wurden ersichtlich erst in spätere Werke eingefügt. Es ist sogar wahrscheinlich, daß Freud den Entwurf von *Das Ich und das Es* vor allem wegen dieses Notizenanhangs aufbewahrt hat, von dem er sich vorstellen konnte, daß er auf den einen oder anderen Gedanken später noch einmal würde zurückkommen wollen; deshalb behandelte er diesen Entwurf ausnahmsweise wie sonst seine Notizen.[1]

Freilich ist die Distanz zwischen Entwurf und Reinschrift auch bezüglich der anderen Passagen deutlich größer als im Falle der ›Teu-

[1] Dieses Argument gilt wohl ebenso für den erwähnten Entwurf einiger Passagen der dritten Moses-Abhandlung; denn auch er mündet am Schluß in einen solchen Notizennachtrag ein (vgl. Grubrich-Simitis, 1991, S. 15 ff. und S. 99 ff.).

felsneurose‹, deren beide Textversionen sich im wesentlichen bloß sprachlich-stilistisch unterscheiden. Entwurf und Reinschrift von *Das Ich und das Es* lassen zwar anfangs auch eine gewisse Parallelität erkennen. Gegen Ende des zweiten und mit dem dritten Kapitel aber beginnen sie auseinanderzudriften.[1] Im vierten und insbesondere im fünften Kapitel gibt es gleichsam nur noch gelegentliche Berührungsflächen. Der Entwurf hat hier also nicht den Charakter eines Röntgenbildes. Eher gleicht er einem Steinbruch, dessen rohe, disparate Blöcke erst beim Herstellen des definitiven Texts von Freud sortiert, bearbeitet und zu neuartigen, übergeordneten Strukturen zusammengesetzt wurden. Und selbst in der Reinschrift verrät fast jede Zeile noch die Mühsal des innovativen Denk- und Formulierungsprozesses. Tatsächlich wirkt dieses Manuskript vergleichsweise unruhiger als die meisten anderen Reinschriften. Es fixiert Spuren vielfältiger korrigierender Eingriffe – Streichungen, Neugliederungen, Texthinzufügungen auf zusätzlichen Blättern oder Papierstreifen usw. In welchem Ausmaß der Autor sich auf unvertrautem Boden bewegte, läßt sich nicht zuletzt daran ablesen, daß selbst der Entwurfstext über weite Strecken relativ ausgeschrieben ist. Er zeigt also nicht die sonst üblichen und bezüglich des ›Teufelsneurose‹-Entwurfs im einzelnen dargestellten sprachlichen Auslassungen und Abkürzungen, die ja signalisieren, wie sicher sich der Autor hinsichtlich der späteren Ausformulierung des knappest Notierten fühlte. Manches im Entwurf von *Das Ich und das Es* noch schroff, apodiktisch, ungeschützt Formulierte erscheint in der Reinschrift gemildert, sorgsamer begründet, vorsichtiger paraphrasiert. Es ist, als habe Freud, um verstanden zu werden, sich ein Stück weit in Richtung Konventionalität zurückbewegt, nicht in opportunistischer Absicht, sondern um der mit Innovationen dieser Größenordnung verknüpften Gefahr zu begegnen, sich aus der Kommunikationsgemeinschaft herauszusprengen.

Wenn Entwurf und Reinschrift einmal kritisch ediert sein werden – es handelt sich hier meines Wissens um den einzigen Fall, wo zwei Hauptstufen in der Entstehungsdynamik eines für die psychoanaly-

[1] Auch die Überschriften des dritten, vierten und fünften Kapitels weichen in den beiden Versionen voneinander ab.

tische Theoriebildung konstitutiven Texts vollständig dokumentiert sind –, wird der Leser beim Vergleich mit der Druckfassung im einzelnen feststellen können, daß mit der Beendigung der Reinschrift Freuds Präzisierungsbemühungen keineswegs erlahmt waren. Sie erstreckten sich sogar noch auf den Prozeß der Fahnenkorrektur. Reinschrift und Druckfassung von *Das Ich und das Es* sind tatsächlich ungefähr so weit voneinander entfernt wie im Falle der ›Teufelsneurose‹ Entwurf und Reinschrift. Neben weiteren stilistischen Verfeinerungen lassen sich abermals signifikante inhaltliche Varianten nachweisen. Um nur ein Beispiel zu nennen: Wo in der Reinschrift noch häufig von »Schuldbewußtsein« die Rede ist, steht in der veröffentlichten Fassung zumeist »Schuldgefühl«. Vermutlich erfolgte diese Änderung sozusagen in letzter Minute als Reaktion auf einen Einwand Sándor Ferenczis, dem Freud die Umbruchbogen zugeschickt hatte. Am 18. März 1923 hatte dieser nämlich auf »eine kleine Inkonsequenz« aufmerksam gemacht: »Auf Seite 4 schreiben Sie (wie schon oft) davon, daß ›ein Bewußtsein, von dem man nichts weiß, [...] um vieles absurder als ein unbewußt Seelisches ist‹. Auf Seite 13 schreiben Sie ›trotz allen lautlichen Widerspruches von einem unbewußten Schuldbewußtsein‹. Ich glaube, Sie müßten das Urteil ›absurd‹ (beim ubw. Wissen) etwas mildern, wenn Sie gegen die Annahme des unbewußten Schuldbewußtseins nur formale Bedenken äußern. Sonst setzen Sie sich der Gefahr aus, daß man das von Ihnen gebrauchte Wort gegen Ihren Terminus wenden wird.« Freud bedankte sich ein paar Tage später für die »kritische Bemerkung, die bereits Wirkung getan« habe.[1]

So verschieden die beiden hier näher beschriebenen Entwürfe sein mögen, beide stellen doch gewissermaßen *private* Manuskripte dar; das gilt ebenso für die drei anderen, zu Anfang des Kapitels erwähnten Dokumente. Den Übergang zum *öffentlichen* Text der Druckfassung vollzog Freud jeweils erst mit dem Verfassen der Reinschrift.

[1] Ein Nachhall dieser terminologischen Vertracktheit findet sich noch im späten *Abriß der Psychoanalyse*: »[...] das Schuldgefühl oder Schuldbewußtsein, wie es mit Hinwegsetzung über die Tatsache genannt wird, daß der Kranke es nicht verspürt und nicht erkennt« (1940*a*, S. 105).

5 Reinschriften

Schon die graphische Gestaltung des Anfangs fast jeder Reinschrift signalisiert dieses Vor-die-Öffentlichkeit-Treten; wie die diagonalen Durchstreichungen bezüglich der Entwürfe, ist sie geradezu das Merkmal für den Handschriftentypus ›Reinschrift‹. Als wolle der Autor das zukünftige Druckbild antizipieren, schreibt er feierlich und groß den Titel hin, unterstreicht ihn manchmal, setzt in die zweite Zeile ein »von« und läßt in der dritten seinen Namen in der charakteristischen Abkürzung folgen, »Sigm. Freud«. Dann zieht er quer über die ganze Blattbreite eine Linie, die den Titelblock in schöner Raumaufteilung vom eigentlichen Text abhebt.[1] Wie der Anfang ist oft auch der Schluß der Reinschrift graphisch akzentuiert: eine kürzere waagerechte Linie, mitunter in der Mitte durch einen darüber- und einen daruntergesetzten Punkt verziert[2], markiert, daß der Autor geendet hat; solche Fermaten finden sich bei den größeren Arbeiten gelegentlich auch am Kapitelende. Freud hat diese graphische Gestaltung seiner Reinschriften früh entwickelt; bereits die Manuskripte des Jahres 1908, ›Charakter und Analerotik‹ sowie ›Über infantile Sexualtheorien‹, zeigen einige der typischen Elemente.[3]

Freud schrieb, wie bereits geschildert, auf ungewöhnlich großflä-

---

[1] Als Beispiele vgl. die folgenden Faksimiles der ersten Manuskriptseite von ›Triebe und Triebschicksale‹ und von ›Das Unheimliche‹.

[2] Vgl. hierfür das Faksimile der Schlußseite der ›Notiz über den »Wunderblock«‹ auf S. 191.

[3] Auch die noch früheren Handschriften, beispielsweise das Manuskript des ›Entwurfs einer Psychologie‹, illustrieren, ohne daß sie als Reinschriften zu gelten hätten, Freuds ästhetischen Sinn für optische Gliederung und Akzentuierung des Geschriebenen.

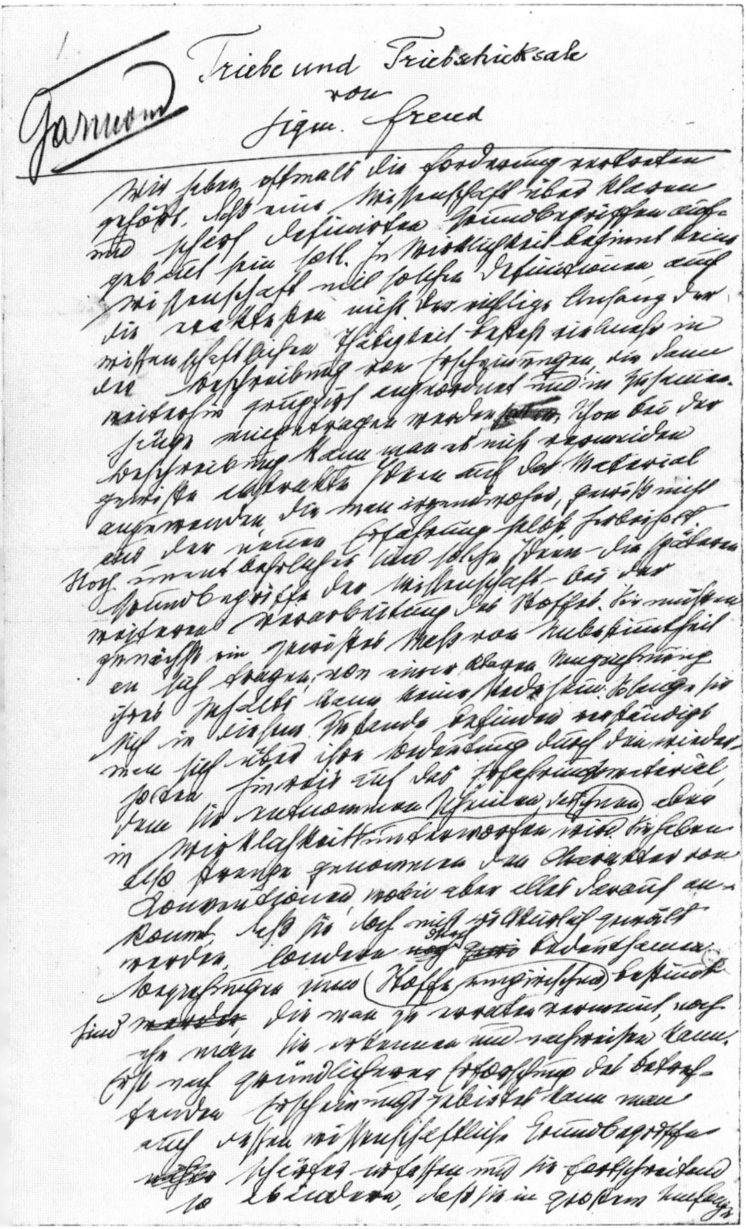

Triebe und Triebschicksale
von
Sigm. Freud

Erste Seite der Reinschrift von ›Triebe und Triebschicksale‹.

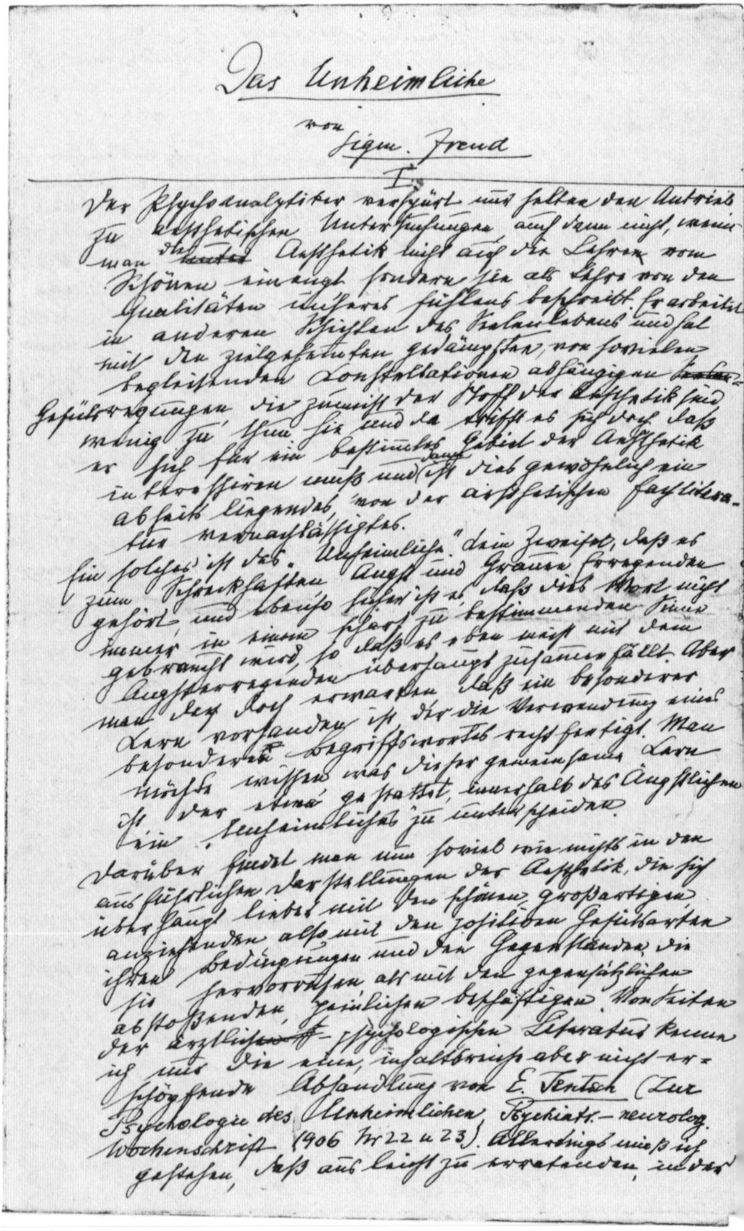

Das Unheimliche

von Sigm. Freud

I.

Erste Seite der Reinschrift von ›Das Unheimliche‹.

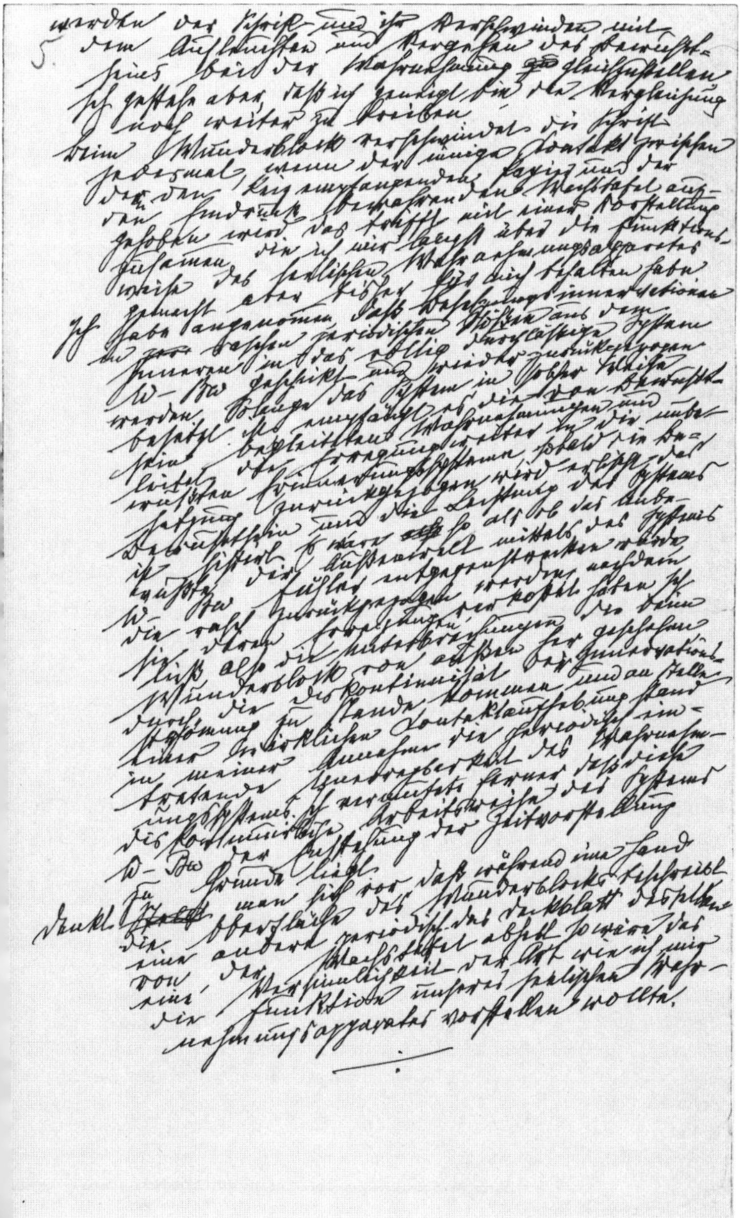

Letzte Reinschrift-Seite der ›Notiz über den »Wunderblock«‹.

chiges Papier, manchmal nur vorderseitig, häufiger vorder- und rückseitig. Nach Auskünften Anna Freuds ließ er sich Bögen von fünfzig Zentimetern Breite und vierzig Zentimetern Höhe eigens zuschneiden. Die einmal längs gefalzten Bögen konnten dann entweder als Doppelbögen benutzt oder zu Einzelblättern von fünfundzwanzig Zentimetern Breite auseinandergetrennt werden. Die Reinschriften sind in ihrer Überzahl also auf diesen mächtigen Schriftträgern überliefert.[1] Was die Materialbeschaffenheit betrifft, so handelt es sich fast immer um festes Bücherschreibpapier einheitlicher Qualität.[2]

Freud benutzte Füllfederhalter, in späteren Jahren gelegentlich mit wuchtiger, breiter Feder. In der Regel bediente er sich der deutschen Schreibschrift, der lateinischen nur ausnahmsweise, etwa zur Hervorhebung von Themen, Titeln, Termini, Eigennamen, fremdsprachigen Wörtern. Die Art der Schriftverteilung auf der Seite blieb über Jahrzehnte unverändert. Auffallend ist beim Durchblättern der Reinschriften fast durchgehend die geringe Zahl der Korrekturen. Wie ein kräftiges Gespinst oder ein lockeres Gewebe bedeckt die gleichmäßig nach rechts geneigte, ruhig-großzügige Schrift, in jeweils nahezu identischer Zeilenzahl, fast die gesamte Fläche. Während links ein in seiner Breite leicht variierender, tendenziell sich nach unten verbreiternder Rand freibleibt, reicht das Zeilenende zumeist bis unmittelbar zur Blattkante. Wo es sich mit einer Worttrennung nicht fügt, senkt sich die Zeile ein wenig, als wolle Freud, um das betreffende Wort noch zu beenden, ein Stückchen längs der rechten Kante weiterschreiben.

---

[1] Das gilt auch für manche Notizen sowie die Entwürfe. Zwar stehen die Stücke aus der Charcot-Übersetzung noch auf kleineren Seiten, jedoch zeigen schon etliche aus der Fließ-Periode der neunziger Jahre stammende Manuskripte, etwa dasjenige über ›Die Ätiologie der Neurosen‹ (in 1985*c*, S. 27ff.), das charakteristische Überformat (nicht allerdings das Hauptstück der Handschrift des ›Entwurfs einer Psychologie‹ von 1895, die Freud ja während einer Eisenbahnfahrt zu verfassen begonnen hatte). Gelegentlich, allerdings äußerst selten, schrieb er auch später noch auf kleiner dimensionierte Papiere; so steht die knappe Studie über ›Zwei Kinderlügen‹ auf dünnen, wohl einem Schreibblock entnommenen Seiten und die Arbeit über ›Das Medusenhaupt‹ auf einem schmaleren, vorder- und rückseitig beschriebenen Blatt.

[2] Für eine realistische Wiedergabe vgl. wiederum die ›Kästchenwahl‹-Faksimileausgabe von 1977.

Der Gespinst- oder Gewebeeindruck wird wohl vor allem durch das Ineinanderragen von Unterlängen der einen Zeile und Oberlängen der nächsten hervorgerufen; wie locker miteinander verflochten wirken so die Zeilen, nicht durch einen Durchschuß klar voneinander geschieden. Auch diese formale Besonderheit seiner Handschrift hat Freud bereits in jungen Jahren ausgebildet. Sie kennzeichnet die früheste überlieferte Reinschrift ebenso wie die späteste; die Zeilenverflechtung scheint sich im Laufe der Jahrzehnte sogar eher noch zu verdichten. Wer die vielen hundert Seiten heute durchblättert und dabei erstmals dem Urtext von Schriften wie ›Das Unbewußte‹, ›Trauer und Melancholie‹, ›Die endliche und die unendliche Analyse‹ gegenübersteht, wird sich der klassischen Schönheit dieser Dokumente kaum entziehen können. Ebenmaß und gelöste Strenge des Bildes mögen im Betrachter eine jähe Erfahrungsverdichtung hervorrufen. Als ob auf diesen Blättern Freuds machtvolle Lebenskreativität auf Dauer unmittelbar sichtbar gehalten würde: »One of the very few ways in which life has been really thickened is by the great things that a few people have left.«[1]

Das Merkmal von Gleichmaß und Unwandelbarkeit charakterisiert aber nicht nur das Schriftbild. Auch bestimmte Besonderheiten von Orthographie und Interpunktion hat der Autor beim Verfassen seiner Reinschriften lebenslang beibehalten. Allerdings nicht im Sinne eines Stilmittels, das er um jeden Preis gegen die Norm verteidigt hätte; denn bereits im Erstdruck, dem eigentlich öffentlichen Text, dessen Fahnen Freud mitzulesen pflegte, sind diese Besonderheiten üblichen Gepflogenheiten gewichen.[2] Die Satzzeichen stehen in den Manuskripten in Relation zur Grundlinie der Zeile eigentümlich tief, nicht selten werden sie überhaupt eingespart, zumal Kommata am Zeilenende. Letzteres gilt ebenso für manche Umlaut-Punkte. Mit Vorliebe benutzte Freud ältere Formen der Schulrechtschreibung.[3] Zwei Beispiele: In den Endungen mit »ieren« oder

---

[1] So Francis Bacon in seinen Gesprächen mit David Sylvester (Sylvester, 1985, S. 89).

[2] Eine Ausnahme bildet allenfalls »anderseits«; in den Fahnen der »*Selbstdarstellung*« hat Freud »andererseits« in »anderseits« sozusagen zurückkorrigiert.

[3] Für Auskünfte zur Orthographie danke ich der Duden-Redaktion, Bibliographisches Institut, Mannheim.

»ierung« fehlt durchgehend das damals bereits übliche »e« (etwa »isoliren«, »Sublimirung«), und anstelle des anlautenden »t« steht noch das »th« (beispielsweise »thun«, »betheiligt«). Aber es finden sich auch orthographische Abweichungen, die Freuds Eigenheiten waren, also nicht Ausdruck eines Nachhinkens hinter den Reformen der Schulrechtschreibung. Vor allem gilt dies für das ins Auge springende Fehlen des Dehnungs-h in bestimmten Wortgruppen (beispielsweise »Dreizal«, »Totemmalzeit«, »Erzälung«, »obwol«, »Schuldgefül«); er wußte, daß dies sein privatistischer Usus war, denn wenn er wörtliche Zitate anderer Autoren in den eigenen Text einfügte, ließ er in den entsprechenden Wörtern das Dehnungs-h nicht fort.

Neben solchen Zügen von Zeitlosigkeit zeigen die Reinschriften aber auch Markierungen des Vergehens der Jahre. Nicht wenige enthalten Datierungen, die eine zeitlich präzise Rekonstruktion des Entstehungsprozesses ermöglichen: ›Eine erfüllte Traumahnung‹ – »10 Nov. 99«; ›Zur Geschichte der psychoanalytischen Bewegung‹ – »Februar 1914.«; ›Psychoanalyse und Telepathie‹ – »Gastein 4. [oder 6.?] Aug. 21«, begonnen am »2 Aug 21«; ›Der Untergang des Ödipuskomplexes‹ – »21. 3. 24«, begonnen am »2/3 24«; ›»Selbstdarstellung«‹ – »26. 7. 24.«; ›Die Zukunft einer Illusion‹ – »15/9 [oder 8?] 27«; ›Neue Folge der Vorlesungen zur Einführung in die Psychoanalyse‹ – »7/2 1932«; ›Die endliche und die unendliche Analyse‹ – »18/1 1937«; ›Wenn Moses ein Ägypter war ...‹ – »24/5 1937«; ›Die Ichspaltung im Abwehrvorgang‹ – »2/1 38« usw.

Die Einsamkeit des Schreibens hatte beim Schriftsteller Freud nur scheinbar Monologcharakter. Auch ehe er Berühmtheit erlangte, imaginierte er einen ständigen Dialog mit dem Leser, was bekanntlich die rhetorische Struktur vieler seiner Texte prägte. Seine Reinschriften schrieb er aber nicht nur leserorientiert. Die empathische Zuwendung galt ebenso dem Setzer, dem seine Blätter als Arbeitsvorlage dienen würden. Mit der gleichen Höflichkeit und Rücksichtnahme, die ihn des Lesers Verstehensschritte fördern ließen, bemühte er sich darum, dem Setzer das Entziffern zu erleichtern sowie Mißverständnisse und Zweideutigkeiten zu ersparen. Das zeigt sich an der Art und Weise, wie er paginierte, korrigierte, auszeichnete.

In der Regel werden die Seitenzahlen groß und in farbigem Fettstift nach Abschluß der Niederschrift in die linke oder rechte Ecke der oberen Blattkante geschrieben, gelegentlich über die Tintenschrift hinweg; der Setzer kann so die Seitenfolge sogar aus einiger Entfernung mühelos identifizieren. Auch wo Freud, auf einem Extrablatt oder auf der nämlichen Seite, eine längere Einfügung nachgetragen hat, markiert er den Punkt, wo sie im Text einzuschalten sei, zumeist gut sichtbar und wiederum farbig.

Kleinere Einschübe werden beim sofortigen Korrigieren und Ergänzen selten über oder unter die betreffende Zeile gesetzt; ohnehin hätte die beschriebene Eigenart seiner Schrift mit dem Ineinanderragen von Unter- und Oberlängen der Buchstaben Freud hierfür wenig Raum gelassen. Mitunter benutzt er den freien linken Blattrand, um etwas nachzutragen. Nach Möglichkeit aber versucht er die Grundlinie nicht zu verlassen, streicht lieber etwas durch und setzt sogleich im Anschluß daran die korrigierte oder ergänzte Version. Ein anderes Beispiel: Wollte er einem bereits niedergeschriebenen Substantiv noch ein attributives Adjektiv mitgeben, schrieb er es *nach* dem Substantiv hin und markierte, wie bei einer Fahnenkorrektur, durch eine Linie die gewünschte Wortfolge – »der Mütter narzißtischen«[1]. Auf diese Weise wird die unzweideutige, klare *Linearität* der Niederschrift bewahrt.

Der Setzer sollte auch Absätze ohne Mühe erkennen können. Freud zieht deshalb konsequent die erste Zeile des neuen Absatzes ein, sofern die letzte des vorhergehenden in der Nähe des rechten Blattrandes endet, andernfalls beginnt er bündig. Auch die Lokalisierung von Fußnoten ist für den Setzer leicht zu identifizieren. Der Autor setzt sie in seinen Reinschriften in der Regel nicht an den Fuß der Seite oder an das Ende des Manuskripts, sondern schreibt sie, um Irrtümer auszuschließen, in den fortlaufenden Text, direkt im Anschluß an die durch das Zeichen x) markierte Stelle, auf die sich die jeweilige Note bezieht. Fußnotentext und Haupttext werden aber durch über die ganze Blattbreite laufende Querlinien optisch voneinander geschieden. Was gesperrt, kursiv bzw. in Kapitälchen zu setzen war – Namen, Buch- oder Zeitschriftentitel, fremdsprachige Zitate usw. –, zeichnete Freud schon im Manuskript aus, in einem Zug

[1] Vgl. 1985*a*, S. 40/41.

mit der Niederschrift, und zwar durch Unterstreichungen oder lateinische Buchstaben – so exakt, daß er, wo nötig, in ein und demselben Wort von der deutschen zur lateinischen Schreibschrift überwechselte.

Daß die Reinschriften tatsächlich als Satzvorlagen dienten, geht nicht nur aus dem Vermerk hervor, der sich häufig auf der ersten Manuskriptseite neben dem Titelblock findet und der Setzerei mitteilt, wie viele Korrekturabzüge Freud jeweils zu bekommen wünschte. Manche Handschriften zeigen Verschmutzungen, Fingerabdrücke vom Umgang des Setzers mit Bleilettern und Winkelhaken, außerdem Markierungen, die ersichtlich festhalten, wo die Satzarbeit jeweils unterbrochen worden war.[1]

Noch andere Mitarbeiter und Helfershelfer im Hintergrund haben in den Reinschriften Merkzeichen hinterlassen. Anweisungen des Redakteurs notieren, in welcher Schrift, in welchem Schriftgrad (z. B. »Garmond« oder »Garamond«, »Borgis«, »Petit ausgesetzt«) ein Text, eine Textpassage zu setzen oder wo ein neuer Beitrag Freuds in der betreffenden Nummer einer Zeitschrift zu plazieren sei (z. B. »f. Imago 1. Stelle«). Die Reinschrift des vierten Essays von *Totem und Tabu* trägt den durch riesige Schrift in Blaustift ins Auge springenden Vermerk, datiert auf den »5. VI. 13.«: »Imago Heft 4 August Sofort möglichst rasch abzusetzen und nach erfolgter Corr. gleich zu umbrechen! Dr Rank«; wohl kaum ein Ausdruck jäher Ungeduld des Redakteurs, eher ein Nachvibrieren der Erregung des Autors selbst und seines Drangs, die neuen Hypothesen, nachdem er sie tags zuvor in der Wiener Psychoanalytischen Vereinigung vorgetragen und erprobt hatte, unverzüglich an die Öffentlichkeit gelangen zu lassen. Rank wird von Freud mitunter direkt adressiert. Auf der letzten Seite der Handschrift von ›Erinnern, Wiederholen und Durcharbeiten‹ steht folgende kurze Botschaft: »Lieber Herr Doktor Ich bitte den Aufsatz in die Reihenfolge der technischen Artikel

---

[1] In den späten Jahren scheinen die Reinschriften allerdings nicht mehr regelmäßig als Satzvorlage benutzt worden zu sein. Manche wurden abgetippt. Und in diese Typoskripte konnte Freud, ehe sie dem Verlag übermittelt wurden, dann noch die eine oder andere Korrektur eintragen. Das gilt jedenfalls für die in der Sigmund Freud Collection aufbewahrten Maschinen-Abschriften von ›Die endliche und die unendliche Analyse‹ sowie ›Konstruktionen in der Analyse‹.

aufzunehmen. Ich weiß nicht, der wievielte es sein wird.« Rank hat dann auf dem ersten Blatt des Manuskripts eigenhändig den Übertitel hinzugefügt: »Weitere Ratschläge zur Technik der Psychoanalyse. II.«

Manches vorsichtige Fragezeichen oder das Notieren eines offensichtlichen Irrtums am Rande stammt ersichtlich nicht von Freud und bezeugt, daß er, wie schon geschildert, seine Reinschriften gelegentlich den Vertrautesten zur kritischen Lektüre übergab. Zwar schreibt er zumeist die bibliographischen Angaben selber aus, mitunter erwähnt er aber bloß den Titel, und die Details von Erscheinungsort und -jahr, Band- und Seitenzahl usw. sind von anderer Hand nachgetragen; gelegentlich ist an solchen Ergänzungen die Schrift Anna Freuds oder Otto Ranks zu identifizieren.

Auch Zitate, Ergebnisse von Recherchen oder Traumberichte, die Freud Dritten verdankte, erscheinen, mit Verweis auf die Quelle, direkt in die Reinschrift einmontiert – als Stück Typoskript oder in der Handschrift des Betreffenden. Im Manuskript von ›Eine Kindheitserinnerung aus »Dichtung und Wahrheit«‹ beispielsweise ist der Passus über die früh verstorbenen vier Geschwister Goethes in Hanns Sachs' Schrift eingeklebt, das bald darauf folgende Textstück über den Goethe-Bruder Hermann Jakob in derjenigen Eduard Hitschmanns; und auch die beiden Beobachtungen, die Hermine von Hug-Hellmuth ›Zum Hinauswerfen von Gegenständen aus dem Fenster durch kleine Kinder‹ Freud auf drei handschriftlichen Seiten zur Verfügung stellte, hat dieser unmittelbar in seine Reinschrift aufgenommen.

Doch so sprechend sich Freuds Arbeitsszenerie mit ihren Dialogen und Dialogpartnern beim Anschauen der Reinschriften wiederbelebt, im Hinblick auf die Fragen, die mich zum Studium der Blätter veranlaßten, sind vor allem die in ihnen enthaltenen Varianten von Belang.

6 Varianten

Unter Varianten versteht man in der Editionswissenschaft die vom Autor vorgenommene Revision einer einmal getroffenen Zeichenwahl. Obgleich solche Revisionen jeweils an bestimmten Stellen des Texts auftreten, kann ihre Wirkung über den lokalisierten Bereich eines Wortes, Satzes oder Absatzes hinausreichen, gegebenenfalls das ganze Werk betreffen. Ob ein Buch *Das Unbehagen in der Kultur* heißt oder *Das Glück und die Kultur* bzw. *Das Unglück in der Kultur*, wird im Leser, der sich dem Text nähert, eine je verschiedene Erwartungsvorstellung evozieren und seiner Lektüreerfahrung eine je andere Tönung unterlegen. Varianten können als Anzeichen für bewußte, vorbewußte oder unbewußte Intentionen des Autors aufgefaßt werden.

Die in diesem Kapitel erwähnten Varianten der Freudschen Texte fielen mir in der Regel bei Vergleichen zwischen Reinschrift und Druckfassung auf. Sie haben lediglich Beispielcharakter, sind weder für Umfang noch für besondere Typologie der vom Autor in diesem letzten Stadium seines kreativen Prozesses eingeführten Veränderungen repräsentativ. Noch einmal sei betont: ich stieß auf sie bei mehr oder weniger zufälligen Stichproben – mehr oder weniger zufällig, denn es ist unvermeidlich, daß solche Suchbewegungen immer wieder auch von eigenen Forschungsinteressen, von mitgebrachten Fragestellungen gesteuert werden. Einige der beschriebenen Revisionen hat Freud bereits in der betreffenden Reinschrift vorgenommen, andere trug er offenbar erst während der Fahnen- oder Umbruchkorrektur ein. Wo die betreffende Variante auftaucht, ob bereits in der Reinschrift, in den wenigen überlieferten Fahnen oder erst im Druck, wird im folgenden nur gelegentlich angegeben. Auch werde ich nicht in jedem Falle Vermutungen über die Gründe für die Einführung einer Variante anstellen; oft liegen sie ohnehin zutage.

Zunächst sei ein sozusagen averbaler Variantentypus vorweggenommen, der den eigentlichen Text nur mittelbar berührt und in der Handschriftenüberlieferung auch einfach deshalb sehr selten vorkommt, weil Freud kaum je solche Darstellungsmittel verwendet hat. Es geht um zwei *graphische Varianten*, eine nicht einmal von Freuds Hand.

Bei der Reinschrift des Essays ›Der Moses des Michelangelo‹ liegt eine die Michelangelo-Statue variierende Zeichnung, die Freud verworfen zu haben scheint, hier verkleinert reproduziert[1]:

[1] Dagegen fehlen bei den Manuskriptblättern die publizierten vier Skizzen (1914*b*, S. 212 f., Fig. D und Fig. 1 bis 3).

Diese zusätzliche, nie veröffentlichte Zeichnung zeigt mehr Details und wirkt infolgedessen weniger schematisch als die aus der Druckfassung bekannten Darstellungen; sie dürfte aber vom selben Künstler stammen. Wir wissen nicht, aus welchen Gründen Freud sie von der Publikation ausgeschlossen hat. Vielleicht störte es ihn, daß der Koloß in voller Größe, von Kopf bis Fuß, abgebildet ist; außerdem mag er die ihn vor allem interessierende Partie Tafeln–Arm–Brust–Hand–Bart – sie steht im Zentrum seines Deutungsversuchs – für mißglückt gehalten haben. Was den Bewegungsablauf betrifft, der nach Freuds Auffassung der in der Skulptur fixierten Haltung des biblischen Helden vorausgegangen sein soll, so ließe sich die unveröffentlichte Skizze am besten zwischen der uns aus der Druckfassung geläufigen Figur 1 (der Darstellung des ruhig dasitzenden Moses) und Figur 2 (der Verkörperung des von Zorn und Empörung Gepackten) einordnen. Sie könnte also folgendes Stadium aus Freuds Rekonstruktion demonstrieren: »Da schlägt das Geräusch [d. i. der Lärm des um das Goldene Kalb tanzenden, die monotheistische Religion abwerfenden Volkes Israel] an sein Ohr, er wendet Kopf und Blick nach der Richtung, aus der die Störung kommt, erschaut die Szene und versteht sie.«[1]

Die zweite graphische Variante findet sich in der Reinschrift der *Neuen Folge der Vorlesungen zur Einführung in die Psychoanalyse*, und zwar in der einunddreißigsten Vorlesung über ›Die Zerlegung der psychischen Persönlichkeit‹. Wo in der Druckfassung[2] nur eine einzige Zeichnung die Strukturverhältnisse der Psyche demonstriert, finden sich in der Handschrift fünf mehr oder weniger ausgearbeitete Skizzen, im folgenden wiederum verkleinert wiedergegeben, von

---

[1] AaO, S. 210. – In der ›Kürzesten Chronik‹ (1976*m*, S. 146 der vollständigen Publikation) ist eine weitere von Freud nicht veröffentlichte Moses-Zeichnung abgedruckt. In der gleichen Technik wie die vorliegende, zeigt sie die Figur aber in der aufgerichteten Haltung von Michelangelos Skulptur. Möglicherweise hat sich Freud von dem Künstler, den er mit der Veranschaulichung seiner Hypothese beauftragt hatte, zwei Sätze von Zeichnungen anfertigen lassen: zuerst eine Reihe mit der detaillierten Darstellung der Gesamtgestalt, zu der die vorliegende Zeichnung gehört, danach eine andere, die den Koloß schematisch-umrißhaft nur bis zum Knie zeigt und die er für die Veröffentlichung bestimmte.

[2] 1933*a*, S. 515.

denen Freud nur die letzte gelten und in der Druckfassung abbilden ließ; die vier Vorläufer strich er schon in der Reinschrift durch. Er war offenbar erst zufrieden, als ihm einfiel, Zentralbegriffe seiner beiden sukzessiven topischen Modelle – unbewußt/vorbewußt einerseits, Es/Ich/Überich andererseits – durch horizontalen bzw. vertikalen Schriftverlauf optisch klar voneinander zu unterscheiden:

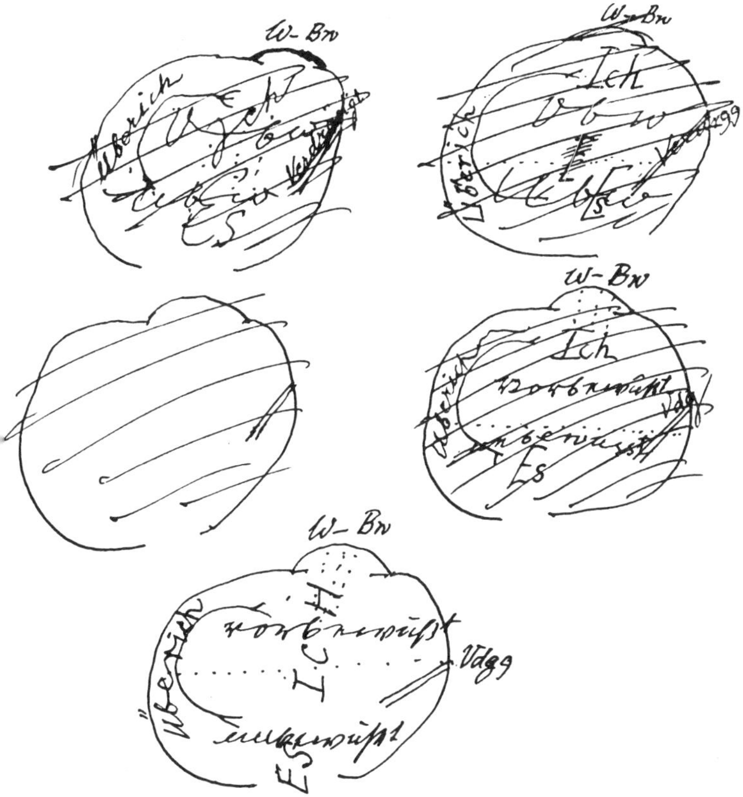

Zahlreich sind die *stilistisch-rhetorischen Varianten*. Gewiß tangieren sie nie nur die formale, sondern immer auch die semantische Dimension von Freuds Prosa. Die Vermeidung von Wortwiederholungen ist bloß der einfachste Vorgang in dieser wahrscheinlich zumeist vorbewußt[1] und deshalb rasch ablaufenden Suche nach dem Satz, in dem schließlich kein Element mehr ausgetauscht werden kann, jedes Wort notwendig ist und am richtigen Platz steht. Diese Genauigkeit des Ausdrucks sowie Schönheit des Sprachklangs in Konsonanz wie Dissonanz und behutsame Drosselung oder Steigerung der Textgeschwindigkeit erzeugen schließlich die unverwechselbare Individualität, die bezwingende Präsenz fast aller Freud-Schriften. Robert Coles erinnert sich, daß Anna Freud in Gesprächen mit ihm in diesem Sinne immer wieder betont habe, »how important writing was to her father – not only the ideas formulated, but also the process of giving the words a proper and inviting shape«[2]. Freilich ist es kaum möglich, die Feinwirkungen solcher Varianten durch einige knappe Ausschnitte erkennbar zu machen; gerade Veränderungen der Textgeschwindigkeit sind nur bei gleichzeitiger Wahrnehmung größerer Kontexte erspürbar. Immerhin seien drei Beispiele aus der Reinschrift des Essays über ›Das Motiv der Kästchenwahl‹ erwähnt:

Lediglich das Vermeiden von Wortwiederholungen, das für Freud Gebot gewesen zu sein scheint, sofern er Repetition nicht ausdrücklich beabsichtigte, läßt sich vergleichsweise leicht illustrieren. Wenn sich im Prozeß der Niederschrift, beim vorauseilenden Probeformulieren, eine herannahende Wiederholung abzeichnete – im folgenden des Wortes »dargestellt« –, unterbrach er sich in der Schreibbewegung, fiel sich gleichsam selbst ins Wort und korrigierte unverzüglich:

»Die drei Frauen, von
denen die dritte die vorzüglichste ist, sind wol als
irgendwie gleichartig aufzufassen, wenn sie
als Schwestern ~~darge~~ vorgeführt werden. Es soll uns

[1] Also immer bewußtseinsnah. Wo es sich um die Beurteilung der Texte Dritter handelt, spielten solche Gesichtspunkte manifest eine zentrale Rolle. Das kann man nicht nur in den Korrespondenzen nachlesen; die *Protokolle der Wiener Psychoanalytischen Vereinigung* bestätigen es ebenfalls; wieder und wieder beginnen Freuds Voten mit detaillierter formaler Kritik und Hinweisen auf Darstellungsmängel, unterlassene Rücksichtnahme gegenüber dem Hörer oder Leser usw., aber mitunter auch mit ausdrücklichem Lob für rhetorisch geglückte Präsentation.
[2] Coles, 1992, S. XXIII.

nicht irre machen, wenn es bei Lear die drei Töchter
des Wälenden sind. Das bedeutet vielleicht
nichts anderes, als daß Lear als alter Mann
dargestellt werden soll. Den alten Mann kann
man nicht leicht anders zwischen drei Frauen
wälen lassen; darum werden diese zu seinen
Töchtern.«

Das zweite Beispiel demonstriert, außer der Korrektur einer weiteren Wiederholung, die tastende Bestimmung der richtigen, der wirkungskräftigsten Position für eine besonders bedeutungsdichte Wortgruppe:

»Die schwerste Aufgabe ist dabei
dem glücklichen dritten Freier zugefallen; was er zur
Verherrlichung des Bleis gegen Gold und Silber sagen
kann, ist wenig und klingt gezwungen. Stünden wir
in der psychoanalytischen Praxis vor solcher ~~Motivirung~~ Rede,
so würden wir geheim gehaltene Motive hinter
der unbefriedigenden Begründung wittern.«

Anhand des dritten Beispiels mag der Leser Freuds Bemühen beobachten, zu pointieren und zu rhythmisieren. Er ersetzt den neutralen, gleichsam bescheidenen Ausdruck »Schilderungen« durch das anmaßende Wort »Anpreisungen«. Indem er den für das Verständnis eigentlich entbehrlichen Zusatz »der Dritten« einfügt, fokussiert er die Aufmerkamkeit noch unausweichlicher auf Cordelia. Das eine Wort »würdigen« durch drei zu ersetzen, »erkennen und belohnen«, ist wie ein Auseinanderfalten der Bedeutungsschichten dieses Verbs und bewirkt eine intensivierende Verzögerung der Textgeschwindigkeit; es erzeugt zugleich den Silbengleichklang von »erkennen« und »verkennen«, wobei »verkennen« seinerseits einen anderen Gleichklang mit »verstoßen« teilt:

»Der alte König Lear beschließt noch bei Leb-
zeiten sein Reich unter seine drei Töchter
zu verteilen, je nach Maßgabe der Liebe, die
sie für ihn äußern. Die beiden älteren,
Goneril und Regan erschöpfen sich in Beteuer-
Anpreis-
ungen und ~~Schilder~~ungen ihrer Liebe, die dritte
Cordelia weigert sich dessen. Er hätte diese
der Dritten
unscheinbare wortlose Liebe ~~würdigen~~
erkennen und belohnen
sollen, aber er verkennt sie, verstößt
Cordelia und teilt das Reich unter die
beiden anderen zu seinem und zu aller
Unheil.«

Das dritte Beispiel zeigt, daß die Übergänge zwischen den stilistisch-rhetorischen Varianten und einer anderen Variantenkategorie, den *Klärungsvarianten*, fließend sind. Die Revisionsmotive liegen hier zumeist auf der Hand. Wo Freud solche Klärungsvarianten einführt, versucht er eine Beobachtung, eine Hypothese, eine Theorie noch näher, noch klarer zu umschreiben, zu präzisieren, zu differenzieren. Das muß, wohlgemerkt, nicht notwendig Reduktion von Mehrdeutigkeit heißen; wo das zu Beschreibende es erfordert, kann der korrigierende Eingriff sogar in einer absichtlichen Ambiguitätssteigerung bestehen; und wir können in solchen Veränderungen Niederschläge von des Autors Bemühen erkennen, ein Konstituens seelischer Phänomene – Vielschichtigkeit, Überdeterminiertheit – sprachlich abzubilden.

Doch ist es das einheitliche Ziel von Klärungsvarianten, die Gefahr von Mißverständnissen zu verringern. Am Ende seines Vorworts zur *Neuen Folge* stellt Freud beispielsweise fest, daß jeder Wissenschaft die Begrenztheit ihres jeweiligen Wissensstandes vom Publikum ohne weiteres zugebilligt werde – nur nicht der Psychologie. In der Reinschrift des dort freilich nicht als Vorwort ausgeworfenen

Texts heißt es noch etwas irreführend: »man macht ihr aus jedem ungelösten Problem, aus jeder eingestandenen Unsicherheit einen Vorwurf, misbraucht im Grunde unsere Unwissenheit[,] um unser Wissen herabzuwürdigen«. Die kürzere, prägnantere Druckfassung dagegen heißt: »man macht ihr aus jedem ungelösten Problem, aus jeder eingestandenen Unsicherheit einen Vorwurf«[1].

Mit Klärungsvarianten bremst Freud gelegentlich auch seine Neigung, eigene terminologische Festlegungen ohne Not zu überspringen. In seiner Einleitung für den Sammelband *Zur Psychoanalyse der Kriegsneurosen*, in der er am Schluß auf Gegensatz bzw. Vereinbarkeit der beiden nosologischen Einheiten der traumatischen Neurose einerseits und der Übertragungsneurose andererseits zu sprechen kommt, hieß es im Manuskript zunächst: »man kann doch die Verdrängung, die jeder Neurose zu Grunde liegt, mit Fug und Recht als eine elementare traumatische Neurose bezeichnen«. Die genauere Formulierung des gedruckten Texts wurde schon in die Reinschrift hineinkorrigiert. Sie relativiert die anfängliche verwirrende Gleichsetzung eines Abwehrmechanismus mit einem Krankheitsbild, denn sie lautet: »man kann doch die Verdrängung, die jeder Neurose zugrunde liegt, mit Fug und Recht als Reaktion auf ein Trauma, als elementare traumatische Neurose bezeichnen«[2].

Klärungsvarianten können die Stimmigkeit von Metaphern und Vergleichen erhöhen: Im vierten Abschnitt seines Spätwerks ›Die endliche und die unendliche Analyse‹ befaßt sich Freud mit der dann negativ beschiedenen Frage einer vorbeugenden Behandlung von nicht aktuellen Triebkonflikten und zieht folgenden Vergleich heran: »Es sei zum Beispiel bekannt, daß eine überstandene Scarlatina eine Immunität gegen die Wiederkehr der gleichen Erkrankung zurückläßt; darum fällt es doch den Internisten nicht ein, einen Gesunden, der möglicherweise an Scarlatina erkranken kann, zum Zwecke dieser Sicherung mit Scarlatina zu infizieren. Die Schutzhandlung darf nicht dieselbe Gefahrsituation herstellen wie die der Erkrankung selbst, sondern nur eine um sehr viel geringere, wie es bei der Blatternimpfung und vielen ähnlichen Verfahren erreicht wird.«[3] So in der

[1] 1933*a*, S. 450.
[2] 1919*d*, S. 324.
[3] 1937*c*, S. 372 f.

veröffentlichten Fassung. In der Reinschrift ist anstelle des Scharlachs von »Typhus abdominalis« bzw. »Typhus« und »Typhusbacillen« die Rede. Freud hat die den Vergleich präzisierende Variante möglicherweise aus zwei Gründen eingeführt – übrigens bereits in die Maschinenabschrift des Manuskripts: erstens weil die Immunität nach einer Typhuserkrankung nur partiell ist, nach Scharlach hingegen solide, sofern der infizierende Erreger das gleiche Toxin produziert; zweitens weil eine, wenn auch nicht sehr wirksame Typhusimpfung zur Zeit der Entstehung von ›Die endliche und die unendliche Analyse‹ zur Verfügung stand und damit eine der Blatternimpfung analoge Situation gegeben war – der Vergleich also gehinkt hätte –, wohingegen bezüglich des Scharlachs alle Versuche, einen Impfstoff zu entwickeln, erfolglos blieben.[1]

Eine Klärungsvariante kann auch aus dem Fortlassen eines Satzes bestehen, der zum damaligen Zeitpunkt oder im betreffenden Kontext nicht weiter zu präzisieren war: Im vierten Kapitel von *Jenseits des Lustprinzips* unterwirft Freud den Kantschen Satz, »daß Zeit und Raum notwendige Formen unseres Denkens« seien, einer, wie er selbst einräumt, flüchtigen psychoanalytischen Diskussion.[2] Dabei würdigt er eigentlich nur die Zeit-Kategorie, konfrontiert sie mit der »Zeitlosigkeit« des Unbewußten und betont, daß unsere abstrakte Zeitvorstellung also einzig von der Arbeitsweise des Systems Bw abgeleitet sein könne. Er bekennt, daß seine Behauptungen »sehr dunkel« klängen und daß er sich auf Andeutungen beschränken müsse. In der Handschrift der Erstfassung[3] steht an dieser Stelle noch ein weiterer Satz, den Freud in der Druckfassung unterdrückt hat: »Die andere Abstraktion, die sich an das Funktioniren von Bw anknüpfen läßt, ist aber nicht Raum, sondern Stoff, Substanz.« Übrigens steht der Satz sogar noch in der eigentlichen Satzvorlage von *Jenseits des Lustprinzips*, einem handschriftlich korrigierten und ergänzten Typoskript der Erstfassung; doch ist er dort bereits mit Blaustift entschlossen durchgestrichen.

Andererseits können Klärungsvarianten auch aus Hinzufügungen

[1] Diese Angaben verdanke ich dem Kölner Virologen Professor Hans J. Eggers.
[2] 1920g, S. 238.
[3] Vgl. hierzu das anschließende Kapitel über ›Erstfassungen‹.

bestehen, die Freud erst nach Abschluß der Reinschrift, bei der Fahnen- oder Umbruchkorrektur, eingefallen sind und die der weiteren Präzisierung und Pointierung dienen. Ein Exempel ist der markante Schlußsatz der Druckfassung von ›Die infantile Genitalorganisation‹, der im Manuskript noch fehlt: »Die Vagina wird nun als Herberge des Penis geschätzt, sie tritt das Erbe des Mutterleibes an.«[1]

Als letztes Beispiel für diese Kategorie sei auf eine Klärungsvariante sozusagen aus der Herzgegend der psychoanalytischen Theoriebildung aufmerksam gemacht. Sie findet sich in der Krankengeschichte des »Wolfsmannes«, und es bedarf einer etwas ausführlicheren Kontextbeschreibung, um das Revisionsmotiv verstehbar zu machen. Gemeint ist eine Anmerkung zum letzten Kapitel, in dem Freud gegen Schluß auf zwei Kernprobleme zu sprechen kommt, über die nachzudenken das Fallmaterial anrege. Das eine betrifft die Frage nach erlebnisunabhängigen, »phylogenetisch mitgebrachten Schemata, die wie philosophische ›Kategorien‹ die Unterbringung der Lebenseindrücke besorgen«[2]. Das andere, mit dem ersten verwandte entwickelt Freud unmittelbar anhand der klinischen Einzelheiten, nämlich am Beispiel der Art und Weise, wie sein Patient, den er als jungen Erwachsenen behandelte, eine seinem zweiten Lebensjahr zugeordnete Beobachtung des elterlichen Sexualverkehrs, die im Alter von vier Jahren reaktiviert worden war, nachträglich verarbeitet hatte; die Frage sei, ob dem Kind seinerzeit »eine Art von schwer bestimmbarem Wissen, etwas wie eine Vorbereitung zum Verständnis« dabei behilflich gewesen sein könne; gäbe es in der Psyche solche den Instinkten der Tiere analoge Organisatoren, so wäre dies »der Kern des Unbewußten, eine primitive Geistestätigkeit, die später durch die zu erwerbende Menschheitsvernunft entthront und überlagert wird [...]. Die Bedeutung der frühen Kindheitstraumen läge aber darin, daß sie diesem Unbewußten einen Stoff zuführen, der es gegen die Aufzehrung durch die nachfolgende Entwicklung schützt«[3]. Dort, wo von der Reaktion des Patienten auf die reaktivierte Urszene im Alter von vier Jahren die Rede ist, steht in der

[1] 1923*e*, S. 241.
[2] 1918*b*, S. 229.
[3] AaO, S. 230.

Handschrift folgende Anmerkung: »Ich darf davon absehen, daß dies Verhalten erst zwei Dezennien später[1] in Worte gefaßt werden konnte, denn alle Wirkungen, die wir von der Szene ableiten, haben sich ja in Form von Symptomen, Zwängen usw. bereits in der Kindheit und lange vor der Analyse geäußert. Die Realität dieser Szene im Gegensatz zur Annahme ihrer phantastischen Natur ist natürlich die Voraussetzung der obigen Erörterungen.« Dieser letzte Satz ist mit Blaustift ausgestrichen und durch folgende, dann auch in die Druckfassung übernommene radikale Variante ersetzt worden: »Dabei ist es gleichgiltig, ob man sie als Urszene oder als Urphantasie gelten lassen will.«[2]

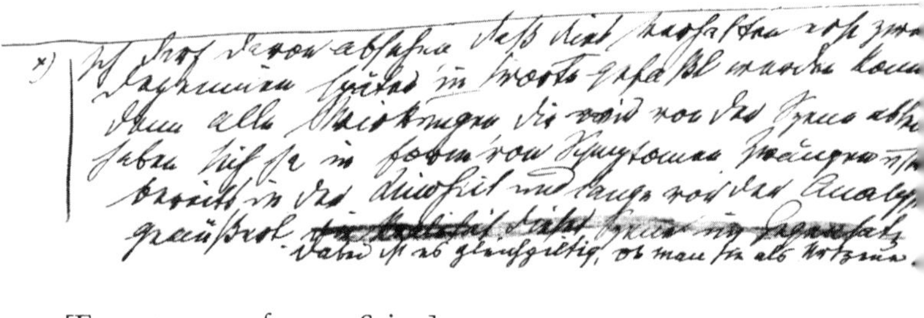

[Fortsetzung auf neuer Seite:]

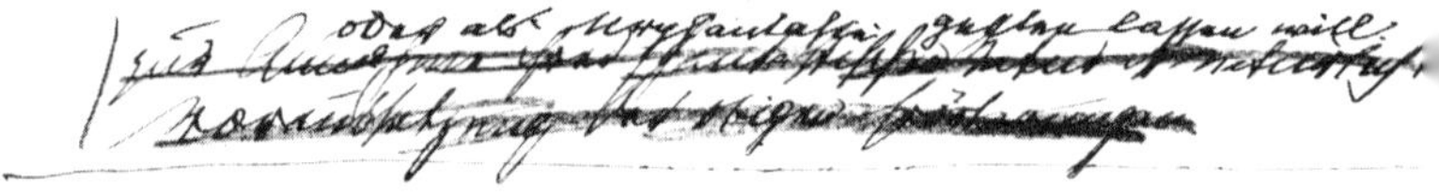

Auf den ersten Blick – der reine Widerspruch. Er ließe sich nur dann gänzlich auflösen, wenn sich der Leser einige Tatsachen und Entwicklungen in allen Einzelheiten vor Augen führte, die ich im folgenden bloß grob skizzieren kann: Freud schrieb diese umfassendste seiner Krankengeschichten im Spätherbst 1914 nieder, also nicht lange nach Beendigung von *Totem und Tabu.* Ursprünglich sollte sie 1915 veröffentlicht werden. Doch hielt er das Manuskript zurück, weil er sich schon bald nach dessen Vollendung »in schwere

[1] Nämlich während der Behandlung bei Freud.

[2] AaO, Anm. 1.

Zweifel gestürzt« fühlte, wie er am 9. November 1914 Ferenczi gegenüber gestand. Diese Zweifel dürften sich vor allem auf das Thema der *Realität* der traumatischen Kindheitserlebnisse bezogen haben oder, anders ausgedrückt, auf die Frage, ob es sich bei deren Reproduktion um Erinnerungen oder Phantasien bzw. Verschiebungskombinationen handelte. Wieder konturiert sich also die brisante Grundfrage nach den verursachenden Faktoren bei der Neurosenentstehung, der wir im Notizen-Kapitel bereits begegnet sind[1] und die Freud in der »Wolfsmann«-Falldarstellung als »die heikelste der ganzen analytischen Lehre« bezeichnet hat.[2]

Bei der theoretischen Durchdringung dieses reichen klinischen Materials scheint er, nach der zitierten ursprünglichen Formulierung der Handschrift zu urteilen, zunächst von einer realistischen Auffassung der sogenannten *Urszene*, also der Beobachtung des elterlichen Geschlechtsverkehrs, ausgegangen zu sein. Seine Skepsis entzündete sich dann vermutlich nicht zuletzt an der Frühe jener Beobachtung; und nun mag in seinem Nachdenken der in *Totem und Tabu* erarbeitete Argumentationszusammenhang wieder in den Vordergrund gerückt sein.[3] Schritt für Schritt schälte sich in der Folge die Theorie der *Urphantasien* heraus, jener wenigen, typischen, sozusagen autonomen phantasmatischen Konfigurationen, Szenarien, eben der phylogenetischen Schemata, die das menschliche Seelenleben, unabhängig von der persönlichen Lebenserfahrung, strukturieren und die – sozusagen auf einer anderen Verursachungsschiene als das gleichermaßen einflußreiche individuelle Erleben – verhaltensbestimmend, das heißt, konfliktgenerierend und krankmachend wirken können. So gesehen, vermögen reale Urszenen-Beobachtung und Urszenen-Phantasie die nämlichen pathologischen Folgen zu zeitigen. Jedenfalls konnte Freud erst jetzt den spezifischen und komplexen

---

[1] S. 133 f. und S. 161 ff., oben.

[2] 1918*b*, S. 215, Anm. 1.

[3] Es sei daran erinnert, daß Freud kurz nach Abschluß der ersten Niederschrift seiner »Wolfsmann«-Krankengeschichte die zwölfte metapsychologische Abhandlung verfaßte, in der er ausdrücklich bestimmte Hypothesen aus *Totem und Tabu*, etwa die Konstruktion des Urvatermords oder die Theorie der phylogenetischen Erbschaft, aufgriff und fortführte (1985*a*; vgl. auch Grubrich-Simitis, 1985, S. 100 ff., sowie 1987*b*, S. 1011 f.).

psychoanalytischen Phantasiebegriff bzw. den Begriff der psychischen Realität noch weiter ausarbeiten und anschließend in einigen seiner während des Ersten Weltkriegs erschienenen Werke veröffentlichen, insbesondere in der dreiundzwanzigsten der *Vorlesungen zur Einführung in die Psychoanalyse.*

Als er sich endlich entschloß, ›Aus der Geschichte einer infantilen Neurose‹ zu publizieren, fügte er die unterdessen erzielten theoretischen Fortschritte in zwei größeren Einschaltungen hinzu[1], die er als nachträgliche Textstücke kenntlich machte, wobei er an einer Stelle *Totem und Tabu* ausdrücklich erwähnt[2]. Darüber hinaus, so betont er zu Beginn der Falldarstellung, habe der Text der ersten Niederschrift jedoch »keine Abänderungen von irgendwelchem Belang erfahren«[3]. Die zitierte, in ihrer Gegensätzlichkeit auf den ersten Blick irritierende Klärungsvariante hielt er offenbar nicht für erwähnenswert. Im Manuskript lassen sich übrigens noch andere, gleichfalls nicht kenntlich gemachte, später hinzugefügte Klärungsvarianten nachweisen, die sich auf die Frage der Realität der Urszene beziehen; ihre detaillierte Rekonstruktion wird es einmal ermöglichen, die zeitliche Schichtenstruktur des Werks ebenso wie die Entwicklungsphasen des Konzepts der Urphantasien und indirekt wohl auch des Traumabegriffs im Kontext von Freuds mehrdimensionalen ätiologischen Vorstellungen durchsichtiger zu machen.

Ein weiterer Variantentypus braucht nur kurz erwähnt zu werden: *Gliederungsvarianten.* Durch solche Eingriffe erhöht Freud, gewissermaßen mittels Augenpausen, die Transparenz seiner Texte. Das zusätzliche Einfügen von Zwischentiteln oder römischen Ziffern läßt gegliederte Blöcke entstehen, die es dem Leser erleichtern, Schritte und Zäsuren von Freuds Prozeßdenken mitzuvollziehen. Solche nachträglichen Strukturierungsanstrengungen zeigen zahlreiche Reinschriften, beispielsweise diejenige der *Frage der Laienanalyse* oder der *Zukunft einer Illusion.* Auch dem Manuskript von *Hemmung, Symptom und Angst* ist deutlich des Autors Mühe anzu-

---

[1] 1918*b*, S. 174 ff. und S. 208 ff.

[2] AaO, S. 176.

[3] AaO, S. 129, Anm. 1.

sehen, der zentrifugalen Stoffülle dieser Schrift durch mehrfach korrigierte Untergliederung schließlich doch noch Herr zu werden.

Ein Variantentypus, der beim Durchsehen der Autographen gleichfalls ins Auge springt, sind die *Titelvarianten.* Sie dürften in der Regel nach Beendigung der jeweiligen Reinschrift entstanden sein, wenn Freud, zurückblickend, die an den Anfang gesetzte Überschrift nicht mehr angemessen erschien. Die fünf in Amerika gehaltenen Vorlesungen *Über Psychoanalyse* hießen zunächst ›Über die Entstehung und Entwicklung der Psychoanalyse‹, eine Formulierung, die er am Ende allzu schwerfällig und historisierend gefunden haben mag. Die Titelwendung des ersten der ›Beiträge zur Psychologie des Liebeslebens‹ lautete in der Reinschrift ursprünglich ›Über einen häufigen Typus der Objektwal beim Manne‹, ehe Freud, wahrscheinlich um irreführende statistische Vorstellungen zu vermeiden, das Adjektiv »häufigen« durch »besonderen« ersetzte. Übrigens kennen wir auch zum wesentlich später entstandenen dritten der Liebesleben-Beiträge eine Titelvariante, die allerdings ausnahmsweise schon *vor* Beginn der Reinschrift verworfen worden sein dürfte und die nur in einem Brief überliefert ist. Am 24. September 1917 teilte Freud Sándor Ferenczi brieflich mit: »Gegenwärtig komponiere ich einen dritten Beitrag zum Liebesleben: Das Tabu der Virginität und die sexuelle Hörigkeit.« Noch ehe er die Arbeit zu lesen bekam, die sich damals vermutlich erst im Entwurfsstadium befand, antwortete Ferenczi am 10. Oktober: »Wir[1] sind übereingekommen, Sie zu bitten, vom Titel Ihrer neuen Arbeit ›Das Tabu der Virginität‹ die zweite Bezeichnung: ›und die sexuelle Hörigkeit‹ zu streichen. Wir finden, daß es ohne diese besser klingt.« Und so geschah es.

Auch einem Teil der behandlungstechnischen Schrift ›Zur Einleitung der Behandlung‹ war ursprünglich ein ausführlicherer Titel zugedacht: ›I. Zur Einleitung der Behandlung. – Die Frage der ersten Mittheilungen – die Dynamik der Heilung‹.[2] ›Über Triebumsetzun-

[1] Er selbst und Otto Rank.

[2] So lautet jedenfalls der Titel des Manuskriptstücks mit dem zweiten Teil der Abhandlung. Tatsächlich erschien diese Schrift 1913 zunächst in zwei Folgen in

gen, insbesondere der Analerotik‹ hieß zunächst lakonisch: ›Über die Wandlungen der Analerotik‹. Die *Vorlesungen zur Einführung in die Psychoanalyse* scheinen ihre Einzeltitel in der Mehrzahl erst nach Abschluß der Reinschrift erhalten zu haben: im Manuskript tragen jedenfalls nur die Vorlesungen XVI bis XXVIII, außer der Numerierung, die uns aus der Druckfassung geläufigen Überschriften; es handelt sich um die vorwiegend theoretischen Kollegs des dritten Teils über ›Allgemeine Neurosenlehre‹, die Freud, im Unterschied zu denen des zweiten Teils, aufschrieb, ehe er sie hielt.[1] Der erste Titel der Krankengeschichte des »Wolfsmannes« lautete: ›Aus der Geschichte einer kindlichen Zwangsneurose‹. ›Über einige Mechanismen der Neurosenbildung (Eifersucht – Homosexualität – Paranoia)‹ veränderte Freud noch in der Reinschrift zu ›Über einige neurotische Mechanismen bei Eifersucht, Paranoia und Homosexualität‹, offensichtlich um dem Mißverständnis vorzubeugen, die drei Phänomenbereiche würden pauschal als Neurosen bezeichnet. Weil zu eng für das, was der Text bietet, wurde im anfänglichen Titel ›Bemerkungen zur Technik der Traumdeutung‹ für die definitive Überschrift der Druckfassung der Ausdruck »Technik« durch die Wörter »Theorie und Praxis« ersetzt. Entgegengesetzte Gründe dürften Freud dazu bewogen haben, die ursprüngliche Titelformulierung von ›Kurzer Abriß der Psychoanalyse‹ – sie lautete anspruchsvoll: ›Die Geschichte der Psychoanalyse‹ – bei der Fahnen- oder Umbruchkorrektur zu löschen; er wollte vermutlich auch die Verwechslung mit seiner großen Arbeit über dieses Thema, ›Zur Geschichte der psychoanalytischen Bewegung‹, ausschließen.

Mitunter mag sich der kreative Prozeß noch während der Entstehung einer Reinschrift verselbständigt, jedenfalls andere Wendungen genommen haben, als vom Autor aufgrund des Entwurfs vorhergesehen. In seiner Arbeit ›Die Verneinung‹ untersucht Freud bekanntlich in hochgradig verdichteten Sätzen »die Entstehung einer intellektuellen Funktion aus dem Spiel der primären Triebregungen«[2] und

---

der *Internationalen Zeitschrift für ärztliche Psychoanalyse* (Bd. 1, Heft 1 und 2). Und die zweite Folge trägt auch im Erstdruck den ausführlicheren Titel.

[1] Vgl. Jones, 1962*a*, S. 262.

[2] 1925*h*, S. 376.

stellt fest, daß ein verdrängter Vorstellungsinhalt unter der Bedingung, daß das Subjekt ihn verneinen kann, zum Bewußtsein vorzudringen vermag; die Verneinung sei also eine Art Aufhebung der Verdrängung, indessen keine Annahme des Verdrängten. Dieser kurze, kompakte Text hieß in der Reinschrift zunächst ›Verneinung und Verleugnung‹. Ob der Autor, als er die Niederschrift anfing, Verneinung und Verleugnung als Abwehrformen gegeneinander abgrenzen wollte? Freilich ist im Text der Druckfassung von »Verleugnung« nirgends die Rede, wohl von »Verurteilung«. An dieser Stelle sei noch die Titelvariante einer anderen kurzen, metapsychologisch bedeutenden Arbeit genannt, die wiederum von einer spezifischen Abwehrform handelt: ›Die Ichspaltung im Abwehrvorgang‹ hieß bezeichnenderweise zunächst ›Die Ichspaltung als Abwehrmechanismus‹.

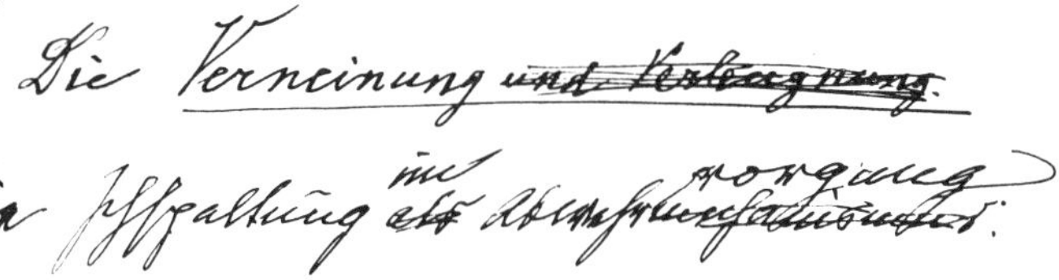

Wie sehr Freud beim Schreiben von *Hemmung, Symptom und Angst* tatsächlich der Eigendynamik des kreativen Prozesses ausgeliefert war, dokumentiert nicht zuletzt eine Titelvariante: die Studie sollte zu Beginn einfach ›Hemmung und Symptom‹ heißen; mit der Vervollständigung der Titelformulierung trug der Autor im nachhinein dem Umstand Rechnung, daß es schließlich die hier vollzogene Neufassung der Angsttheorie ist, die den Rang dieses Werks ausmacht.

Zwei kulturtheoretische Hauptwerke sollten im ersten Zug der Niederschrift gleichfalls anders heißen. Die anfängliche Titelwendung der großen religionskritischen Abhandlung *Die Zukunft einer Illusion* lautete: ›Die Zukunft unserer Illusionen‹. Freud korrigierte sie, weil er sich offenbar nicht einmal rhetorisch mit den Gläubigen identifizieren wollte.[1]

[1] Eine ähnliche Distanzierungsbewegung bewirkte übrigens eine Textvariante in der Reinschrift für die dritte Abhandlung von *Der Mann Moses und die monotheistische Religion*, wo es im Abschnitt über ›Das Volk Israel‹ zunächst hieß:

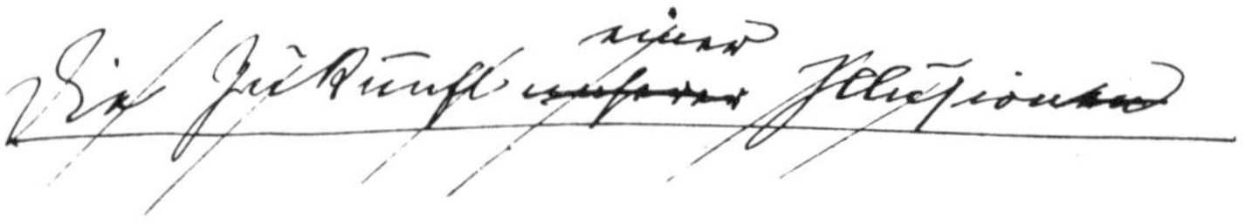

Für *Das Unbehagen in der Kultur* sind die beiden schon am Anfang dieses Kapitels erwähnten Titelvarianten überliefert. Auf die erste Seite der Handschrift schrieb Freud zunächst ›Das Glück und die Kultur‹, strich diese Zeile dann durch und ersetzte sie durch ›Das Unglück in der Kultur‹[1]. Der definitive Titel scheint erst in der Phase zwischen Verfassen der Reinschrift und Drucklegung entstanden zu sein. Vielleicht empfand Freud das Wort »Unglück« als zu dramatisch, zu schreiend für jenes eher leise, nagende, vom Triebverzicht unterhaltene Unerlöstsein, das er beschreiben und erklären wollte und das der Ausdruck »Unbehagen« in der Tat viel genauer trifft.

Es gibt noch eine Anzahl geringfügigerer Titelvarianten: ›Über die Genese eines Falles von weiblicher Homosexualität‹ versus ›Über die Psychogenese eines Falles von weiblicher Homosexualität‹; ›Der Wunderblock‹ versus ›Notiz über den Wunderblock‹; der Untertitel von ›»Ein Kind wird geschlagen«‹ lautete in der Reinschrift zuerst ›Beitrag zur Entstehung der sexuellen Perversionen‹; in ›Über fausse reconnaissance (»déjà raconté«) während der psychoanalytischen Arbeit‹ hat Freud die Parenthese nachträglich eingefügt, und in der Schrift ›Die infantile Genitalorganisation (Eine Einschaltung in die

»Dabei beseelt sie eine besondere Zuversicht im Leben[,] wie sie durch den geheimen Besitz eines kostbaren Gutes verliehen wird, eine Art von Optimismus oder Gottvertrauen.« Die beiden letzten Wörter ersetzte Freud, noch in der Reinschrift, durch den mit Semikolon angeschlossenen Satz: »Fromme würden es Gottvertrauen nennen.«

[1] In der Sigmund Freud Collection wird unter dem Titel ›Überschriften‹ eine handschriftliche Liste aufbewahrt, in der Freud offensichtlich Titel und Zwischentitel für die ersten vier der insgesamt acht Kapitel des *Unbehagens in der Kultur* skizzierte, die er in der Druckfassung dann allerdings nicht als solche benutzt hat. Es tauchen Formulierungen auf, die an die zuerst erwogenen Buchtitel gemahnen: »Das Streben nach dem Glück«, »Die Quellen des Leidens«, »Glücksverlust bei Triebbeherrschung«, »Das Glück in der Liebe«, »Die Kultur als Leidensquelle« – jedoch nicht das Wort »Unbehagen«.

Sexualtheorie)‹ sollte der in Klammern stehende Untertitel im ersten Anlauf als Haupttitel dienen, erschien dem Autor dann aber wohl als zu unspezifisch; nach der Gestalt der Handschrift zu urteilen, gilt das gleiche für ›Die Disposition zur Zwangsneurose (Ein Beitrag zum Problem der Neurosenwahl)‹. Mancherlei Varianten finden sich in den Handschriften auch auf der Ebene der Zwischentitel.

Sogar beim unsystematischen Durchsehen der Reinschriften stößt man immer wieder auf Varianten, die ihr Zustandekommen – mehr oder weniger offensichtlich – konflikthaften Motiven, gesteigerter Gefühlsbeteiligung, zumal dem Wirken von Ambivalenz verdanken. Ich möchte sie, die mitunter den jähen Charakter von Fehlleistungen annehmen können, als *emotive Varianten* bezeichnen.

Gehäuft treten sie im Zusammenhang mit Personenbeschreibungen auf. So hat Freud in der Reinschrift der ersten Vorbemerkung zur Abhandlung ›Moses, sein Volk und die monotheistische Religion‹ in einer Anmerkung Bernard Shaw als »geistreichen Dilettanten« bezeichnet, eine Charakterisierung, die er in der Druckfassung fallenließ. Vom Psychoanalysefeind Alfred Hoche heißt es in der Reinschrift von ›Zur Geschichte der psychoanalytischen Bewegung‹ noch: »Der unsaubere Geist Hoche«, wohingegen die Druckfassung lautet: »Der böse Geist Hoche«[1]; in diesem Falle hatte Karl Abraham nach der Lektüre des Manuskripts Freud in einem Brief vom 9. März 1914 zu bedenken gegeben: »Kann das Prädikat, das Sie Hoche erteilen, nicht zu unangenehmen Weiterungen Anlaß geben?«[2] Dieser reagierte postwendend: »Anstatt der ›unsaubere‹ Geist A. Hoche will ich: der ›böse Geist‹ einsetzen.«[3]

Betreffen solche emotiven Varianten die engeren und engsten Mitarbeiter, so können sie von vergleichsweise geringfügigen, aus bewußten Überlegungen vorgenommenen Revisionen bis zu eingreifenden Änderungen reichen, hinter denen wir die Wucht komplexer, auch vorbewußter und unbewußter Motive vermuten können. Als Freud die Grußadresse zu Ernest Jones' fünfzigstem Geburtstag hin-

[1] 1914*d*, S. 88.
[2] 1965*a*, S. 163.
[3] AaO, S. 166.

schrieb, nannte er ihn im letzten Satz »jung und stark, streitbar und treu«. In der Druckfassung lesen wir statt dessen »eifrig und tatkräftig, streitbar und der Sache ergeben«[1]. Daß von den vier Prädikaten nur ein einziges stehenblieb, mag sozusagen auf einen Objektivierungsruck zurückzuführen sein, den Freud sich im nachhinein gegeben hat: ein Fünfzigjähriger ist nicht jung, es sei denn aus der Perspektive eines wesentlich Älteren; »stark« könnte ihm zu körperlich geklungen haben, »treu« zu sehr auf seine – Freuds – Person bezogen.

Daß die Abhandlung ›Zur Geschichte der psychoanalytischen Bewegung‹ nicht nur bezüglich Alfred Hoches durch einen polemisch-affektiven Ton gekennzeichnet ist, hängt mit ihrem Anlaß zusammen: Freud leistete mit der Niederschrift dieses Werks die Verarbeitung der Sezessionen Alfred Adlers und C. G. Jungs. Es richtete sich insbesondere gegen letzteren, und es ist nicht verwunderlich, daß sich in diesem Kontext die emotiven Varianten häufen. Zwei seien erwähnt.

Die Passage, in der er auf Jungs Auffassungen von der Schizophrenie zu sprechen kommt – Jung habe 1908 auf dem Salzburger Kongreß noch der toxischen Theorie vor der Libidotheorie den Vorzug gegeben –, beendet Freud in der Druckfassung mit dem Satz: »An dem nämlichen Punkte ist er dann später (1912) gescheitert, indem er nun zuviel von dem Stoffe nahm, dessen er sich vorher nicht bedienen wollte.«[2] In der Handschrift steht nach »gescheitert« ein Punkt, und anschließend folgt ein Textstück, das Freud nicht in die publizierte Version übernommen hat, obgleich es im Manuskript nicht durchgestrichen ist. Es lautet: »Als er endlich seinerseits den Versuch wagte, die Schizophrenie der Libidotheorie zu unterwerfen, wich er nach der entgegengesetzten Richtung ab und veränderte[3] den Begriff der Libido so sehr, daß seine Libidotheorie nichts anderes als den Namen mit der bis dahin entwickelten gemein hat. Den Namen aber selbst mit Unrecht, denn es lag keine Nötigung vor, das Prinzip, durch welches er die Schizophrenie dynamisch aufklären wollte,

[1] 1929*a*, S. 555.
[2] 1914*d*, S. 68.
[3] Korrigiert aus »verflüchtigte«.

Libido zu heißen. Diese Namensaneignung war[1], so geringfügig sie als Anzeichen erscheinen mochte, ein Ausfluß jenes Charakterzuges von Jung, der ein Aufrechthalten der Arbeitsgemeinschaft mit ihm unmöglich machte, seiner Neigung zum rücksichtslosen Beiseitedrängen eines unbequemen Anderen.« In der eigentlichen, theoretischen Auseinandersetzung mit Jungs Beitrag, im Schlußteil von ›Zur Geschichte der psychoanalytischen Bewegung‹, kam es in der Reinschrift zu einem Verschreiben. In dem Satz: »Der völlige Zerfall dieser neuen Richtung mit der Psychoanalyse erweist sich natürlich auch in der Behandlung der Verdrängung«[2] – schrieb Freud, statt »Verdrängung«, zunächst »Übertragung« hin, welches Wort, infolge der im vorhergehenden Absatz geäußerten Kritik an Jungs Behandlungstechnik nahegelegen, er dann mit vehementen kurzen Schrägstrichen gleichsam ungeschehen machte und durch »Verdrängung« ersetzte.

Eine emotive Variante kann mitunter aus einem einzigen Wort bestehen. Am Schluß der Schrift ›Der Untergang des Ödipuskomplexes‹ von 1924 spricht Freud von »O. Ranks interessanter Studie über das *Trauma der Geburt*«[3], erschienen im selben Jahr. In der Handschrift steht statt »interessanter« »faszinirender«. In diesem einen Wortwechsel ist eine Einstellungsveränderung Freuds dokumentiert, die sich Ende 1923/Anfang 1924 binnen weniger Monate vollzogen hat. Beim ersten Kennenlernen scheint er von Ranks Konzept des Geburtstraumas tatsächlich fasziniert gewesen zu sein – nicht zuletzt ein Indiz dafür, welche Anziehung Traumatheorien der Neurosenentstehung noch immer auf ihn ausüben konnten –, dann aber spürte er einen Absolutheitsanspruch und befürchtete, wie es in einem Brief an Ferenczi vom 26. März 1924 heißt, »daß unser kunstvoller ätiologischer Bau durch das plumpe Trauma der Geburt abgelöst werden sollte«. An Rank selber schrieb Freud schon am 26. November 1923, im Zusammenhang eines ironischen Kommentars zur Deutung, die Rank an einem Traum Freuds vorgenommen hatte: »[. . .] daß Sie der gefürchtete David sind, der mit seinem Trauma der

---

[1] Korrigiert aus »ist«.
[2] 1914*d*, S. 110.
[3] 1924*d*, S. 251.

Geburt die Entwertung meiner Arbeit durchsetzt.«[1] Illusionslos erkannte Freud schon damals, daß eine reine Traumatheorie der Neurosenentstehung sehr viel gefälliger und wahrscheinlicher klänge und infolgedessen in der Öffentlichkeit bereitwilliger akzeptiert würde als die Triebtheorie bzw. die von ihm vorgeschlagene weitaus komplexere ätiologische Hypothese mit ihrer Berücksichtigung von Trieb- und Traumaaspekten gleichermaßen.

Spuren von Ambivalenz – unverminderter Zärtlichkeit und höchster Wertschätzung einerseits, enttäuschter Entfremdung und zurückweisender Kritik andererseits – verrät nicht zuletzt das Manuskript von Freuds Nachruf auf Sándor Ferenczi. Es enthält mehrere Varianten, von denen einige schlichte Klärungsvarianten sind und an dieser Stelle nicht erwähnt zu werden brauchen. In der Schlußpassage jedoch, in der Freud die späten technischen Neuerungen Ferenczis beschreibt und kritisch anmerkt, daß in diesem das »Bedürfnis zu heilen und zu helfen« übermächtig geworden sei, häufen sich emotive Varianten. Im Druck heißt es an dieser Stelle: »Wahrscheinlich hatte er sich Ziele gesteckt, die mit unseren therapeutischen Mitteln heute überhaupt nicht zu erreichen sind. Aus unversiegten affektiven Quellen floß ihm die Überzeugung, daß man bei den Kranken weit mehr ausrichten könnte, wenn man ihnen genug von der Liebe gäbe, nach der sie sich als Kinder gesehnt hatten.«[2] Diese beiden Sätze lauteten in der Reinschrift zunächst etwas anders: »Wahrscheinlich hatte er sich Ziele gesteckt[3], die mit unseren therapeutischen Mitteln heute möglichst nicht zu erreichen sind. Aus unversiegten Quellen seines kindlichen Gemütslebens floß ihm die Uberzeugung, daß man bei den Kranken weit mehr ausrichten konnte[4], wenn man ihnen genug von der Liebe gäbe, nach der sie sich immer gesehnt hatten.«

Das im Manuskript heftig durchgestrichene, kaum noch leserliche »möglichst« klingt eigentümlich doppeldeutig, als habe sich in Freud ein Kompromiß aus zweierlei Mitteilung gebildet: erstens dem Hin-

---

[1] Zitiert nach einer von Sigmund Freud Copyrights zur Verfügung gestellten Transkription.

[2] 1933*c*, S. 269.

[3] Korrigiert aus: »strebte er danach, mehr zu erreichen als«.

[4] So in der Handschrift.

weis, daß es nicht möglich sei, mit dem gegenwärtig zur Verfügung stehenden Instrumentarium derartige Ziele zu erreichen, also der manifesten Botschaft, die Freud in die Druckfassung übernahm, und zweitens der fast beschwörenden Andeutung einer latenten Präferenz, welche er im publizierten Text unterdrückt hat und die sich etwa folgendermaßen ausformulieren ließe: solche Ziele sollte man möglichst gar nicht erst anstreben, denn wer dies unternimmt, kommt unweigerlich mit den frühesten präverbalen, präsymbolischen Phasen psychischer Strukturbildung in Berührung. Manches spricht dafür, daß Freud die Beschäftigung mit dieser archaischen seelischen Dimension eher zu meiden suchte, und zwar nicht allein wegen seiner Skepsis hinsichtlich der Tiefenschärfe der damaligen psychoanalytischen Theorie und Behandlungstechnik, sondern wohl auch weil er, infolge der im Kapitel über das Schreiben[1] angedeuteten eigenen prägenitalen Traumatisierung, sich durch solche Arbeit allzu sehr beunruhigt gefühlt hätte. Diese persönliche Empfindlichkeit dürfte, neben Ferenczis eklatanten Übertreibungen, zur Entfremdung zwischen den beiden Freunden und vermutlich auch zum partiellen Mißlingen von Ferenczis Analyse bei Freud beigetragen haben. Etwas von diesem tragischen Sichverfehlen schwingt noch in den anderen Varianten jener beiden Sätze mit: Freud hat in der definitiven Version des Nachrufs den Hinweis auf Ferenczis kindliches Gemütsleben als Quelle seines Spätwerks zurückgenommen, vielleicht weil er sich bei der Niederschrift daran erinnerte, daß dieser sich, wie im Briefwechsel festgehalten, einmal vehement gegen eine solche Deutung zur Wehr gesetzt hatte. Daß die Aussage über die Liebessehnsucht der Kranken in der Druckfassung auf die Kindheit eingeschränkt erscheint, wirkt wie eine noch dem Toten geltende Abwehrbewegung Freuds; schließlich wußte er, daß die auf ihn selbst gerichtete Liebessehnsucht des erwachsenen Analysanden Ferenczi unerfüllt geblieben war; und er wird wahrscheinlich auch gespürt haben, daß der Freund in seinen späten technischen Experimenten nicht zuletzt Unbearbeitetes aus der eigenen Analyse agierend weiterbehandelt hat.[2]

---

[1] S. 107.

[2] Vgl. Grunberger, 1973, und Grubrich-Simitis, 1986*b*.

Indirekt verschaffte sich noch Jahre später der Konflikt mit Ferenczi in einer emotiven Variante Ausdruck, die sich im Manuskript von Freuds Spätschrift ›Die endliche und die unendliche Analyse‹ findet. Es ist bekannt, daß Freud in diesem Text in anonymer Form auf den Vorwurf Ferenczis zurückkommt, er, Freud, habe in der Analyse mit ihm die negative Übertragung nicht beachtet. Von einer solchen, so argumentiert Freud nun defensiv, sei seinerzeit nichts zu bemerken gewesen, und fügt hinzu: »Und außerdem sei nicht jede gute Beziehung zwischen Analytiker und Analysiertem, während und nach der Analyse, als Übertragung einzuschätzen. Es gebe auch freundschaftliche Beziehungen, die real begründet sind und sich als lebensfähig erweisen.«[1] Für »während und nach« schrieb Freud in der Reinschrift zunächst »vor und während« hin – ein Verschreiben, in dem sich wohl die inzwischen erworbene Einsicht zu erkennen gibt, daß sich aus einer kostbaren, inspirierenden Freundschaft und unentbehrlichen, innigen Arbeitspartnerschaft eben keine voraussetzungslose und unverzerrte analytische Beziehung entwickeln läßt.

Emotive Varianten finden sich auch im Zusammenhang solcher eigenen Werke, Themen und Thesen, die für Freud von herausragender, mitunter verdeckt autobiographischer Bedeutung gewesen sind. Wie bereits betont, gehörte beispielsweise *Totem und Tabu* zu seinen Lieblingswerken, insbesondere der vierte Essay über ›Die infantile Wiederkehr des Totemismus‹ mit der Spekulation über die Ermordung des Urvaters in der prähistorischen Familie und über die Konsequenzen dieses Verbrechens für die Kulturentwicklung. Diese Hypothese, die, es sei wiederholt, in Gestalt einer neolamarckistischen Konstruktion zugleich zwischen Trieb-Modell und Trauma-Modell der Neurosenätiologie vermitteln sollte, bildet im Werk in der Tat ein intellektuelles Magnetfeld.[2] Freud hat sie nicht nur 1915 in der zwölften metapsychologischen Abhandlung fortgeführt, sondern ist, ihrer Anziehungskraft gewissermaßen ein letztes Mal erliegend, noch im Alterswerk *Der Mann Moses und die monotheistische Religion* abermals auf sie zurückgekommen.[3]

---

[1] 1937*c*, S. 362 f.

[2] Siehe S. 156–166, oben.

[3] 1939*a*, S. 529 ff.; siehe auch unten S. 256 f.

Zeitlebens blieb Freud jedoch zweifelnd, ob seiner Theorie vom Urvatermord und der Konstituierung der archaischen Erbschaft irgendein Wirklichkeitswert beizumessen sei. Schon in der Reinschrift von ›Die infantile Wiederkehr des Totemismus‹ gibt manche emotive Variante dieses Schwanken zu erkennen. Wo in der Druckfassung von »jener großen urzeitlichen Tragödie«[1] die Rede ist, hieß es in der Reinschrift, ehe der Autor das zweite Adjektiv durchstrich und ersetzte, zunächst noch: »jener großen mythologischen Tragödie«. Er scheint also klar erkannt zu haben, wenn er es auch nicht gerne wahrhaben wollte, was Claude Lévi-Strauss kürzlich wieder feststellte: »Mit *Totem und Tabu* hat Freud einen Mythos konstruiert, übrigens einen sehr schönen Mythos. Wie alle Mythen sagt freilich auch dieser uns nicht, wie die Dinge sich wirklich abgespielt haben. Er sagt, wie die Menschen sich vorstellen müssen, daß sich die Dinge abgespielt haben, um Widersprüche überwinden zu können.«[2]

Freuds Skepsis gegenüber dem Realitätsgehalt seiner phylogenetischen Konstruktion dürfte auch eine Variante entstammen, die sich in der Handschrift der *Zukunft einer Illusion* findet. Im vierten Kapitel kommt Freud hier abermals auf den Zusammenhang des Totemismus mit den späteren Gottesreligionen sowie auf die Entstehung der »tiefgehendsten sittlichen Beschränkungen«[3] auf dem Boden des Totemismus zu sprechen. In der Reinschrift folgt an dieser Stelle der Nebensatz: »was der frommen Behauptung vom göttlichen Ursprung der kulturellen Einrichtungen einen guten historischen Sinn verleiht«. Noch im Manuskript strich der Autor ihn mit Rotstift durch und fuhr statt dessen mit der vorsichtigeren Aussage fort, die wir aus der Druckfassung kennen: »Ob Sie nun die Folgerungen von ›Totem und Tabu‹ annehmen oder nicht, ich hoffe, Sie werden zugeben, daß in dem Buch eine Anzal von sehr merkwürdigen versprengten Tatsachen zu einem konsistenten Ganzen zusam̅engefaßt sind.«

Es ist, als habe er sich am Ende vom Wissenschaftscharakter dieses konsistenten Ganzen immer wieder selbst überzeugen wollen und können. Die programmatische Anmerkung gegen Schluß von *Totem*

---

1 1912–13*a*, S. 439.

2 Lévy-Strauss und Eribon, 1989, S. 156.

3 1927*c*, S. 157.

und Tabu, in der er trotzig Anspruch auf »die zentrale Rolle«[1] des psychoanalytischen Beitrags zur Klärung der Ursprünge von Religion und Gesellschaft erhebt, sozusagen dessen Vorrang fordert in der Synthese der von anderen Disziplinen ermittelten Funde und Theorien, ist offensichtlich nachträglich auf einem eigenen Blatt der Reinschrift beigefügt worden. Zwei Jahre später kommt Freud in ›Zur Geschichte der psychoanalytischen Bewegung‹ erneut auf *Totem und Tabu* zurück und schließt die Erwähnung seines kulturtheoretischen Beitrags mit dem skeptischen Satz: »Inwieweit die Zusammenhänge, die sich dabei ergeben haben, der Kritik standhalten werden, läßt sich heute wohl nicht angeben.«[2] So in der Druckfassung. In der Reinschrift findet sich an dieser Stelle, in Gestalt eines selbständigen Teilsatzes, eine emotive Variante, die Freud dann unterdrückt hat: »aber Einwendungen, wie ich sie zu hören bekam, daß wilde Pferde sich unter analogen Verhältnißen der Familienbildung nicht so verhalten wie meiner Annahme nach die Urmenschen, darf ich wol als harmlos unsinnig zur Seite legen.«

Zumindest bezüglich der Mechanismen, die er für die Weitergabe von Erinnerungsspuren archaischer Erbschaft postulierte, ließen sich Zweifel nicht auf Dauer beschwichtigen. Noch im hohen Alter setzten sie sich in einer Fehlleistung im Entwurf zur dritten Moses-Abhandlung durch. Dort heißt es, daß »dieser Sachverhalt nicht streng erwiesen« sei, aber »daß wir ohnehin« – statt: ohne ihn – in der »Massenpsychologie nichts erklären können«. Die fundamentale Kritik, die der psychoanalytisch orientierte Ethnologe Alfred L. Kroeber in den zwanziger Jahren an *Totem und Tabu* geübt hatte[3], hat Freud vielleicht doch nicht unbeeindruckt gelassen. Und dennoch: Selbst im Alterswerk der dritten Moses-Abhandlung findet sich noch eine eigensinnige Variante. In der Druckfassung des Abschnitts ›Der große Mann‹ heißt es in bezug auf den von den Israeliten an Moses begangenen Mord: »Und wenn sie dann einmal diesen ihren großen Mann erschlugen, so wiederholten sie nur eine Untat, die sich in Urzeiten als Gesetz gegen den göttlichen König gerichtet

[1] 1912–13*a*, S. 440, Anm. 2.
[2] 1914*d*, S. 78.
[3] Kroeber, 1920.

hatte und die, wie wir wissen, auf ein noch älteres Vorbild[1] zurückging.«[2] Statt »wie wir wissen« stand in der Handschrift zunächst ein vorsichtigeres »vielleicht«, das freilich schon im Manuskript vom Autor trotzig-affirmativ korrigiert worden war.

Inwiefern der Essay über die Moses-Statue des Michelangelo eine tiefe autobiographische Bedeutung besitzt, seine Entstehung sowohl Freuds durchdringender Identifizierung mit der biblischen Figur als auch der Krise verdankt, in die er infolge der Sezession C. G. Jungs geraten war, kann hier nicht im einzelnen dargelegt werden.[3] Freud wagte den Text 1914 jedenfalls zunächst nur anonym zu veröffentlichen. Bisher war lediglich vermutet worden, daß die redaktionelle Anmerkung, die den Aufsatz bei seiner Erstpublikation in der Zeitschrift *Imago* begleitete, von Freud selbst stamme. Sie lautet: »Die Redaktion hat diesem, strenge genommen nicht programmgerechten, Beitrage die Aufnahme nicht versagt, weil der ihr bekannte Verfasser analytischen Kreisen nahe steht, und weil seine Denkweise immerhin eine gewisse Ähnlichkeit mit der Methodik der Psychoanalyse zeigt.«[4] Die Reinschrift bestätigt die Vermutung von Freuds Autorschaft; die Anmerkung steht unmittelbar am Beginn, entsprechend der gewohnten Kennzeichnung von Fußnoten, durch Linien vom Titelblock und vom Textbeginn getrennt.

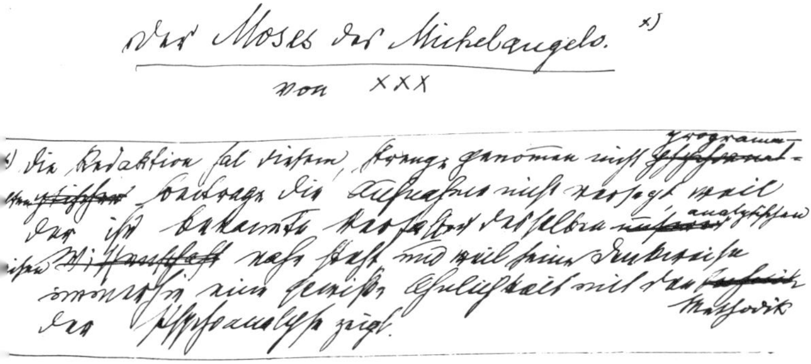
Der Moses des Michelangelo. *)

von XXX

[1] [Eben die Ermordung des Urvaters.]

[2] 1939*a*, S. 556.

[3] Vgl. Grubrich-Simitis, 1991, S. 47 ff.

[4] 1914*b*, S. 197, Anm. 1.

Die Ambivalenz und der Drang, sich doch als Autor zu bekennen, verschafften sich in mehreren emotiven Varianten Geltung. Ehe Freud ihn für die Druckfassung korrigierte, lautete der Satz im Manuskript nämlich zunächst folgendermaßen: »Die Redaktion hat diesem strenge genom̄en nicht psychoanalytischen Beitrage die Aufnahme nicht versagt, weil der ihr bekannte Verfasser desselben unserer Wissenschaft nahe steht, und weil seine Denkweise immerhin eine gewiße Ahnlichkeit mit der Technik der Psychoanalyse zeigt.«

Auch die detaillierte Beschreibung des Skulpturbereichs Tafeln–Arm–Brust–Hand–Bart – für Freuds Deutung, wie beschrieben[1], maßgeblich – enthält in der Handschrift gehäuft Varianten. Schließlich sei der Leser noch auf eine Abweichung gegen Ende des Essays hingewiesen. Freud berichtet dort von W. Watkiss Lloyds Studie über die Moses-Statue des Michelangelo, die er verspätet gelesen habe – mit gemischten Gefühlen, weil dieser Autor offenbar einige seiner eigenen Hypothesen vorweggenommen hatte. In der Druckfassung heißt es in diesem Zusammenhang: »Es war eine Gelegenheit, wieder an der eigenen Person zu erfahren, was für unwürdige infantile Motive zu unserer Arbeit im Dienste einer großen Sache beizutragen pflegen.«[2] In der Handschrift lautet der letzte Satzteil noch pointierter, »welche Beimengung unwürdiger, weil selbstsüchtiger und infantiler Motive unsere Arbeit im Dienste einer großen Sache erkennen läßt, ja vielleicht nicht entbehren kann«. Dies klingt wie eine Exegese der im Notizen-Kapitel zitierten schönen Sentenz: »Das Größte thut nur, wer nicht anders kann« oder der dort gleichfalls wiedergegebenen Champollion-Eintragung.

Ein anderes affektbesetztes Lieblingsthema Freuds war bekanntlich die Laienanalyse. Durch die Zulassung von Nicht-Medizinern zu Ausbildung und Praxis wollte Freud gewährleistet sehen, daß die Psychoanalyse sich in Zukunft nicht auf eine medizinische Disziplin, eine Spezialmethode unter dem Dach der Psychiatrie, reduzieren lasse, sondern vielmehr kompromißlos ihr humanwissenschaftliches Potential voll entfalte. Seine Schrift über *Die Frage der Laienanalyse* aus dem Jahre 1926 wirkte als Auslöser einer internationalen Diskus-

---

[1] Siehe oben, S. 200.

[2] 1914*b*, S. 218.

sion unter Kollegen und Schülern, in deren Verlauf krasse Meinungsdifferenzen erstmals offen zutage traten. Insbesondere im angloamerikanischen Raum formierte sich eine Phalanx von Gegnern der Laienanalyse.

Mit seinem im Juni 1927 verfaßten ›Nachwort‹ schloß Freud die Serie der kontroversen Stellungnahmen ab, die wichtigsten eigenen Argumente zur Verteidigung der Laienanalyse ergänzend und resümierend. Vergleicht man die Reinschrift des Nachworts mit dessen Druckfassung, so entsprechen sich beide Texte fast Wort für Wort – bis zum Ende des vorletzten Absatzes, wo der Autor auf die »schroffste Ablehnung der Laienanalyse« durch die amerikanischen Kollegen zu sprechen kommt und sich vornimmt, »ihnen durch einige Bemerkungen zu erwidern«. Er stellt fest, deren Widerstand werde mit rein praktischen Argumenten, nämlich im wesentlichen mit der Tatsache begründet, daß in den Vereinigten Staaten Laienanalytiker viel Schaden anrichteten; deshalb seien sie grundsätzlich von jeder psychoanalytischen Betätigung auszuschließen. Freud hält dagegen: »[...] die Frage der Laienanalyse darf nicht allein nach praktischen Erwägungen entschieden werden, und die lokalen Verhältnisse Amerikas können für uns nicht allein maßgebend sein.«[1]

An dieser Stelle, also zwischen dem vorletzten und letzten Absatz der Druckfassung des Nachworts, findet sich in der Handschrift eine umfangreiche emotive Variante, die aus nicht weniger als gut drei Manuskriptseiten besteht. Freud hat dieses Textstück nicht in der Druckfassung erscheinen lassen, obgleich es in der Handschrift nicht durchgestrichen ist. Doch sind Anfang und Ende der Passage jeweils durch ein Zeichen markiert. Ernest Jones berichtet, daß Freud Max Eitingon anheimgestellt habe, das Stück fortzulassen, falls dieser meine, es sei »undiplomatisch, gefährlich oder geeignet, als Vorwand zu einer Spaltung zu dienen«; Eitingon habe ihm, Jones, den Text gezeigt, und sie beide hätten schließlich übereinstimmend gefunden, »es sei klüger, drei Sätze[2] für den Druck wegzulassen, und so geschah es denn auch«[3].

---

[1] 1927*a*, S. 348 f.
[2] Wie angegeben, in Wirklichkeit mehr als drei Seiten.
[3] Jones, 1962*b*, S. 347.

Da die vehemente Passage an etlichen Stellen Themen berührt, die heute höchst aktuell sind, sei sie in extenso zitiert:

»Die Einstellung der Amerikaner scheint aber grade vom Standpunkt der Zweckmäßigkeit der Kritik offen zu stehen. Stellen wir uns die Frage, worauf das Uberwuchern der schädlichen Laienanalyse[1] grade in Amerika zurückzuführen ist. Soweit man es aus der Ferne beurteilen kann, treffen hier zalreiche Momente zusammen, deren relative Bedeutung ich allerdings nicht zu bestimmen weiß. Zunächst müßte man annehmen, daß es den Ärzteanalytikern in besonders geringem Ausmaß gelungen ist, Ansehen beim Publikum und Einfluß auf dessen Entscheidungen zu gewinnen. Daran mag verschiedenes Schuld tragen, die Ausdehnung des Landes, der Mangel einer zusam̅enfassenden, über die Grenzen einer Stadt reichenden Organisation, ferner die Autoritätsscheu der Amerikaner, ihre Neigung zur Betätigung persönlicher Unabhängigkeit auf den wenigen Gebieten[,] die noch nicht durch den unerbittlichen Druck einer public opinion besetzt gehalten werden. Derselbe amerikanische Zug[,] aus dem politischen Leben in den wissenschaftlichen Betrieb übertragen, zeigt sich in der analytischen Gruppe selbst durch die Bestimmung, daß die Person des Vorsitzenden jedes Jahr wechseln muß, so daß sich keine richtige Führerschaft bilden kann, die auf so schwierigen Wegen wol von Nöten wäre. Oder im Verhalten wissenschaftlicher Kreise, die zB. allen Variationen der psychoanalytisch heißenden Lehren das gleiche Interesse entgegenbringen, und sich dessen als Beweis ihrer openmindedness rühmen. Der skeptische Europaeer kann den Verdacht nicht unterdrücken, daß dies Interesse in allen Fällen nicht sehr tief geht, und daß sich hinter dieser Unparteilichkeit viel Unlust und Unfähigkeit zu einer Urteilsfällung verbirgt.

Es scheint nach allem, was man hört, daß in Amerika Schichten der Bevölkerung der Ausbeutung durch die schwindelhaften Laienanalytiker verfallen, die in Europa schon durch ihre Vorur-

[1] [Freud meint mit diesem etwas mißverständlichen Ausdruck, hier und an späterer Stelle, wohl das, was er früher »wilde« Psychoanalyse zu nennen pflegte (vgl. 1910*k*).]

teile vor dieser Gefahr geschützt wären. Welcher Zug der amerikanischen Mentalität die Schuld daran trägt[,] woher es kommt, daß Personen, deren höchstes Lebensideal doch die efficiency, die Lebenstüchtigkeit ist, die einfachsten Vorsichten versäumen, wenn sie einen Helfer für ihre seelischen Nöte aufnehmen, das weiß ich nicht zu sagen. Die Gerechtigkeit fordert indeß, daß man auch nicht verschweige, was zur wenigstens teilweisen Entlastung der Missetäter gesagt werden kann. In dem reichen Amerika, wo für jede Extravaganz mit Leichtigkeit Geld zu haben ist, giebt es noch keine Stätte, an der Arzte oder Nichtärzte in Analyse unterrichtet werden können. Das verarmte Europa hat bereits drei Lehrinstitute aus privaten Mitteln geschaffen, in Berlin, Wien und London. Somit bleibt den armen Räubern nichts übrig, als sich das bischen Weisheit, das sie doch zu ihrer Ausrüstung brauchen, aus einer kläglichen populären Darstellung der Analyse zu holen, die irgend ein Landsmann zurecht gemacht hat. Die guten Bücher in englischer Sprache sind ihnen doch zu schwierig, die deutschen unzugänglich. Einige dieser Leute kommen dann, nachdem sie ihre Piratenexistenz durch Jahre geführt und etwas erworben haben, in verspäteter Gewissenhaftigkeit nach Europa, wie um ihr Verhaltnis zur Psychoanalyse nachträglich legitimiren zu lassen, um ehrlich zu werden und etwas zu lernen. Unsere amerikanischen Kollegen verübeln es uns gewöhnlich, daß wir uns diesen Gästen nicht versagen.

Sie weisen aber auch jene Laien von sich, die ohne vorherigen Misbrauch der Analyse eine Ausbildung an unseren Lehrinstituten gesucht haben, und kritisieren scharf die Geringfügigkeit des Gewinns, mit dem diese Lernbegierigen nach Amerika heimkehren. Wenn sie damit Recht haben, so ist dies nicht unsere Schuld, sondern die Folge von zwei wolbekannten Eigentümlichkeiten des amerikanischen Wesens, auf die ich nur hinzudeuten brauche. Erstens ist es unbestreitbar, daß das Niveau der allgemeinen Bildung und intellektuellen Aufnahmsfähigkeit selbst bei Personen, die ein amerikanisches College besucht haben, weit niedriger liegt als in Europa. Wer dies nicht glaubt oder für üble Nachrede hält, mag sich die Belege bei ehrlichen amerikanischen Beobachtern selbst holen, etwa die Beispiele in Martin, The Behaviour of Crowds[1] nachlesen. Zweitens, man hält sich nur an das Spruchwörtliche[2], wenn man daran erinnert, daß der Amerikaner keine Zeit hat. Wol ist Time – money, aber man versteht nicht ganz, warum sie in solcher Eile in Geld umgesetzt werden muß. Sie behielte ja auch ihren Geldwert, wenn es langsamer gienge, und man sollte meinen, je mehr Zeit man zuerst investirte, desto mehr Geld käme am Ende heraus. In unseren Alpenländern lautet ein gewöhnlicher Gruß, wenn sich zwei Bekannte begegnen oder verabschieden: Zeit lassen. Wir haben über diese Formel viel gespottet, aber angesichts der amerikanischen Hast haben wir einsehen gelernt, wieviel Lebensweisheit in ihr steckt. Jedoch der Amerikaner hat keine Zeit. Er schwärmt für die großen Zalen, die Vergrößerung aller Dimensionen, aber für die äußerste Verkürzung des Zeitaufwands. Ich glaube, man heißt das Rekord. Er will also in 3 oder 4 Monaten die Analyse erlernen, natürlich sollen auch die analytischen Behandlungen nicht länger dauern. Ein europaeischer Analytiker, O. Rank, hat sich auch bereits diesem amerikanischen Verkürzungsdrang zur Verfügung gestellt, seine Technik, die im Abreagiren des Geburtstraumas besteht, danach eingerichtet, und versucht seinem Vorgehen in der ›Genetischen Psychologie‹[3] eine theoretische Begründung zu geben. Wir sind daran gewöhnt, daß sich jedes praktische Bedürfnis die ihm entsprechende Ideologie schafft.

Psychische Abläufe zwischen Bewußtem und Unbewußten[4] haben aber ihre besonderen zeitlichen Bedingungen, die schlecht zu der amerikanischen Forderung stimmen. Es ist nicht möglich, in 3 oder 4 Monaten einen Menschen, der bisher nichts von der Analyse verstanden hat, in einen leistungsfähigen Analytiker zu verwandeln, es ist noch weniger möglich, bei einem Neurotiker in ähnlich kurzer Zeit die Veränderungen herbeizuführen, die ihm die verlorene Arbeits- und Genußfähigkeit wiedergeben sollen. Der Amerikaner erreicht also an unseren Lehrinstituten auch

---

1 [Martin, 1920.]
2 [So in der Handschrift.]
3 [Rank, 1927.]
4 [So in der Handschrift].

darum nichts, weil er in der Regel zu kurze Zeit an ihnen verbleibt. Ubrigens, ich habe wol von einzelnen Laien aus Amerika gehört, welche die ganze, über zwei Jahre erstreckte Ausbildung durchmachen, die an unseren Lehrinstituten auch für die eigenen ärztlichen Kandidaten vorgeschrieben ist, aber noch nie von einem amerikanischen Arzt, der sich soviel Zeit genommen hätte. Nein, ich muß mich korrigieren, ich kenne doch eine solche Ausnahme; sie betrifft eine amerikanische Arztin, die aber niemals im ärztlichen Beruf thätig war.[1]

Ich getraue mich jetzt, noch auf ein anderes Moment hinzuweisen, ohne welches die Situation in Amerika nicht verständlich wäre. Das amerikanische Überich scheint seine Strenge gegen das Ich sehr herabzusetzen, wenn es sich um Interessen des Erwerbs handelt. Aber vielleicht finden meine Leser, daß ich jetzt genug Böses über dies Land gesagt habe, vor dem uns zu beugen wir im letzten Dezennium gelernt haben[2].

Ich komme zum Schluße:«

Und danach folgt in der Handschrift der Wortlaut des letzten Absatzes der uns vertrauten Druckfassung. Nur wenn der Leser die unterdrückte Passage – immerhin fast ein Drittel des Gesamtmanuskripts – im Kontext des veröffentlichten Nachworts läse, würden die Unterschiede evident. Verglichen mit der Gelassenheit und bündigen Diktion des publizierten Texts wirkt das ausgelassene Stück eher ausufernd, streckenweise fast wie ein antiamerikanisches Sichausschimpfen, gekennzeichnet nicht zuletzt durch den pauschalierenden Vorurteilssingular »der Amerikaner«. Freuds generelle antiamerikanische Tendenzen, bisher eher aus seinen Briefen bekannt, können in ihrer gewiß mehrfachen Motivierung[3] hier nicht näher un-

[1] [Vermutlich Ruth Mack Brunswick, die Freud beim Schreiben vielleicht deshalb nicht spontan in den Sinn kam, weil sie damals nicht in USA, sondern in Wien lebte und als Psychoanalytikerin praktizierte (vgl. Gardiner, 1983, S. 31 ff.).]

[2] [Anspielung auf die Rolle der Vereinigten Staaten im Ersten Weltkrieg.]

[3] Peter Gay hat in seiner Freud-Biographie einige dieser Motive diskutiert und viele der einschlägigen Briefäußerungen zitiert (1989, vor allem S. 632 ff.); auch hat er gezeigt, daß Freud ohne viel Federlesens sich der damals in Europa in seiner sozialen Schicht gängigen Klischees bediente.

tersucht werden. Zum besseren Verständnis des in dieser spezifischen emotiven Variante spürbaren affektiven Drucks sei jedoch erwähnt, daß Ferenczi sich 1926/27 in den Vereinigten Staaten aufhielt und Freud laufend von seinen negativen Eindrücken hinsichtlich der dortigen Situation der Laienanalyse berichtete, auch von Anzeichen dafür, daß Ernest Jones den Dissens zwischen der New Yorker Psychoanalytiker-Gruppe und Freud bezüglich dieser Frage eher schürte. Überdies war Freud wohl irrigerweise davon überzeugt, Amerika habe, wie zuvor Rank, Ferenczi ihm entfremdet: »Ich finde Sie reservierter, als Sie vor Amerika waren. Verdammtes Land!«, heißt es in einem Brief vom 2. August 1927, also nicht lange nach der Niederschrift des Nachworts.

In Freuds Idiosynkrasie gegenüber der Neuen Welt mag aber auch ein ahnungsvolles Vor-Urteil angesichts von Entwicklungen wirksam gewesen sein, die in Zukunft sein Lebenswerk tatsächlich bedrohen würden, was sich jetzt gegen Ende des Jahrhunderts allmählich abzuzeichnen beginnt: Amerika sozusagen als das Land, das sich gläubig an die Spitze des technisch-industriellen Fortschritts und einer besinnungslosen, einebnenden Modernisierung und Kommerzialisierung gestellt hatte. Auch wenn Freud fundamentale technische Neuerungen der letzten Jahrzehnte, wie die Einführung des Fernsehens und des Computers, natürlich nicht voraussehen konnte, gibt manche Formulierung der unterdrückten Passage doch zu erkennen, daß er ein Gespür besaß für die tiefgreifenden anthropologischen Auswirkungen solcher Außenweltveränderungen auf die Strukturen der Innenwelt, insbesondere die Überich-Entwicklung. Schlagwortartig deutet er immerhin an: die Ablösung von Bildung durch Massenkultur, das Zurückdrängen autonomer Vernunft durch Meinungsmanipulation, das Ersetzen von langdauernder Verinnerlichung durch flinke Imitation, den Widerspruch zwischen der allgemeinen Temposteigerung samt dem damit einhergehenden »Verkürzungsdrang« einerseits und den ganz anderen »zeitlichen Bedingungen« psychischer Abläufe »zwischen Bewußtem und Unbewußtem« andererseits.

Dabei hat Freud, der Pionier, die wahre Langsamkeit seelischer Wachstumsprozesse, wie einst die Radioaktivität der Übertragung, stupend unterschätzt, erkennbar an der Forderung eines nur zweijährigen Curriculums für die reguläre psychoanalytische Ausbildung. Was die Behandlungsdauer betrifft, so hatte er allerdings schon drei Jahre zuvor Bedenken gegen Verkürzungs- und Vereinfachungsvorschläge angemeldet, die von Ferenczi und Rank in ihrem Buch *Entwicklungsziele der Psychoanalyse* mit Reformeifer unterbreitet worden waren.[1] Wer sich die heutzutage erbittert geführte Kontroverse über die Frage einer Verkürzung von Lehranalysen und therapeutischen Analysen im Rahmen der Deutschen Psychoanalytischen Vereinigung vergegenwärtigt, wird, angesichts der Stellungnahme der Befürworter, die Aktualität mancher Aussagen der zitierten Variante leicht erkennen können – beispielsweise über die Faszination der großen Zahlen, die vermeintliche »openmindedness« gegenüber Variationen des Standardverfahrens, die Bereitschaft, sich dem allgemeinen Verkürzungsdrang zur Verfügung zu stellen, die Behendigkeit, mit der sich »jedes praktische Bedürfnis die ihm entsprechende Ideologie schafft«. Ein paar Jahre nach Niederschrift des ›Nachworts zur *Frage der Laienanalyse*‹ hat Freud es sich übrigens nicht nehmen lassen, einige der Gedanken des von Eitingon und Jones seinerzeit unterdrückten Texts, in etwas anderer Form, doch noch an die Öffentlichkeit gelangen zu lassen.[2]

Am Ende dieses sozusagen detailstrotzenden Kapitels sei wiederholt, daß sich außer den hier vorgeschlagenen, teils einander überlappenden Variantenkategorien – graphischen Varianten, stilistisch-rhetorischen Varianten, Klärungsvarianten, Gliederungsvarianten, Titelvarianten, emotiven Varianten – gewiß noch andere für Freuds Arbeitsweise charakteristische Revisionstypen benennen ließen.

---

[1] Ferenczi und Rank, 1924. Vgl. Grubrich-Simitis, 1980, S. 146 ff.

[2] 1930*c*.

7 Erstfassungen

Die im Varianten-Kapitel beschriebenen Revisionsbeispiele betreffen die Feinstruktur von Freuds Prosa. Sie beziehen sich auf ein begrenztes Areal des jeweiligen Werks – eine Abbildung, ein Wort, einen Titel, einen Satz, einen Absatz, eine Absatzsequenz. Unter den Manuskripten finden sich indessen sozusagen noch zwei Großvarianten, die im Vergleich zur schließlich veröffentlichten Reinschrift eher den Charakter von alternativen Fassungen haben. Es handelt sich ersichtlich nicht um Entwürfe, also unmittelbare Vorstadien der publizierten Versionen; denn beide Handschriften zeigen nicht die typischen Entwurfsmerkmale, weder die diagonalen Durchstreichungen noch den Stichwortcharakter. Sie präsentieren sich vielmehr als eigene, offenbar verworfene Quasi-Reinschriften, als vom Autor schließlich zumindest teilweise abgelehnte *Erstfassungen.* Solche eigenen Textstufen sind von *Jenseits des Lustprinzips* und von *Der Mann Moses und die monotheistische Religion* überliefert. Um dem Leser das jeweils spezifische und komplexe Verhältnis dieser Erstfassungen zu den uns vertrauten Druckversionen einsichtig zu machen, bedarf es einer relativ ausführlichen Beschreibung der Entstehungsumstände sowie der formalen und inhaltlichen Strukturen.

Jenseits des Lustprinzips und das Moses-Buch zählen bekanntlich zu Freuds spekulativsten Werken. Beide sind unter traumatischen Lebensbedingungen entstanden: das eine nach den Schrecken des Ersten Weltkriegs, an dessen Ende der Autor unter der Not der Nachkriegsjahre sich alt werden fühlte, niedergedrückt von den Erfahrungen des Todes zweier ihm Nahestehender, viel Jüngerer, seiner Tochter Sophie und seines mäzenatischen Freundes Anton von Freund; das andere unter dem Terror der Nazi-Verfolgung und im Angesicht unaufhaltsamer Todeskrankheit. Allerdings hat Freud die

Vermutung zurückgewiesen, die Gedankengänge, denen er in *Jenseits des Lustprinzips* nachgeht, seien eine Reaktion auf den Verlust seiner Tochter gewesen. Fritz Wittels hatte diese Hypothese in seiner 1924 veröffentlichten Freud-Biographie vertreten, deren Text er dem Protagonisten schon 1923 zum Lesen gab. Freud antwortete mit einer längeren Korrekturliste, in der es u. a. heißt, er habe das Werk bereits 1919 geschrieben, »als meine Tochter gesund und blühend war. Sie starb im Jänner 1920«[1]. Wie sich zeigen wird, spricht Freud hier von der Erstfassung und verkleinert die Bedeutung des Umarbeitungsprozesses, dem er diese Erstfassung wohl nach dem Tode Sophiens unterzogen hatte. Seine Ermahnung an Fritz Wittels schließt er übrigens mit dem Satz: »Das Wahrscheinliche ist nicht immer das Wahre« – einer Formulierung, die dann ähnlich in der Moses-Erstfassung[2], aber auch im veröffentlichten Moses-Buch wiederkehrt[3].

Beide Werke handeln, in der einen oder anderen Form, mehr oder weniger explizit, vom Trauma und vom Tod sowie vom Gewicht der traumatischen Faktoren in der Neurosenentstehung. Beide enthalten Versuche des Autors, die eigenen psychoanalytischen Einsichten und Konzepte mit Begriffen und Prinzipien der für das sterbliche somatische Substrat zuständigen Basiswissenschaft Biologie zu konfrontieren, sich ihrem »Reich der unbegrenzten Möglichkeiten«[4] anzunähern – als hätte Freud die immense Erkenntniserweiterung vorausgeahnt, die sich in dieser Disziplin durch das Vordringen in den molekularen Bereich der Zelle, kaum zehn Jahre nach seinem Tode, zu vollziehen begann.

In ihrem Vorwort von 1940 zum siebzehnten Band der *Gesammelten Werke*, der die ›Schriften aus dem Nachlaß‹ präsentiert, hatten die Herausgeber bereits auf »eine erste Fassung des ›Moses‹« aufmerksam gemacht, »die vielleicht in einem späteren Zeitpunkt der Öffentlichkeit übergeben werden« könne.[5] Es war also bekannt, daß

[1] 1987*a*, S. 758.
[2] Siehe unten, S. 248.
[3] 1939*a*, S. 468.
[4] 1920*g*, S. 268.
[5] S. ix.

sie überliefert ist. Dagegen stieß ich auf die andere Erstfassung unerwartet während meiner Studien in der Library of Congress.

Dort werden zwei Manuskriptversionen von *Jenseits des Lustprinzips* aufbewahrt. Der Katalog verzeichnet sie als »Handwritten manuscript« einerseits und »Handwritten and typewritten manuscript, bound« andererseits. Die Erstfassung ist tatsächlich durchgehend handgeschrieben auf die üblichen großen Doppelbogen. Sie umfaßt vierunddreißig Seiten und zeigt alle Merkmale einer Reinschrift, also die feierliche Titeltypographie[1] sowie die Schlußakzentuierung durch eine Art Fermate. Die andere Version liegt als Pappband vor. Die steifen Buchdecken sind mit braunem Kleisterpapier überzogen, die Deckenecken sowie die Rückenpartie mit hellem Pergament. Das hellbraune Vorsatzpapier ist auf die Tönung des Einbandmaterials abgestimmt. Die Rückenbeschriftung – Autorennachname und Titel – erscheint in Goldprägung. Es handelt sich offensichtlich um das Manuskript, das Freud Max Eitingon schenkte und das dieser hatte einbinden lassen.[2] Der Buchblock besteht teils aus handgeschriebenen, teils aus getippten Seiten, die letzteren zeigen eine Vielzahl handschriftlicher Korrekturen bzw. Einschübe auf zusätzlichen Zetteln und Blättern. Vergleicht man beide Versionen mit dem gedruckten Text von *Jenseits des Lustprinzips*, so zeigt sich, daß die gebundene Fassung die Satzvorlage bildete[3], trotz ihres zusammengestückelten Erscheinungsbildes, das sie von der ruhigen Schönheit der meisten anderen Reinschriften unterscheidet.

Als Lou Andreas-Salomé sich im Frühjahr 1919 nach dem Schick-

---

[1] Vgl. das folgende Faksimile.

[2] Siehe oben, S. 121.

[3] Allerdings entsteht bei diesem Vergleich zunächst Irritation, weil die im Anschluß an Maschinenseite 4 folgenden handschriftlichen Seiten 5 bis 27 versehentlich an der falschen Stelle eingeheftet wurden. Sie gehören an einen wesentlich späteren Ort, bilden nämlich die Fortsetzung der handschriftlichen Seiten 1 bis 4, die korrekt zwischen Maschinenseite 39 und 40 eingefügt wurden. Bei diesem umfangreichen handschriftlichen Block von insgesamt siebenundzwanzig Seiten (Seite 27 besteht jedoch nur aus einem wenige Zeilen umfassenden Streifen) handelt es sich um Kapitel VI, das Textstück, das – wovon sogleich die Rede sein wird – in der Erstfassung insgesamt fehlt.

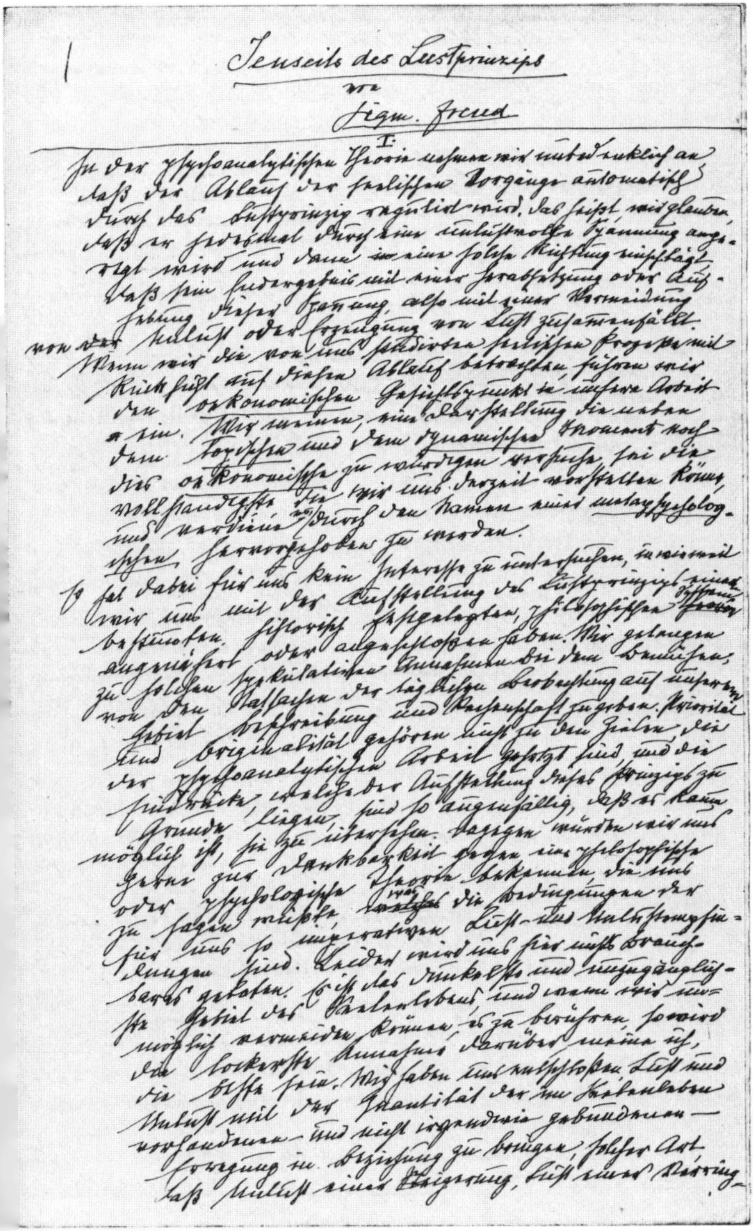

Jenseits des Lustprinzips
von
Sigm. Freud

I.

In der psychoanalytischen Theorie nehmen wir unbedenklich an, daß der Ablauf der seelischen Vorgänge automatisch durch das Lustprinzip reguliert wird. Das heißt wir glauben, daß er jedesmal durch eine unlustvolle Spannung angeregt wird und dann eine solche Richtung einschlägt, daß sein Endergebnis mit einer Herabsetzung oder Aufhebung dieser Spannung, also mit einer Vermeidung von der Unlust oder Erzeugung von Lust zusammenfällt. Wenn wir die von uns studierten seelischen Prozesse mit Rücksicht auf diesen Ablauf betrachten, führen wir den oekonomischen Gesichtspunkt in unsere Arbeit ein. Wir meinen, eine Darstellung die neben dem topischen und dem dynamischen Moment noch das oekonomische zu würdigen versucht, sei die vollständigste die wir uns derzeit vorstellen können und verdiene es durch den Namen einer metapsychologischen hervorgehoben zu werden.

Es hat dabei für uns kein Interesse zu untersuchen, inwieweit wir uns mit der Aufstellung des Lustprinzips einem bestimmten, historisch festgelegten, philosophischen System angenähert oder angeschlossen haben. Wir gelangen zu solchen spekulativen Annahmen bei dem Bemühen, von den Tatsachen der täglichen Beobachtung auf unserem Gebiet Beschreibung und Rechenschaft zu geben. Priorität und Originalität gehören nicht zu den Zielen, die der psychoanalytischen Arbeit gesteckt sind, und die Eindrücke, welche der Aufstellung dieses Prinzips zu Grunde liegen, sind so auffällig, daß es kaum möglich ist, sie zu übersehen. Dagegen würden wir uns gerne zur Dankbarkeit gegen eine philosophische oder psychologische Theorie bekennen, die uns zu sagen wüßte, was die Bedeutungen der für uns so imperativen Lust- und Unlustempfindungen sind. Leider wird uns hier nichts Brauchbares geboten. Es ist das dunkelste und unzugänglichste Gebiet des Seelenlebens, und wenn wir unmöglich vermeiden können, es zu berühren, so wird die lockerste Annahme darüber, meine ich, die beste sein. Wir haben uns entschlossen Lust und Unlust mit der Quantität der im Seelenleben vorhandenen – und nicht irgendwie gebundenen – Erregung in Beziehung zu bringen, solcher Art daß Unlust einer Steigerung, Lust einer Verring-

Erste Seite der Erstfassung von *Jenseits des Lustprinzips*.

sal seiner sieben noch nicht veröffentlichten, während des Krieges niedergeschriebenen metapsychologischen Abhandlungen erkundigte, antwortete Freud am 2. April ausweichend: »Das systematische Bearbeiten eines Stoffes ist mir nicht möglich; die fragmentarische Natur meiner Erfahrungen und der sporadische Charakter meiner Einfälle gestatten es nicht.«[1] Sofern er leistungsfähig bleibe, werde er aber weitere Beiträge liefern; an einem ersten arbeite er bereits – eben *Jenseits des Lustprinzips.* Es ist in der Tat ein exquisit metapsychologisches Werk mit den Umrissen des kommenden Strukturmodells der Psyche, der Einführung des neuen Triebdualismus (Todestriebe versus Lebenstriebe), der ersten vollen Würdigung der menschlichen Destruktivität in Gestalt des Versuchs, das durchdringende klinische Phänomen des Wiederholungszwangs theoretisch zu reflektieren, und dem Aufspüren von im Seelenleben wirksamen elementaren Tendenzen – *jenseits* des bisher als letztes und einziges Movens postulierten Lustprinzips und unabhängig von ihm. Ursprungsdenker par excellence, hatte Freud in fast mystisch-philosophisch-dichterischen Spekulationen sich zu den Anfängen des Lebens zurückzufragen begonnen: »Irgend einmal wurden in unbelebter Materie durch eine noch ganz unvorstellbare Krafteinwirkung die Eigenschaften des Lebenden erweckt. [...] Die damals entstandene Spannung in dem vorhin unbelebten Stoff trachtete danach, sich abzugleichen; es war der erste Trieb gegeben, der, zum Leblosen zurückzukehren.«[2] Oder, anders ausgedrückt: »*Das Ziel alles Lebens ist der Tod*, und zurückgreifend: *Das Leblose war früher da als das Lebende.*«[3]

Ferenczi, den Freud für den kompetentesten Biologen unter seinen Schülern hielt, hatte er bereits im März 1919 über seine Gedankenexkursionen informiert. Anfang Mai meldete er den Abschluß eines »Entwurfs«, den er für den Freund abschreiben lassen wolle. Doch bezeichnete er sich vor Ferienbeginn am 10. Juli 1919 als »sehr müde, mehr noch bösartig, von ohnmächtiger Wut zerfressen«; er habe beschlossen, *Jenseits des Lustprinzips* zur weiteren Bearbeitung

[1] 1966*a*, S. 105.
[2] 1920g, S. 248.
[3] AaO.

nach Badgastein in die Sommerfrische mitzunehmen. An seine Tochter Anna schrieb er von dort allerdings schon am 21. Juli in aufgeheiterter Stimmung, daß das Manuskript nun gut gedeihe: »Es ist viel über den Tod darin, aber leider läßt sich ohne Literatur und ohne praktische Erfahrung schwer etwas Entscheidendes darüber sagen.« Immerhin konnte er wenig später etwas zur Milderung des erstgenannten Mangels unternehmen; denn er berichtete Anna von hilfreicher Lektüre der Werke Schopenhauers, die Rank ihm auf seinen Wunsch zugeschickt habe. Nach den Ferien, Ende September, kam Ferenczi zu ausgiebigem Gedankenaustausch nach Wien. Offenbar standen biologische Themen und Fachveröffentlichungen im Zentrum der Diskussion[1] – nicht nur zur Fundierung von Freuds *Jenseits*-Spekulationen, sondern auch zur weiteren Klärung von Ferenczis eigenen »metabiologischen« bzw. »paläobiologischen« Überlegungen[2].

Danach ist im Briefwechsel eine Zeitlang nicht mehr vom Schicksal des *Jenseits*-Manuskripts die Rede. Erst am 25. Mai 1920 – zuvor waren am Jahresanfang die Tochter Sophie unerwartet und Anton von Freund nach längerem schwerem Kranksein gestorben – erwähnte Freud, daß er jetzt erneut an diesem Werk arbeite. Er bat Ferenczi in diesem Zusammenhang um den Nachweis eines Zitats über Verdrängung, das er in einem englischen Buch gefunden habe und das ihm, Ferenczi, zugeschrieben werde. Am 17. Juni ermahnte er den diesbezüglich säumigen Freund: er wolle im Juni–Juli das »›Jenseits‹ fertig machen, wozu sich noch merkwürdige Fortsetzungen ergeben haben [. . .]. Ihr Zitat sollten Sie doch verifizieren, sonst kann ich's nicht anbringen, was schade wäre«. Lakonisch heißt es dann abschließend am 18. Juli 1920: »Das ›Jenseits‹ ist fertig, Ihren Ausspruch zu zitieren, haben Sie mir nicht geholfen.«

Welchen Phasen dieser Chronologie der Entstehungsgeschichte von *Jenseits des Lustprinzips* die beiden überlieferten Manuskriptver-

---

[1] Ferenczi schrieb anschließend für die *Internationale Zeitschrift für Psychoanalyse* Rezensionen biologischer Abhandlungen von Julius Schaxel und Alexander Lipschütz, in denen er explizit auf Berührungspunkte zwischen Psychoanalyse und Biologie zu sprechen kommt (1920*a* und 1920*b*).

[2] Vgl. hierzu Grubrich-Simitis, 1985, S. 104 ff.

sionen zuzuordnen sind, läßt sich ohne weitere Detailstudien, z. B. der im gebundenen Exemplar variierenden Tintenfarbe bei handschriftlichen Korrekturen und Ergänzungen, nicht exakt angeben. Sicher ist lediglich, daß wir zwei Manifestationen eines »work in progress« vor uns haben, dessen Metamorphosen sich noch während der Fahnen- und Umbruchkorrektur fortsetzten. Nicht einmal mit der Erstveröffentlichung im Jahre 1920 war der Wandlungsprozeß gänzlich zum Stillstand gekommen; denn der Autor hat noch in die drei zwischen 1921 und 1925 erschienenen Neuauflagen seines Werks substantielle Veränderungen eingetragen.[1]

Bescheiden wir uns hier also mit dem Vergleich der beiden Manuskriptversionen. Dabei stellt sich heraus, daß die getippten Stücke des gebundenen Exemplars, von kleineren Varianten abgesehen, die Maschinenabschrift der vierunddreißig Seiten des insgesamt handgeschriebenen ersten Manuskripts darstellen. An diesem getippten Text hat Freud dann in einem zweifellos mehrschichtigen und mehrphasigen Umarbeitungsprozeß handschriftliche Veränderungen und Ergänzungen verschiedener Größenordnung vorgenommen. Sie reichen von Hinzufügung bzw. Austausch einzelner Wörter über die Einschaltung zusätzlicher Absätze, Abschnitte oder Anmerkungen bis zur Neukomposition eines ganzen, für das Gefüge des Werks konstitutiven Kapitels.

Zuerst ein Beispiel für kleinste Veränderungen: es findet sich im zweiten Kapitel, das anfangs das rätselhafte, »dunkle und düstere Thema der traumatischen Neurose«[2] behandelt, dann scheinbar jäh abbricht und die Analyse des Fort/Da-Kinderspiels einblendet. Gemeint ist Freuds berühmte und vielzitierte Kinderbeobachtung an seinem Enkel Ernst, dem Sohn Sophiens: In einem ständig wiederholten Ablauf warf dieses Kind eine Holzspule, die mit einem Bindfaden umwickelt war, über das verhängte Gitter seines Bettchens, so

[1] Freuds anhaltende Unzufriedenheit mit der Begrifflichkeit seiner neuen Triebklassifikation kommt zum Beispiel in der langen Anmerkung am Schluß von Kapitel VI (S. 269 der veröffentlichten Fassung) zum Ausdruck. Sie fehlt auch in der gebundenen Manuskriptfassung; der erste Teil dieser Note scheint während der Fahnenlektüre eingetragen worden zu sein, der zweite ist sogar ein Zusatz erst zur zweiten Auflage von 1921.

[2] 1920g, S. 224.

daß sie aus seinem Blickfeld verschwand, um sie dann wieder hervorzuziehen und mit einem freudigen »Da« zu begrüßen. Das Fortwerfen war von einem langgezogenen Laut begleitet, den die Mutter und der Großvater als »Fort« interpretierten. Den ganzen Vorgang deutete Freud als den Versuch des Eineinhalbjährigen, das schmerzhafte Von-der-Mutter-Verlassenwerden in ein aktives Bewältigungsspiel von Verschwinden- und Wiederkommen-Machen umzuwandeln und damit die passiv erlittenen vorübergehenden Trennungen von seiner Mutter erträglicher, ja lustvoll zu gestalten. Die phonetische Umschrift des das Fortwerfen begleitenden Lauts heißt in der Erstfassung oooo, im Typoskript der gebundenen Version OOOOO; handschriftlich hat Freud die Vokalfolge dann aber noch lautmalerisch gedehnt: o-o-o-o.[1]

Schon im ersten Kapitel von *Jenseits des Lustprinzips* hat Freud in die getippte Passage der gebundenen Fassung drei umfangreichere Absätze bzw. Abschnitte handschriftlich hinzugefügt. Nachdem er sich eingangs darüber beklagt hatte, daß weder Psychologie noch Philosophie eine irgend brauchbare Theorie zum Verständnis der im Seelenleben so bedeutungsvollen Lust- und Unlustempfindungen geliefert hätten, gedenkt er in jenen Einschüben, als erfülle er eine Dankespflicht, fast liebevoll des, wie er ihn nennt, tiefblickenden

[1] Zu dieser Kinderbeobachtung hat Freud übrigens wohl während der Fahnen- oder Umbruchkorrektur eine andere jener späten Ergänzungen hinzugefügt. Folgende in der Erstausgabe enthaltene Anmerkung fehlt nämlich in beiden Manuskriptfassungen: »Als das Kind fünfdreiviertel Jahre alt war, starb die Mutter. Jetzt, da sie wirklich ›fort‹ *(o-o-o)* war, zeigte der Knabe keine Trauer um sie. Allerdings war inzwischen ein zweites Kind geboren worden, das seine stärkste Eifersucht erweckt hatte.« (AaO, S. 226, Anm. 1.) – Wenngleich die für Jacques Derridas Analysen charakteristische Einwärtsschraubung von Texten die außersprachlichen Bezugspunkte verschwimmen läßt, hat es den Anschein, als ob er in seiner 1980 veröffentlichten Interpretation von *Jenseits des Lustprinzips* nicht nur im Hinblick auf diese Anmerkung, sondern bezüglich des ganzen Werks von einer Verbindung mit dem Tochterverlust ausgehe. Insbesondere im zweiten Kapitel, das wohl vor dem unvorhersehbaren Tod Sophiens entstanden ist, glaubt er selbstreferentielle Züge des Texts zu erkennen: die Dynamik des Fort/Da-Spiels wie überhaupt die repetitiven Rhythmen des Wiederholungszwangs bestimmten die Bewegung bzw. das Auf-der-Stelle-Treten von Freuds Argumentation. Den Tochterverlust in einer Art Halbtrauer verarbeitend, handhabe dieser seinen Text wie der Enkel die Fadenrolle.

Forschers Gustav Theodor Fechner, des Begründers der experimentellen Sinnesphysiologie. Er habe »eine Auffassung von Lust und Unlust vertreten«, die »im wesentlichen mit der zusammenfällt, die uns von der psychoanalytischen Arbeit aufgedrängt wird«[1]. Im Kontext einer erneuten Erörterung des schon in Freuds frühen Arbeiten diskutierten Konstanzprinzips, welches im *Jenseits* seine definitive Pointierung und Einschränkung erfährt, belegt Freud diese intellektuelle Verwandtschaft mit zwei längeren, in der Tat verblüffend metapsychologischen Fechner-Zitaten.

Noch ein anderes Beispiel für einen solchen größeren handschriftlichen Nachtrag zum Maschinentext der gebundenen Fassung: Am Schluß des vierten Kapitels ist der gesamte bedeutsame vorletzte Absatz[2] mit der Fortführung der Erörterung über Träume, die nicht dem Prinzip der Wunscherfüllung, sondern dem Wiederholungszwang gehorchen, nachträglich eingeschaltet worden. Und alles, was im Anschluß an den ersten Satz des letzten Absatzes bis zum Kapitelende folgt, also die komplizierte libidotheoretische Diskussion der Frage, warum körperliche Verletzungen oder somatische Erkrankungen psychische Leiden unter Umständen mildern können, ist gleichfalls eine handschriftliche Ergänzung auf einer zusätzlichen Seite, in hellerer Tinte geschrieben als das zuvor erwähnte Stück, also wohl aus einer anderen Phase des Umarbeitungsprozesses stammend.

Allein diese inhaltsreichen Zusätze sowie eine Reihe anderer, die hier nicht im einzelnen angeführt werden können, würden es nahelegen, hinsichtlich der beiden überlieferten Manuskripte statt von Entwurf und Reinschrift eher von zwei Fassungen der Abhandlung *Jenseits des Lustprinzips* zu sprechen. Indessen besteht der Kardinalunterschied zwischen beiden Versionen in einer Kapiteldifferenz. Das handgeschriebene Manuskript umfaßt nämlich nur sechs mit römischen Ziffern markierte Teile, wohingegen das gebundene Exemplar sieben zählt. Die Ziffer »VI« in dessen maschinegeschrie-

[1] 1920*g*, S. 218. Da der Leser leichten Zugang zu dieser Edition hat und sich die gebundene Manuskriptversion wenig von der veröffentlichten Fassung unterscheidet, nenne ich zur Lokalisierung der zitierten Passagen hier und im folgenden nicht die Handschriftenpaginierung, sondern jeweils die Seitenzahlen des *Jenseits*-Abdrucks in der *Studienausgabe*.

[2] AaO, S. 242.

benem Text wurde vom Autor nachträglich in »VII« verändert, nachdem er auf siebenundzwanzig handschriftlichen Extraseiten ein anderes sechstes Kapitel hinzugesetzt hatte. Es handelt sich dabei um den bei weitem umfangreichsten Teil des ganzen Buches, der in der Druckfassung von *Jenseits des Lustprinzips* fast ein Drittel des Gesamtumfangs ausmacht.

In der Korrekturliste für Fritz Wittels spricht Freud wohl von diesem Stück, wenn er sagt, nach dem Tode seiner Tochter Sophie sei »nur der Teil über die Sterblichkeit oder Unsterblichkeit der Protozoen« hinzugefügt worden.[1] Wer diese Passage liest, dürfte des Autors Charakterisierung ihrer Substanz unangemessen lakonisch finden. In Wahrheit ist es nämlich der Begriff des »Todestriebs« selbst, der erstmals in diesem nachträglich verfaßten sechsten Teil von *Jenseits des Lustprinzips* erscheint. Zwar werden die Beschreibung eines neuen Triebdualismus bzw. die Andeutung triebhafter Tendenzen, die eine Rückkehr in den Zustand anorganischer Leblosigkeit anstreben, sowie die Einbeziehung der biologischen Dimension schon in früheren Teilen des Werks, im vierten und zumal im fünften, vorbereitet, also in Textstücken, die schon in der vor Sophiens Tod entstandenen handschriftlichen Erstfassung stehen. Aber die eigentliche Präzisierung des Todestrieb-Konzepts erfolgte wohl doch nicht gänzlich unabhängig vom Erleiden jener Verluste. Gleich zu Anfang des neuen Kapitels mag der Leser einen Nachhall der beiden soeben erlebten Todesfälle spüren. Freud kommt hier nämlich auf die zuvor diskutierte Annahme zu sprechen, daß alles Lebende aus inneren Ursachen sterben müsse, und meint, vielleicht werde – auch von den Dichtern – an ihr so unbeirrt festgehalten, weil sie tröstlich sei: »Wenn man schon selbst sterben und vorher seine Liebsten durch den Tod verlieren soll, so will man lieber einem unerbittlichen Naturgesetz, der hehren 'Ανάγκη, erlegen sein als einem Zufall, der sich etwa noch hätte vermeiden lassen. Aber vielleicht ist dieser Glaube an die innere Gesetzmäßigkeit des Sterbens auch nur eine der Illusionen, die wir uns geschaffen haben, ›um die Schwere des Daseins zu ertragen‹.«[2]

[1] 1987*a*, S. 758.
[2] 1920*g*, S. 254.

Und zur Prüfung dieses »Glaubens«, eigentlich in der – und sei es nur rhetorischen – Hoffnung, ihn dort widerlegt zu finden, wendet er sich dann der Biologie zu. Man wird vermuten dürfen, daß die Diskussion, die er im Herbst des Vorjahrs mit Ferenczi über biologische Fachliteratur geführt hatte, hier ihre Spuren hinterließ; einer der nun zitierten Autoren ist beispielsweise der seinerzeit von Ferenczi rezensierte Alexander Lipschütz. Im Mittelpunkt stehen freilich die Hypothesen von August Weismann über die Aufteilung der lebenden Substanz in das sterbliche Soma einerseits und die potentiell unsterblichen Keimzellen andererseits, worin Freud zunächst eine morphologische Entsprechung zu seinem neuen dynamischen Triebdualismus zu erkennen meint, eine Übereinstimmung, die er dann aber bei näherer Betrachtung sich wieder auflösen sieht, weil Weismann die einzelligen Lebewesen für schlechterdings unsterblich deklariert und den natürlichen Tod für eine spätere Erwerbung der höheren, der mehr- und vielzelligen Organismen hält, also nicht für ein Merkmal *alles* Lebenden. So werden von Freud in der Folge andere Autoren bemüht und kontroverse Experimente zur angeblichen Unsterblichkeit der Protozoen berichtet, was alles ihn endlich zu der Schlußfolgerung führt: »Unsere Erwartung, die Biologie werde die Anerkennung der Todestriebe glatt beseitigen, hat sich nicht erfüllt.«[1]

Danach kann Freud in einer Klimax zur weiteren und eigentlichen Ausgestaltung seines Todestrieb-Konzepts fortschreiten, sich nun eher an die Philosophie, an Schopenhauer und Platon, anlehnend. Zugleich gewinnt der überaus verdichtete Text an Zukunfts- und Vergangenheitsperspektive: Einerseits wird die Libidotheorie kühn auf das Verhältnis der Zellen zueinander übertragen, und es entsteht spielerisch so etwas wie ein psychosomatisches Denkmodell; andererseits hält der Autor Rückschau auf die mühsame, an jahrzehntelanger klinischer Beobachtung orientierte Entwicklung seiner Triebtheorie, und daraus gewinnt er die logische Rechtfertigung für ihre aktuelle Revision. Themenfülle wie Dunkelheit der letzten Seiten widersetzen sich der Kurzbeschreibung. Es sei bloß noch erwähnt, daß bei dem diffizilen Veruch, das Wirken der Todestriebe unmittel-

[1] AaO, S. 258.

bar anschaulich nachzuweisen, ein weiteres innovatives Konzept aufleuchtet, das des *primären* Masochismus. Auch wenn Freud am Schluß einräumt, »daß der dritte Schritt in der Trieblehre, den ich hier unternehme, nicht dieselbe Sicherheit beanspruchen kann wie die beiden früheren, die Erweiterung des Begriffs der Sexualität und die Aufstellung des Narzißmus«[1], kann kein Zweifel daran bestehen, daß jenes nachträglich eingeschaltete kompakte sechste Kapitel den Kern von *Jenseits des Lustprinzips* bildet.

Und deshalb kann das handgeschriebene Manuskript, in welchem dieses Herzstück fehlt, eben nicht als ›Entwurf‹ gelten; es stellt vielmehr tatsächlich eine alternative, schließlich für unzulänglich befundene Erstfassung dar. Ohne der erforderlichen materialen Detailuntersuchung vorgreifen zu wollen, darf hier immerhin die Vermutung geäußert werden, daß die Niederschrift dieses zentralen Texts erst zwischen Mai und Spätsommer 1920[2], also *nach* den beiden Todesfällen erfolgte; bestätigte sie sich, so wäre Fritz Wittels' Hypothese doch nicht gänzlich abwegig gewesen. Jedenfalls waren es wohl diese siebenundzwanzig gewichtigen Seiten, die Freud in seinem Brief an Ferenczi vom 17. Juni 1920 als »merkwürdige Fortsetzungen« bezeichnete, die sich unterdessen ergeben hätten.

Sie haben dann noch Änderungen im letzten Teil des Buchs nach sich gezogen. Das gebundene Manuskriptexemplar enthält, sozusagen als Grundstock des Schlußstücks, die getippte Abschrift dessen, was Freud in der Erstfassung als Teil »VI« handschriftlich festgehalten hatte. In diesem Maschinenskript strich er dann mit Rotstift mehrere Passagen durch. Das gilt auch für einen handschriftlichen

---

[1] AaO, S. 267.

[2] Zwar hatte Freud in dem zitierten Brief an Ferenczi vom 18. Juli 1920 festgestellt: »Das ›Jenseits‹ ist fertig [...]«; doch könnte sich dies, wie für ihn typisch, auf den Entwurf dieses Kapitels, also die Phase der Konzeption bezogen haben. Im Archiv des Freud Museums in London finden sich einige auf ungarische Kalenderblätter geschriebene Notizen, die unverkennbar, bis in die Details mancher Formulierungen, Gedanken des sechsten Kapitels festhalten und die Freud, ohne Jahresangabe, auf den 15., 16. und 17. Juli datierte. Daß die Notizen aus dem Vorjahr stammen, ist unwahrscheinlich, weil ja laut Freuds Aussage gegenüber Wittels der Teil über Sterblichkeit bzw. Unsterblichkeit der Protozoen – und davon handeln die knappen Aufzeichnungen – erst nach Sophiens Tod hinzukam.

Nachtrag, mit dem er in einem ersten Überarbeitungsprozeß zunächst offenbar das Ende des getippten Texts hatte präzisieren wollen. In einem radikaleren weiteren Schritt scheint er schließlich die Endzeilen der Erstfassung insgesamt verworfen zu haben. Auf einer eigenen, in dunklerer Tinte fixierten Seite ersetzte er sie durch den langen Schlußabsatz, den wir aus der Druckfassung[1] kennen. Dieser bringt das Durchgestrichene klarer und ausführlicher zum Ausdruck, mahnt zusätzlich zu Geduld und zur Bereitschaft, »einen Weg wieder zu verlassen, den man eine Weile verfolgt hat, wenn er zu nichts Gutem zu führen scheint«, und endet mit den sprechenden Zeilen aus der Rückert-Übersetzung der Makamen des Hariri: »Was man nicht erfliegen kann, muß man erhinken. ... Die Schrift sagt, es ist keine Sünde zu hinken.«

In mancherlei Hinsicht paßt dieses Zitat auch zu Freuds großartig seltsamem Alterswerk *Der Mann Moses und die monotheistische Religion*[2] sowie zu dessen Erstfassung *Der Mann Moses* mit dem Untertitel ›Ein historischer Roman‹[3]. Bereits im Kapitel über die ›Entwürfe‹[4] war von einem anderen Teil der überlieferten Moses-Handschriften die Rede gewesen, nämlich dem Entwurf von Teilen der dritten Abhandlung des Buches. In *Freuds Moses-Studie als Tagtraum* habe ich im Anhang eine erste zusammenhängende Beschreibung der drei Konvolute veröffentlicht, in die sich die Moses-Manuskripte einteilen lassen.[5] Eines dieser Konvolute ist eben der sogenannte »historische Roman«, das zweite Beispiel einer alternativen Erstfassung, die von einem von Freuds publizierten Hauptwerken überliefert ist. Damit dem Leser auffallen kann, daß und worin sie sich strukturell von der Erstfassung zum *Jenseits des Lustprinzips* unterscheidet, seien einige Daten und Merkmale skizziert.

Im Jahre 1933 veröffentlichte Thomas Mann *Die Geschichten Jaakobs*, den ersten Teil seiner Josephstetralogie. Zwar hat er erst

[1] AaO, S. 271 f.

[2] 1939*a*.

[3] Vgl. das folgende Faksimile von dessen erster Seite.

[4] Oben, S. 173.

[5] Grubrich-Simitis, 1991, S. 79–103.

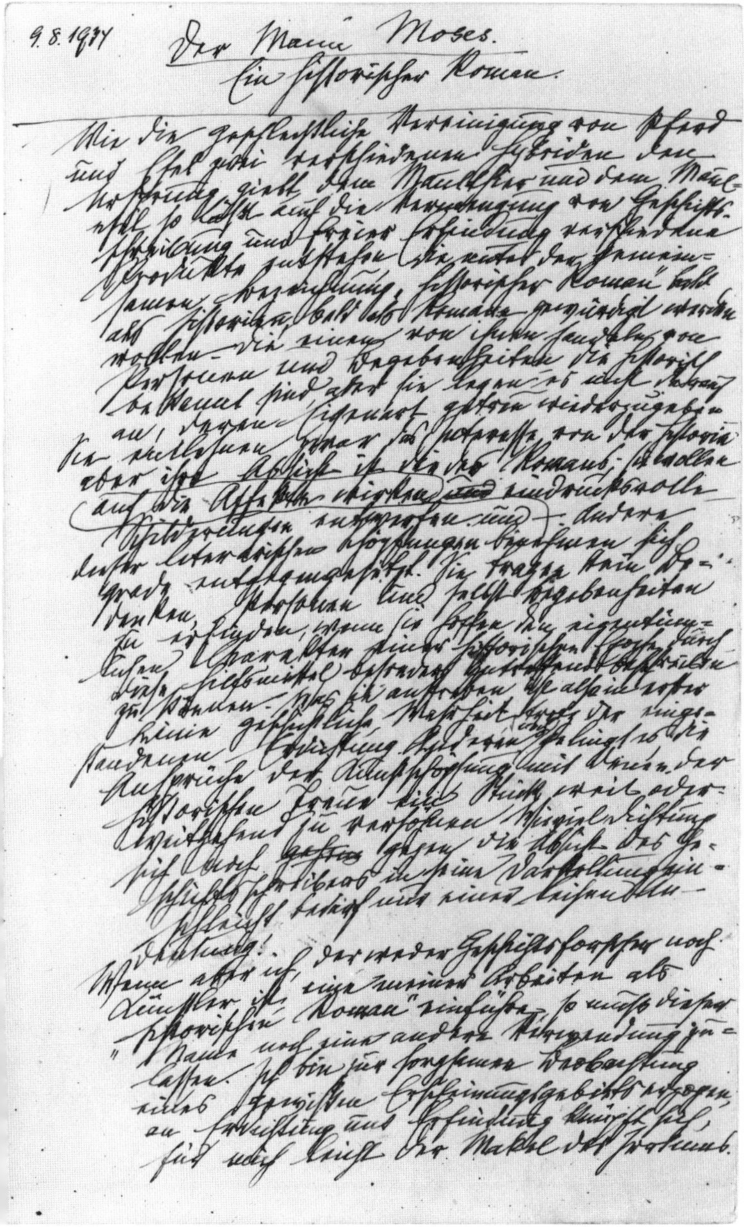
9.8.1934

Der Mann Moses.

Ein historischer Roman.

Erste Seite der Erstfassung von *Der Mann Moses*.

1936, in seiner Rede zu Freuds achtzigstem Geburtstag ausdrücklich gesagt, »jener der Freudschen Welt befreundete Roman« sei »eine festliche Begegnung von Dichtung und Psychoanalyse«[1], doch wird Freud diese Verwandtschaft schon bei seiner ersten Lektüre gespürt haben. Er las das neue Œuvre in einer Zeit eigener Niedergeschlagenheit, hilfloser Wut, des Nicht-mehr-schreiben-Wollens. Hitlers Vormarsch, nicht zuletzt die Verbrennung der eigenen Bücher hatten die Ohnmachtserfahrung, selbst krebskrank und alt zu sein, unsäglich verschlimmert. Manches spricht dafür, daß Freud sich von Manns Roman hat dazu inspirieren lassen, selbst einen Befreiungsausflug ins Reich der Phantasie zu unternehmen und in entlegenen Epochen, fernen Gefilden imaginative Erquickung zu suchen. »Längstvergangene Zeiten«, heißt es im Moses-Buch, »haben eine große, eine oft rätselhafte Anziehung für die Phantasie der Menschen. Sooft sie mit ihrer Gegenwart unzufrieden sind – und das sind sie oft genug –, wenden sie sich zurück in die Vergangenheit und hoffen, diesmal den nie erloschenen Traum von einem goldenen Zeitalter bewahrheiten zu können.«[2] Freud, der sich immer angestrengt hatte, den eigenen Hang zur Spekulation zu zügeln, mag die Gattung des »historischen Romans« als verlockende Kompromißform erschienen sein, seinen Gedanken endlich einmal freien Lauf zu gönnen und doch sich hier und dort einer Wirklichkeitsverankerung zu vergewissern.

Entgegen seiner Anfangsabsicht, bewegte sich Freud bei seinen immer obsessiveren Expeditionen im Bezirk der Moses-Überlieferung dann aber eher wie ein traditioneller Historiker als wie ein Dichter, als seien die Details der im Bibeltext mitgeteilten Lebensgeschichte des Religionsstifters im wesentlichen dokumentarisch-faktische Spuren von Realereignissen und nicht ihrerseits Hervorbringungen uralter kreativer Umarbeitungen, Verschiebungen, Verdichtungen – obgleich er selbst gerade diesen Deutungscharakter des Textmaterials, der seinerseits zur Deutung herausfordert, immer wieder unterstreicht. Der Bibelwortlaut enthalte »wertvolle, ja unschätzbare historische Angaben, die aber durch den Einfluß mächti-

---

[1] Mann, 1936, S. 499 f.
[2] 1939*a*, S. 520.

ger Tendenzen entstellt und mit den Produktionen dichterischer Erfindung ausgeschmückt worden«[1] seien. Und über die Ergebnisse solcher Umarbeitungen in den fünf Büchern Mosis heißt es – mit einer hübschen Vorwegnahme des heute im Gefolge des Strukturalismus modischen Beim-Wort-Nehmens: »So sind fast in allen Teilen auffällige Lücken, störende Wiederholungen, greifbare Widersprüche zustande gekommen, Anzeichen, die uns Dinge verraten, deren Mitteilung nicht beabsichtigt war. Es ist bei der Entstellung eines Textes ähnlich wie bei einem Mord. Die Schwierigkeit liegt nicht in der Ausführung der Tat, sondern in der Beseitigung ihrer Spuren. Man möchte dem Worte ›*Entstellung*‹ den Doppelsinn verleihen, auf den es Anspruch hat, obwohl es heute keinen Gebrauch davon macht. Es sollte nicht nur bedeuten: in seiner Erscheinung verändern, sondern auch: an eine andere Stelle bringen, anderswohin verschieben. Somit dürfen wir in vielen Fällen von Textentstellung darauf rechnen, das Unterdrückte und Verleugnete doch irgendwo versteckt zu finden, wenn auch abgeändert und aus dem Zusammenhang gerissen.«[2]

Trotzdem müssen wir uns vergegenwärtigen, daß Freud, ungeachtet seiner Modernität beim Entziffern solcher Geheimschrift, mit einer akademischen Tradition identifiziert blieb, in der das Einebnen von Gattungsunterschieden verpönt war. Jedenfalls dürften Freuds Mißtrauen gegenüber dem Fiktiven und seine Hemmung, den wissenschaftlichen Diskurs zugunsten des künstlerischen aufzugeben, Motive gewesen sein, den historischen Roman über den Mann Moses, also die Erstfassung, schließlich doch zu verwerfen. Dabei hatte er schon zu Beginn der auf den 9. August 1934 datierten Handschrift versucht, verschiedene Bedeutungen der Gattungsbezeichnung »historischer Roman« gegeneinander abzugrenzen, und definiert, was im Falle des eigenen Moses-Experiments darunter zu verstehen sei, in welchem er sich bekanntlich die Freiheit herausnahm, Moses zum Ägypter zu erklären und ihn von den Israeliten ermorden zu lassen. Das betreffende Stück aus der Einleitungspassage sei zitiert, weil es den Leser davon abhält, von dieser Erstfassung etwas im umgangssprachlichen Sinne Romanhaftes zu erwarten; auch scheint

[1] AaO, S. 491.
[2] AaO, S. 492 f.

es die vermuteten Motive für das Aufgeben der Moses-Urversion zu bestätigen[1]:

»Wenn aber ich, der weder Geschichtsforscher noch Künstler ist, eine meiner Arbeiten als ›historischen Roman‹ einführe, so muß dieser Name noch eine andere Verwendung zulassen. Ich bin zur sorgsamen Beobachtung eines gewißen Erscheinungsgebiets erzogen, an Erdichtung und Erfindung knüpft sich für mich leicht der Makel des Irrtums. Meine nächste Absicht war, eine Kenntnis der Person des Moses zu gewinnen, mein entfernteres Ziel, auf solche Art zur Lösung eines noch heute aktuellen Problems beizutragen, das erst späterhin genannt werden kann. Eine Charakterstudie erfordert zu ihrer Begründung zuverlässiges Material, aber nichts was über den Mann Moses zu Gebote steht, kann zuverlässig genannt werden. Es ist eine Tradition aus einer einzigen Quelle, von keiner anderen Seite bestätigt, wahrscheinlich zu spät schriftlich fixirt, in sich widerspruchsvoll, sicherlich mehrfach überarbeitet und durch den Einfluß neuer Tendenzen entstellt, mit den religiösen und nationalen Mythen eines Volkes innig verwoben. Man wäre berechtigt, den Versuch als hoffnungslos abzubrechen, würde nicht die Großartigkeit der Gestalt ihrer Entlegenheit ein Gegengewicht bieten und zu erneuter Bemühung auffordern. Man unternimmt es also, jede einzelne der im Material gegebenen Möglichkeiten als Anhaltspunkt zu behandeln und die Lücken zwischen einem Stück und dem nächsten sozusagen nach dem Gesetz des kleinsten Widerstandes auszufüllen, das heißt, jene Annahme zu bevorzugen, der man die größere Wahrscheinlichkeit zuschreiben darf. Was man mit Hilfe dieser Technik erhält, kann man auch als eine Art von ›historischem Roman‹ auffassen, es hat keinen oder nur einen unbestimmbaren Wirklichkeitswert, denn eine noch so große Wahrscheinlichkeit fällt nicht mit der Wahrheit zusammen, die Wahrheit ist oftmals sehr unwahrscheinlich und tatsächliche Beweismittel sind nur in kärglichem Ausmaß durch Ableitungen und Erwägungen zu ersetzen.«

---

[1] Die Passage wurde bereits früher veröffentlicht, zuerst von Pier Cesare Bori (Freud, 1979*j*). Einige Zeilen dieses Textstücks sind im Faksimile der ersten Seite des historischen Romans (S. 245, oben) abgebildet.

Kaum daß er diese Grundsätze festgelegt und seinen so gearteten historischen Roman niedergeschrieben hatte, berichtete er Arnold Zweig bereits Ende September desselben Jahres, daß er das neue Werk sekretieren wolle; nicht nur sei er selbst nicht zufrieden damit, er befürchte im Falle seiner Veröffentlichung vor allem Repressalien gegen die Psychoanalyse von seiten der katholischen Kirche, von der er sich andererseits Schutz gegen die Nazi-Verfolgung verspreche. Um die politischen Bedenken zu entkräften, riet Zweig zum Privatdruck, doch wiederholte Freud in den folgenden Briefen, daß der historische Roman tatsächlich vor seiner eigenen Kritik nicht bestehen könne. Er habe es nicht zu vermeiden vermocht, »ein erschrekkend großartiges Bild auf einen tönernen Fuß zu stellen, so daß jeder Narr es umstürzen«[1] könne. Aber am 13. Februar 1935 lud er Zweig immerhin ein: »Wenn Sie einmal wieder nach Wien kommen, dürfen Sie gern dies zur Ruhe gelegte Manuskript lesen, um mein Urteil zu bestätigen.«[2]

Und doch klingt das Moses-Thema in der Folgezeit im Briefwechsel mit Arnold Zweig immer wieder an. In seinem Verifizierungsdrang griff Freud Literaturhinweise des Dichters begierig auf; dieser, nach Palästina ausgewandert, fühlte sich seinerseits dazu gedrängt, sozusagen lokale Recherchen zu betreiben und Vertreter der zuständigen Fachdisziplinen zu befragen. Aus diesem in der Korrespondenz dokumentierten intensiven Gedankenaustausch können wir Signale jenes Umarbeitungsprozesses herauslesen, dem Freud in den folgenden Jahren die Urkonzeption seiner Moses-Studie unterwarf und als dessen Ergebnis zunächst 1937 die beiden Abhandlungen ›Moses, ein Ägypter‹ sowie ›Wenn Moses ein Ägypter war...‹ in der Zeitschrift *Imago* separat an die Öffentlichkeit gelangten und danach, 1939, im holländischen Exilverlag Allert de Lange das um die gewichtige dritte Abhandlung bereicherte Buch *Der Mann Moses und die monotheistische Religion* erschien. Was ist von dem einst zur Ruhe gelegten Manuskript des historischen Romans erhalten geblieben, und worin unterscheidet es sich von dem uns vertrauten gedruckten Moses-Text? Auch wenn diese Fragen hier nur umrißhaft

[1] 1968*a*, S. 109.
[2] AaO, S. 112.

zu beantworten sind, können dem Leser im folgenden einige etwas spröde Vergleichserörterungen nicht erspart werden.

Überliefert ist von der Erstfassung eine achtundzwanzig Seiten umfassende Handschrift, der sich auf neun weiteren Seiten[1] ein »Kritischer Anhang« anschließt. Ein ersichtlich zum historischen Roman gehörendes Separatmanuskript mit »Noten« samt einem »Schlüssel zu den Noten«[2] und einem »Verzeichnis der Werke, aus denen ich hauptsächlich geschöpft habe«, steht auf dreizehn Seiten. Schließlich ist von der Erstfassung noch ein Inhaltsplan erhalten, der allerdings nicht in Freuds Handschrift vorliegt; es könnte diejenige Anna Freuds sein. Er zeigt folgende Gliederung:

Der Mann Moses.
Ein historischer Roman.

a) Hat Moses gelebt?
b) Die Herkunft Mosis.
c) Die neue Religion.
d) Der Auszug aus Aegypten.
e) Das auserwälte Volk.
f) Das Zeichen des Bundes und der Gottesname.
Kritischer Anhang.

II: Das Volk Israel.

b) Der grosse Mann.
c) Der Fortschritt in der Geistigkeit.
e) Triebverzicht

---

[1] Paginiert als 28a bis i; eine nicht näher bezeichnete, nur wenige Zeilen umfassende Passage auf der Rückseite von 28i gehört ebenfalls dazu.

[2] Es ist wahrscheinlich, daß diese Materialien bereits das Ergebnis eines ersten, allerdings nicht massiv eingreifenden, sondern bloß ergänzenden Bearbeitungsprozesses gewesen sind; denn in der Handschrift des historischen Romans selbst finden sich schon zwei Anmerkungen. Wie im Falle von Reinschriften üblich, hatte Freud sie, als Fußnoten kenntlich gemacht, unmittelbar im Zusammenhang des fortlaufenden Texts niedergeschrieben.

III. Der Wahrheitsgehalt der Religion.

b) Die Tradition.
c) Die Wiederkehr des Verdrängten.
d) Die historische Wahrheit.
e) Die geschichtliche Entwicklung.

Das Manuskript des historischen Romans selbst umfaßt lediglich die Abschnitte a) bis f) des ersten Abschnitts dieser Gliederung. Die mit römischen Ziffern II und III gekennzeichneten Stücke fehlen in der überlieferten Handschriftensammlung. Da im Inhaltsplan eine klare Markierung des ersten Teils durch Ziffer I und eigenen Titel nicht notiert ist, drängt sich die Vermutung auf, Freud habe das Werk in seiner allerersten Entstehungsphase mit dem »Kritischen Anhang« enden lassen wollen. Zwei Formulierungen gegen Schluß des erhaltenen gebliebenen Manuskripts scheinen diese Hypothese zu stützen. Die eine heißt: »Hiemit kann ich abschließen, was ich als den historischen Roman um den Mann Moses angekündigt habe.«[1] Die andere steht am Beginn des »Kritischen Anhangs« und lautet: »Ich hatte nicht gewußt, daß es so schwer sein würde, einen ›historischen Roman‹ zu verfassen. Jetzt, da er vollendet ist, mahnt mich mein Gewissen, den Maßstab nüchterner Geschichtsschreibung an ihn anzulegen.«[2] Auch die sechzehn zusätzlichen Anmerkungen des »Noten«-Manuskripts gehören, bis auf die schwer zuzuordnende letzte, klar zur überlieferten Handschrift der Erstfassung. Aber dann scheint der sich im »Kritischen Anhang« anbahnende Versuch einer wissenschaftlichen Fundierung des zuvor Gesagten rasch zum Hinzukomponieren des im Inhaltsverzeichnis skizzierten zweiten und dritten Teils geführt zu haben. Denn nicht lange nach dem Beginn der Niederschrift teilte Freud am 27. Oktober 1934 Max Eitingon in einem Brief[3] mit, daß der »Moses« »fertig geworden« sei: »Er trägt [...] den Untertitel: ›Ein historischer Roman‹« – und zwar der *gesamte* Text, denn Freud fährt fort: »Der Bau zerfällt [...] in drei Teile, 1) Der Mann Moses, 2) Das Volk Israel, 3) Der Wahrheitsge-

[1] Handschrift Seite 26.
[2] Handschrift Seite 28a.
[3] Teilweise abgedruckt in Jones, 1962*b*, S. 232.

halt der Religion.« Und noch früher, bereits am 30. September, hatte er an Arnold Zweig in dem bereits zitierten Brief geschrieben: »Das Zeug gliederte sich in drei Abschnitte, der erste romanhaft interessant, der zweite mühselig und langwierig, der dritte gehalt- und anspruchsvoll.«[1]

Was die Relation der beiden *nicht* überlieferten Teile der Erstfassung zum uns vertrauten Moses-Buch[2] betrifft, so müssen wir uns auf einige Mutmaßungen beschränken, die sich ergeben, wenn man Ausschnitte der beiden Inhaltsgliederungen nebeneinanderstellt und vergleicht:

Inhalt von Teil II und Teil III der *Erstfassung*:	Inhalt des zweiten Teils von Abhandlung III der *Druckfassung*:
»II. Das Volk Israel.	»Zusammenfassung und Wiederholung
b) Der grosse Mann.	A. Das Volk Israel
c) Der Fortschritt in der Geistigkeit.	B. Der große Mann
e) Triebverzicht	C. Der Fortschritt in der Geistigkeit
III. Der Wahrheitsgehalt der Religion.	D. Triebverzicht
b) Die Tradition.	E. Der Wahrheitsgehalt der Religion
c) Die Wiederkehr des Verdrängten.	F. Die Wiederkehr des Verdrängten
d) Die historische Wahrheit.	G. Die historische Wahrheit
e) Die geschichtliche Entwicklung.«	H. Die geschichtliche Entwicklung«

Auf den ersten Blick ist zu erkennen, daß der zweite Teil der veröffentlichten dritten Abhandlung unmittelbar aus den Teilen II und III der Erstfassung zusammengeschmolzen wurde. Daß die Handschriften der letzteren heute fehlen, mag auf diese späte Umarbeitung zurückzuführen sein, die Freud, laut eigener Aussage[3], erst nach Ankunft im Londoner Exil unternahm. Die strukturellen Abweichungen zwischen beiden Inhaltsplänen sind jedenfalls minimal. Was in der Erstfassung noch als Titel von Teilen ausgeworfen erscheint, wurde in der Druckversion in die Reihe gleichrangiger Überschriften zurückgenommen, eine Einebnung, die im Inhaltsplan der Erstfassung insofern bereits vorbereitet ist, als dort jeweils

[1] 1968*a*, S. 102.

[2] Von dessen drei Abhandlungen wiederum liegen nur von der zweiten und dritten die Reinschriften vor, die der ersten fehlt.

[3] 1939*a*, S. 550f.

ein Abschnitt a) fehlt. Der im Plan des dritten Teils der Erstfassung vorgesehene Abschnitt »b) Die Tradition« findet in der veröffentlichten Version freilich keine direkte Entsprechung.[1] Umgekehrt würde man den Abschnitt ›Zusammenfassung und Wiederholung‹ aus dem Drucktext vergeblich in der Erstfassung suchen. Für eine solche Einschaltung, die den Charakter einer dritten Vorbemerkung[2] trägt, gab es 1934 noch keinen Anlaß; denn Freud kommt hier auf seine inzwischen erfolgte Emigration zu sprechen sowie auf die Spuren – Mängel, zumal Wiederholungen –, welche die wechselvolle Entstehungsgeschichte im Text hinterlassen habe.

Wenn die Teile II und III der Erstfassung in den zweiten Teil der Abhandlung III der Druckfassung eingearbeitet worden sind, liegt die Erwartung nahe, daß die Gedankensubstanz des überlieferten, vom Autor als »romanhaft interessant« bezeichneten ersten Teils der Frühversion sich im veröffentlichten Werk in dessen erster und zweiter sowie im ersten Stück der dritten Abhandlung wiederfindet. Liest man beide Fassungen unmittelbar hintereinander, so bestätigt sich zwar diese Makrozuordnung. Allerdings ist eine eigentliche Parallelperzeption der Texte insofern nicht möglich, als – anders als im Falle von *Jenseits des Lustprinzips* – man nicht sagen kann, die Erstfassung bilde sozusagen den Grundstock der Druckversion, letztere bestünde einerseits aus unveränderten oder kaum veränderten Textelementen der Erstfassung und andererseits aus bedeutsamen, für die Endgestalt des Werks konstitutiven neuen Blöcken. Beim Lesen der beiden Moses-Versionen gewinnt man vielmehr den Eindruck, als habe der Autor seinen ursprünglichen historischen Roman beim Übergang zur Druckfassung der Moses-Studie einem intellektuellen und schriftstellerischen Umwandlungsprozeß unterworfen, dessen Druck oder Temperatur den Gesamttext bis in die Feinheiten seiner gedanklichen und sprachlichen Mikrostrukturen gleichsam in einen anderen Aggregatzustand übergeführt hat.

---

[1] Im hier nicht angeführten ersten Teil der dritten Abhandlung des Moses-Buchs gibt es allerdings einen Passus ›B. Latenzzeit und Tradition‹.

[2] Die dritte Abhandlung des Moses-Buchs wird von zwei Vorbemerkungen eingeleitet, einer vor dem März 1938, also vor dem »Anschluß«, in Wien niedergeschriebenen und einer nach der Ankunft im Londoner Exil im Juni 1938 verfaßten. Die Reinschrift beider Texte ist überliefert.

Der Anlaß dieser Metamorphose war wohl Freuds Einsicht, eben doch kein Dichter zu sein, sich nicht zu eignen für das Verfassen eines historischen Romans – nicht einmal im Sinne der von ihm definierten eingeschränkten Bedeutung des Gattungsbegriffs. Immerhin hatte er nach Beendigung seines historischen Romans, der, ein Zwittergeschöpf, in Wahrheit eine Art Essay ist – Freud bezeichnet ihn selber so[1] –, Max Eitingon gegenüber eingestanden: »Ich bin doch nicht gut für historische Romane. Es bleibt für Thomas Mann.«[2] Was in jenem Umarbeitungsprozeß aus der Erstfassung wurde, ist zwar wiederum ein Essay, aber einer, der dem Duktus des Freud-Œuvres verwandter ist als der historische Roman. Von seinem neuen Produkt spricht der Autor denn auch nicht länger als von »historischem Roman«; nüchtern nennt er es bloß noch eine »kleine Abhandlung«, »eine Anwendung der Psychoanalyse«[3]. Ehe ich einige Unterschiede zwischen den beiden Aggregatzuständen hervorhebe, sei betont, daß ungeachtet aller Differenz trotzdem, formal wie inhaltlich, durchgehend ein Ähnlichkeitshintergrund erhalten blieb – gewissermaßen die Materie, eben der psychoanalytisch untersuchte Moses-Stoff.

Der historische Roman ist nicht nur kürzer als das entsprechende Stück der Druckfassung[4], er ist auch biegsamer, intimer, poetischer. Mitunter erreicht er jene singende Innigkeit und schwärmerische Vertiefung, die Freud an den Hymnen des Pharaos Echnaton preist, auf dessen vergeistigte Aton-Religion er ja den mosaischen Monotheismus zurückgeführt hat. Fast überall breitet sich genüßliches Erzählen aus, das sich an manchen Stellen tagträumerisch mäandernd hin- und herbewegen darf. Auch wo von Auffassungen anderer Autoren die Rede ist, sind sie eher narrativ wiedergegeben, zwanglos

---

[1] 1968*a*, S. 102.

[2] Zitiert in Jones, 1962*b*, S. 232.

[3] 1939*a*, S. 461.

[4] Für den Rest dieses Kapitels bezieht sich der Ausdruck »historischer Roman« bzw. »Erstfassung« auf das überlieferte Manuskriptstück der Erstfassung, wohingegen »Druckfassung« im wesentlichen die Abhandlungen I und II des veröffentlichten Moses-Texts (›Moses, ein Ägypter‹ und ›Wenn Moses ein Ägypter war . . .‹) meint. Auf die Wiederholung dieser Inhalte im ersten Abschnitt (›A. Die historische Voraussetzung‹) von Abhandlung III des Moses-Buchs gehe ich nicht näher ein.

in die Dramaturgie des eigenen Erzählens und Nachsinnens eingeflochten. Das gilt sogar für den »Kritischen Anhang«, der zwar mit einem Versachlichungsvorsatz beginnt, alsbald aber in einen reizvollen Dialog *zweier* historischer Romane einmündet, des Freudschen mit demjenigen Hugo Gressmanns; letzterer handelt insbesondere von der Vulkankatastrophe am Schilfmeer, angeblich dem Golf von Akaba. Zumindest hinsichtlich des Mittelstücks der Darstellung von Gressmann meinte Freud selbst, es sei »auch nur ein historischer Roman«, »nicht zuverlässiger als der von uns konstruirte«. Erst im späteren Umarbeitungsprozeß, der dann die Druckfassung hervorgebracht hat, ist er seinem eigenen Sich-zur-Ordnung-Rufen tatsächlich gefolgt. Nach weiterem Studium einschlägiger Fachliteratur begann sich die Rhetorik des eher schmucklosen Wissenschaftsdiskurses gegenüber der beschwingten Freiheit von Einfall und Phantasie erneut Geltung zu verschaffen: Linearität der Gliederung[1], Strenge der theoretischen Gedankenführung, Begründung der angewandten Methode, rationale Überzeugungsarbeit am Leser, distanzierte und detaillierte Würdigung abweichender wie bestätigender Veröffentlichungen anderer Autoren.

Diese vorwiegend formalen Unterschiede zwischen den beiden Fassungen spiegeln indessen auch eine Intentionsveränderung des Autors wider. Wie er in der zitierten Einleitungspassage sagt, war es im historischen Roman sein Hauptziel, »eine Kenntnis der Person des Moses zu gewinnen«. Die Großartigkeit der Gestalt faszinierte ihn. Ihre Wesenszüge, ihre Motive wollte er in einem Charakterbild beleuchten: Mosis Jähzorn und seine Sprachstörung, das heißt, das merkwürdige Schwer-von-Zunge-Sein; die Neigung zu höchster Vergeistigung; den bedingungslosen, hochmütigen Ehrgeiz, jenem schroffen Eingottglauben, den der biblische Held in der Nachfolge Echnatons begründet hatte, auf Dauer Geltung zu verschaffen; die gebieterische Fähigkeit, »nach einer Enttäuschung und Beraubung durch einen Schicksalsschlag das Verlorene sofort auf anderem Boden, mit neuen Mitteln, wiederaufzubauen«[2]. Ich kann hier nicht

[1] Die oft konstatierte kompositorische Brüchigkeit des Moses-Buchs betrifft tatsächlich vor allem die im folgenden nicht näher diskutierte dritte Abhandlung.
[2] Handschrift, S. 20.

näher auf die latente autobiographische Tiefendimension des Werks eingehen, die es zum Dokument einer persönlichen Krise macht, doch wird dem Leser auch ohne solche ausführliche Erörterung augenfällig werden, daß Freud, der wütende, infolge seiner Gaumenoperationen sprechgehemmte Mann hier auch ein Stück Selbstdarstellung und Selbstanalyse vorträgt und zugleich seine Sorge zu beschwichtigen versucht, die eigene anspruchsvolle Lehre, die Psychoanalyse, könne von der Nazi-Verfolgung ausgelöscht werden. Was er beim Schreiben des historischen Romans vor allem kennenlernen wollte, war aber wohl etwas sehr Privates: einen Kernbezirk des eigenen Ichideals, seine während frühkindlicher Tora-Lektüre entstandene machtvolle Moses-Identifizierung.[1]

Die Objektivierungsabsicht, die den Umarbeitungsprozeß einleitete, modifizierte nicht zuletzt den Untersuchungsgegenstand. Anders als im historischen Roman, wollte Freud in der Druckfassung nicht so sehr eine farbige Charakterstudie des Religionsstifters als vielmehr eine eher entpersonifizierte Analyse von dessen Lebenswerk liefern. In des Autors eigenen Worten: es ging ihm nun vor allem um »die mögliche Begründung von zahlreichen Charakteren und Besonderheiten der Gesetzgebung und der Religion«, die der Ägypter Moses dem von ihm auserwählten Volk Israel vermittelt hat, sowie um die Gewinnung neuer »Ansichten über die Entstehung der monotheistischen Religionen im allgemeinen«[2]. Ausführlicher und differenzierter noch als im historischen Roman beschreibt Freud in der Druckfassung deshalb den magischen Polytheismus der traditionellen ägyptischen Religion, damit sich die jähe Kreation des Echnatonschen Sonnengottglaubens, des ersten hochgetriebenen Monotheismus der Menschheitsgeschichte, um so strahlender von diesem primitiven Hintergrund abheben könne. Die mutmaßliche Ermordung des Religionsstifters durch sein Volk wird nicht als der Schlußstein einer tragischen Heldenbiographie gewürdigt. Vielmehr besteht die Hauptfunktion dieser Hypothese in der Druckfassung darin, Freud die im »historischen Roman« bloß angedeutete Verknüpfung mit der einst in *Totem und Tabu* entwickelten phylogenetischen

[1] Für nähere Einzelheiten vgl. wiederum Grubrich-Simitis, 1991.
[2] 1939*a*, S. 467.

Theorie voll entfalten zu lassen; das heißt, die Konstruktion von der Ermordung des tyrannischen Urvaters und der Schaffung einer genetisch tradierten »archaischen Erbschaft« im Seelenleben der Menschen konnte so erneut zur Geltung gebracht werden.

Noch einmal kommen wir hier also mit jenem nun schon mehrfach erörterten intellektuellen Magnetfeld in Berührung. Über manch schwindelerregende Gedankenbrücke glaubt Freud nämlich auf diesem Wege eine individual- wie massenpsychologische Erklärung für die ihn nun vorwiegend interessierende unerhörte und offenbar unvergängliche Wirkungskraft des Monotheismus zu finden: sie lasse sich auf die Tatsache zurückführen, daß in ihm etwas urzeitlich Traumatisches aus der Verdrängung wiederkehre und in Gestalt des *einen* Gottes der Urvater symbolisch erneut in seine Rechte eingesetzt werde. Damit erst eröffnete sich die Vieldimensionalität, die später die dritte Moses-Abhandlung auszeichnen sollte und die zumindest der überlieferte Teil des historischen Romans noch nicht ahnen läßt.

Die skizzierte Schwerpunktverschiebung von der Person des Moses auf sein Werk mag während des Umarbeitungsprozesses nicht zuletzt bewirkt haben, daß einerseits manche Elemente des historischen Romans untergingen und andererseits einige ganz neue Themenstränge aufgenommen wurden. Je ein Beispiel. Obwohl in der Druckfassung an einer Stelle vom Zerbrechen der Gesetzestafeln und der zornigen Entrüstung des Moses die Rede ist[1], also von einem Zusammenhang, mit dem sich Freud, wie im Varianten-Kapitel erwähnt, in seiner Deutung der Moses-Statue des Michelangelo ausführlich befaßt hatte, verweist er hier nicht auf den früheren Essay; eine schöne diesbezügliche Anmerkung aus dem historischen Roman, die Affektvorgänge in Moses betont, ging also verloren.[2] Dagegen befaßt sich der Autor in der Druckfassung eingehend mit den Leviten; so entstand eine Passage, die man im historischen Roman vergeblich sucht. Nun vorwiegend an der Lebensleistung des Moses interessiert, gewannen für Freud diejenigen Personen an Bedeutung, die, sich ursprünglich aus der Gefolgschaft des Religionsstifters re-

[1] AaO, S. 497.
[2] Für den Wortlaut vgl. Grubrich-Simitis, 1991, S. 87.

krutierend, die posthume Permanenz der Lehre kollektiv gewährleistet hatten.

Doch zeigt gerade der Abschnitt über die Leviten, daß es Freud, latent, auch jetzt noch um etwas Ureigenes ging, eben das zukünftige Schicksal seines Werks. Weil ihn die Frage umtrieb, ob und wie die Psychoanalyse die Nazi-Verfolgung überstehen könne, nimmt in der Druckfassung die Niedergangsgeschichte sowohl der Echnatonschen Aton-Religion als auch des mosaischen Monotheismus nach dem Tode ihres Begründers weitaus mehr Raum ein als im historischen Roman, freilich auch die Darstellung des machtvollen Wiedererstehens dieser Traditionen nach langem Intervall. Was Freud im Zusammenhang dieses zweizeitigen Wirkungsrhythmus über die Verdienste der Leviten sagt, klingt, nicht zuletzt weil er es mittels nicht minder hochgestimmter Zitate anderer Autoren polyphon vorträgt, erneut wie ein opulenter historischer Roman.

8 Posthum Veröffentlichtes

Außer den Erstfassungen gibt es noch eine weitere besondere Art von Varianten. Sie findet sich in den *Schriften aus dem Nachlaß 1892–1938*, welche die Herausgeber der *Gesammelten Werke* 1941, nicht lange nach Freuds Tod, als siebzehnten Band der Edition erscheinen ließen. Wo immer der Wortlaut dieser Drucktexte von dem der Handschriften abweicht, geht dies also auf eine Entscheidung, gelegentlich auch ein Versehen der Editoren zurück – nicht auf eine Revisionsabsicht des Autors selbst. So fügt sich dieses achte Kapitel nicht nahtlos an die Sequenz der vorherigen an, die, in je spezifischer Phase des kreativen Prozesses, Freud bei der schriftstellerischen Arbeit zeigen; denn im folgenden geht es sozusagen um Außen- oder Fremdeinwirkungen auf seine Texte. In gewissem Sinne gilt dies auch für das neunte Kapitel über ›Unveröffentlichtes‹.

Was die posthum hinzugefügten Editoren-Varianten betrifft, so habe ich auf einige bereits zu Beginn des Notizen-Kapitels, im Zusammenhang mit Ausführungen über ›Ergebnisse, Ideen, Probleme‹, hingewiesen.[1] Hier sei nun das Augenmerk des Lesers auf einige andere Texte jenes Nachlaßbandes gelenkt, nämlich ›Psychoanalyse und Telepathie‹ aus dem Jahre 1921 einerseits und die zentralen Spätschriften von 1938 andererseits, also ›Die Ichspaltung im Abwehrvorgang‹, den *Abriß der Psychoanalyse* und ›Some Elementary Lessons in Psycho-Analysis‹.[2] Bei allen vier Manuskripten, die ich Wort

[1] Siehe oben, S. 125 f.

[2] Die übrigen, kürzeren Texte des Nachlaßbandes – die kleinen Stücke aus der Entstehungszeit der *Studien über Hysterie*, ferner ›Eine erfüllte Traumahnung‹, ›Das Medusenhaupt‹ sowie die ›Ansprache an die Mitglieder des Vereins B'nai B'rith‹ – bleiben also unberücksichtigt, scheinen allerdings auch nur wenige von den Herausgebern eingeführte Varianten zu enthalten.

für Wort mit den Druckfassungen verglichen habe, handelt es sich nicht eigentlich um Reinschriften; bis auf ›Die Ichspaltung im Abwehrvorgang‹, wo Freud immerhin seinen Namen unter den Titel gesetzt hat, zeigen sie auch nicht das graphische Merkmal der Reinschriften, jenen charakteristischen Titelblock, durch den der Autor sonst auf den ersten Blick zu erkennen gibt, daß im Prozeß des Niederschreibens seiner Gedanken das letzte Stadium, das heißt, der für die Öffentlichkeit bestimmte Wortlaut erreicht sei.

Die zwanzigseitige Handschrift von ›Psychoanalyse und Telepathie‹, wie schon erwähnt, auf Anfang August datiert, trägt nicht einmal diesen Titel; er wurde von den Herausgebern posthum hinzugefügt. Sie heißt nur »Vorbericht«.[1] Im Unterschied zu den Notizen und Entwürfen ist sie aber, bis auf einige wenige Abkürzungen, ausgeschrieben, hat also ersichtlich keine Übergangsfunktion. Infolgedessen läßt sich das Manuskript keinem der beschriebenen Freudschen Texttypen zuordnen. Vielmehr handelt es sich bei diesem besonderen Dokument um das seltene Beispiel eines lockeren, vertraulichen, inoffiziellen Vortragstexts: während einer gemeinsamen Harzreise mit seinen engsten Mitarbeitern im September 1921 wollte Freud, sozusagen in der intimen Komitee-Öffentlichkeit, einige vorläufige Gedanken über telepathische Phänomene und deren denkbare psychoanalytische Erklärung ausprobieren.[2]

Auf den ersten Blick scheint auch das Thema atypisch, fast ein wenig abwegig. Es sei jedoch daran erinnert, daß das Interesse am Okkultismus, wenngleich in der akademischen Welt verpönt, Anfang der zwanziger Jahre gewissermaßen in der Luft lag. Am Beginn seines Vorberichts bringt Freud diese Tendenz mit der Entwertung in Verbindung, »die seit der Weltkatastrophe des großen Krieges alles Bestehende getroffen« habe, und erkennt in ihr nicht zuletzt den »Versuch zur Kompensation, um auf anderem – überirdischem – Gebiet einzubringen, was das Leben auf dieser Erde an Reiz eingebüßt hat«.[3] Auch berichtet er, daß er vor jener Harzreise nicht weniger als dreimal

[1] Siehe das folgende Faksimile der ersten Seite.
[2] Vgl. Jones, 1962*b*, S. 103 f.
[3] 1941*d* [1921], S. 27 f.

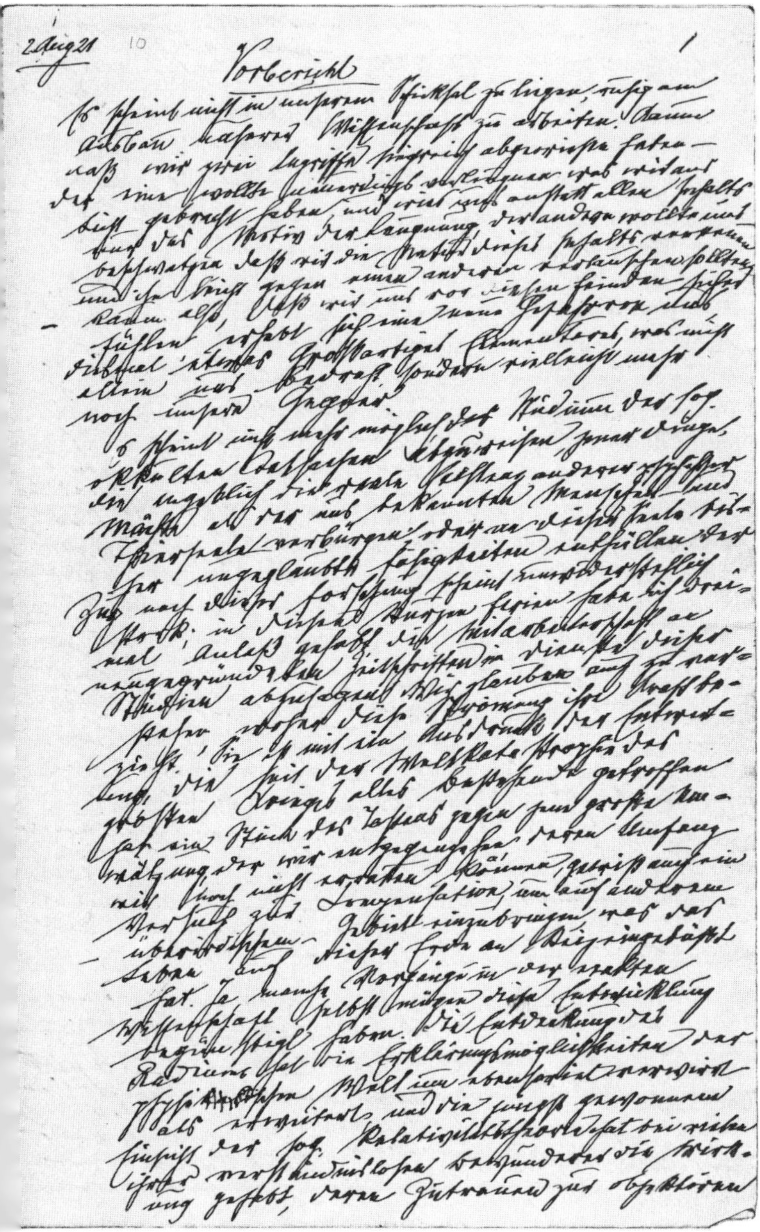

Erste Seite von ›Psychoanalyse und Telepathie‹.

Einladungen habe abweisen müssen, an entsprechenden neugegründeten Zeitschriften mitzuarbeiten. Freud nahm also erklärtermaßen die damalige Zeitströmung zum Anlaß, sich selbst einmal intensiver mit jenen Dingen zu befassen, »die angeblich die reale Existenz anderer psychischer Mächte als der uns bekannten Menschen- und Tierseele verbürgen oder an dieser Seele bisher ungeglaubte Fähigkeiten enthüllen«[1]. Er verhehlt aber nicht, daß seine Einstellung zu diesem Stoff eine unwillige und ambivalente bleibe. In Wirklichkeit dürfte sich sein Interesse aber nicht zuletzt während der kurz zuvor abgeschlossenen Arbeit an der *Massenpsychologie*, etwa beim Nachdenken über Suggestion und Massenbildung, neu entfacht haben. Denn dieses Interesse reichte viel weiter zurück, was, außer Ferenczi, die Komitee-Mitglieder nicht gewußt zu haben scheinen.

Wer den Vorbericht liest, wird leicht feststellen können, daß Freud anhand von Vignetten sich im wesentlichen mit einem ganz bestimmten Aspekt telepathischer Erscheinungen befaßt, nämlich der Frage, ob es zwischen der Prophezeiung eines Wahrsagers einerseits und der unbewußten inneren Welt desjenigen, der vom Wahrsager die Vorhersage verlangt, andererseits eine Verbindung geben könne, und zwar dergestalt, daß die Prophezeiung – auf dem Wege wie immer gearteter Gedankenübertragung – im wesentlichen die vom Wahrsager ausgesprochene Offenbarung eines intensiven, dem Klienten allerdings unbewußten eigenen Wunsches sei und aus dieser Rückkoppelung ihre verblüffende Übereinstimmungsqualität ziehe. Freud diskutiert hier, am Beispiel des Wahrsagers, also erneut seine auf viele Beobachtungen gestützte Annahme, »daß jeder Mensch in seinem eigenen Unbewußten ein Instrument besitzt, mit dem er die Äußerungen des Unbewußten beim anderen zu deuten vermag«[2], das heißt ein archaisches, phylogenetisch frühes und von der Sprachentwicklung überlagertes Mittel der Verständigung, dessen Funktionsweisen allerdings durchaus rätselhaft seien.

In ihrem Briefwechsel ist dokumentiert, daß Ferenczi schon während der Amerika-Reise des Jahres 1909 Freud von Erfahrungen mit einer Berliner Wahrsagerin erzählt hatte. Teils fasziniert, teils irri-

---

[1] AaO, S. 27.

[2] 1913*i*, S. 112; vgl. auch 1919*h*, S. 257, und 1933*a*, S. 493 f.

tiert, ja entsetzt von diesen Beobachtungen, die alsbald durch weitere Experimente ergänzt wurden, führten beide nach ihrer Rückkehr darüber einen intensiven brieflichen Gedankenaustausch. Bereits an dessen Beginn skizzierte Ferenczi den Erklärungsversuch, welcher dann als These im Mittelpunkt des Freudschen Vorberichts steht: »Nehme ich nun an«, heißt es im Brief vom 5. Oktober 1909, »daß sie wirklich ungewöhnliche Fähigkeiten besitzt, so ließe[n] sich diese vielleicht als eine Art ›Gedankenlesen‹, als das Lesen *meiner* Gedanken erklären. [Absatz] Die eingehende Selbstanalyse, der ich mich unmittelbar nach der Séance unterzog, führte mich zu dieser Hypothese. Die meisten ihrer Äußerungen [...] entsprechen Gedankengängen, die ich wirklich produziert habe[,] zum Teil aber solchen, die ich verdrängt haben kann.«

Bei näherem Zusehen erscheint das Thema gerade aus heutiger Sicht keineswegs abwegig, sondern höchst aktuell und noch fast so ungeklärt wie seinerzeit.[1] Es stellt sich uns immer wieder in der klinischen Situation, beispielsweise wenn wir die zweifelsfrei massive Wirkung projektiv-identifikatorischer Prozesse[2] konstatieren und nicht recht wissen, wie sie vermittelt wird, oder wenn wir uns über Transmissionswege Gedanken machen angesichts der Beobachtung, daß sich eine Extremtraumatisierung der Eltern auf die psychische Entwicklung der Kinder kumulativ traumatisierend auswirken kann, selbst wenn zwischen den Generationen über die traumatischen Erlebnisse *nicht* gesprochen wird.[3]

---

[1] Allerdings versprechen die Studien der modernen Baby-Forscher über die früheste Mutter-Kind-Kommunikation oder auch die Untersuchungen von Rainer Krause über unbewußte Handlungsregulierungen in diesem Bereich Erkenntnisfortschritte. Hellsichtig hatte sich übrigens schon Freud von der Kinderanalyse Wissenserweiterungen erhofft, zumal wenn Mutter und Kind gleichzeitig in Analysen seien (1933*a*, S. 494 f.).

[2] Tatsächlich bezeugt der Freud-Ferenczi-Briefwechsel, daß beide Forscher im Zusammenhang mit dem Telepathie-Thema bereits damals unmittelbar mit der Entdeckung des psychischen Mechanismus der projektiven Identifizierung beschäftigt waren, so wenn Ferenczi am 17. August 1910 einen Fall von Gedankenübertragung zwischen Analytiker und Analysanden, nämlich zwischen ihm selbst und einem masochistischen Patienten zu erklären versucht: »Ich *projiziere* die Reizworte ubw. [unbewußt], er *introjiziert* sie.« (Ferenczis Hervorhebung.)

[3] Vgl. Grubrich-Simitis, 1979.

Zu keinem Zeitpunkt dachte Freud an Veröffentlichung des Vorberichts, wohl nicht so sehr, weil er die nach dem Ersten Weltkrieg noch um ihre Anerkennung kämpfende Psychoanalyse nicht mit einer Publikation über ein im damaligen Wissenschaftsestablishment als anrüchig geltendes Thema zusätzlich belasten wollte, sondern weil er seine Überlegungen als solche für wenig ergiebig hielt. Lediglich einige Elemente des Vortragsmanuskripts hat er, mitunter in knapperer Form, in spätere Veröffentlichungen über verwandte Themen aufgenommen, so in ›Traum und Telepathie‹, ferner in den Abschnitt über die okkulte Bedeutung des Traums in ›Einige Nachträge zum Ganzen der Traumdeutung‹ sowie schließlich in die dreißigste Vorlesung der *Neuen Folge*, ›Traum und Okkultismus‹. Und ein Auszug aus dieser Vorlesung wurde 1934 unter dem Titel ›Das Problem der Telepathie‹ im *Almanach der Psychoanalyse* nachgedruckt, was Walter Benjamin bei einer zeitgenössischen Lektüre sogleich Anlaß gab, auf dem Hintergrund seiner eigenen Studien über das mimetische Vermögen, die Modernität der Freudschen Gedanken zu unterstreichen: »Im Verlauf seiner Überlegungen nämlich konstruiert Freud – im Vorbeigehen, wie er oft die größten Gedanken aufnimmt – einen Zusammenhang zwischen Telepathie und Sprache, indem er die erstere als Mittel der Verständigung – er weist erläuternd auf den Insektenstaat hin – phylogenetisch zur Vorläuferin der zweiten macht.«[1]

Liest man nun Handschrift und Druckfassung des Vorberichts parallel, so fallen neben geringfügigen Abweichungen hinsichtlich Orthographie, Interpunktion, Auflösung einiger weniger Abkürzungen usw. Varianten insbesondere in den ausführlichen Vignetten auf. In der ersten[2] haben die Editoren lediglich einige kleinere Verfremdungen vorgenommen, die das Identifizieren des Analysanden erschweren sollten. Beispielsweise stammte der betreffende junge Mann nach Angabe der Handschrift »aus Nürnberg«, wohingegen in der publizierten Version Deutschland als Herkunftsregion genannt ist.

[1] Aus einem Brief an Gretel Adorno vom 9. Oktober 1935 (Benjamin, 1980*b*, S. 953).

[2] Druckfassung, 1941*d*, S. 32 ff.

Derartige Abweichungen finden sich auch in der zweiten Vignette[1] mit der Prophezeiung von Heirat und Kindersegen für eine am Ende kinderlos gebliebene spätere Patientin Freuds. Doch wurde hier von den Herausgebern an einer Stelle überdies ein längerer Abschnitt des Manuskripts nicht in die Druckfassung übernommen. Er folgt auf die Schilderung der Anamnese jener Patientin[2], ehe Freud anschließend auf die Wahrsagung zu sprechen kommt, von der ihm die Analysandin einmal berichtete und die ihn zur Aufnahme der Vignette in den Vorbericht bewogen hatte. Zum leichteren Verständnis des meines Wissens bisher unbekannten Textstücks seien einige Informationen über die Patientin vorausgeschickt, die sich nicht zuletzt mittels des Freud-Jung-Briefwechsels rekonstruieren lassen. Es handelte sich um eine Kranke mit schwerster Zwangssymptomatik und einer bereits mehr als zehn Jahre andauernden Leidensgeschichte; sie war bisher, teils in Anstalten, ergebnislos behandelt worden: als sie Ende 1908 Freud konsultierte, hielt er sogleich fest, sie sei »ein furchtbar ernster Fall von Zwang, der sich nur sehr langsam ändern« könne[3]; nach mehrjähriger Analyse scheint er 1911 gegen Jahresende sogar diese schwache Hoffnung aufgegeben zu haben. Das ausgelassene Textstück lautet:

»Als ich ihre Krankengeschichte hörte, wollte ich sie anfangs nicht übernehmen; später war ich neugierig, unwissend und erwerbslustig genug, um doch eine zwangsfreie Analyse bei ihr zu beginnen. Mit durchaus negativem Erfolg, wenigstens für sie. Die Analyse hat ihr einiges zu danken: Sie hat mir die Aufklärung einiger Kinderlügen geschenkt, mich auf die Spur der Disposition zur Zwangsneurose geleitet. Sie war auch die erste Gelegenheit[,] an der C. G. Jung seinen zweifelhaften Charakter verriet, für den seine späteren schiefen Theorien mich nicht entschädigen konnten. Während einer Ferienanwesenheit in Zürich ließ sie ihn einmal kom̄en, um seine Bekan̄tschaft zu machen. Er drückte ihr bei

[1] AaO, S. 36 ff.

[2] Nach dem Textverlauf der Druckfassung wäre dieser fehlende Absatz auf Seite 38 einzuschalten, und zwar zwischen »[...], die sie kinderlos gemacht hatte« und »Diese Patientin erzählte mir einmal [...]«.

[3] 1974*a*, S. 195.

diesem Anlaß sein Erstaunen darüber aus, daß sie es bei mir in einer Analyse ohne Wärme und Sympathie aushalten könne, und empfahl sich selbst für eine höher temperirte, schwungvollere Behandlung. Als sie ihn mahnte, daß sie mir diese Äußerung werde berichten müßen, erschrak er u bat sie, es nicht zu thun. Der erste noch nicht sublimirte Versuch, dem Vater das Weib-Objekt streitig zu machen, war dem zärtlichen Sohn misglückt; der zweite folgte zwei Jahre später.«[1]

Für Freud-Forschung und Psychoanalyse-Historiographie wirft dieses Fragment in mehrere Richtungen Lichtkegel. Zum Beispiel auf persönlich-biographische Züge. Unmittelbar erfahren wir etwas von der Unbefangenheit, mit der Freud Neugierde, Unwissenheit und Erwerbslust als Motive gelten ließ, sich dem Prozeß einer tendenzlosen Analyse mit einem schwergestörten Menschen auszusetzen, einem therapeutischen Unterfangen, das die psychische Substanz auch des Analytikers nicht unberührt läßt. Die Neugierde galt bei dieser Patientin übrigens vor allem der Tatsache, daß sich deren Zwangsneurose relativ plötzlich aus einer vorherigen Angsthysterie entwickelt hatte, die ihrerseits die Antwort auf ein traumatisches Erlebnis gewesen war; der Fall, so vermutete Freud, könnte infolgedessen »den Wert eines bilinguen Dokuments beanspruchen und zeigen, wie ein identischer Inhalt von den beiden Neurosen in verschiedenen Sprachen ausgedrückt wird«[2] – eine Erwartung, die sich im Laufe der Behandlung freilich nicht bestätigte.

Ferner ist in dem in der Druckfassung fehlenden Textstück die erfrischende Bereitschaft dokumentiert, einen therapeutischen Mißerfolg ohne Wenn und Aber einen solchen zu nennen. Schließlich liefert die Passage einen weiteren Beleg für die von Freud nie geleugnete Tatsache, daß er primär Forscher und erst in zweiter Linie Therapeut gewesen ist und daß er die Arbeit mit seinen Patienten vor allem brauchte, um seine Einsichten in die unbewußte innere Welt vertiefen und die psychoanalytischen Theorien weiterentwickeln zu können. In einem Brief an Jung vom 17. Dezember 1911 heißt es

---

[1] Der Hinweis auf den zweiten, den sublimierten Aneignungsversuch bezieht sich wohl auf *die* Psychoanalyse.

[2] 1913*i*, S. 111.

unumwunden und für unsere heutigen Begriffe, angesichts der relativen Kürze der Behandlung, allzu apodiktisch, die Patientin sei nun »jenseits jeder therapeutischen Chance, aber sie bleibt verpflichtet, sich der Wissenschaft zu opfern«[1]. Möglicherweise hat Freud diese eindeutige, wohl auch einseitige Forschungsorientierung als konflikthaft erlebt, und vielleicht fiel ihm nicht zuletzt aus diesem Grund Jungs Versuch einer Abwerbung der Patientin ein; die Deutung dieser Einmischung in Begriffen von *Totem und Tabu* signalisiert überdies die angedeutete[2] autobiographische Dimension der phylogenetischen Konstruktion vom Urvater-Mord ebenso wie die nagende, leicht belebbare, noch immer hochambivalente Erinnerung an den einst bevorzugten Anhänger und den Bruch mit ihm.

Licht fällt aber auch auf den Forschungsprozeß selbst, insbesondere auf Freuds spezifischen Umgang mit dem Stoffreichtum, der ihm alltäglich aus der klinischen Arbeit zufloß. Folgen wir nämlich seinem Fingerzeig, daß ihm die Patientin die Aufklärung einiger Kinderlügen geschenkt und ihn auf die Spur der Disposition zur Zwangsneurose geleitet habe, und lesen wir in den entsprechenden, bereits 1913 erschienenen Schriften nach – in ›Zwei Kinderlügen‹, jener kleinen Studie über das Lügen der Kinder aus inzestuösem Liebesmotiv, und in ›Die Disposition zur Zwangsneurose‹, der innovativen theoretischen Schrift mit der Einführung des Konzepts der analsadistischen Phase –, so kommt es zu einer überraschenden Wiederbegegnung mit der Patientin, deren Bild sich nun nach Art eines sich plötzlich verfeinernden Rasters unverhofft komplettiert und ausdifferenziert.[3] Oder aus einem anderen Blickwinkel gesehen: durch das bisher verborgene Textstück wird erneut die im Notizen-Kapitel beschriebene werkübergreifende Freudsche Materialarchitektur sichtbar – drei thematisch nicht verwandte, zeitlich gestaffelt entstandene Schriften teilen als Fundament den Stoff aus ein und derselben Analyse.[4]

---

[1] 1974*a*, S. 524.

[2] Vgl. oben, S. 166.

[3] Vgl. 1913*g*, S. 233 f., und 1913*i*, S. 111 f.

[4] Aus dem Freud-Binswanger-Briefwechsel (1992*a*, S. 148 ff.) geht übrigens hervor, daß die Patientin noch in einer vierten Arbeit Freuds eine Rolle spielt, nämlich in der Abhandlung ›Ein Traum als Beweismittel‹, gleichfalls aus dem Jahre

Diese Technik der selektiven, punktuellen Verwertung des klinischen Materials diente aber noch einer anderen Zielsetzung. Sorgsam voneinander isoliert nur Bruchstücke jener »großen Kunstwerke der psychischen Natur«[1] an die Öffentlichkeit gelangen zu lassen schützte die Patienten besser vor dem Identifiziertwerden als die Publikation kompakter, mehr oder weniger vollständiger Fallberichte. In gewisser Weise ist diese Darstellungstechnik schon in der *Traumdeutung* zu studieren, wo sie der Selbstverhüllung dient. Freud analysiert dort die großen eigenen Beispielträume in der Regel nicht jeweils auf einmal, sozusagen am Stück, sondern verteilt ihre Deutung über das ganze Buch, indem er in oft weit voneinander entfernten Passagen immer andere Elemente der einzelnen Träume versprengt aufgreift, um daran je nachdem den einen oder anderen Mechanismus der Traumbildung zu erläutern. Auf diese Weise kann der Träumer, eben er selbst, im Hintergrund bleiben, jedenfalls dem Brennpunkt der Leseraufmerksamkeit entrückt.[2]

Offenbar empfand Freud besonders gegenüber den im Vorbericht erwähnten Patienten eine solche Schutzpflicht, was die Entscheidung gegen dessen Publikation zweifellos mitmotiviert hat. Denn noch am 15. Februar 1925 betonte er ausdrücklich: »[...] die ärztliche Schweigepflicht, gegen welche die Veröffentlichung von Daten aus der Lebensgeschichte zweier meiner Patienten ernstlich verstoßen würde, bildet eine unüberwindliche Schranke. Eben gerade das Aufsehen, das diese Veröffentlichung [infolge des skandalösen Telepathie-Themas] erregen würde, verpflichtet zur Zurückhaltung; Verstellungen sind nicht möglich, auch irgendwelche Abschwächungen würden nicht helfen. Wenn die beiden Leute [...] vor meinem eigenen Tod vom Schicksal ereilt würden, fiele das Hindernis dahin.«[3]

1913. Hier tritt sie freilich nicht in erster Linie als Kranke, sondern als gescheite Deuterin eines Traumes ihrer Pflegerin auf, Freud Anreize zur Vertiefung dieser Traumdeutung bietend. Seit 1915 stand die Patientin mit Binswanger in Verbindung und begab sich in den folgenden Jahren wiederholt zu ihm in stationäre Behandlung im Kreuzlinger Sanatorium Bellevue; so kam es, daß die beiden Ärzte immer wieder über sie zu korrespondieren hatten.

[1] 1974*a*, S. 263.

[2] Vgl. Grubrich-Simitis, 1971, S. 328 f.

[3] Vgl. Jones, 1962*b*, S. 457.

Diese grundsätzlichen Bedenken Freuds scheinen sich die Herausgeber der *Gesammelten Werke* zu eigen gemacht zu haben, als sie aus dem Wortlaut des Vorbericht-Manuskripts eine noch umfangreichere Passage ausließen, und zwar aus der am Schluß »nur anhangsweise«[1] beigefügten Vignette eines Patienten, in dessen Leben der seinerzeit in Wien renommierte Schriftdeuter Rafael Schermann eine Rolle gespielt hatte. Von diesem Wahrsager hieß es, er könne aus der Schriftprobe eines Menschen nicht allein dessen Charakter erschließen, sondern auch Vorhersagen daran knüpfen, »die später vom Schickal bestätigt«[2] würden. Freuds Erzählung beginnt in der Handschrift mit der genaueren Datierung »Im J[ahre] 1920«, wohingegen es in der Druckfassung »Vor einigen Jahren«[3] heißt. Die folgenden drei Sätze, mit denen Freud berichtet, daß sich ein besonders sympathischer junger Mann um Hilfe an ihn gewandt hatte, entsprechen weitgehend der publizierten Version; man erfährt allerdings zusätzlich, daß der, wie Freud es ausdrückt, in »ein Verhältnis mit einer der bekanntesten Lebedamen«[4] Verstrickte »etwa 35 J[ahre]« alt gewesen war. Anschließend an den dritten Satz, mit dem Freud den Behandlungserfolg – Lösung aus der Verstrickung und Schließung einer bürgerlichen Ehe – beschreibt, ein gutes Stück also ehe er überhaupt auf die Rolle Schermanns im Leben seines Patienten zu sprechen kommt, lesen wir in der Handschrift folgende weitausholende Passage:

»Sein Fall ist so interessant, daß ich für ihn um Aufmerksamkeit bei Ihnen abseits vom Okkultismus werbe. Ein Mensch von daemonischer Leidenschaftlichkeit und Energie, unwiderstehlich für Frauen[,] beliebt und geschätzt unter Männern, genießt er den Ruf eines genialen Finanzmannes und hat sich während des Krieges aus untergeordneter Beamtenstellung zu Rang und Vermögen erhoben. Das jüngste Kind einer recht gewöhnlichen Familie[,] hat er von Säuglingszeiten an eine außerordentlich starke Zärtlichkeit an die Mutter entwickelt. Seine Knabenjahre waren unglücklich, als er 14 J[ahre] alt war, heiratete einer seiner viel älteren Brüder[,]

[1] 1941*d*, S. 31.
[2] AaO, S. 41.
[3] AaO.
[4] AaO, S. 42.

> und er übertrug eine leidenschaftliche Liebe auf die junge und schöne Schwägerin, die ihn zunächst als Kind behandelte. Er wurde aber im̄er anspruchsvoller als Liebhaber, und mit 17 Jahren, als er bei der Schwägerin keine Erhörung fand und in der Handelsschule durchgefallen, also von Mann und Weib verschmäht war, schoß er sich eine Kugel in die Herzgegend und schwebte monatelang zwischen Leben und Tod. Nach diesem Selbstmordversuch und dem bald darauf folgenden Tod der Mutter gelang es ihm endlich[,] die um 6 J[ahre] ältere Geliebte zu erobern. Er lebte im Hause dieses Bruders mit und blieb der zweite Mann der jungen Frau, bei der er allmälig den ersten[,] den Vater ihrer Kinder[,] verdrängte. Vor 10 J[ahren] also[,] als er 25 J[ahre] alt war, begann er an diesem Verhältnis zu zerren, während sie, die alternde Frau[,] sich immer zärtlicher an ihn klammerte. Der Umschlag trat bezeichnender Weise aus Eifersucht ein, als er sie ihren letzten Knaben nähren sah, der übrigens nach ihrer Behauptung sein eigenes Kind war, ihm aber die verdrängte Erinnerung an die gleiche Situation bei der eigenen Mutter wi[e]derbrachte. Er nahm sich nun andere Frauen zu Geliebten, die er bald wieder verwarf, bis er an jene Kokotte kam, an der er hängen blieb. Sie war übrigens die offizielle Freundin eines seiner Freunde, den er so hintergehen mußte. Die ganze Zeit über setzte er alle Intimitäten mit seiner Schwägerin fort, die auch die Vertraute seiner Liebesbeziehungen war, unter denen sie sehr litt.«

Diese hochspezifische, quasi-inzestuöse Konstellation, deren novellistische Beschreibung Freuds Gusto an der ungewöhnlichen Liebesgeschichte seines Patienten verrät, wurde von den Herausgebern insgesamt herausgetrennt. Dies nötigte sie dazu, die Struktur des restlichen Absatzes sowie der beiden folgenden Absätze[1], in denen Freud auf die Prophezeiungen Schermanns hinsichtlich des Verhaltens der Lebedame zu sprechen kommt, ebenfalls einschneidend zu verändern. Sätze bzw. Satzteile wurden hinzugefügt, Verwandtschaftsgrade retouchiert – die Schwägerin erscheint beispielsweise zur »Jugendliebe« verharmlost –, Datierungen verwischt usw.

---

[1] 1941*d*, S. 42 und S. 43.

Angesichts derart umfangreicher Varianten stellen sich zwei Fragen: Warum haben die Herausgeber der Schriften aus dem Nachlaß bei der Vorbereitung der Druckfassung des Vorberichts diese Veränderungen überhaupt eingeführt, und warum haben sie sie stillschweigend vorgenommen, das heißt ohne den Leser in editorischen Kommentaren im einzelnen darüber zu informieren? Im ›Vorwort der Herausgeber‹ zum siebzehnten Band ist lediglich von »einigen wenigen Auslassungen«[1] die Rede. Mancher mag rasch mit der gängigen Verdächtigung bei der Hand sein, die Editoren hätten, ihrer Idealisierungstendenz gehorchend, etwas Freud vermeintlich Abträgliches verbergen wollen. Gewiß können wir, da sämtliche Herausgeber heute nicht mehr am Leben sind, über die wahren Gründe bloß noch spekulieren; sie dürften zugleich einfacher und komplexer gewesen sein.

Wie im ersten Teil erwähnt, erschien der betreffende Band der *Gesammelten Werke* ohnehin mit kargem editorischem Apparat unter widrigen Umständen mitten im Zweiten Weltkrieg. Und die Herausgeber dieser im Londoner Exil aufgebauten Freud-Gesamtausgabe waren mit den Regeln kritischen Edierens nicht vertraut. Als sie nach Freuds Tod unter seinen wenigen Nachlaßpapieren auf das Manuskript des Vorberichts stießen, scheinen sie sich gefragt zu haben, was der Autor selbst verändert haben würde, hätte er diese Handschrift doch noch zur Veröffentlichung vorbereitet. Auch aus heutiger Sicht wird man annehmen dürfen, daß Freud in diesem hypothetischen Fall dem Vorbericht nicht nur einen regulären Titel gegeben hätte; er hätte, und zwar wahrscheinlich weitaus entschiedener, als die Herausgeber dies getan haben, insbesondere den Adressatenwechsel berücksichtigt. Die Vorstellung, daß er sich nun nicht länger an den engsten Kreis der Vertrauten, sondern an eine größere anonyme Leserschaft richtete, hätte vermutlich nicht zuletzt die Streichung oder zumindest Kürzung der beiden zitierten Textpassagen zur Folge gehabt.

Jedenfalls hätte es sich für Freud von selbst verstanden, etwas von der Spontaneität zurückzunehmen, die, dem Gedankenaustausch mit Freunden angemessen, zumal das erste Stück charakterisiert.

[1] S. viii.

Die Sätze über Jung, die den Gang der Argumentation ja eher stören, wären gewiß entfallen. Der Bericht jener Abwerbungsepisode scheint lediglich die Funktion gehabt zu haben, die Freunde indirekt an die Konstitutionsbedingungen des Komitees, nämlich die Sezessionen, zu erinnern. Tatsächlich beginnt der Vorbericht sogar mit einer expliziten Erwähnung der Angriffe Adlers und Jungs auf die Psychoanalyse. Mit anderen Worten: Freud wollte offenbar die seltene Gelegenheit, da einmal alle sechs Komitee-Mitglieder an einem Ort versammelt waren, zur subtilen Stärkung des Gruppenzusammenhalts nutzen. Der Gebrauch der Denkfiguren von *Totem und Tabu* mag in den sechs Hörern zudem das Wissen wachgerufen haben, daß jenes Buch, wie das Komitee, in der Zeit der Auseinandersetzung mit Jung entstanden war und auf einer seiner vielen Bedeutungsebenen wohl wirklich eine mythologische Verarbeitung jenes historischen Konflikts darstellte. Dem einen oder anderen Komitee-Mitglied dürfte freilich auch die leise Hinwendung zu Jung nicht entgangen sein, die sich in der ironisch-schillernden Formulierung vom »zärtlichen« Sohn und überhaupt in der Themenwahl zu erkennen gibt, schließlich gehörte der Okkultismus gerade auch zu Jungs Lieblingsbeschäftigungen.[1] All diese Andeutungen und Anspielungen wären dem allgemeinen Leser entgangen oder hätten eher irritierend auf ihn gewirkt, wie Anzeichen für ein Abschweifen des Autors.

Gleichfalls um nicht den Eindruck zu erwecken, er komme vom Thema ab, hätte Freud wohl auch das andere Textstück fortgelassen, die Lebens- und Liebesgeschichte jenes Patienten »von daemonischer Leidenschaftlichkeit«, für die er die Aufmerksamkeit der Freunde gewinnen wollte – wie er selbst betont: *abseits* vom Okkultismus.[2]

---

[1] Aus dem Freud-Ferenczi-Briefwechsel geht hervor, daß Jung tatsächlich früh in den Gedankenaustausch über das Telepathie-Thema eingeweiht worden war, eine Tatsache, die wiederum den anderen Komitee-Mitgliedern nicht bekannt war.

[2] Aus heutiger Sicht könnten wir uns fragen, ob Freud diesen Exkurs in die Ansprache an die Komitee-Mitglieder aufgenommen hat, weil ihm die außerordentlich starke Bindung des Patienten an die präödipale Mutter der frühesten Säuglingszeit und der Neid auf die Brust bemerkenswert und diskussionswürdig erschienen.

Doch hätten allein schon Diskretionsrücksichten die Streichung der Passage erzwungen; denn der Patient, 1941 erst Mitte Fünfzig, dürfte infolge seiner markanten Biographie in Wien noch immer identifizierbar gewesen sein. Als Freud 1932 in Gestalt der dreißigsten Vorlesung der *Neuen Folge* die Druckfassung eines Teils seines Vorberichts niederschrieb, kam er auf diesen ihn faszinierenden Patienten zurück.[1] Er nahm damals bestimmte Verfremdungen an dessen Vita vor, insbesondere entschärfte er die delikate Konstellation, indem er anstelle der Schwägerin eine nicht näher beschriebene »junge Frau« einsetzte. Auf diese Weise hinderte er den Leser daran, in vollem Umfang zu begreifen, daß die Herkunftsfamilie gemeint war, wenn es dort am Schluß der Vignette heißt: »Meinem Patienten gelang es übrigens, mit Hilfe der Analyse eine Liebeswahl zu treffen außerhalb des Zauberkreises, in den er gebannt gewesen war.«[2] Wie nun ersichtlich, haben sich die Herausgeber der *Gesammelten Werke* bei ihrer Einführung von Varianten in diesen Text, zumal bei der Ersetzung der Schwägerin durch eine »Jugendliebe«, von des Autors *eigenen* Verfremdungsmaßnahmen leiten lassen.

Als Vorbild für ihre Herausgebertätigkeit konnten sie sich noch auf ein anderes Beispiel für die Art und Weise berufen, wie Freud ein Manuskriptstück aus diesem Kontext redaktionell bearbeitet hat, ehe er es in der dreißigsten Vorlesung der *Neuen Folge* veröffentlichte. Gegen Ende der zweiten Vignette heißt es im Vorbericht: »Die beiden Fälle, die ich Ihnen vorgelegt habe, betreffen beide nicht eingetroffene Prophezeiungen. Ich glaube, daß solche Beobachtungen das beste Material für die Frage der Gedankenübertragung beibringen können [...]. Auch von andersartigem Material hatte ich ein Beispiel für Sie vorbereitet, einen Fall, daß ein Patient von besonderer Qualität in einer Stunde Dinge besprach, die sich auf das Merkwürdigste mit einem unmittelbar vorherigen Erlebnis meinerseits berührten. Aber Sie sollen einen greifbaren Beweis dafür bekommen, daß ich mich nur unter größtem Widerstand mit diesen Fragen des Okkultismus beschäftige. Als ich in Gastein die Notizen hervorsuchte, die ich für die Ausarbeitung dieses Referats herausgesucht und mitge-

---

[1] 1933*a*, S. 484 ff.

[2] AaO, S. 486.

nommen hatte, fand sich der Bogen, auf dem ich diese letzte Beobachtung notiert hatte, nicht vor [...]. Gegen so deutlichen Widerstand läßt sich nichts machen, ich muß Ihnen diesen Fall schuldig bleiben, kann ihn nicht aus dem Gedächtnis ergänzen.«[1] Nach Rückkehr von der Harzreise hat Freud, anhand der in Wien gebliebenen Aufzeichnungen, dieses Beispiel unter dem Titel ›Nachtrag‹ dann aber doch noch ausgearbeitet, beginnend mit dem Satz: »Hier der aus Widerstand weggelassene Bericht über einen Fall von Gedankeninduktion aus der analytischen Praxis.«[2]

In ihrer editorischen Vorbemerkung zu ›Psychoanalyse und Telepathie‹ stellen die Herausgeber lakonisch fest: »Er [der Nachtrag] wurde in die ›Vorlesungen‹ aufgenommen und ist deshalb hier nicht abgedruckt.«[3] Gemeint ist jene komplizierte, um die Assoziationsfäden *Forsyth-Forsyte-foresight-Vorsicht* bzw. *Freud-Freund* organisierte Vignette. Vergleicht man die siebenseitige Handschrift mit der Druckfassung des entsprechenden Stücks in der *Neuen Folge*[4], so stellt sich heraus, daß Freud die Urfassung, ehe er deren Inhalt in die Reinschrift der dreißigsten Vorlesung integrierte, vielfältig überarbeitet hat. Ich möchte auf diese vom Autor stammenden zahlreichen Varianten hier, im Kapitel über Editoren-Varianten, nicht näher eingehen, sondern sie lediglich kursorisch beschreiben: Freud ziselierte stilistisch, kürzte oder variierte aus Diskretionsrücksichten, schwächte ab oder pointierte, manches Erzählstück stattete er üppiger aus, er aktualisierte und berücksichtigte den Adressatenwechsel, er versuchte, mit mäßigem Erfolg, die verwickelte Ereignisfolge der Vignette durch Sequenzänderung ihrer Elemente zu entwirren usw. Viele der redaktionellen Eingriffe erinnern an jene Umgestaltungen, denen Freud seine Texte beim Übergang vom Entwurf zur Reinschrift, das heißt vom privaten zum öffentlichen Wortlaut zu unterwerfen pflegte.

---

[1] 1941*d*, S. 40 f.

[2] In der Sigmund Freud Collection liegt das Manuskript gegenwärtig (das heißt Anfang 1992, zum Zeitpunkt meines letzten Aufenthalts in der Kongreßbibliothek) bei den Texten des Jahres 1933 [1932], anschließend an die Handschrift des Nachrufs auf Sándor Ferenczi.

[3] 1941*d*, S. 26.

[4] 1933*a*, S. 487–493.

Wir wissen nicht, ob die Editoren diesen Transformationsprozeß seinerzeit rekonstruiert haben. Unzweifelhaft ist jedoch, daß Freud den Wortlaut des Nachtrags Anfang der dreißiger Jahre, als er ihn für die Veröffentlichung im Rahmen der *Neuen Folge* vorbereitete, insgesamt rigoroser redigierte als rund ein Jahrzehnt später die Herausgeber den Vorbericht für die Publikation im Kontext der *Schriften aus dem Nachlaß 1892–1938.* Offensichtlich haben sie versucht, das Manuskript des Vorberichts dem Kanon derjenigen Werke einzureihen, die Freud in eigener Regie zum Druck befördert hatte. Sozusagen an seiner Stelle redigierend, bemühten sie sich, seinen Maßstäben zumindest hinsichtlich des Schutzes der Privatsphäre von Patienten Geltung zu verschaffen.

Unter den späten Texten des Jahres 1938 zeigt die posthume Druckfassung der knappen innovativen Arbeit über ›Die Ichspaltung im Abwehrvorgang‹, also über Ichveränderung, insbesondere das Entstehen jenes »Einrisses im Ich, der nie wieder verheilen, aber sich mit der Zeit vergrößern wird«[1], im Vergleich zur Handschrift nur wenige Varianten. Im zweiten Satz des laut Datierung am 2. Januar 1938 niedergeschriebenen Manuskripts haben die Herausgeber ein »doch« übersehen und im publizierten Wortlaut fortgelassen: die von Freud im Auftaktsatz konstatierte Unsicherheit, daß er nicht wisse, ob das Mitzuteilende »als längst bekannt und selbstverständlich oder als völlig neu und befremdend« zu gelten habe, schränkt er nämlich mit der gewissermaßen trotzigen Feststellung ein: »Ich glaube aber *doch*[2] eher das letztere«. Die Druckfassung der Schrift endet mit einer langen Reihe von Punkten, die dem Leser die Annahme nahelegt, der Aufsatz sei unvollendet geblieben. Die Handschrift – sie besteht aus einem vierseitig beschriebenen Doppelblatt – schließt dagegen am Fuß der vierten Seite, füllt den Raum buchstäblich bis zum letzten Millimeter aus, so daß Freud den Schlußpunkt *unter* den letzten Buchstaben plazieren mußte. Weitere Punkte fehlen, freilich fehlt auch jene Fermate, mit der er, zumindest in Reinschriften, das Manuskriptende zu markieren pflegte. Der Gang des Gedankens

[1] 1940*e* [1938], *G. W.*, Bd. 17, S. 60 (*Studienausgabe*, Bd. 3, S. 391 f.).
[2] Meine Hervorhebung. (*G. W.*, S. 59; *Studienausgabe*, S. 391.)

schließt die Möglichkeit nicht aus, daß das Manuskript ursprünglich aus mehr als vier Seiten bestanden hat; der Rest wäre dann verschollen.

Weitaus gravierender sind die Veränderungen, welche die Herausgeber des siebzehnten Bandes der *Gesammelten Werke* an Freuds umfangreichstem und bedeutendstem Nachlaßwerk vorgenommen haben, dem *Abriß der Psychoanalyse.* In einer kurzen Vorbemerkung teilen sie lediglich mit, daß diese Schrift als »unfertig« gelten müsse und daß insbesondere das dritte Kapitel »schlagwortartig mit Gebrauch vieler Abkürzungen niedergeschrieben« und deshalb von den Herausgebern »zu Sätzen ergänzt worden« sei.[1] Ferner verschweigen sie nicht, daß sie den Titel des ersten Teils, ›Die Natur des Psychischen‹, hinzugefügt haben, und zwar gemäß einer Formulierung aus ›Some Elementary Lessons in Psycho-Analysis‹, welchen Text sie offensichtlich als eine spätere Fassung des *Abriß* ansahen.[2] In Wirklichkeit sind stillschweigend noch viele weitere Veränderungen am Originalwortlaut vorgenommen worden.

Gemäß den charakteristischen Stadien der Freudschen Textentstehung – Notizen, Entwürfen, Reinschriften – ließe sich die generelle Redaktionstendenz folgendermaßen beschreiben: ohne es zu deklarieren, wahrscheinlich ohne es zu wissen, haben die Herausgeber versucht, aus einem Entwurf eine Reinschrift zu machen. Daß Freuds Reinschriften aus schriftlich fixierten Vorstadien hervorgegangen sind, scheint damals noch gar nicht bekannt gewesen zu sein. In seiner editorischen Vorbemerkung zum Abdruck des *Abriß* in der *Standard Edition* schrieb James Strachey sogar noch 1964: »The manuscript of this whole work is written out in an unusually abbreviated form.«[3] Diese Wertung ist nur zutreffend, wenn man von der Annahme ausgeht, es handele sich um eine Reinschrift; für ein Entwurfsmanuskript sind die vielen Abkürzungen keineswegs unge-

---

[1] 1940*a* [1938], S. 64.

[2] Der Wortlaut des editorischen Kommentars entspricht übrigens weitgehend der redaktionellen Vorbemerkung (S. 5), welche die Erstveröffentlichung des *Abriß* in der *Internationalen Zeitschrift für Psychoanalyse und Imago* (1940, Bd. 25, S. 7–67) einleitet. Dort wurden von der Redaktion an einer Stelle (S. 21) sogar größere Ausschnitte aus den ›Elementary Lessons‹ als Anmerkung hinzugefügt.

[3] Strachey, 1964*b*, S. 141 f.

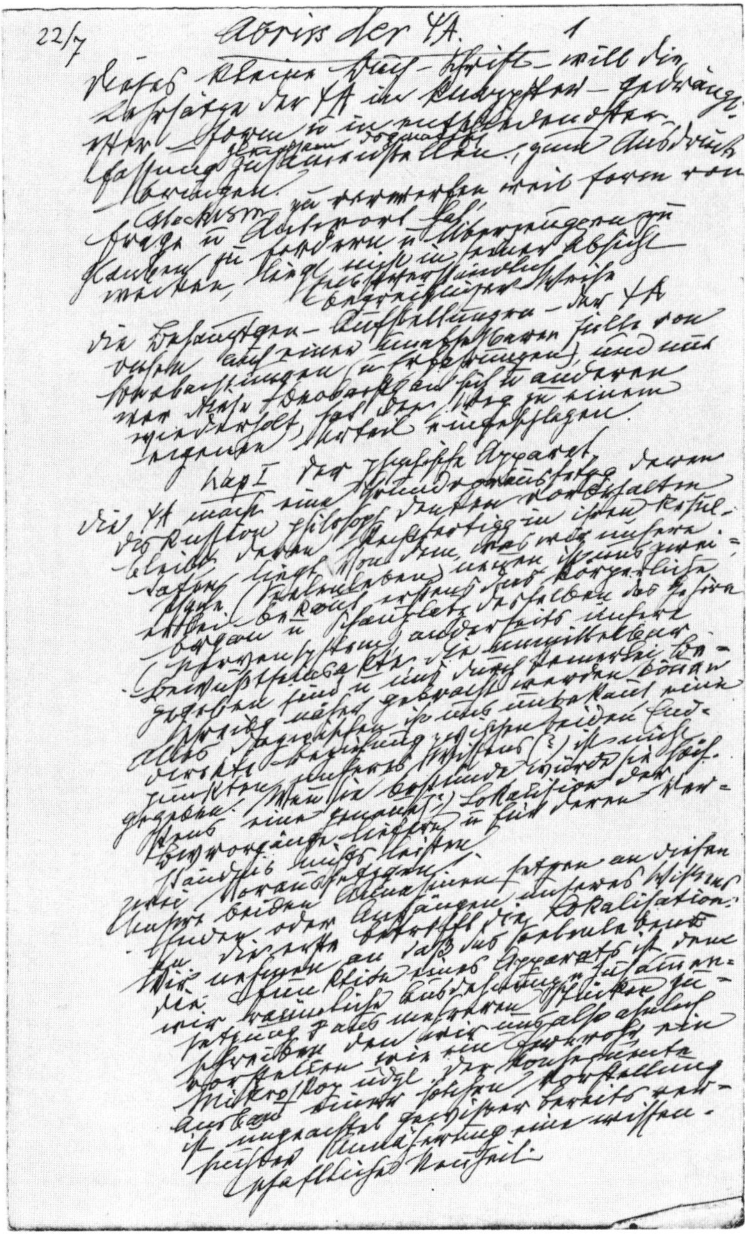
22/7 Abriss der ΨA. 1

Erste Seite des *Abriß der Psychoanalyse*.

wöhnlich. Das Studium der Handschrift erweist zweifelsfrei, daß vom *Abriß der Psychoanalyse* lediglich der Entwurf überliefert ist. Zum Verfassen der Reinschrift, also zum Ausformulieren des für den Druck bestimmten Wortlauts ist Freud nicht mehr gekommen. Die Blätter tragen jedenfalls nicht das Kennzeichen anderer Entwurfsmanuskripte: die sukzessive, Absatz für Absatz eingetragenen diagonalen Durchstreichungen, also des Autors Markierung dafür, wie weit er, dem roten Faden des Entwurfs folgend, bei der Herstellung der Reinschrift jeweils fortgeschritten war.

Denkbar aber auch, daß er die Veröffentlichung gar nicht angestrebt hat. Laut Datierung des ersten Blatts ist der *Abriß*-Entwurf am »22/7« begonnen worden[1]; der Autor soll Anfang September 1938 mit dem Schreiben aufgehört haben, als er sich einer erneuten Kieferoperation unterziehen mußte. In einem Brief an seine Tochter Anna vom 3. August 1938 hatte er eine Art Zwischenbilanz der Niederschrift gegeben: »Meine Ferienarbeit erweist sich als eine amüsante Beschaftigung. Sie ist schon 26 Seiten stark gewachsen, wird in drei Teile zerfallen. Das Allgemeine – die praktische Aufgabe – der theoretische Gewinn. Noch im̄er bleibe ich bei der Fiktion, daß sie nicht gedruckt zu werden braucht.«

Der Entwurfscharakter der gesamten, am Ende sechsundsechzig Seiten umfassenden Handschrift[2] ist augenfällig; allerdings stehen nahezu ausgeschriebene Passagen neben mehr oder weniger abgekürzten. Wo Freud weitgehend Neuland betritt und jüngste Erkenntnisse mitteilt, wie im achten Kapitel, das wiederum von der Beziehung des Ichs zur Außenwelt, von Ichspaltung, Verleugnung und Fetischismus handelt, scheinen die Sätze eher zu Vollständigkeit zu tendieren, wohingegen Abkürzungen offensichtlich dort vorherrschen, wo sich die Argumentation auf vertrautem Boden bewegt.

---

[1] Vgl. das Faksimile S. 277 und die folgende Abbildungssequenz, die Freud, nach Angaben Ernst Freuds, beim Schreiben des *Abriß* zeigt. Freud arbeitete damals noch in seiner Londoner Interimswohnung, 39, Elsworthy Road, ehe er das Haus 20, Maresfield Gardens beziehen konnte.

[2] In dem aus vierseitig beschriebenen Doppelbogen bestehenden Manuskript fehlen die Seiten 5 bis 14. Auf einem Mikrofilm der Handschriften, der noch zu Anna Freuds Lebzeiten in London angefertigt wurde, sind diese Seiten jedoch mitabgebildet.

Freud, 1938, am *Abriß* schreibend.

Die Behauptung der Editoren, der *Abriß* sei »unfertig« geblieben, ist nur insofern zutreffend, als Freud eben nicht zum Verfassen der Reinschrift vorgedrungen ist. Was dagegen den Entwurf selbst betrifft, so enthält das Manuskript keinerlei Anzeichen für die Absicht, daß Freud es hätte fortsetzen wollen. Es endet mit seinen letzten sechs Zeilen am Kopf der sechsundsechzigsten Seite, zeigt also nicht die von den Herausgebern in die Druckfassung eingetragenen Gedankenstriche, die eine solche Intention unterstellen. Meines Erachtens handelt es sich bei der überlieferten Handschrift um den *kompletten* Entwurf des *Abriß* – mit Anfang, Mitte und Schluß. Gegen diese Auffassung spricht auch nicht die Kürze des letzten, des neunten Kapitels oder die Knappheit des dritten Teils; beide Merkmale mögen die Herausgeber zu ihrer Vermutung der Unvollständigkeit des Manuskripts verleitet haben: doch sind die ersten drei Kapitel fast ebenso kurz wie das letzte, und auch der zweite Teil umfaßt, wie der dritte, bloß zwei Kapitel.

Was die Einführung von Varianten anlangt, so haben die Herausgeber schon in die Struktur der Auftaktpassage massiv eingegriffen. In der Erstveröffentlichung von 1940 im Rahmen der im Londoner Exil als kombiniertes Periodikum erschienenen *Internationalen Zeitschrift für Psychoanalyse und Imago* haben die Redakteure – überwiegend die Personen, die auch als Editoren der *Gesammelten Werke* zeichnen – diese Zeilen als ›Vorwort‹ deklariert, obgleich es im Manuskript keinerlei Hinweise für eine solche Gliederungsabsicht des Autors gibt. Andererseits haben sie, gleichfalls auf der ersten Seite der Handschrift, eine Art Zwischentitel fortgelassen, den Freud nach dem ersten Absatz des ersten Kapitels hinschrieb: ›Zwei Voraussetz[un]gen‹. In dem ein Jahr später veröffentlichten Nachdruck des *Abriß* im siebzehnten Band der *Gesammelten Werke* entfiel die als ›Vorwort‹ bezeichnete Passage ohne Angabe von Gründen; vielleicht eine Folge des Umstandes, daß sie im Inhaltsverzeichnis der Zeitschrift nicht eigens erwähnt worden war.[1]

[1] S. 7. Im Nachtragsband zu *G. W.* wurde sie 1987 wieder zugänglich gemacht (S. 749), allerdings in der Vorwort-Version der Erstveröffentlichung; denn ich hatte seinerzeit, da der Nachtragsband nicht als Teil einer historisch-kritischen Edition konzipiert war, die *Abriß*-Handschrift nicht konsultiert.

Um dem Leser eine anschauliche Vorstellung von der Originaldiktion des *Abriß* zu vermitteln und um die Art der von den Redakteuren bzw. Herausgebern vorgenommenen Veränderungen zu illustrieren, seien hier beide Versionen jener Passage abgedruckt. In der Handschrift lautet sie folgendermaßen:

Dieses kleine Buch – Schrift – will die
Lehrsätze der ΨA in knappster – gedrängtester – Form u in entschiedendster
gleichsam dogmatisch
Fassung zusam̄enstellen, zum Ausdruck
bringen.
Catechism zu verwerfen, weil Form von
Frage u Antwort hat.
Glauben zu fordern u Uberzeug[un]gen zu
wecken, liegt nicht in seiner Absicht
selbstverständlich
begreiflicher Weise
Die Behaupt[un]gen – Aufstellungen – der ΨA
ruhen auf einer unabsehbaren Fülle von
Beobachtungen (u Erfahrungen), und nur
wer diese Beobacht[un]g an sich u anderen
wiederholt, hat den Weg zu einem
eigenen Urteil eingeschlagen.

Die Fassung der Erstveröffentlichung von 1940 hingegen heißt[1]:

Vorwort

Diese kleine Schrift will die Lehrsätze der Psychoanalyse in gedrängtester Form und in entschiedenster Fassung gleichsam dogmatisch zusammenstellen. Glauben zu fordern und Überzeugung zu wecken, liegt selbstverständlich nicht in ihrer Absicht.

Die Aufstellungen der Psychoanalyse ruhen auf einer unabsehbaren Fülle von Beobachtungen und Erfahrungen, und nur wer diese Beobachtungen an sich und anderen wiederholt, hat den Weg zu einem eigenen Urteil eingeschlagen.

---

[1] S. 8 (des Erstdrucks).

Wie aus dem Vergleich beider Texte ersichtlich, beschränken sich die Herausgeber keineswegs auf die Auflösung von Abkürzungen und die Komplettierung der Interpunktion. Der rigorosen editorischen Glättung fiel alles Tastende des Originalwortlauts zum Opfer, vor allem das Ausprobieren von Synonyma. Nach anderen Freud-Texten zu urteilen, von denen die Reinschriften überliefert sind, hätte der Autor wohl die eine oder andere Kombination sinnverwandter Ausdrücke – beispielsweise »in knappster – gedrängtester – Form« – in die Endfassung des *Abriß* übernehmen wollen. Die in der Anfangspassage kommentarlos vorgenommene Streichung der beiden Zeilen »Catechism zu verwerfen, weil Form von Frage u Antwort hat« erzeugt fast eine Gedankenlücke. Seine erklärte Absicht, die Lehrsätze der Psychoanalyse »gleichsam dogmatisch« zusammenzustellen, führte Freud für einen Moment assoziativ in die Nähe religiösen Glaubensunterrichts, nämlich des christlichen Religionslehrbuchs, in dem der Stoff im Frage- und Antwortwechsel dargeboten wird. Indem er die empirische Herkunft der psychoanalytischen Theorien betont, wendet er sich indessen im nächsten Schritt brüsk von dieser Analogie ab. Durch die Streichung der Katechismus-Anspielung wird ein Glied der Vergleichskette herausgebrochen. Erinnern wir uns einer früheren Verwendung des Bildes am Schluß von *Jenseits des Lustprinzips*: »Nur solche Gläubige, die von der Wissenschaft einen Ersatz für den aufgegebenen Katechismus fordern, werden dem Forscher die Fortbildung oder selbst die Umbildung seiner Ansichten verübeln.«[1]

In meiner Abhandlung über Freuds Moses-Studie[2] habe ich die Vermutung begründet, daß eines der Motive für die Niederschrift der beiden als Summen seines Lebenswerks konzipierten Texte, des *Abriß* und der ›Elementary Lessons‹, in Freuds durchdringender Moses-Identifizierung und in seiner Sorge zu suchen sein könnte, die Psychoanalyse werde die Nazi-Verfolgung nicht überstehen. Im Zusammenhang mit der Arbeit an *Der Mann Moses und die monotheistische Religion*, einer Essay-Folge, die ja derselben späten Schaffensphase entstammt, dürfte es zu einem erneuten Tora-Studium

[1] 1920g, S. 272.
[2] Grubrich-Simitis, 1991, S. 72 f.

gekommen sein. In der von Freud schon als Kind benutzten Israelitischen Bibel beschreibt der Exeget Ludwig Philippson in seiner Schlußbetrachtung zum Fünften Buch Mose, wie der Religionsstifter vor seinem Tode sich an »ein letztes mächtiges Einschärfen des Gesetzes« macht. »Die zerstreute Lehre und Gesetzgebung mußten in eine klare, bündige, summarische Darstellung gesammelt« werden – auch bei Philippson also die Reihung von Sinnverwandtem. In den ›Elementary Lessons‹ lassen sich in der Anfangspassage unmittelbar Parallelformulierungen zu den Wendungen des Bibelkommentators aufzeigen[1]; und das Anschauen der Handschrift zeigt nun, daß dies auch für den *Abriß* gilt. Wie hier distanziert sich Freud freilich auch dort sogleich energisch von der religiösen Analogie.

Der editorische Umgang mit dem Anfangsstück des *Abriß* ist für den Redaktionsstil bezüglich des gesamten Texts, insbesondere der abgekürzten Passagen, paradigmatisch. Der Charakter des Probedenkens, Probeformulierens, also die Entwurfszüge wurden weitgehend wegretouchiert: Synonymreihen gekürzt, auf den ersten Blick eher verwirrend anmutende Parenthesen gestrichen, sprechende Fragezeichen getilgt, mit denen der Autor seine Zweifel doch sichtbarlich festhalten wollte. Manche der editorischen Auslassungen wirken abstrahierend. So heißt es in der Handschrift des zweiten Kapitels, das von der Trieblehre handelt: »In den biologischen Funktionen wirken die beiden Grundtriebe gegen einander oder kombiniren sich mit einander. So ist der Akt des Eßens eine Zerstörung des Objekts mit dem Endziel der Einverleib[un]g, Kannibalism mit eingeschloßen[,] der Sexualakt eine Aggression mit der Absicht der inigsten Vereinigung.«[2] In der Druckfassung[3] fehlt die Parenthese »Kannibalism mit eingeschloßen«, die doch das Sichkombinieren der beiden Triebe dem Leser konkret, sozusagen blutrünstig, vor Augen führt. Aber auch die staunende Begeisterungsfähigkeit noch des greisen Autors wird mitunter ihres spontanen Ausdrucks beraubt. In der Handschrift lautet im vierten Kapitel über psychische Qualitäten der Beginn des zweiten Absatzes: »Den Ausgang für diese Untersu-

---

[1] AaO.
[2] Seite 5.
[3] 1940*a*, S. 71.

ch[un]g giebt die einzig dastehende, jeder Erklär[un]g u Beschreib[un]g trotzende Tatsache des Bewußtseins, unvergleichliche.« Das infolge seiner exzentrischen Position exklamatorische Wort »unvergleichliche« erscheint in der Druckfassung, bei gleichzeitiger Tilgung der Synonymformulierung, beflissen integriert: »Den Ausgang für diese Untersuchung gibt die unvergleichliche, jeder Erklärung und Beschreibung trotzende Tatsache des Bewußtseins.«[1] Gelöscht wurden auch die Spuren von Freuds Selbstkorrektur, etwa wie er sich bei Fehlleistungen ertappt: so schrieb er mehr als einmal – anstatt »Es« – »Ich« hin.

Außer solchen Glättungen nahmen die Herausgeber bestimmte gliedernde Strukturierungen vor: sie trugen Absätze ein, wo im Manuskript entsprechende Markierungen augenscheinlich fehlen; sie veränderten die Position nicht nur von Wörtern, sondern auch von Satzteilen und Sätzen; sie vervollständigten oder variierten die Interpunktion; sie schoben manches Textstück gleichsam in den zweiten Rang, indem sie es als Anmerkung drucken ließen, obgleich der Autor es im Fluß des Texts niedergeschrieben und nicht als Fußnote ausgezeichnet hatte.

Alle diese Varianten wurden wohl in der Absicht eingeführt, die Lesbarkeit des *Abriß* zu steigern oder überhaupt erst herzustellen. Letzteres gilt zumal für die ersten drei Absätze des dritten Kapitels über die Entwicklung der Sexualfunktion, die nur in Gestalt weniger, isolierter Wortfragmente festgehalten sind. Dem Autor hätten diese Kürzel als Wegweiser für das Formulieren der Reinschrift gewiß genügt; sie überfordern aber das Ergänzungsvermögen des mit Freuds Denken nicht ungewöhnlich Vertrauten. Der erste Satz des dritten Kapitels lautet in der Handschrift übrigens: »Die erste erogene Zone, deren libidinöser Anspruch das Seelenleben beschäftigt, ist der Mund.« Freud strich ihn durch und nahm erst im vierten Absatz des Kapitels dieses Thema wieder auf. Er unterbrach sich also gewissermaßen und schaltete die drei Einleitungsabsätze davor. Vielleicht notierte er sie nicht zuletzt deshalb in solch extremer Abkürzung, weil er möglichst rasch zu dem ihn eigentlich bewegenden Gedankengang zurückkehren wollte.

---

[1] AaO, S. 79.

Alles in allem ist wohl nicht daran zu zweifeln, daß sich die Herausgeber beim Redigieren, insbesondere beim Ausfüllen der Lücken, darum bemüht haben, Freuds Vorgaben getreulich zu folgen und das Risiko von Fehlinterpretationen zu begrenzen.[1] Letzteres läßt sich freilich nicht ausschließen, zumal an Stellen, die zu mehr als einer Auslegung einladen. Auf der Verlustseite der emendierten Fassung ist vermutlich vor allem zu verbuchen, daß sie den angedeuteten Zusammenhang zwischen Freuds Moses-Essays einerseits und den Spätschriften des Jahres 1938 andererseits eher verschleiert.

Wie erwähnt, hielt Freud in der Arbeit ›Die Ichspaltung im Abwehrvorgang‹ das über das Problem traumabedingter Ichveränderung Mitgeteilte eher für »völlig neu und befremdend« als »längst bekannt und selbstverständlich«[2]. Im thematisch verwandten achten Kapitel des *Abriß* äußert er dagegen zum Schluß seine inzwischen offenbar veränderte Auffassung: »Die Tatsachen der Ichspaltung, die wir hier beschrieben haben, sind nicht so neu und fremdartig, wie sie zuerst erscheinen mögen.«[3] In den folgenden Sätzen dieses letzten Kapitelabsatzes rückt er diese Phänomene näher an die allgemeinen Charaktere der Neurose heran, läßt also die in der früheren Studie akzentuierten Unterschiede zwischen neurotischer und tendenziell psychotischer Abwehr verschwimmen.

Im Kapitel über ›Erstfassungen‹ habe ich angedeutet, wie meine frühere Untersuchung der Moses-Handschriften[4] mich zu der Rekonstruktion geführt hat, dieses Buch sei aus einer schweren, durch die Nazi-Verfolgung ausgelösten inneren Krise hervorgegangen. Die Erfahrung hilfloser Abhängigkeit und tödlicher Bedrohung habe an eigene frühinfantile Traumatisierung[5] gerührt und ein regressives Ge-

[1] Daß es mitunter zu versehentlichen Auslassungen, Fehllesungen, irrtümlichen, unnötigen, allzu schulmeisterlichen oder sonst eigenwilligen Korrekturen bzw. Ergänzungen kam, steht auf einem anderen Blatt.

[2] 1940*e* [1938], *G. W.*, Bd. 17, S. 59 (*Studienausgabe*, Bd. 3, S. 391).

[3] 1940*a*, S. 135. Übrigens zeigt die Handschrift, daß Freud mit diesem Satz ursprünglich das letzte Kapitel über ›Die Innenwelt‹ hatte beginnen wollen, die Kapitelüberschrift dann aber durchstrich und erst am Ende jenes Absatzes wiederholte.

[4] Grubrich-Simitis, 1991.

[5] Oben, S. 107, im Kapitel über das Schreiben kurz skizziert.

schehen in Gang gesetzt. Im Verlauf dieser späten Verstörung, die Freud selbstanalytisch und dank der rettenden Emigration zu bewältigen vermochte, habe er erstmals tiefe Einblicke in archaische Abwehrformen gewonnen; an Dramatik sei dieser selbstkurative kreative Vorgang mit der psychischen Krise des jungen Freud vergleichbar, die einst Ende des vergangenen Jahrhunderts den Beginn der Selbstanalyse provozierte und die Entdeckung unbewußter seelischer Prozesse beschleunigte. Jedenfalls bilden die späten Erkenntnisse über traumabedingte Ichveränderungen und den Abwehrvorgang der Spaltung den Stoff der eigentlich innovativen Passagen in den Werken des Jahres 1938.

Gerade die Handschrift der letzten Absätze im achten Kapitel des *Abriß* scheint in manchen Verschreibungen noch etwas von der Anstrengung, der Verwirrung, ja dem Schrecken jenes verzehrenden Selbsterforschungsprozesses spüren zu lassen. So heißt es zur Erläuterung der Spaltung in der veröffentlichten Fassung: »Es bildeten sich zwei psychische Einstellungen anstatt einer einzigen, die eine, die der Realität Rechnung trägt, die normale, und eine andere, die unter Triebeinfluß das Ich von der Realität ablöst. Die beiden bestehen nebeneinander. Der Ausgang hängt von ihrer relativen Stärke ab. Ist oder wird die letztere die stärkere, so ist damit die Bedingung der Psychose gegeben. Kehrt sich das Verhältnis um, so ergibt sich eine anscheinende Heilung der Wahnkrankheit.«[1] Im vorletzten Satz steht für »die letztere« in der Handschrift klar lesbar »die erstere«, ohne daß Freud es bemerkt und korrigiert hätte.

Nach seiner letzten Operation setzte sich Freud am »20/X. 38« an die Niederschrift von ›Some Elementary Lessons in Psycho-Analysis‹. Einzig den Titel schrieb er in englischer Sprache hin, als wolle er sich nun an die Leser des Landes wenden, in dem er Zuflucht gefunden hatte. Das Manuskript umfaßt zwei vorder- und rückseitig beschriebene Doppelblätter, deren Seiten Freud mit Blaustift numerierte. Obgleich auf den sieben beschriebenen Seiten einige Gedanken des *Abriß* wiederkehren, kann man nicht behaupten, es handle sich um dessen zweite Fassung. Gewisse Strukturverwandtschaften – das Bündige, das Summarische – sind freilich unübersehbar. Im Un-

[1] 1940*a*, S. 133.

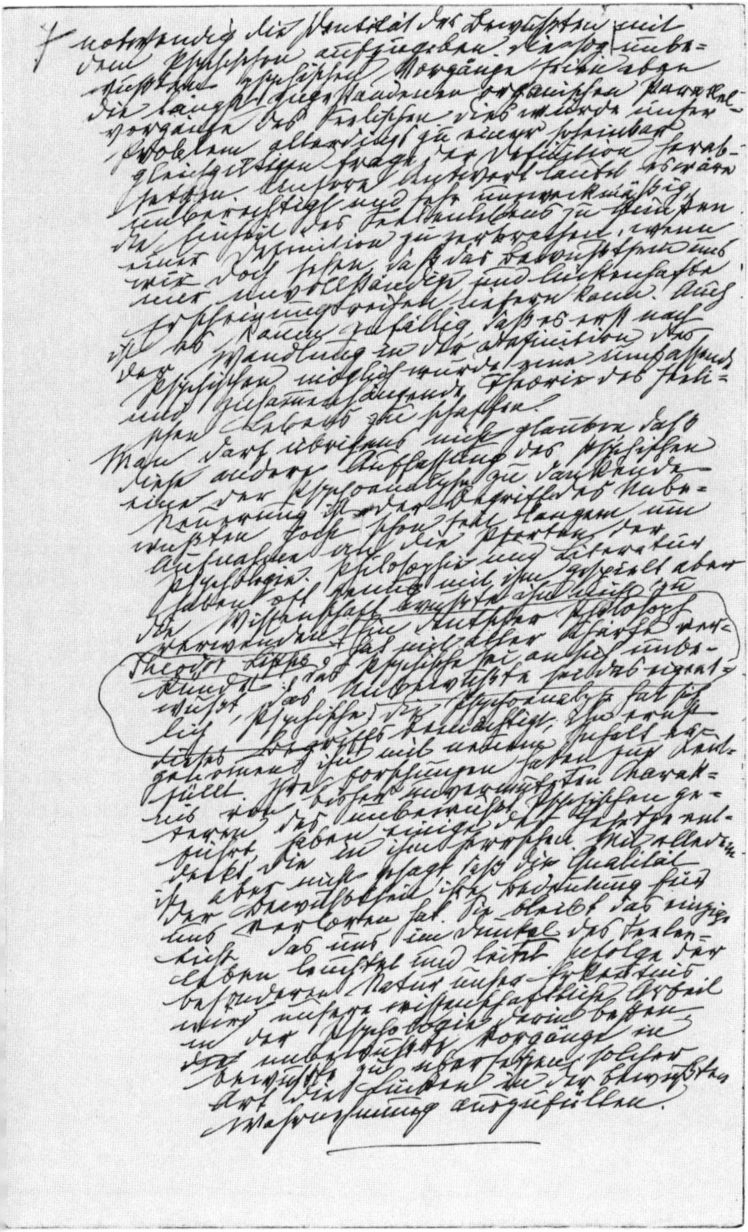

Letzte Seite von ›Some Elementary Lessons in Psycho-Analysis‹.

terschied zum *Abriß* hat Freud dieses allerletzte Werk aber in ausformulierten Sätzen hinterlassen. Obwohl die Handschrift am Fuß der siebten Seite eine auf die Blattmitte gerückte Querlinie zeigt[1], spricht vieles dafür, daß er an dieser Stelle nicht deshalb aufhörte, weil er zu Ende gekommen wäre, sondern absichtlich und definitiv abbrach – aus Sterbensmüdigkeit buchstäblich den Schlußstrich unter sein monumentales schriftstellerisches Lebenswerk zog, wenngleich Klarheit und Freiheit des Argumentierens uns nichts von seinem körperlichen Elend verraten. Die leergebliebene achte Seite ist denn auch vorsorglich noch mitpaginiert. Jedenfalls hätte der Beginn der ›Elementary Lessons‹ mit der detaillierten Erörterung von Vor- und Nachteilen der genetischen bzw. dogmatischen Methode bei der Darstellung eines Wissensgebiets eine weitaus umfangreichere Abhandlung erwarten lassen.

Bei diesem Fragment, sozusagen als satzfertiger Text überliefert, sind die von den Herausgebern eingeführten Varianten erwartungsgemäß weitaus weniger zahlreich und einschneidend als im Falle des *Abriß*. Sie beschränken sich auf einige Angleichungen der Orthographie, Interpunktion und Absatzgliederung. Außerdem springen ein paar Transkriptionsversehen ins Auge. Die beiden markantesten: wo in der publizierten Version[2] »Moralbesetzungen« steht, heißt es in der Handschrift »Voraussetzungen«, für »Erklärung« dort steht hier »Entscheidung«. Sonst weicht die Handschrift nirgends wesentlich von der tradierten Druckfassung ab.

---

[1] Vgl. das Faksimile auf S. 287.

[2] 1940*b* [1938], S. 142 bzw. S. 145.

9 Unveröffentlichtes

Das bisher Mitgeteilte illustriert, daß Freud wahrlich nicht zu den Autoren gehörte, die in der Hoffnung auf die Nachwelt für die Schublade produzierten. Er schrieb, um geradenwegs und unverzüglich zu publizieren. Was in den Kapiteln 3 bis 8 des zweiten Teils an Unveröffentlichtem erwähnt oder zitiert wurde, war denn auch gar nicht zur Veröffentlichung bestimmt. Tatsächlich finden sich unter den zum Werkkontext gehörenden Handschriften nur einige wenige knappe Dokumente, deren Lektüre den Eindruck erweckt, Freud habe die Texte zwar mit einer klaren Publikationsabsicht geschrieben, doch sei diese Absicht aus jeweils unbekanntem Grund durchkreuzt worden.

Zu nennen ist zunächst ein beidseitig beschriebenes Blatt mit einer von Freud signierten ›Bibliographie‹, die ersichtlich aus dem Zeitraum 1923/24 stammt und mit dem Satz beginnt: »Ich übergehe die histologischen und kasuistischen Arbeiten meiner Studenten- und Dozentenzeit. Die späteren Veröffentlichungen in Buchform sind in chronologischer Folge aufgezält:«. Die den einzelnen Büchern gewidmeten Zeilen fangen links mit dem Erscheinungsjahr an, dann wird der Titel zitiert und, im Falle mehrfacher Nachdrucke, das Erscheinungsjahr des jeweils jüngsten. Die Liste beginnt mit der ersten Monographie, »1884 Über Coca«, und endet mit der zum damaligen Zeitpunkt letzten, »1923 Das Ich und das Es«. Anschließend gibt Freud in einem zusammenfassenden Text einen Überblick über seine sonstigen publizistischen Aktivitäten. Mit fühlbarem Stolz skizziert er sozusagen die gedruckten Beweise dafür, daß sein Lebenswerk inzwischen Weltgeltung errungen hatte. Die wenigen einfachen und prägnanten Sätze verkörpern einmal mehr das Selbstverständnis und die Bewußtheit Freuds als Autor wie als Verleger:

»Meine zalreichen Abhandlungen zur Psychoanalyse und zu ihren Anwendungen sind 1906–22 in den fünf Folgen der ›Sammlung kleiner Schriften zur Neurosenlehre‹ in Buchform erschienen. Sie stammen zumeist aus den Zeitschriften, deren Herausgeber ich bin. (Internat. Zeitschrift für Psychoanalyse, Imago).
In den letzten Jahren hat der Internat. psychoanalyt. Verlag in Wien eine Gesamtausgabe meiner Schriften unternom̄en, von der gegenwärtig (1924) vier Bände vorliegen. Eine spanische Gesamtausgabe (Obras completas), besorgt von Lopez Ballesteros im Verlag R. Castillo, Madrid, umfaßt bereits sechs Bände. Die meisten der in dieser Bibliographie angeführten Bücher und viele Abhandlungen sind durch Übersetzungen auch außerdeutschen Lesern zugänglich worden (z. B. Alltagsleben: russisch, englisch, holländisch, polnisch, ungarisch, französisch, spanisch, Vorlesungen zur Einführung: amerikanisch, englisch, hollandisch, französisch, italienisch, spanisch, russisch).

Freud«

Aus der Handschrift geht nicht hervor, wofür Freud diese Bibliographie zusammengestellt hat. Im Katalog der Sigmund Freud Collection wird sie der *»Selbstdarstellung«* zugeordnet, angesichts des Entstehungsdatums jenes Werks, 1924, auf den ersten Blick naheliegend. Ich vermute, daß es sich eher um einen Anhang zum ›Kurzen Abriß der Psychoanalyse‹ handelt. Freud hatte diese knappe geschichtliche Darstellung seines Lebenswerks im Auftrag der Encyclopaedia Britannica Company Ende 1923 verfaßt, und zwar als Beitrag zu dem Sammelwerk *These Eventful Years; The Twentieth Century in the Making, As Told by Many of its Makers.* Es handelte sich um ein zweibändiges Kompendium, in dem sich das zwanzigste Jahrhundert, am Ende seines ersten Viertels, sozusagen widerspiegeln sollte. Die Autoren waren Politiker, Wissenschaftler, Künstler usw. Denkbar, daß die Redaktion von den Autoren solche bibliographischen Angaben nachträglich verlangte, sie dann aber doch nicht abdrucken ließ.[1] Darüber können wir nur spekulieren. Gewiß ist hingegen, daß es

[1] Vielleicht dienten sie aber auch bloß Werbezwecken, etwa der Information über die Autoren des Sammelwerks; vgl. Freuds Brief an Franklin Henry Hooper (1960*a*, S. 372 f.).

sich im Unterschied zu der im ersten Teil erwähnten bibliographischen ›Chronologie‹[1] nicht um ein privates Dokument handelt.

Letzteres gilt ebenso für eine unpubliziert gebliebene Würdigung Max Eitingons, deren Zuordnung gleichfalls nicht gesichert ist:

»Die vorliegende Schrift, die über Einrichtung und Leistung der Berliner psychoanalytischen Poliklinik Auskunft giebt, dient noch einer anderen und intimeren Absicht. Sie soll eine Ehrung sein für Dr Max Eitingon, den gegenwärtigen Praesidenten der ›Internationalen psychoanalytischen Vereinigung‹, der dies Institut vor Jahren aus eigenen Mitteln gegründet hat und es seither erhält und mit eigener Mühe leitet. Den Anlaß zu dieser Ehrung gab der Umstand, daß Eitingon eben mit dem 50sten Lebensjahr die Höhe des menschlichen Daseins erreicht hat, entscheidend für die Wal einer solchen Veröffentlichung war seinen Freunden die Erwägung, daß der bescheidene Sinn des zurückhaltenden Mannes jede andere Feierlicheit abgewehrt hätte. Eitingon hat, obwol er ein gründlicher Kenner der Psychoanalyse, ein erfahrener Therapeut und ein Denker von sicherem Urteil ist, es sich – und uns – versagt, die analytische Literatur durch seine Beiträge zu bereichern, aber er hat andere, kaum weniger wichtige Leistungen auf sich genommen. Wie es in Uhland's Gedicht von ›König Karls Meerfahrt‹ heißt:

›Der König Karl am Steuer saß;
Der hat kein Wort gesprochen,
Er lenkt das Schiff mit festem Maß,
Bis sich der Sturm gebrochen.‹

Es schien nicht wesentlich, daß die Außenstehenden von dieser Tätigkeit Eitingon's erfahren sollten; einmal aber müßen wir ihm doch auf offenem Markte Dank sagen.

Sigm. Freud«

Eitingon wurde 1881 geboren. Das Entstehungsdatum des ausdrücklich für eine öffentliche Ehrung verfaßten, also zur Publikation bestimmten Artikels wäre demnach der Zeitraum 1930/31. Dies wie-

[1] S. 32 ff., oben.

derum könnte die Vermutung nahelegen, daß es sich um Freuds Beitrag zu der Eitingon gewidmeten Gedenkveröffentlichung handelt, die unter dem Titel *Zehn Jahre Berliner Psychoanalytisches Institut (Poliklinik und Lehranstalt)*, herausgegeben von der Deutschen Psychoanalytischen Gesellschaft, 1930 im Wiener Internationalen Psychoanalytischen Verlag erschien. Nun enthält diese Festschrift in der Tat ein Vorwort Freuds.[1] Aber es zeigt eine andere Akzentuierung; eher als die Figur Eitingons steht das Institut im Vordergrund. Doch erscheinen einige Formulierungen des oben zitierten Texts verbatim auch im veröffentlichten ›Vorwort‹. Ob Eitingon von der geplanten intimeren Würdigung Wind bekam und sie, ehe sie zur Veröffentlichung gelangte, vereitelte? Daß er erst 1931 seinen fünfzigsten Geburtstag feierte, widerspricht diesem Zuordnungsversuch jedenfalls nicht; als die Gedenkschrift erschien, stand der Geehrte im fünfzigsten Lebensjahr. Klärung mag einmal die weitere Erschließung der Briefwechsel bringen.[2]

Das bedeutsamste Stück unter den unveröffentlichten, aber vom Autor zur Veröffentlichung bestimmten Dokumenten ist indessen ein Manuskript aus dem Kontext des Werks *Die Frage der Laienanalyse.* Gemeint ist nicht jene im Varianten-Kapitel zitierte und diskutierte lange Passage aus dem ›Nachwort zur Frage der Laienanalyse‹ von 1927, in der sich Freud über die Lage der Laienanalyse in den Vereinigten Staaten ausläßt und die schließlich aus taktischen Rücksichten unterdrückt wurde.[3] Zwar heißt das eineinhalbseitige Manuskript ganz ähnlich, nämlich »Nachschrift zur Frage der Laienanalyse«, aber auf der zweiten Titelzeile steht als Datierung »(1935)«. Zum Konvolut gehören noch zwei weitere Seiten; unter der Überschrift »Noten zur Laienanalyse« hat Freud hier insgesamt sieben Fußnoten-Texte niedergeschrieben, für deren Zuordnung er jeweils eine Seitenzahl sowie einen englischen Satz bzw. Satzteil angab.

---

[1] 1930*b*.

[2] In der ›Kürzesten Chronik‹ findet sich unter dem Datum des 4. November 1929 die Eintragung: »Vorwort für Eitingon« (1976*m*; S. 3 der vollständigen Veröffentlichung).

[3] Siehe oben, S. 226 ff.

Nimmt man die 1927 bei Brentano in New York erschienene erste englischsprachige Ausgabe der Laienanalyse-Schrift – *The Problem of Lay-Analyses* – zur Hand, so ergibt sich zweifelsfrei, daß Freuds Angaben zur Lokalisierung der Fußnoten sich auf diese Edition beziehen. Auch der Wortlaut der Nachschrift selbst bestätigt die Vermutung, es handle sich um Hinzufügungen des Autors für eine geplante Neuausgabe der ersten amerikanischen Edition. Diese enthält, gleichsam als zweiten Teil des Buches, auch die erste englische Übersetzung der *»Selbstdarstellung«*, ohne daß dies auf Umschlag, Einband oder Titelseite erwähnt würde.

Im Jahre 1935 scheint der New Yorker Verlag W. W. Norton, der offenbar unterdessen die Rechte erworben hatte, eine aktualisierte Neuausgabe geplant zu haben, und zwar, wahrscheinlich einem Wunsch des Autors folgend, in zwei getrennten Bänden. Freud hatte die ursprüngliche Werkkombination nämlich mißfallen. Norton dürfte ihn eingeladen haben, sowohl für *Die Frage der Laienanalyse* als auch für die *»Selbstdarstellung«* je eine neue Nachschrift sowie einen Satz zusätzlicher Anmerkungen zu verfassen, um die Texte auf den jüngsten Stand der Forschung zu bringen. 1935 erschien denn auch unter dem Titel *Autobiography* die neue englische Fassung der *»Selbstdarstellung«*, samt ›Nachschrift 1935‹ und ergänzenden Anmerkungen als, wie es im Impressum heißt, »New, revised and enlarged edition«. Der deutsche Wortlaut der aktualisierenden Texte wurde erst *nach* der englischen Fassung veröffentlicht. In der ›Nachschrift 1935‹ kam Freud expressis verbis auf seine Kritik an der früheren Brentano-Anthologie zurück: »Sie [die *»Selbstdarstellung«*] war zuerst im Jahre 1927 in Amerika (bei Brentano) erschienen unter dem Titel ›An Autobiographical Study‹, aber ungeschickter Weise mit einem anderen Essay verkoppelt und durch dessen Titel ›The Problem of Lay-Analyses‹ verdeckt.«[1] Aus nicht bekanntem Grund unterblieb indessen 1935 die Neuausgabe der Laienanalyse-Schrift. Erst 1950, nach dem Zweiten Weltkrieg und mehr als zehn Jahre nach Freuds Tod, brachte W. W. Norton unter dem Titel *The Question of Lay Analysis* das Werk in neuer Übersetzung heraus, freilich ohne die inhaltsreichen Zusätze, die Freud 1935 verfaßt hatte; vielleicht

[1] 1935*a*, S. 31.

haben die späteren Verlagsmitarbeiter von deren Existenz nichts gewußt. Jedenfalls blieben die Blätter unter Freuds Handschriften jahrzehntelang unbeachtet liegen.

Die Nachschrift hat folgenden Wortlaut; der Leser möge sich bei der Lektüre die tiefgreifenden Veränderungen vergegenwärtigen, die sich seit Erstpublikation der amerikanischen Ausgabe ereignet hatten, also Hitlers Machtergreifung, die Weltwirtschaftskrise usw.:

»Dieser Aufsatz wurde 1926 verfaßt und 1927 den amerikanischen Lesern vorgelegt (durch den Verlag Brentano). Als jetzt sein Neuerscheinen in Frage kam, habe ich ihn sorgfältig revidirt und gefunden, daß er so bleiben kann, wie er ist, eingreifende Veränderungen weder braucht noch verträgt. Gewiße Einzelheiten wird der freundliche Leser als nicht mehr zeitgemäß zu streichen haben. Eine Angleichung an Zustände im Deutschen Reich wird bei uns in Osterreich nicht mehr gewünscht, die allerdings nie ganz ernsthaft gemeinte Erwartung, amerikanische Großmut werde das Problem der Seelsorge im Sinne der Psychoanalyse lösen, konnte den Untergang der amerikanischen prosperity nicht überdauern. Im Übrigen meinte ich, daß einige wenige Anmerkungen genügen werden, um die Darstellung auf das Niveau unserer heutigen Einsicht zu heben.

Die Schrift ›Die Frage der Laienanalyse‹ war eine richtige Gelegenheitsarbeit. Es hatte sich in Wien ereignet[,] daß einer unserer Mitarbeiter, ein tüchtiger und vertrauenswürdiger Mann, Nichtarzt, aber D^r^ phil., von einem psychopathischen Patienten fälschlich angeklagt wurde, daß er sich die ärztliche Qualifikation angemaßt habe, um ihn, den Patienten, für die Behandlung zu gewinnen. Das oesterreichische Kurpfuschergesetz ist streng; wir fürchteten, daß dieser Vorfall den Behörden den Anlaß geben würde, die Ausübung der Analyse durch Laien ohne Einschränkung zu verbieten. Der ›Unparteiische‹ meines Büchleins hat wirklich existirt und lebt heute noch. Er ist eine einflußreiche Persönlichkeit unseres Unterrichtswesens[1], für die ich ein Gutachten über die in Rede stehende Angelegenheit abfaßte. Ich weiß

[1] [Obersanitätsrat Durig.]

nicht, ob ihr meine Argumente viel Eindruck gemacht haben; im̄erhin ist damals die Laienanalyse in Oesterreich nicht verboten worden.

Der Essay, der aus diesem Gutachten hervorgegangen ist, hat kein freundliches Schicksal gefunden. Er gehört zu den wenigen unter meinen Schriften, die keine zweite Auflage im Deutschen erfahren haben, die selten ubersetzt worden sind und kaum jemals zitirt werden. Ich meine, diese Behandlung war ungerecht. Die Schrift ist gut und verdient durchaus das anerkennende Urteil, das mein seither verstorbener Freund Ferenczi in seiner ›Introduction‹ über sie geäußert hat. Aber ich hatte wieder einmal den Kampf gegen ein Vorurteil aufgenommen, hatte das Benehmen des ärztlichen Standes scharf gerügt, dem ich selbst seit mehr als fünfzig Jahren angehöre, und das konnte – wenigstens zunächst – keine andere Folge haben.«

Im zweiten Absatz unterrichtet Freud den amerikanischen Leser also über die Entstehungsumstände seiner Studie über die Laienanalyse, die »Causa Reik«, ähnlich wie er dies bereits in seinem Nachwort aus dem Jahre 1927 getan hatte[1], welches freilich in der amerikanischen Ausgabe nicht mitabgedruckt wurde.

Der Schlußabsatz klingt wie ein gekränkt-trotziges Plädoyer für den Rang des Essays, wohl auch überhaupt für die eigene Stellungnahme zugunsten der Laienanalyse, worin er sich seinerzeit einzig von Ferenczi bedingungslos unterstützt wußte. In der Einleitung[2] zur ersten amerikanischen Ausgabe, deren Wiederabdruck in der zweiten Freud beim Verfassen seiner ›Nachschrift‹ wohl vorausgesetzt hat, formuliert Ferenczi in der Tat eine enthusiastische Verteidigung der Laienanalyse gerade im Zusammenhang einer auch heute noch lesenswerten gedankenreichen Darstellung der weitgefächerten zukünftigen Anwendungsfelder der Psychoanalyse in der »Kriminaltherapie«, der Pädagogik, in Anthropologie, Soziologie, Geschichtswissenschaft usw. Auch unterstreicht Ferenczi, daß die Laienanalyse-Schrift viel mehr enthalte, als der Titel verspreche, nämlich eine

[1] 1927*a*, S. 342.
[2] Ferenczi, 1927.

so knappe wie luzide Einführung in die Psychoanalyse als solche; würde ihn jemand fragen, welches Buch er lesen solle, um auf leicht begreifliche Weise das Wesentliche der Psychoanalyse kennenzulernen, unbedenklich würde er ihm die Laienanalyse-Abhandlung empfehlen.[1] Und er preist Freuds außerordentliche Fähigkeit, seine Lehre allgemeinverständlich darzustellen; diese wurzele in der besonderen Freudschen Methode, die Seele anderer Menschen zu ergründen, indem er mit ihnen in ihrer eigenen Sprache spräche. Der Wortlaut dieser von Ferenczi während seines USA-Aufenthalts im September 1927 in New York niedergeschriebenen Einleitung belegt überdies, wie unbegründet Freuds Vermutung gewesen war, das Land habe ihm Ferenczi seinerzeit entfremdet.[2] Über die tatsächliche und tragische Entfremdung während der letzten Jahre vor Ferenczis Tod hinweg nennt Freud ihn nun in seiner Nachschrift von 1935 rückblickend ausdrücklich seinen »Freund«. Gewiß war es kein Zufall, sondern wissenschaftspolitische Absicht, daß in der Norton-Ausgabe von 1950 Ferenczis beflügelte Einleitung durch ein trockenflaches Vorwort von Ernest Jones ersetzt wurde; tatsächlich gehörte Jones nicht zu den überzeugten Befürwortern der Laienanalyse.[3]

Auch die Anmerkungen, durch die Freud 1935 seine Laienanalyse-Schrift aktualisieren wollte, seien dem Leser im folgenden in extenso zugänglich gemacht. Die erste Note gehört zum dritten Kapitel, in dem der Autor dem »Unparteiischen«, seinem imaginierten

---

[1] Mit einer ganz ähnlichen Einschätzung wie Ferenczi schrieb Anna Freud Jahrzehnte später, am 8. Oktober 1975, an mich – wir machten uns damals Gedanken über die Gliederung der *Werkausgabe in zwei Bänden* (siehe oben, S. 92): »Wie wäre es, wenn man die ›Frage der Laienanalyse‹ als Einleitung voranstellt und dann die Folge so ordnet wie die Themen in dem Aufsatz über die Laienanalyse erscheinen? Bei dem Unterricht von Studenten habe ich immer gefunden, daß diese Arbeit meines Vaters die beste Einführung in die Psychoanalyse ist, wirksamer noch als die Vorlesungen zur Einführung.«

[2] Siehe oben, S. 230.

[3] Der Einwand, daß Ferenczi in seiner Einleitung am Schluß mit einigen knappen Bemerkungen auch auf die in der Brentano-Ausgabe mitabgedruckte *»Selbstdarstellung«* zu sprechen komme, hätte sich durch Kürzung der betreffenden Passage leicht entkräften lassen. Allenfalls in dem der Norton-Ausgabe frei hinzugefügten Untertitel zur Laienanalyse-Schrift, nämlich *An Introduction to Psychoanalysis*, ist ein Gedanke aus Ferenczis Einleitung aufgegriffen worden.

Gesprächspartner, die Entstehung neurotischen Leidens, die Dynamik des Kräftespiels zwischen Ich und Es zu erklären versucht und zeigt, daß das kindliche Ich, wenn es, mit einem noch nicht beherrschbaren Triebanspruch aus dem Es konfrontiert, eine »traumatische Situation, einen Zusammenstoß mit der Außenwelt« herannahen sieht, den Triebanspruch wie eine äußere Gefahr behandelt und im Akt der Verdrängung sich davon abwendet, gleichsam einen Fluchtversuch unternimmt. Dem Satz »Wir sagen, das Ich nimmt eine *Verdrängung* dieser Triebregungen vor«[1], wollte Freud die differenzierende, gewissermaßen einen internen Antagonismus Trieb – Ich postulierende metapsychologische Anmerkung hinzufügen:

> »Die Theorie der Psychoanalyse, auf die ich den Leser aufmerksam machen muß. Die Darstellung im Text anerkennt als Motiv der Verdrängung nur den Fall, daß die Befriedigung des Triebs gefährlich ist, zu einem ›Zusam̅enstoß mit der Außenwelt‹ führen würde. Die Frage ist aber, ob dies die einzige oder auch nur die ursprüngliche Bedingung einer Verdrängung ist. Ob die Verdrängung, dieser Fluchtversuch des Ichs vor dem Trieb, nicht vielmehr jedesmal jedesmal[2] eintritt, wenn der Triebanspruch durch seine Intensität übergroß wird für die Fähigkeit des Ichs, ihn zu bewältigen, wobei die Rücksicht auf die von der Außenwelt drohende Gefahr außer Betracht käme. Die Frage ist noch nicht entschieden und die Beziehungen der beiden möglichen Motive der Verdrängung zu einander noch nicht geklärt.«

Freuds späte Erforschung der primären Mutterdimension sowie der komplizierten weiblichen Sexualentwicklung, das heißt, die allmähliche Selbstkorrektur seiner Privilegierung des männlichen Prinzips schlägt sich in der zweiten Anmerkung nieder, die er im vierten Kapitel seiner früheren Feststellung hinzufügen wollte, daß für den Knaben die Mutter, für das Mädchen der Vater das erste Liebesobjekt sei[3]:

---

[1] 1926*e*, S. 293. Zur leichteren Identifizierung der Stellen, auf die sich die Anmerkungen beziehen, werden im folgenden die Seitenzahlen des Abdrucks der Laienanalyse-Schrift in der *Studienausgabe* angegeben.

[2] Wortwiederholung in der Handschrift.

[3] AaO, S. 303.

»Unsere Untersuchungen haben uns seither belehrt, daß auch für das Mädchen die Mutter das erste Liebesobjekt ist. Auf einem langen Umweg gelingt es ihm dann, den Vater an die Stelle der Mutter zu setzen.«[1]

Anscheinend war es für Freud unwiderstehlich, im fünften Kapitel eine polemische Note gegen Alfred Adler und seine Schule hinzuzufügen. Das geschah freilich nicht ohne Anlaß. Adler hatte seit Mitte der zwanziger Jahre regelmäßig in USA Vorlesungen und Vorträge gehalten; Mitte der dreißiger Jahre genoß seine Lehre in der Neuen Welt großes öffentliches Ansehen, durchaus im Unterschied zur Freudschen Psychoanalyse. Einige von Adlers Büchern erschienen seinerzeit sogar zuerst in englischer Sprache, und 1935 hatte der einstige Anhänger und spätere Dissident in New York seinen ständigen Wohnsitz genommen. Dort, wo es im Text um den Krankheitsgewinn geht, die Möglichkeit, die Erkrankung zur Beschönigung der eigenen »Unzulänglichkeit im Beruf und in der Konkurrenz mit anderen« zu verwenden, »in der Familie als Mittel, um die anderen zu Opfern und Liebesbeweisen zu zwingen oder ihnen seinen Willen aufzunötigen«[2], wollte Freud folgende Anmerkung einschalten:

»Dies ist der Gesichtspunkt, den die sog. Individualpsychologie aus dem Gefüge der Psychoanalyse gelöst und durch ungebührliche Verallgemeinerung populär gemacht hat.«

Beim ersten Auftauchen des Ausdrucks »Über-Ich«, ebenfalls im fünften Kapitel[3] – in der Übersetzung der Brentano-Ausgabe von A. P. Maerker-Branden: »Super-Ego«[4] –, wollte Freud eine Fußnote

[1] Zumindest laut Otto Ranks Protokoll der Sitzung vom 10. November 1909 der Wiener Psychoanalytischen Vereinigung scheint Freud dies freilich schon sehr früh, fast zwanzig Jahre ehe er die Laienanalyse-Abhandlung verfaßte, so gesehen zu haben. In seinem Votum zu einem Vortrag Isidor Sadgers mit einer sozusagen vorzeitigen Erwähnung des Narzißmus soll Freud bemerkt haben: »Der Mensch hat allgemein zwei ursprüngliche Sexualobjekte [. . .]. Diese beiden Sexualobjekte sind für jeden das Weib (die Mutter, Pflegerin etc.) und die eigene Person.« (Nunberg und Federn, 1977, S. 282; vgl. May-Tolzmann, 1991.)

[2] 1926*e*, S. 313.

[3] AaO, S. 314.

[4] Dort S. 124.

hinzufügen, die angesichts der Kritik an James Stracheys Freud-Übersetzung von besonderem Interesse ist, obgleich man sie nicht als eine eindeutige Parteinahme Freuds für eine nicht-latinisierte Übertragung seiner Terminologie wird ins Feld führen können[1]; immerhin schien ihm der Unterschied zwischen dem lebendigen, in die Umgangssprache eingebetteten Originalwortlaut und der eher statischen szientifischen Übersetzung anmerkenswert:

> »Es ist in der englischen Literatur der Psychoanalyse
> gebräuchlich geworden, die englischen Fürwörter
> ›I‹ und ›It‹ durch die lateinischen ›Ego‹ und ›Id‹
> zu ersetzen. Im Deutschen heißt es: Ich, Es und
> Uberich.«

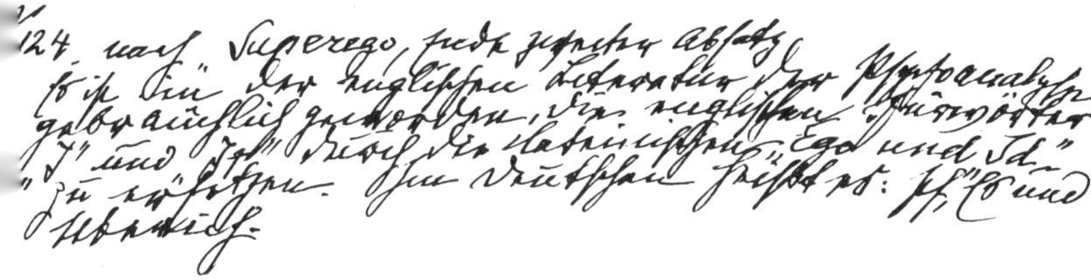
v/124 nach Superego neuer Absatz
Es ist in der englischen Literatur der Psychoanalyse gebräuchlich geworden, die englischen "Fürwörter "I" und "It" durch die lateinischen "Ego und Id" zu ersetzen. Im Deutschen heißt es: Ich, Es und Überich.

Im fünften Kapitel macht Freud den »Unparteiischen« nicht zuletzt mit Phänomen und Theorie der Übertragung vertraut, und zwar anhand einer plastischen Schilderung der Übertragungsverliebtheit, deren Sturm einst, wie ohne Namensnennung erwähnt, schon Josef Breuer aus der Behandlung seiner Patientin »Anna O.« vertrieben habe und die sich seither fast regelmäßig in den Analysen einzustellen und deren Erfolg zu gefährden pflege; denn »sie löscht das Interesse an der Kur und an der Genesung aus« und ersetzt »eine Form des Krankseins durch eine andere«[2]. An dieser Stelle wollte

---

[1] Seit Veröffentlichung des Briefwechsels zwischen James und Alix Strachey wissen wir, daß beide über diese Wortwahl, eine Entscheidung des auf Vereinheitlichung der englischen Freud-Terminologie dringenden Ernest Jones, keineswegs glücklich waren; vgl. den Brief James Stracheys vom 9. Oktober 1924 und denjenigen Alix Stracheys vom 10. Januar 1925 (Strachey und Strachey, 1986, S. 83 und S. 176; vgl. auch Steiner, 1991, S. 376).

[2] 1926*e*, S. 317.

Freud eine Note einfügen, in der er die Herkunft der sexuellen Akzentuierung seiner ersten Triebtheorie begründet und die späte volle Würdigung der menschlichen Aggression nachträgt. Indirekt mag man diese Anmerkung als ein Anzeichen dafür lesen, daß Freud die Wahrnehmung negativer Übertragung – und sei es im Gewand heftiger Übertragungsliebe – schwergefallen ist, so daß das Erkennen der Triebmomente, die sie tragen, auch in der Theoriebildung erst in einem zweiten Schritt gelingen konnte. Damit eröffnete er dann freilich den Weg, auf dem noch heute die modernen Theoretiker des destruktiven Narzißmus fortschreiten können:

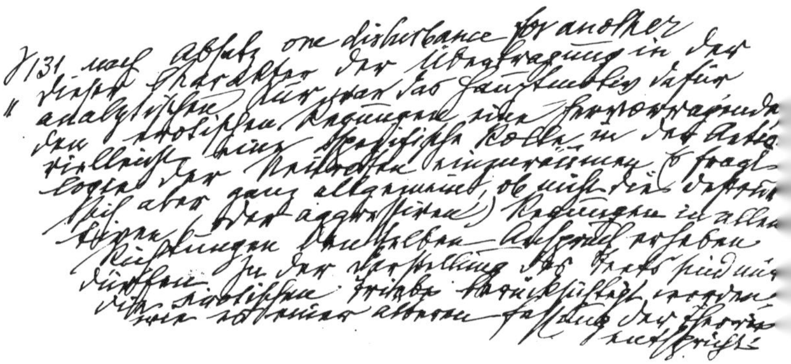

»Dieser Charakter der Übertragung in der analytischen Kur[1] war das Hauptmotiv dafür, den erotischen Regungen eine hervorragende, vielleicht eine spezifische Rolle in der Aetiologie der Neurosen einzuräumen. Es fragt sich aber ganz allgemein, ob nicht die destruktiven (oder aggressiven) Regungen in allen Richtungen denselben Anspruch erheben dürfen. In der Darstellung des Texts sind nur die erotischen Triebe berücksichtigt worden, wie es einer älteren Fassung der Theorie entspricht.«

[1] [Eben die Übertragungsverliebtheit.]

Auf die Frage des »Unparteiischen« gegen Schluß des fünften Kapitels, wo man die Ausübung der Analyse erlernen könne, antwortete Freud in der Erstausgabe seiner Laienanalyse-Schrift mit dem Verweis auf die beiden einzigen damals existierenden Institute in Berlin und Wien sowie auf das vor der Eröffnung stehende Londoner Ausbildungszentrum.[1] Diese Auskunft wollte er 1935 durch folgende Anmerkung ergänzen:

> »Die Anzal der Lehrinst[it]ute ist erheblich vermehrt und die Bemühungen um die Ausbildung in der Psychoanalyse sind sehr vervollkom̄ent worden, seitdem das Obige geschrieben wurde.«

Im siebten und letzten Kapitel kommt Freud unter dem Aspekt der Indikationsstellung und der Differentialdiagnose noch einmal auf die reifungsbedingte Schwäche des Ichs während der Kindheit zu sprechen, deren spätere Folgen sich in Dispositionen zu neurotischer Erkrankung niederschlagen. Er zählt diese infantile Ichschwäche zu den »normalen« Ursachen. Die außerordentliche Belastung der Kinderzeit bestehe darin, »in wenigen Jahren die ungeheure Entwicklungsdistanz vom steinzeitlichen Primitiven bis zum Teilhaber der heutigen Kultur durchzumachen und dabei insbesondere die Triebregungen der sexuellen Frühperiode abzuwehren«[2]. Auch an dieser Stelle schien es ihm 1935 geboten, die Aufmerksamkeit auf die unterdessen vorangetriebene Aggressionsforschung zu lenken. Überdies zog er eine Verbindungslinie zu seiner Kulturtheorie:

> »Hier ist einzufügen: die Aufgabe der Bändigung der mitgeborenen, in der Konstitution des Menschen gegebenen Aggressionsneigung. Diese ist natürlich unverträglich mit der Erhaltung der menschlichen Gesellschaft. Es ist keine Frage, daß unsere Kultur auf Triebunterdrückung beruht; es fragt sich, ob sie eher auf Kosten der erotischen als der destruktiven Triebe aufgebaut wird.«

Vergleicht man die Ergänzungstexte aus dem Jahre 1935 für die Abhandlung über die Laienanalyse, Nachschrift samt Noten, mit den gleichzeitig für die *»Selbstdarstellung«* verfaßten, in der Sekun-

---

[1] AaO, S. 319.
[2] AaO, S. 332.

därliteratur zu Recht viel beachteten und häufig zitierten, so ist einzuräumen, daß sie den Rang jener mit noch größerer persönlicher Anteilnahme niedergeschriebenen Addenda nicht erreichen. Schließlich handelt es sich dort um etwas Einzigartiges: die Fortschreibung der Quasi-Autobiographie. Trotzdem verdienen es die Zusätze zur *Frage der Laienanalyse*, in Zukunft diesem Werk beigefügt zu werden. Besonders einige der Anmerkungen enthalten bislang vernachlässigte, substantielle Kommentare Freuds zur Fortentwicklung von Kernstücken seiner Lehre, etwa der Triebtheorie oder des Verdrängungskonzepts; manches klingt wie eine Variation zu in den Ergänzungen für die *»Selbstdarstellung«* angestimmten Themen.

In dieser wenig spektakulären Textgegend sei die erste Wanderung durch die Landschaft von Freuds Handschriften beendet. Ich möchte an dieser Stelle darauf verzichten, mit dem Leser gleichsam eine Anhöhe zu besteigen, um aus der Fernperspektive die zurückgelegte Route noch einmal nachzuvollziehen. Auch ohne solchen Überblick wird klar geworden sein, daß der Weg manche Abschnitte auf der kürzesten Diagonale durchquert und weite Areale nicht einmal tangential berührt hat. In mancherlei Zusammenfassungen und Schlußfolgerungen im Hinblick auf mutmaßliche Gestalt und Ergebnisse einer zukünftigen kritischen Freud-Ausgabe wird im letzten Teil des Buches eine Art Kartennetzentwurf versucht.

III

Skizze für eine zukünftige kritische Ausgabe

»Jawohl, ein Ideal, aber eines,
das realisiert werden kann und
realisiert werden muß.«

Motto: Aus ›Nachwort zur *Frage der Laienanalyse*‹ (1927*a*, S. 343).

1 Bemerkungen: Über das Edieren im allgemeinen

Herausgeber/Herausgeberinnen, die in Zukunft Freuds Werk historisch-kritisch edieren wollen, beginnen nicht am Nullpunkt. Nicht nur schließen sie mit ihrer Arbeit an die im ersten Teil des Buches beschriebene Kontinuität der bisher entstandenen Ausgaben an. Sie ordnen sich noch in eine zweite Tradition ein: diejenige herkömmlicher Editionspraxis. Diese zweite Tradition reicht weit hinter die kurze Geschichte der Psychoanalyse in eine tiefere historische Dimension zurück. Das Bedürfnis, die Hinterlassenschaft großer Autoren vor Vergessen und Entstellung zu bewahren oder in ihrer authentischen Gestalt wiederherzustellen, sowie das Praktizieren von Textkritik entstanden bereits in alexandrinischer Zeit, wahrscheinlich weil man damals zu begreifen begann, daß die überlieferten Texte das Gedächtnis der Menschheit verkörpern. Der moderne Begriff historisch-kritischer Ausgaben und die Etablierung des Edierens als Wissenschaft aber werden erst dem neunzehnten Jahrhundert mit seiner durchdringenden Grundströmung des Historismus zugerechnet; doch sind die historisierende Philologie der Renaissance-Humanisten ebenso wie die sprachgeschichtlichen Errungenschaften der Bibelkritik des siebzehnten und achtzehnten Jahrhunderts darin aufgegangen.

Im deutschen Sprachraum sind es vor allem die Disziplinen der Philologie/Literaturwissenschaft einerseits und der Philosophie andererseits, in denen auf den Spuren von Gelehrten wie Karl Lachmann oder Wilhelm Dilthey seither die Editionskultur gepflegt und weiterentwickelt wurde. Zu empfehlen, daß die Editoren einer zukünftigen kritischen Freud-Ausgabe den hier gesammelten Erfahrungsschatz nutzen sollten, heißt nicht der gegenwärtig gängigen Nivellierung von Gattungsunterschieden das Wort reden. Es geht nicht um eine inhaltliche und formale Gleichsetzung der drei emphatisch sprachbezogenen Wissenschaften – Philologie, Philosophie, Psychoanalyse –, sondern lediglich um den Rat, erprobte Regeln der Texttradierung kennenzulernen und die editorische Methodendiskussion zu verfolgen.[1] Nicht zuletzt könnten die Organisationsformen, die sich im Kontext langfristiger literaturwissenschaftlicher und philosophischer Editionsprojekte bewährt haben, bei der Suche nach einem angemessenen institutionellen Rahmen für die Erarbeitung einer neuen Freud-Gesamtausgabe als Modelle dienen. Das gilt ebenso für die in der Editionspraxis inzwischen erprobte Verwendung elektronischer Datenverarbeitung, durch die bestimmte Arbeitsabläufe, beispielsweise das Kollationieren, vereinfacht und beschleunigt werden. Besonders unter den Herausgebern der Werke philosophischer Autoren gibt es bereits so etwas wie ein etabliertes Expertengespräch in der ›Arbeitsgemeinschaft philosophischer Editionen‹. Seit 1987 erscheint unter dem Titel *editio* ein *Internationales Jahrbuch für Editionswissenschaft*[2], in dem auch die Editionsarbeit in anderen Sprachbereichen und innerhalb anderer Disziplinen dargestellt und diskutiert wird. In den letzten Jahren sind mehrere Editionskolloquien veranstaltet worden, ein weiterer Ausdruck des sich schärfenden Bewußtseins für Funktion und Wirkung des Edierens.

Desungeachtet scheint es für Grundbegriffe noch keine einheitlichen Definitionen zu geben, nicht einmal bezüglich einer Editions-

---

[1] Nach seinem Vorwort zur *Standard Edition* zu urteilen, hat James Strachey (1966*a*), Autodidakt des Editionshandwerks, als Herausgeber der bisher umfassendsten kritischen Freud-Ausgabe sich zwar gründlich über die einschlägigen Standards informiert, sich aber wohl nicht in einem fortdauernden Arbeitsdialog mit einem auf einem anderen Felde tätigen erfahrenen Editor befunden. Andernfalls wäre es vielleicht zu einer Problematisierung des Verhältnisses Interpretation/Dokumentation in den editorischen Einleitungen und Anmerkungen gekommen, und Strachey hätte möglicherweise manche subjektive Wertung bezüglich des Rangs bestimmter Texte (etwa des ›Entwurfs einer Psychologie‹) oder formaler Vorzüge bzw. Mängel zurückgenommen. Tatsächlich bleibt er dem im Vorwort aufgestellten Grundsatz nicht immer treu, sich der Äußerung eigener Ansichten zu enthalten und es dem Leser zu ermöglichen, Freuds Schriften so gut wie unbeeinflußt zu begegnen.

[2] Vgl. Woesler, 1987 ff.

typologie. Wie im ersten Teil des Buches angedeutet, wird in der Regel zwischen drei Typen unterschieden, die an dieser Stelle nun etwas ausführlicher beschrieben seien: Leseausgaben, kritischen Ausgaben und historisch-kritischen Ausgaben.

Leseausgaben sind Editionen, die ohne nennenswerte Kommentierung schlicht der Bekanntmachung und Verbreitung eines Texts dienen. Erstpublikationen gehören regelmäßig zu diesem Typus. Das gilt ebenso für nicht mit einem größeren editorischen Apparat ausgestattete Neuausgaben älterer Texte. Solche Leseausgaben halten den betreffenden Autor in Erinnerung, fördern im guten Sinne Popularisierung und Vergegenwärtigung seines Werks und erfüllen eine legitime und wirkungsgeschichtlich tragende Funktion.

Kritische Ausgaben, mitunter auch *Studienausgaben* genannt, begnügen sich hingegen nicht mit dem puren Textabdruck. Ihre Editoren erheben den Anspruch, mit ihrer Erschließungsarbeit einen wissenschaftlichen Beitrag zu leisten. Sie wollen nicht nur für den interessierten Einzelleser Textgrundlagen zur Verfügung stellen, sondern auch für Forschung und Lehre. Deshalb werden editorische Vorworte/Einleitungen/Nachworte/Anhänge hinzugefügt, die über bibliographische Details, Regeln der Textkonstitution, die Entstehungsgeschichte des jeweiligen Werks usw. unterrichten; editorische Anmerkungen machen auf Parallelstellen in anderen Werken des betreffenden Autors, auf Wandlungen seiner Begriffe und Theorien aufmerksam, erläutern historische, literarische und andere Anspielungen, weisen Zitate nach usw. Bibliographien, Abkürzungsverzeichnisse, Glossare, Namen- und Sachregister u. a. sollen die Benutzung kritischer Ausgaben beim wissenschaftlichen Arbeiten erleichtern. Kritische Ausgaben kann es von Einzelwerken sowie von größeren Werkblöcken oder auch von allen hinterlassenen Schriften eines Autors geben, von Einzelkorrespondenzen, Briefanthologien oder dem gesamten Briefnachlaß.

Wie zwischen Leseausgaben und kritischen Ausgaben sind auch zwischen kritischen und historisch-kritischen Editionen die Übergänge fließend. Charakteristika *historisch-kritischer Ausgaben* sind die transparente Anwendung der historisch-kritischen Methode sowie der Vollständigkeitsanspruch. Ihre Editoren wollen die Gesamtheit der Texte herausgeben, die ein Autor hinterlassen hat, ob zu

Lebzeiten publiziert oder nicht. Dazu gehören alle Werke, und zwar unter Berücksichtigung der Handschriften und der in ihnen festgehaltenen abweichenden Formulierungen sowie der vom Autor für den Erstdruck und die nachfolgenden Auflagen vorgenommenen Veränderungen, also sämtlicher Entstehungs- und Druckvarianten, ferner alle Briefe, Übersetzungen, Tagebücher, Vortragszusammenfassungen, Diskussionsprotokolle und andere Lebenszeugnisse aus dem Nachlaß. Die Textkonstitution erfolgt in selbständiger Forschungsarbeit aufgrund einer kritischen Sichtung der gesamten Überlieferung. Der Aufbau des editorischen Apparats entspricht etwa demjenigen kritischer Ausgaben. Manche Editoren fordern, im Sinne möglichst umfassender historischer Dokumentation, Berücksichtigung oder gar Abdruck von Äußerungen der Zeitgenossen über Werk und Person des Autors. Schon aus dieser kurzen Charakterisierung geht hervor, daß historisch-kritische Ausgaben ein in jeder Hinsicht aufwendiger, an den Bedürfnissen der Forschung orientierter Editionstypus sind. Er kann freilich insofern auch dem allgemeinen Leserpublikum zugute kommen, als die während der editorischen Arbeit gewonnenen Forschungsergebnisse, etwa in Gestalt berichtigter Transkriptionen, auf die Leseausgaben und kritischen Ausgaben einzelner Werke oder Werkblöcke des betreffenden Autors ausstrahlen können.

Daß es keine einheitlichen Regelkataloge gibt, die jeweils vollständig zu erfüllen wären, damit einer Edition das Epitheton »kritisch« oder »historisch-kritisch« zugebilligt werden kann, hängt aber nicht nur mit dem Stand der Editionswissenschaft zusammen, sondern auch mit der großen Verschiedenheit von Werk und Nachlaß der einzelnen Autoren. Zwar gibt es Genealogien, sogenannte Stemmata von Editionen; beispielsweise hat Wilhelm Diltheys Modellkonzeption der Akademieausgabe von Kants *Gesammelten Schriften* vom Ende des neunzehnten Jahrhunderts den Zuschnitt der erst rund fünfzig Jahre später begonnenen historisch-kritischen Editionen der drei großen idealistischen Philosophen Hegel, Schelling und Fichte maßgebend beeinflußt. Ihre höchst spezifische Gestalt aber gewinnt jede einzelne kritische oder historisch-kritische Ausgabe aus der flexiblen Anpassung der editorischen Methode an die Besonderheiten der zu edierenden Texte.

Die Resultate solcher Editorenarbeit werden, im Vergleich zu den bisher tradierten Leseausgaben, in der Regel um so schwerer wiegen, gegebenenfalls das bisherige Bild des Autors ergänzen oder sogar grundstürzend verändern, je umfangreicher und komplexer das im Nachlaß überlieferte unveröffentlichte oder posthum entstellt veröffentlichte Material ist. Das Verhältnis von Veröffentlichtem und Unveröffentlichtem wirft überhaupt ein Licht auf die Arbeitsweise des betreffenden Autors, auf seinen Umgang mit den Konflikten beim Übergang von der Privatheit des noch veränderbaren Manuskripts in die Öffentlichkeit der definitiven Druckgestalt, das heißt, auf sein Trennungsverhalten gegenüber den eigenen Hervorbringungen.

Zum Beispiel Husserl: Sein vor den Nazis nach Belgien geretteter, die Quantität des zu Lebzeiten Veröffentlichten bei weitem übertreffender Nachlaß, großenteils in Gabelsberger Stenographie festgehalten, zeigt den großen Phänomenologen in rastlosen beschreibenden Annäherungen an das Gesehene, auf der Suche nach eindeutiger Relation zwischen Worten und Sachen, in einem permanenten, erst allmählich durch die Editionsarbeit des Husserl-Archivs vernehmbar werdenden Dialog mit den eigenen Niederschriften: »Immer wieder die alten Manuskripte lesen, bessern, abschreiben.«[1]

Oder Leibniz: Er hat ebenfalls nur einen verschwindend kleinen Teil seiner Manuskripte veröffentlicht. Die Handschriften wurden in einem umfangreichen Nachlaß überliefert, zu dem auch mehr als fünfzehntausend Briefe gehören. Offenbar hat er gerade das, woran ihm am meisten lag, in Scheu und hochgetriebener Selbstkritik niemandem gezeigt, anderen allenfalls mündlich mitgeteilt. Die unzähligen Exzerpte, Konzepte, Vorfassungen und korrigierten Reinschriften stellen die Editoren seit Jahrzehnten vor schwierigste Transkriptionsprobleme und insbesondere vor Datierungsrätsel, die sie u. a. mittels Wasserzeichen-Analyse und durch die Anwendung der Methoden statistischer Linguistik zu lösen versuchen. Mit dem sukzessiven Erscheinen der historisch-kritischen Leibniz-Ausgabe öffnet sich der Blick auf die Stadien des sich unablässig selbst überholenden kreativen Prozesses sowie auf die Position des Autors innerhalb des Kommunikationssystems der europäischen Gelehrten

---

[1] Husserl, 1984 [1906], S. 447; vgl. Ijsseling, 1987.

des siebzehnten und beginnenden achtzehnten Jahrhunderts. Figur und Werk von Leibniz werden durch viele erstmals zugänglich gemachte Texte nachträglich deutlichere Konturen gewinnen; bisher waren seine Gedanken, weil zu Lebzeiten so wenige abgeschlossene Werke an die Öffentlichkeit gelangten, eher aus ihren Brechungen in den Schriften der Zeitgenossen erschlossen worden.[1]

Oder Kafka: In welchem Ausmaß der Dichter als verborgener Autor gelebt hat, ist allgemein bekannt. Erst sein Nachlaßverwalter Max Brod hat ihn posthum in vorläufigen Editionen als den paradigmatischen Schriftsteller des zwanzigsten Jahrhunderts sichtbar gemacht; Kafka selbst hatte nur einige wenige Erzählungen zur Veröffentlichung freigegeben. Die Editoren der historisch-kritischen Kafka-Ausgabe haben aus einer in Heften und auf losen Blättern festgehaltenen, mit gegenläufigen Beschriftungen und Korrekturknäueln übersäten Textstruktur – Entwürfen, Fragmenten, Tagebuchaufzeichnungen usw. – erstens die Ausgabe der Drucke, also dessen, was Kafka erscheinen ließ, und zweitens die Edition der nicht veröffentlichten, von ihm zur Verbrennung bestimmten Manuskripte zu besorgen und dabei Kafkas widersprüchlichem Verhältnis zu beiden Textmodalitäten gleichermaßen Rechnung zu tragen. Wenn der Dichter sich nämlich dazu entschloß, ein Werk für den Druck vorzubereiten, isolierte er Segmente aus dem ununterbrochenen Schreibstrom seiner Handschriften und fügte diese Stücke zu übergeordneten Konfigurationen zusammen.[2]

Es sind solche Autoren, solche Nachlässe, zu denen in jüngerer Zeit zu beobachtende Veränderungen des Editionsstils zu passen scheinen. Früher lag das Schwergewicht auf den sogenannten Ausgaben letzter Hand, den Texten, die der Autor bis zur Druckreife fertiggestellt und möglichst noch während des gesamten Herstellungsprozesses beaufsichtigt hatte, also inklusive seiner Fahnen- und Umbruchkorrektur sowie gegebenenfalls seiner Veränderungen und Ergänzungen für Neuauflagen. Das Werk in seiner definitiven gedruckten Endgestalt zu erhalten oder zu restituieren bildete das Ideal

[1] Vgl. Schepers, 1987.

[2] Vgl. Kittler und Neumann, 1982.

der Editoren. Heute zentriert sich ihre Aufmerksamkeit eher auf die Handschriften. Tendenziell impliziert dies eine Relativierung des klassischen Werk-Begriffs. Zwei in den letzten Jahren auch in einer breiteren Öffentlichkeit vielbeachtete neue kritische Editionen verdanken ihre herausragenden Ergebnisse wohl nicht zuletzt dieser Veränderung der editorischen Blickrichtung: die Nietzsche-Ausgabe von Mazzino Montinari und Giorgio Colli sowie die Hölderlin-Edition von D. E. Sattler und Wolfram Groddeck.

Mit dem vollständigen, strikt chronologisch geordneten Abdruck von Nietzsches nachgelassenen Manuskriptheften aus seinen letzten zwanzig Arbeitsjahren, inklusive all ihrer Exzerpte, Lektürenotizen, verdeckten Zitate und plötzlichen eigenen Gedankenentwicklungen, hat die jahrzehntelange Polemik um die Authentizität des unter dem Titel *Der Wille zur Macht* posthum veröffentlichten und für die Nietzsche-Rezeption folgenreichen Werks ihr Ende gefunden. Es wurde definitiv als kompilatorische Erfindung der ersten Herausgeber nachgewiesen, das heißt, zum Verschwinden gebracht.[1]

Den kreativen Prozeß Hölderlins nachvollziehbar zu machen, »die Bewegung des Textes zu sich selbst«, ist das erklärte Ziel D. E. Sattlers.[2] Das Fragmentarische erscheint dem Herausgeber nicht als Zeichen eines Versagens, sondern als der vom Dichter gewollte, bis in das Zerspringen der Form sich durchsetzende Triumph des Tragischen. Die Frankfurter Hölderlin-Ausgabe macht die gesamte schriftliche Überlieferung in Gestalt von Faksimiles zugänglich, ein Novum, legt dem Leser auf diese Weise die Basis der Ausgabe offen. Einen Extremfall bildet das sibyllinische Homburger Folioheft. Das Anschauen dieser Seiten, unemendiert wiedergegeben, nämlich lediglich als Faksimile sowie als typographisch getreue Umschrift, kann den Leser davon überzeugen, daß das, was bisher als Hölderlins Spätwerk gegolten hat, erst recht kaum mehr ist als ein Produkt seiner früheren Editoren, daß diese rätselhaften Niederschriften im Grunde jeglicher Emendation spotten, die sie durch Herausgreifen und Montieren von Segmenten der Eindeutigkeit und Linearität konventioneller Textkohärenz zuführen will.

---

[1] Vgl. Montinari, 1980.

[2] 1984, S. 11.

Schon diese kurzen Beschreibungen lassen erkennen, daß Herausgeber solcher Autoren, solcher Nachlässe sich unweigerlich in Grenzzonen bewegen. Aber auch die skizzierten Entwicklungen innerhalb der Editionswissenschaft im Gefolge von Strukturalismus und Poststrukturalismus enthalten die Gefahr von Überforderung: »Denn Edition im modernen Sinn ist den unwägbaren und nicht in Drucktypen übertragbaren Gesten und Gebärden der Inspiration auf der Spur.«[1] Es ist die Frage, ob ein solcher Anspruch, ins dekonstruktivistische Extrem getrieben, nicht zu einer Hybris der Herausgeber und zu einer gewaltsamen, unzulässigen Zerbröselung von Texten führen kann, bloß weil man ihre vermeintlich tiefere Wahrheit und Authentizität in den frühesten Entstehungsphasen zu entdecken glaubt und diese für vorrangig überlieferungswürdig erklärt. Vielleicht mag hier ja auch der Neid der Editoren auf die überlegene Gestaltungskraft der großen Autoren unbewußt zum Zuge kommen, die Integrität des Werks attackierend.

---

[1] Kittler und Neumann, aaO, S. 82.

2 Vorschläge: Zu Prinzipien einer neuen Freud-Ausgabe

Betrachten wir Freud und sein Œuvre vor dem Hintergrund dieser allgemeinen Bemerkungen über das Edieren. Spontan könnte man vermuten, daß jene moderne, die Ursprungsformen der Texte privilegierende Methode den Schriften gerade des Denkers besonders angemessen sein müsse, der selbst die genetische Annäherungsweise bevorzugte, wenn er hinter den lebensgeschichtlich späten Botschaften der Symptome, Träume oder Fehlleistungen von Erwachsenen die unbewußten infantilen Wünsche und die basalen frühen psychischen Strukturen freizulegen suchte. Das gilt indessen nur für die Blickrichtung des mit seelischen Konflikten konfrontierten Psychologen Freud, nicht für die Einstellung des Schriftstellers Freud zum eigenen Werk. Wie im zweiten Teil des Buches im einzelnen beschrieben, war er ein anderer Autor als die im vorherigen Kapitel Erwähnten und hinterließ einen Nachlaß, der sich von deren Überlieferung unterscheidet.

Zwar fühlte er sich in jungen Jahren, wie in den Briefen an die Braut bezeugt, phasenweise von schweren Selbstzweifeln niedergedrückt. Doch entwickelte sich gegenläufig im gleichen Zeitraum auch eine strahlende Selbstgewißheit. »Wenn die Kraft, die ich in mir spüre, mir treu bleibt«, schrieb er, neunundzwanzigjährig, an Martha Bernays, »lassen wir noch Spuren von unserer komplizierten Existenz zurück.«[1] Vielleicht schon seit *Zur Auffassung der Aphasien*, also Anfang der neunziger Jahre, gewiß aber seit Niederschrift und Veröffentlichung der *Traumdeutung* war sich Freud seiner überragenden intellektuellen und schriftstellerischen Statur durchaus bewußt. Schriftlichkeit hatte unter seinen Äußerungsformen den ober-

[1] 1960*a*, S. 162.

sten Rang gewonnen, und von nun an schrieb er im Hinblick auf das Nahziel der Publikation, bewegte sich fast immer rasch aus der Intimität des Manuskripts in die Öffentlichkeit der Druckfassung.[1]

Im Unterschied beispielsweise zu Ferdinand de Saussure, dessen *Cours de linguistique générale* 1916 seine Jahrhundertwirkung gewissermaßen aus der Mündlichkeit heraus zu entfalten begann, nämlich nach seinem Tode aus Mitschriften seiner Genfer Vorlesungen rekonstruiert, verließ sich Freud nicht auf posthume Entdeckung oder Verewigung durch Nachlaßverwalter, die festlegen würden, in welcher Gestalt sein Werk bekanntzumachen oder zu tradieren sei. Was wann und wie an die Öffentlichkeit gelangen sollte, darüber bestimmte er selbst, und zwar bis in die Details der Fahnen- und Umbruchkorrektur sowie der Noten, in die er nicht selten von Auflage zu Auflage die jeweils jüngsten Erkenntnisfortschritte einzutragen pflegte. Tatsächlich hatte er mit seiner langjährigen erfolgreichen Veröffentlichungspolitik, wie Walter Muschg 1930 feststellte, »eine geistige Großmacht der Epoche begründet«[2]. »Es gibt von Freud keine schon zu Lebzeiten vergessenen Werke«[3].

Allerdings hatte in seinen Augen wohl auch nur das Gedruckte Werkdignität. Manuskripten, die er eigentlich zur Veröffentlichung bestimmt hatte, deren Publikation aber aus äußeren Gründen zunächst unterblieb, entzog er mitunter rasch das Interesse. Das folgenreichste, schon erwähnte Beispiel: Als er während des Ersten Weltkriegs die zwölf metapsychologischen Abhandlungen verfaßte, eine Art grundlegender Synthese seiner theoretischen Auffassungen, und der Verleger Hugo Heller sie nicht sogleich als Monographie veröffentlichen konnte, ließ Freud die ersten fünf 1915 und 1917 in der *Internationalen Zeitschrift für ärztliche Psychoanalyse* erscheinen[4]. Nach Kriegsende hätte er das Projekt in toto publizieren kön-

---

[1] Aus einer im ›Notizen‹-Kapitel zitierten Aufzeichnung (oben, S. 145) geht allerdings hervor, daß dieser Schritt gelegentlich konfliktbelastet war.

[2] Muschg, 1975 [1930], S. 5.

[3] AaO, S. 65. Dies bezieht sich wohlgemerkt auf die Zeit *vor* dem durch die Nazis verursachten Bruch in der Wirkungsgeschichte. Doch kann man heute erneut behaupten, daß es von Freud jedenfalls keine vergessenen psychoanalytischen Werke gibt.

[4] 1915*c*, 1915*d*, 1915*e*, 1916–17*f* und 1916–17*g*.

nen, doch entsprachen die sieben unveröffentlichten Texte zu diesem Zeitpunkt offenbar nicht mehr dem inzwischen erreichten Entwicklungsstand seines theoretischen Denkens. Er verwarf sie, vernichtete sie vermutlich sogar; jedenfalls gelten sie heute als verschollen. Obwohl sie kaum weniger bedeutsam gewesen sein dürften als etwa ›Das Unbewußte‹ oder ›Trauer und Melancholie‹, erschienen sie dem Autor nicht wert, aufbewahrt zu werden. Der Gedanke, daß spätere Editoren sie einmal als werkgeschichtlich aufschlußreiche Übergangsdokumente seinem Œuvre könnten integrieren wollen, kam ihm anscheinend nicht.

Als Freud 1939 in London starb, fanden sich, wie geschildert, unter seinen nachgelassenen Papieren nur vergleichweise wenige bis dahin unveröffentlichte Handschriften. Die Masse des Unpublizierten bilden fraglos die Briefe. Bereits heute läßt sich überblicken, daß es sich um einen der umfangreichsten Autoren-Briefnachlässe handelt, die überliefert sind. Er zählt schätzungsweise zwischen zehn- und fünfzehntausend Dokumente.[1]

Schon diese ersten Charakterisierungen lassen erkennen, daß Freud seine Editoren weder mit Entschlüsselungs- oder Datierungsproblemen von der Größenordnung etwa des Leibniz-Nachlasses, der Husserl-Manuskripte oder der späten Hölderlin-Handschriften konfrontiert noch ihrer Prozeßneugier und Emendationslust vergleichbar weite Spielräume freigibt wie die Nietzsche- oder die Kafka-Überlieferung. Fast ausnahmslos sind Freuds Texte aus den Drucken zu edieren, und in der Regel werden größere Schwierigkeiten der Autorisierung[2] und Textkonstitution nicht zu erwarten sein. Denn er hat seinen Autorwillen sehr deutlich kundgetan und sein Werk in respektgebietend klarer Kontur und fertiger Gestalt vor uns hingestellt.

---

[1] Vgl. Eissler, 1980, S. 105.

[2] Allenfalls im Bereich der Frühschriften, zumal der zahlreichen kleineren Rezensionen (vgl. Fichtner, 1987), mögen sich noch Findungs- und Zuschreibungsprobleme ergeben; doch kann ein Teil dieser Fragen bereits als beantwortet gelten. Was das spätere Werk betrifft, so wird vielleicht über Freuds Anteil (1966*b*) an William C. Bullitts Buch über Präsident Wilson noch einmal zu diskutieren sein (vgl. Freuds Brief an Marie Bonaparte vom 7. Dezember 1933, zitiert in Schur, 1973, S. 662, sowie Peter Gays Darstellung, 1989, S. 622 ff.).

Auch das sorgsamste Studium der von Editionswissenschaftlern entwickelten Methoden[1] wird es den Herausgebern einer neuen Freud-Ausgabe jedoch nicht ersparen, in der konkreten tagtäglichen Auseinandersetzung mit den Texten allmählich eigene und spezifische, den Feinheiten des Œuvres optimal angepaßte Regeln zu erarbeiten. Zwar habe ich im vorliegenden Buch Gestalt und Überlieferungsmodalität des Werks in Handschriften und Drucken gewiß eingehender beschrieben, als bisher geschehen, doch reicht auch dieses vermehrte Wissen nicht aus, den zukünftigen editorischen Reflexionsprozeß, der sich unweigerlich über viele Versuch-und-Irrtumsschleifen vollziehen wird, zu antizipieren. Insofern mag sogar die Ankündigung eines Kartennetzentwurfs zu anspruchsvoll geklungen haben, die ich am Schluß des zweiten Teils machte, am Ende jener ersten Wanderung durch die Landschaft von Freuds Handschriften. Mit diesem Bild war freilich bloß die Absicht gemeint, das, was sich dabei an bisher Unbekanntem gezeigt hatte, in die Umrisse einer neuen kritischen Ausgabe einzutragen.

Die folgende Diskussion einiger Prinzipien für diese große Arbeit hat lediglich Vorschlagscharakter. Es handelt sich um kaum mehr als eine Aneinanderreihung von Anregungen. Zunächst werde ich beschreiben, welche innere Haltung dem Editor meines Erachtens die Erfüllung seiner Aufgabe erleichtern könnte. Sodann möchte ich auf dem Hintergrund des im zweiten Teil des Buches Geschilderten, also wiederum beispielhaft und ohne Anspruch auf Vollständigkeit, einige Grundsätze für die Präsentation ausgewählter Werkbereiche erörtern. Der nachfolgende Abschnitt enthält eine Skizzierung des Herausgeberkommentars, gewissermaßen des editorischen Koordinatensystems, welches dem Leser die Situierung des jeweiligen Freud-Texts ermöglichen soll. Den Kapitelschluß bilden einige Überlegungen zu institutionellen Erfordernissen sowie zum Zeitaspekt bei der Entstehung historisch-kritischer Ausgaben.

Was die Einstellung des Editors zu seiner Arbeit betrifft, so sei sie mit einer Reihe von Negativempfehlungen umrissen:

Nicht die Zeitgebundenheit des Edierens zu vergessen, mag es sich

[1] Vgl. z. B. Jacobs, 1987; Martens, 1971; Scheibe, 1971.

noch so sehr sogenannter objektiver Methoden befleißigen. Erst recht also *nicht* einem der gegenwärtig populären intellektuellen Trends die Lenkung der Herausgeberarbeit anzuvertrauen; denn andernfalls würde die Edition der Gefahr ausgeliefert, mit dessen Abflauen rasch als nicht mehr zeitgemäß ad acta gelegt zu werden.

Das gleiche gilt für bestimmte, an solchen geistigen Strömungen orientierte editorische Präferenzen; sich diesen also *nicht* kritiklos zu überlassen. Im Apparat einer neuen Ausgabe etwa vorwiegend oder gar ausschießlich die Sprachaspekte von Freuds Œuvre zu betonen erschiene kaum weniger willkürlich als James Stracheys vielkritisierte Akzentuierung des szientifischen ›Entwurfs einer Psychologie‹.

Als ähnlich einseitig könnte sich die stereotype Bevorzugung eines bestimmten Stadiums im Prozeß der Textentstehung erweisen – wenn der zu edierende Text, in Idolisierung der Frühformen, beispielsweise aus den Entwürfen oder Reinschriften konstituiert würde, deren Orthographie und Interpunktion getreu wiedergebend, unter Mißachtung der autorisierten Erstdrucke oder Ausgaben letzter Hand. Also *nicht* eine Historisierung der Texte zu betreiben, gewissermaßen hinter Freud zurück.

Nicht aus dem Auge zu verlieren, an welcher Stelle der Editor im Spannungsfeld von Editionswissenschaft und Hermeneutik steht. Zwar ist unstreitig, daß noch in der diskretesten editorischen Arbeit unweigerlich Interpretation wirksam wird – in den Entscheidungen über die Textkonstitution oder die Gliederung der Edition, bei der Deutung der Textdynamik, beim Festlegen der Struktur des Herausgeberkommentars usw. Und trotzdem *nicht* davon abzulassen, daß nicht Interpretation als solche das Geschäft des Editors ist, sondern das Erschließen der dokumentarischen Grundlagen, das Präsentieren des Stoffs für die produktive Lektüre, für die Interpretation anderer. Also der Neigung zu eigenen ausgedehnten Textdeutungen und Textbewertungen *nicht* die Zügel schießen zu lassen.

Auf einer anderen Ebene bedeutete solche Zurückhaltung: den Text *nicht* korrigieren zu wollen, sondern ihn in seiner Authentizität sich zeigen zu lassen. Das Unklare, Tastende, Stockende, Brüchige oder auch schlichtweg Irrige *nicht* zu unterdrücken. Andererseits aber auch das Geglückte, das Fertige *nicht* zu zerkleinern oder in seiner Lesbarkeit zu stören – etwa durch gezwungene synoptische

Darbietung selbständiger Textstufen oder übertriebene Siglierung. Das Œuvre zum Sprechen zu bringen und dabei *nicht* zu viel dazwischenzureden.

Insgesamt *nicht* einem editorischen Maximalismus oder Perfektionismus zu huldigen. Lesbarkeit auch im Hinblick auf eine große kritische Ausgabe für ein erstrebenswertes Ziel zu halten widerspricht ebensowenig dem Anspruch auf Wissenschaftlichkeit wie die abwägende Einstellung, daß nicht jede Zeile, die Freud je niedergeschrieben hat – auf einer Visitenkarte, einem Widmungsexemplar, einer Bestelliste –, in sklavischer Unterwerfung unter ein hypertrophes Vollständigkeitspostulat abgedruckt werden müsse. Ein überbordender, philologisch oder auch analytisch besserwisserischer Herausgeberapparat könnte den Freud-Wortlaut dem Leser ebenso entfremden wie eine immense, vielleicht dreistellige, jedenfalls unerschwingliche Anzahl von Bänden. Solches Augenmaß impliziert indessen wiederum keineswegs, daß der Vorsatz, das Œuvre in seiner Gesamtheit vorzustellen, aufgegeben werden müßte.

Wie auf die wachstumsfördernde Mutter-Kind-Beziehung oder das therapeutische Bündnis zwischen Analytiker und Analysand ließe sich D. W. Winnicotts Prinzip des »good-enough«[1], gewiß im übertragenen Sinne, wohl auch auf die Einstellung des Editors zu dem ihm anvertrauten Text (bzw. zu dessen Autor und Leser) anwenden: »good-enough« im Sinne von besser als perfekt, weil lebendiger, unaufdringlicher, auf Gesten und Nöte des Objekts empathischer reagierend. Das Parallelisieren der drei Beziehungsmodalitäten kann sich natürlich nur auf das sorgende Sich-zur-Verfügung-Stellen beziehen, also auf jene charakteristische, Einfühlung ermöglichende Optimaldistanz. Ebensowenig wie der Mutter das Kind oder dem Analytiker der Analysand gehört der Text (bzw. dessen Autor oder Leser) dem Editor. Er bestimmt ihn nicht, stellt ihn nicht in den Dienst eigener triebhafter oder übermäßiger narzißtischer Bedürfnisse, sondern erleichtert es ihm, sozusagen er selbst zu sein.

Der Leser mag sich an dieser Stelle an das Motto vom Anfang des Buches erinnert fühlen. Obwohl Jean Starobinski, wie in der Einleitung betont, in seinem Essay eigentlich die Arbeit des Interpreten

---

[1] Winnicott, z. B. 1960, S. 145 f.

untersucht, dem er Respekt vor der widerständigen Materialität des Texts empfiehlt, beschreibt er das, was soeben zur Einstellung des Editors skizziert wurde, aufs präziseste. So sei zumindest ein Stück des Mottos wiederholt: »Die oberste Sorge muß es also sein, dem Text seine stärkste Präsenz und größtmögliche Unabhängigkeit zu sichern: seine Eigenexistenz möge sich konsolidieren, auf daß er sich uns mit allen Merkmalen der Autonomie darbiete. Er soll seine Verschiedenheit herausstellen und seinen Abstand wahren können. Der Gegenstand meiner Aufmerksamkeit befindet sich nicht in mir; er steht mir gegenüber, und mein Hauptinteresse liegt nicht darin, mich seiner nach Maßgabe meines Begehrens zu bemächtigen [...], sondern ihn alle seine Eigenschaften und besonderen Bestimmungen zeigen zu lassen.«

Es ist unmöglich, heute schon eine Gesamtgliederung für eine neue kritische Freud-Ausgabe vorzuschlagen. Daß grundsätzlich alle Überlieferungsbereiche enthalten sein sollten, versteht sich von selbst: jedenfalls sämtliche Werke, inklusive aller sogenannten voranalytischen Frühschriften, Rezensionen und Referate, Übersetzungen samt den eigenen zusätzlichen Vorreden und Anmerkungen, die Notizen, außerdem die Briefe, die persönlichen Aufzeichnungen[1],

[1] Beispielsweise die 1883 bis 1886 gemeinsam mit der Verlobten geführte schmale »Geheim-Chronik«, das gleichfalls nur aus wenigen Seiten bestehende »Reisejournal« vom Beginn der 1909 in Begleitung von Ferenczi und Jung unternommenen Überfahrt nach Amerika, die Eintragungen in Prochaskas Familien-Kalender, die »Kürzeste Chronik«, die überlieferten späten Blätter des Briefregisters, die »Chronologie«-Bibliographie des Œuvres, Kommentare zu Übersetzungen eigener Schriften sowie zu Darstellungen seines Werks und seiner Person durch Dritte usw. Zu diesem persönlichen Bereich gehörten wohl auch die verschiedenen Testamente Freuds, auch dasjenige vom 31. Januar 1919, durch welches er, mit »Rücksicht auf die außerordentliche Verschlechterung unserer Vermögenslage durch die Kriegsfolgen«, sein früheres Testament ablöste und das mit charakteristischer Lakonik schließt: »An den Kosten meines Begräbnißes soll möglichst gespart werden: einfachste Klasse, keine Grabreden, nachträgliche Bekanntgabe. Ich verspreche, mich über den Wegfall jeglicher ›Pietät‹ nicht zu kränken. Wenn es bequem und billig geht: Verbrennung. Sollte ich zur Zeit meines Todes ›berühmt‹ sein, – man kann nichts wissen –, so soll das keine Änderung machen.«

die Überlieferung mündlicher Äußerungen[1] usw. Eine weitere Detaillierung aber wäre aus mehreren Gründen voreilig. Ich nenne zwei.

Wenn die Einteilung der Edition im wesentlichen der Chronologie folgen soll, so läßt sich beispielsweise über die Sequenz von Abteilungen so lange nichts Solides aussagen, als unklar ist, ob in den noch gesperrten Teilen der Sigmund Freud Collection in der Library of Congress weitere Handschriften aufbewahrt werden, die in die neue Ausgabe aufzunehmen wären. Zumindest für das Notizenwerk scheint dies wahrscheinlich; vielleicht werden Aufzeichnungen auftauchen, die bis in Freuds allererste wissenschaftliche Anfänge zurückreichen, deren Datierung es also nahelegen würde, die Abteilung mit den Notizen derjenigen mit den Frühschriften voranzustellen.

Ein anderer noch weitgehend unklarer Bereich sind die Briefe. Folgte man der im vorherigen Kapitel angeführten Definition der für historisch-kritische Ausgaben geltenden Kriterien, so entspräche es dem Vollständigkeitsanspruch, sämtliche Briefe Freuds in die neue Edition zu integrieren, im Falle der für das Werkverständnis konstitutiven Korrespondenzen wohl auch die Schreiben der Adressaten, etwa Karl Abrahams, Sándor Ferenczis oder C. G. Jungs. Die Fülle der überlieferten Briefe ist derzeit nicht einmal vollständig katalogisiert; in der Sigmund Freud Collection sind viele dieser Dokumente gesperrt; noch immer tauchen, zumal auf Auktionen, bisher unbekannte Zeugnisse auf. Doch läßt sich heute schon vermuten, daß die Aufnahme des gesamten Briefkorpus unversehens eine dreistellige Bandzahl bewirken könnte. Es dürfte sich also als utopisch erweisen, eine auch nur annähernd komplette Reproduktion dieses Teils der Freud-Überlieferung zu fordern. Abgesehen von den unverzichtbaren Korrespondenzen[2], wird man sich vermutlich mit der Wiedergabe

---

[1] Etwa die Voten zu Sitzungen der Gesellschaft der Ärzte in Wien, des Wiener medizinischen Klubs, des Vereins für Psychiatrie und Neurologie in Wien und vor allem der Wiener Psychoanalytischen Vereinigung, ferner die B'nai-B'rith-Beiträge, die späte BBC-Erklärung usw.

[2] Hierzu gehörten dann aber wohl nicht nur die Konvolute Fluß, Silberstein, Martha Bernays, Fließ, Abraham, Andreas-Salomé, Binswanger, Ferenczi, Jones, Jung, Pfister, Arnold Zweig, sondern auch die Sammlungen Bleuler, Bonaparte,

einer Auswahl begnügen müssen. Diese, wie immer fragwürdig, kann nur auf der Basis einer möglichst umfassenden Kenntnis der gesamten Brief-Überlieferung getroffen werden.[1] Wegen der gegenwärtigen Unübersichtlichkeit der Situation bleiben die Briefe in der vorliegenden Skizze weitgehend unberücksichtigt. Diese bezieht sich ihrerseits nicht einmal auf alle Bereiche des Werks, sondern nur auf einige ausgewählte Provinzen, vorwiegend diejenigen, die während meines Handschriftenstudiums sichtbar geworden sind.[2]

Ehe ich Vorschläge zur zukünftigen editorischen Präsentation bestimmter Einzelwerke oder Werkgruppen diskutiere, einige generelle Erwägungen. Unter Editionswissenschaftlern ist heute die Auffassung verbreitet, daß sämtliche Textstufen eines Werks grundsätzlich als gleichrangig zu gelten hätten. Freud war jedoch ein Autor, der für fast alle seine Schriften, über die verschiedenen Phasen der Textentstehung hinweg, den Endzustand des Drucks anstrebte, diesen Endzustand hochbewertete und wohl auch nur mit ihm seinen Namen verbunden wissen wollte. Eine rigorose Anwendung des Prinzips der Gleichrangigkeit von Textstufen widerspräche also dieser Präferenz des Autors. Ohne Anna Freuds damalige Skepsis hinsichtlich einer historisch-kritischen Ausgabe zu teilen, möchte ich einen auch für die Zukunft bedenkenswerten Passus aus einem Brief zitieren, den sie mir am 10. März 1968 schrieb, also in der Zeit, als wir uns erst-

---

Brill, Eitingon, Federn, Hitschmann, Mack Brunswick, Rank, Reik, Rivière sowie die Korrespondenzen mit Familienmitgliedern.

[1] Angesichts der überragenden Bedeutung der Briefe für das Verständnis des Werks und die Rekonstruktion seiner Genese erschiene es jedoch wünschenswert, daß auf lange Sicht sämtliche im Kontext der Vorbereitung einer neuen Edition erschlossenen Briefquellen im Medium moderner Speichersysteme zugänglich gehalten würden, möglichst in verläßlicher Transkription des vollen Wortlauts – etwa nach dem Modell der Computerisierung des Musil-Nachlasses (vgl. Wagner, 1990). Zumindest aber wäre die von Gerhard Fichtner im Institut für Geschichte der Medizin an der Universität Tübingen begründete ›Konkordanz der Freud-Briefe‹ (vgl. Fichtner, 1989), die fortlaufend vorwiegend die publizierten Briefe von und an Freud registriert, zu erweitern und durch Regesten, knappe Zusammenfassungen des Inhalts, zu ergänzen.

[2] Von den voranalytischen Werken wird daher erst im Schlußkapitel zusammenfassend die Rede sein, im Kontext der Mutmaßungen über Ergebnisse und Wirkung einer neuen Freud-Edition (vgl. S. 347 ff.).

mals um das Zustandekommen einer solchen Edition bemühten[1]: »Ich weiß natürlich, daß eine ›kritische Ausgabe‹ den Vergleich der späteren Drucke mit den Manuskripten verlangt; aber ich möchte vor den Folgen warnen, die ein zu großer Eifer in dieser Beziehung leicht nach sich ziehen könnte. Bei einem Autor, der so viel mit der Hand schreibt, wie mein Vater sein Leben lang getan hat, ist es natürlich unvermeidlich, daß auch Fehler und Verschreibungen vorfallen. Mein Vater hat dem dadurch begegnet, daß er die Korrekturen in den Fahnen mit großer Sorgfalt gelesen hat, um alle solche Ungenauigkeiten wieder auszumerzen. Er hat sie auch nie als einziger gelesen; entweder Dr. Rank oder ein Mitglied der Familie (in späteren Jahren ich) haben gleichzeitig Fahnenkorrekturen gemacht und mit den seinen verglichen. Ich meine darum, daß in fast allen Fällen der Erstdruck für die Richtigkeit maßgebender ist als das handgeschriebene Manuskript und daß man diese ganze Arbeit wieder rückgängig machen würde, wenn man von dem Erstdruck auf das MS zurückgeht.«

Auch ohne diesen persönlichen Ratschlag würden die Herausgeber einer zukünftigen kritischen Edition die Texte der Werke vermutlich von sich aus in der Regel aus den Drucken konstituieren, zwar nicht notwendigerweise aus den Erstdrucken, sondern eher aus den Ausgaben letzter Hand, also dem Wortlaut jener revidierten Neuauflagen, von dem sich nachweisen läßt, daß Freud ihn gewissermaßen als Endzustand der betreffenden Schrift bestimmt und bis in die Fahnenkorrektur überwacht hat. Eine solche Praxis der Textkonstitution vermiede strikt die Präsentation von Mischformen, gleichsam kontaminierten Textgefügen, die von den Editoren eigenmächtig zusammengestückelt würden, etwa durch stillschweigende Einfügung von Elementen aus Vorfassungen. Andererseits schlösse sie die uneingeschränkte Anwendung des textdynamischen Editionsverfahrens keineswegs aus; denn durch die der jeweiligen Einzelschrift flexibel angepaßte Gestaltung des Variantenapparats könnten die Herausgeber die Stadien der Textentstehung und Textveränderung in allen Einzelheiten rekonstruieren und dem Leser erschließen.

Bei ihrer Arbeit an der *Standard Edition* haben James Strachey und seine Helfer manche dieser Wandlungen bereits zu erforschen

[1] Siehe oben, S. 78 ff.

begonnen. Von einigen wenigen Ausnahmen abgesehen, beschränkten sich ihre Recherchen jedoch auf den Vergleich der zu Lebzeiten Freuds sukzessive erschienenen Drucke, das heißt, die Ermittlung der Druckvarianten. Sie befaßten sich also fast ausschließlich mit der späten Phase der Textdynamik. Die Editoren einer zukünftigen kritischen Ausgabe in der Originalsprache würden diese Hebung der Druckvarianten wiederaufnehmen und weiter verfeinern müssen. Ihre Hauptaufgabe hinsichtlich der Erstellung des Variantenapparats dürfte freilich in der weitgehend erstmaligen Erforschung der Entstehungsvarianten bestehen. Einzig das systematische Studium sämtlicher überlieferten Handschriften und ihr Vergleich mit den Erstdrucken würde die frühen Phasen der Textdynamik, vom allerersten Notieren bis zur Fahnenkorrektur, transparent machen können und eine umfassende Dokumentation der Textgeschichte ermöglichen. Hierzu zählte nicht zuletzt die Erschließung der sogenannten Paralipomena, eigenständiger Texte, die nicht als Textfassungen eines bestimmten Werks einzuordnen sind, sich nicht syntaktisch, sondern nur gemäß inhaltlicher Kriterien darauf beziehen lassen – erste Schemata, Themenlisten, Stichworte, Inhaltszusammenfassungen, Exzerpte usw. Viele im zweiten Teil des Buches in anderem Zusammenhang angeführte Zitate mögen den Leser schon davon überzeugt haben, daß Freuds Briefe und seine Notizblätter, gleichsam als Flächen für Probedenken und Probeformulieren, solche Paralipomena in Fülle enthalten. Der Abdruck möglichst vieler solcher Brief-Paralipomena[1] in der neuen Edition könnte überdies zumindest ein Stück weit dafür entschädigen, daß auf die Aufnahme des gesamten Briefkorpus wohl wird verzichtet werden müssen.

Wie gleichfalls im zweiten Teil beschrieben, bilden in der Autographenüberlieferung Freuds Reinschriften die Hauptmasse. Jedenfalls auf den ersten Blick unterscheiden sie sich im Wortlaut zumeist nur vergleichsweise wenig vom jeweiligen Erstdruck. Die komplette

[1] Nur auf zwei schon veröffentlichte sei hingewiesen. Beide stehen in der Korrespondenz mit Sándor Ferenczi: eine sprechende Zusammenfassung des Essays über ›Das Motiv der Kästchenwahl‹ in einem Brief vom 23. Juni 1912 (abgedruckt in Grubrich-Simitis, 1977, S. 42f.) und eine Skizze der ›Übersicht der Übertragungsneurosen‹, dem Freund am 12. Juli 1915 mitgeteilt (erstmals wiedergegeben in Jones, 1962*b*, S. 385f.).

Wiedergabe sämtlicher Reinschriften in Transkriptionen oder gar als Faksimiles samt buchstabengetreuer Umschrift erschiene infolgedessen als unverhältnismäßig aufwendig und würde die Edition, weil vermutlich ohne angemessenen Erkenntnisgewinn, unnötig aufblähen. Der Verzicht auf vollständige Reproduktion der Reinschriften hieße allerdings nicht, dem Leser die in ihnen überlieferten Entstehungsvarianten vorenthalten; denn Klärungsvarianten, Gliederungsvarianten, Titelvarianten, emotive Varianten von Belang könnten in Variantenverzeichnissen sowie im Rahmen textkritischer Anmerkungen wiedergegeben und im Hinblick auf Datierung, Lokalisierung, Material näher beschrieben werden. Auch ohne Gesamtreproduktion der betreffenden Reinschrift sollte es auf diese Weise möglich sein, beispielsweise die Schichtenstruktur der »Wolfsmann«-Krankengeschichte dem Leser vor Augen zu führen.[1]

Im Falle sehr umfangreicher Varianten, wie der von Eitingon und Jones unterdrückten Passage aus dem 1927 verfaßten ›Nachwort zur *Frage der Laienanalyse*‹[2], könnte selbstverständlich die eine oder andere Reinschrift doch in toto abgedruckt werden. Am besten in buchstaben- und graphisch getreuer Umschrift, damit der Leser der neuen Ausgabe zumindest an einigen Beispielen die Struktur der Freudschen Reinschriften, ihre Orthographie, Interpunktion, Korrekturkennzeichnung usw., kennenzulernen vermag. Auf diesem Wege ließe sich auch der Typus der stilistisch-rhetorischen Varianten exemplarisch vorführen; denn solche Varianten sind zu zahlreich, meist auch zu beiläufig, um umfassend in Variantenverzeichnissen registriert zu werden.

Anders als bezüglich der in großer Zahl vorhandenen und zumeist durch enge Verwandtschaft mit dem jeweiligen Erstdruck charakterisierten Reinschriften, erschiene die vollständige Wiedergabe der raren überlieferten Zeugen von früheren Textstufen, also aller Entwürfe und Erstfassungen wünschens- und empfehlenswert. Nach dem gegenwärtigen Stand des Wissens bedeutete dies im einzelnen:

Außer dem edierten Wortlaut des Abschnitts ›Unser Verhältnis zum Tode‹ aus dem Essay ›Zeitgemäßes über Krieg und Tod‹ von

[1] Siehe oben, S. 207 ff.

[2] Oben, S. 225 ff.

1915 würde in der neuen Ausgabe nicht nur der Text des Vortrags ›Wir und der Tod‹ vorgelegt, den Freud vor dem Israelitischen Humanitätsverein ›Wien‹ des Ordens B'nai B'rith gehalten hat; der Leser könnte zudem den Entwurf zu diesem Vortrag in extenso studieren[1]. Selbstverständlich würde aus demselben Entstehungsjahr auch der Entwurf zur verschollenen zwölften metapsychologischen Abhandlung, ›Übersicht der Übertragungsneurosen‹, abgedruckt; und zwar, weil keine ausgeschriebene, vom Autor veröffentlichte Fassung dieses letzten Essays aus der großen Metapsychologie-Serie überliefert ist, wahrscheinlich sowohl in originalgetreuer Umschrift als auch als emendierter Text.

Die einzigartige Möglichkeit, die Entstehungsdynamik eines theoretischen Hauptwerks fast lückenlos zu dokumentieren, bliebe gewiß nicht ungenutzt: im Falle von *Das Ich und das Es* wäre denkbar, außer dem autorisierten veröffentlichten Text, konstituiert wahrscheinlich aus dem Erstdruck, den Originalwortlaut sowohl des Entwurfs als auch der Reinschrift zu reproduzieren. Die Studie über die ›Teufelsneurose‹ könnte nicht nur in Gestalt des von Freud zur Publikation bestimmten Wortlauts zugänglich gemacht werden; vielmehr wäre alles, was vom Entwurf überliefert ist, ebenso aufzunehmen wie die Paralipomena, insbesondere aus den Notizen[2].

Zum Abdruck der Erstfassung von *Jenseits des Lustprinzips*: Eine synoptische Darbietung oder zumindest korrelierende Zeilen- oder Absatzmarkierung würde es dem Leser erleichtern, den definitiven, wohl wiederum aus dem Erstdruck zu konstituierenden Text Passage für Passage mit der früheren Fassung zu vergleichen. Auch bei diesem zentralen Opus erschiene die möglichst vollständige Dokumentation der Textgeschichte reizvoll: Erstfassung, Reinschrift, Erstdruck samt späteren Druckvarianten sowie Paralipomena.[3]

Dagegen schlösse sich eine durchgehend synoptische Präsentation der Moses-Fassungen aus, weil der Autor bei der Niederschrift des endlich zur Publikation freigegebenen Wortlauts den ›historischen Roman‹ über den Mann Moses, also die Erstfassung, einer intensi-

[1] Vgl. oben, S. 174 ff.

[2] Vgl. oben, S. 155 f. und S. 176 ff.

[3] Oben, S. 234 ff.

ven, Mikro- wie Makrostrukturen des Texts verändernden Überarbeitung unterworfen hat.[1] Dabei blieb kaum ein Stein auf dem anderen, so daß eine Parallelperzeption beider Fassungen nicht gelingen kann. Allenfalls eine Markierung von Themenkomplexen wäre erwägenswert, sofern sie die Lesbarkeit nicht zu sehr beeinträchtigte. Wegen der Rätselhaftigkeit der Moses-Studie und ihrer mutmaßlich autobiographisch-selbstanalytischen Tiefendimension dürfte einzig die Präsentation der gesamten Überlieferung als relativ deutungsfreies editorisches Verfahren gelten können. Dabei sollte für den Leser leicht erkennbar bleiben, welche Teile der Überlieferung vom Autor zur Veröffentlichung bestimmt waren und welche als private Dokumente aufzufassen sind. Wiederum wäre, im Sinne der Authentizität, für die Handschriften die Wiedergabe in originalgetreuer Transkription zu empfehlen. Inwieweit die Erstdrucke der beiden ersten Moses-Abhandlungen, die 1937 nacheinander in der Zeitschrift *Imago* herauskamen, sowie der Vorabdruck eines Stücks der dritten Abhandlung, 1939 in der *Internationalen Zeitschrift für Psychoanalyse und Imago* erschienen, sich vom Text des Moses-Buchs unterscheiden, ließe sich im Variantenverzeichnis nachweisen. Die Abweichungen sind zu geringfügig, als daß sie die vollständige Reproduktion sämtlicher Drucke rechtfertigen könnten.

Soweit die Vorschläge zur Berücksichtigung der Entwürfe und Erstfassungen. Es versteht sich von selbst, daß auch die wenigen Texte in der neuen Edition ihren Platz finden sollten, die Freud einst wohl in dem Gedanken niederschrieb, sie würden veröffentlicht, deren Publikation dann aber offenbar aus äußeren Gründen unterblieb.[2] Das gilt vor allem für die Nachschrift von 1935 zu einer geplanten amerikanischen Neuausgabe der Laienanalyse-Schrift sowie die hierfür verfaßten zusätzlichen Anmerkungen. Im Sinne der Vermeidung kontaminierter Mischformen sollten diese Texte nicht stillschweigend dem Originaltext der Abhandlung über *Die Frage der Laienanalyse* samt Nachwort von 1927 integriert, sondern als eigenes Konvolut dem bisher tradierten Text hinzugefügt werden. Gewisse Überschneidungen zwischen den Anfangspassagen des ›Nachworts‹

[1] Oben, S. 244 ff.
[2] Vgl. oben, S. 289 ff., das Kapitel ›Unveröffentlichtes‹.

von 1927 und der ›Nachschrift‹ von 1935 legen ohnehin die Vermutung nahe, daß Freud nicht daran dachte, in die amerikanische Neuausgabe eine Übersetzung des früheren Nachworts aufzunehmen, und deshalb einiges, was er 1927 für die deutschsprachigen Leser nachgetragen hatte, dem amerikanischen Publikum 1935 in der knapperen neuen Nachschrift mitteilen wollte.

Den diffizilsten Entschlüsselungs-, Datierungs-, Gliederungs- und Kommentierungsproblemen dürften die Herausgeber einer zukünftigen Ausgabe freilich beim Edieren des Notizenwerks aus den Handschriften begegnen. Wie im einzelnen beschrieben[1], handelt es sich zugleich um den einzigen Werk-Bereich, der, wie immer marginal, noch weitgehend unbekannt und unerforscht ist. Grundsätzlich werden die Texte wohl chronologisch und in den Konfigurationen der Schriftträger anzuordnen sein, von deren Analyse man sich, jenseits aller inhaltlichen Indizien, Hilfen bei der Beantwortung von Fragen nach der Entstehungszeit versprechen kann. Vor allem würde eine solche Präsentation es dem Leser ermöglichen, die spezifische Struktur des Notizenwerks, seine inhaltliche und formale Vielgestaltigkeit kennenzulernen.

Es wird besonders variabler und erfinderischer editorischer Techniken bedürfen, um bei der Herausgabe des Notizenwerks ein zweites, im Hinblick auf das erste vermutlich zuweilen antagonistisches Ziel zu erreichen, nämlich die Filiationen zwischen thematisch umschriebenen Notizensegmenten und bestimmten veröffentlichten Werken augenfällig zu machen. Wo es sich um knappe, klar konturierte Passagen der Aufzeichnungen handelt, die unmittelbar einer bestimmten Schrift zuzuordnen sind und deren Fehlen den Gesamteindruck vom Charakter des Notizenwerks nicht schmälern würde, könnte man ihre Präsentation im Kontext des betreffenden Werks erwägen, sozusagen als Teil der Paralipomena. Beispiel: die schematische Skizzierung von Aufbau und Thesen des Witz-Buches[2]. Wo sich in der kompakten Textmasse der Aufzeichnungen dagegen nur punktuelle Berührungen mit dem einen oder anderen Werk vergleichsweise vage erkennen lassen, läge es nahe, die betreffenden

[1] Siehe oben, S. 125 ff.

[2] Oben, S. 151 ff.

Passagen nicht aus dem Notizenwerk herauszulösen, sich vielmehr auf editorische Querverweise – von der Notiz zum Werk, vom Werk zur Notiz – zu beschränken, die des Lesers Aufmerksamkeit auf solche Korrelationen lenken könnten. Beispiel: die vielen Notate über Träume, die, mehr oder weniger modifiziert, im Erstdruck sowie in den sukzessiven Revisionen der *Traumdeutung* wiederauftauchen. Endlich mag es einige wenige Notizenstücke geben, die sowohl für die Wahrnehmung der Struktur des Notizenwerks als auch für das Verstehen der Genese einer bestimmten Einzelschrift unverzichtbar sind; sie mögen sich für einen doppelten Abdruck anbieten. Beispiel: die Aufzeichnungen zu *Totem und Tabu.*[1]

Die Empfehlung für die zukünftige Herausgabe derjenigen Schriften, die nach Freuds Tod 1941 im Nachlaßband der *Gesammelten Werke* publiziert wurden[2], lautet unzweideutig: diese Texte authentisch in *der* Gestalt zu edieren, die sie am Ende ihres Entstehungsprozesses erreicht hatten, also aus den Handschriften. Für den ›Vorbericht‹ über das Thema Telepathie von 1921 bedeutete dies, ihn unter seinem Manuskript-Titel und gänzlich ungekürzt wiederzugeben, gefolgt vom ›Nachtrag‹, gleichfalls im Originalwortlaut. Möglicherweise wäre der *Abriß der Psychoanalyse* ein weiterer Anwärter für faksimilierte Reproduktion. Jedenfalls sollte dieses überragende Spätwerk im Wortlaut der Handschrift angeboten werden, seine spröde Skizzenhaftigkeit augenfällig bleiben. Gewiß würde die Lektüre dadurch erschwert, dem Leser manches Stocken oder vergebliche Raten abverlangt. Doch gewönnen wir etwas, was uns bisher entgangen ist: ein weiteres Beispiel in der kleinen Serie überlieferter Entwurfstexte. Da jedoch einige Passagen tatsächlich bis zur Unverständlichkeit abgekürzt sind, wäre die Hinzufügung einer zitierbaren emendierten Version ratsam, Offenlegung und Nachprüfbarkeit der Ergänzungsmethode vorausgesetzt.

An den Schluß dieser lockeren Aneinanderreihung von Vorschlägen, wie solche Texte in einer zukünftigen kritischen Freud-Ausgabe ediert werden könnten, deren Handschriften ich im zweiten Teil des Buches mehr oder weniger ausführlich beschrieben habe, möchte ich

---

[1] Oben, S. 156 ff.

[2] Vgl. oben, S. 259 ff., das Kapitel über ›Posthum Veröffentlichtes‹.

einen besonderen Wunsch stellen, der nach Luxusforderung klingen mag: meines Erachtens gehörte es zur Kernsubstanz einer neuen Edition, im Falle der *Traumdeutung* und der *Drei Abhandlungen zur Sexualtheorie*, neben dem Wortlaut letzter Hand, jeweils den Deuticke-Erstdruck zu präsentieren. Wie diese beiden Genie-Texte aus den Jahren 1900 und 1905, die wesentlich den Paradigmenwechsel im Verständnis des Psychischen erzwungen haben, in ihrer radikaleren Urfassung tatsächlich aussehen, von der, es sei noch einmal betont, nicht eine einzige handschriftliche Zeile überliefert ist, bleibt für den Leser ohne aktuelle Konfrontation mit dem Erstdruck als solchem doch unanschaulich und unvorstellbar, mag der Text letzter Hand mit einer noch so genau datierenden Verzeichnung der Druckvarianten sowie Reproduktion der in der Sukzession der Auflagen fallengelassenen Passagen ausgestattet sein. Im Grunde ist dieser abschließende Vorschlag ja nur die etwas erweiterte Wiederaufnahme eines Gedankens, den Freud selbst, mit seiner *Traumdeutung*, in den *Gesammelten Schriften* schon einmal ausprobiert hatte.[1]

Manches von dem, was ich nun zum Charakter des Herausgeberkommentars vorschlagen werde, klang bereits in den Ausführungen über die Einstellung des Editors und über Editionsprinzipien an. Konsens dürfte über das Grundprinzip beim Formulieren der editorischen Einleitungen und Vorbemerkungen, der textkritischen und sacherschließenden Anmerkungen, der Anhänge, Glossare und Register usw. bestehen: auf unaufdringliche, also weder bevormundende noch überbordende Weise dem Leser das Verstehen und Situieren der Werke zu erleichtern. Was die Hilfen betrifft, die heute und morgen sozusagen das Oberflächenverstehen fördern könnten – vom Autor erwähnte, aber inzwischen vergessene Namen zu erläutern, die angegebene Literatur bibliographisch nachzuweisen, Zitate zu verifizieren, Anspielungen, die noch in der Nach-Freud-Generation mitvollzogen werden konnten, aufzuschließen[2], die eingeführten

[1] Siehe oben, S. 50. Die Praxis solcher Doppelabdrucke von Hauptwerken, also ihrer Ausgaben erster *und* letzter Hand, ist in anderen großen kritischen Editionen durchaus gebräuchlich.

[2] Dabei wird freilich zu berücksichtigen sein, daß Freud in seiner *Traumdeutung*,

Konjekturen zu begründen usw. –, so brauchen sie hier nicht näher beschrieben zu werden. Thema ist vielmehr das editorische Koordinatensystem zur Vertäuung zumindest der größeren Texte. Drei Koordinaten scheinen hierfür unverzichtbar zu sein: eine biographische Koordinate, eine Werk-Koordinate und eine ideengeschichtliche Koordinate.

Die Situierung des jeweiligen Freud-Texts auf der *biographischen* Ebene würde erleichtert, wenn der Leser im editorischen Kommentar Informationen fände zu Fragen wie: Gab es äußere Anreize für die Niederschrift des betreffenden Werks, etwa die Einladung, zu einem Sammelwerk beizutragen, sich an einer Festschrift zu beteiligen, einen Lexikonartikel zu verfassen? Haben neuartige Beobachtungen und Einsichten während der klinischen Arbeit, bei Lektüren, beim Erforschen kultureller und kollektiver Phänomene theoretische und begriffliche Umorientierungen nahegelegt? Aus welchem Diskussionszusammenhang ist die betreffende Schrift hervorgegangen, haben bestimmte Mitarbeiter Einfluß auf deren inhaltliche und/oder formale Gestalt genommen?[1] Wurde die Entstehung durch besondere politische und institutionelle Entwicklungen provoziert? Für letzteres ein Beispiel: In der Sigmund Freud Collection findet sich eine umfangreiche Dokumentation der Kontakte und Korrespondenzen, die Anfang der dreißiger Jahre der Niederschrift des Briefdialogs mit Albert Einstein, ›Warum Krieg?‹, vorausgegangen waren. Vermutlich wird deren Auswertung eine noch detailliertere Beschreibung der biographischen Entstehungsumstände erlauben, als James Strachey sie 1964 in der editorischen Vorbemerkung zu diesem Text gegeben hat.[2]

Nicht zuletzt im Hinblick auf die im zweiten Teil des Buches beschriebenen, bisher unpublizierten Texte und Textpassagen dürfte

---

offenbar im Sinne einer absichtlichen Verhüllungsstrategie, mitunter Anspielungen verwendete, die auch für die zeitgenössischen Leser nicht mühelos zu begreifen gewesen sein dürften. Wer die mitgeteilten Beispielträume, zumal die des Autors, in ihren Tiefenschichten verstehen wollte, sollte sich wohl durchaus etwas anstrengen müssen. (Vgl. Grubrich-Simitis, 1971, S. 329.)

[1] Im zweiten Teil des Buches wurden einige Beispiele solcher Einflußnahmen erwähnt (vgl. S. 187, S. 211, S. 215, S. 225 ff., S. 262 f.).

[2] Strachey, 1964*a*, S. 197 f.

der Leser einer zukünftigen Edition auf mancherlei biographische editorische Hinweise angewiesen sein. Beispielsweise bezüglich jener Illoyalität Jungs, die Freud in einem der unterdrückten Stücke des posthum veröffentlichten ›Vorberichts‹ beschrieben hat[1]: im Freud-Jung-Briefwechsel ist, schon vor Jungs Versuch, die Patientin Freuds abzuwerben, nicht nur wiederholt von dieser Kranken die Rede, sondern der Leser kann dort auch die vergleichsweise sanften Wellen studieren, die das Ereignis zum Zeitpunkt des Geschehens geschlagen hatte.[2]

Zur biographischen Koordinatenebene gehörte gewiß auch die Wiedergabe der Selbstkommentare Freuds zu den einzelnen Schriften, sofern sie sich während der Entstehungszeit und danach insbesondere in seinen Briefen niedergeschlagen haben – Klagen über die Mühsal des Schreibens, Zweifel an der Stichhaltigkeit der Ergebnisse, Äußerungen der Freude über das Fortschreiten der Arbeit usw. Aber auch die konkrete Bewertung des betreffenden Werks: bekanntlich lauteten solche Selbsturteile bei Freud häufiger negativ als positiv. In einem Schreiben an Max Eitingon vom 8. September 1932 heißt es beispielsweise von dem soeben erwähnten Briefdialog mit Einstein abschätzig: »die langweilige und sterile sogenannte Diskussion mit Albert Einstein«[3]; die *»Selbstdarstellung«* wird in einem Brief an Sándor Ferenczi vom 6. August 1924 als »ein neuer Aufguß auf dem alten Tee« abgetan; in einem Brief an die Tochter Anna vom 13. April 1922 nennt Freud seinen Aufsatz über ›Traum und Telepathie‹ bündig »einen Schmarren«. Und am Ende der Umbruchkorrektur von *Das Ich und das Es* zieht er in einem Brief vom 17. April 1923, wiederum an Ferenczi, über die Früchte einer ganzen Arbeitsphase düstere Bilanz: »Es scheint mir, daß die Kurve sich seit dem ›Jenseits‹ steil gesenkt hat. Dies war noch gedankenreich und schön geschrieben, die Massenpsychologie streift ans Banale, und dies ›Es‹ ist direkt unklar, künstlich zusammengesetzt und garstig in der Diktion. [...] Bis auf die Grundidee des ›Es‹ und das Aperçu von der

[1] Siehe oben, S. 265 ff.

[2] 1974*a*, vgl. insbesondere Freuds Briefe vom 31. Dezember 1911, 10. Januar und 29. Februar 1912 sowie Jungs Schreiben vom 2. Januar 1912.

[3] Zitiert in Jones, 1962*b*, S. 210.

Entstehung der Moral mißfällt mir eigentlich alles an diesem Buch.« Besonders während der Entstehungsphase mancher Schriften neigte Freud zu heftigen Urteilsschwankungen.[1] Nur einige wenige Werke blieben von Selbstentwertung verschont: die Leonardo-Studie, von der es anläßlich der zweiten Auflage in einem Brief an Ferenczi vom 13. Februar 1919 heißt: »gewiß das einzig Hübsche, das ich geschrieben habe«, und vor allem die *Traumdeutung*, über die aus den verschiedensten Lebensphasen überwiegend wohlgefällige Selbstkommentare überliefert sind; noch 1931 schrieb Freud in der Vorrede zur dritten englischen Auflage seines magnum opus: »It contains, even according to my present-day judgement, the most valuable of all the discoveries it has been my good fortune to make. Insight such as this falls to one's lot but once in a lifetime.«[2]

Im Sinne der im Abschnitt über die Einstellung des Editors empfohlenen Enthaltsamkeit gegenüber Interpretation und Exegese sollte sich der Herausgeberkommentar auf die Präsentation dokumentierbarer Informationen beschränken, also nicht etwa psychoanalytische Deutungen von Freuds Selbstkommentaren mitliefern. Wie leicht man beim Interpretieren einer bestimmten Wortwahl in die Irre gehen oder zumindest zu Fehlakzentuierungen verleitet werden kann, mag ein Beispiel aus der Ferenczi-Korrespondenz illustrieren. Es bezieht sich auf eine Deutung, die Ferenczi zu Freuds Titelformulierung ›Der Untergang des Ödipuskomplexes‹ gab. Von diesem Aufsatz war oben im Varianten-Kapitel bereits die Rede gewesen, und der Leser möge das folgende auf diesem Hintergrund lesen.[3] Freud hatte Ferenczi mitgeteilt, daß seine kleine Studie die Erweiterung einiger Gedankengänge aus dem dritten Kapitel von *Das Ich und das Es* darstelle und außerdem eine Kritik an Otto Ranks Theorie des Geburtstraumas enthalte[4]; gegen letztere habe er immer mehr Einwände. In einem Brief vom 24. März 1924 verteidigte Ferenczi Ranks Position, dieser wolle keineswegs die Frage der

---

[1] Vgl. beispielsweise oben, S. 165, hinsichtlich *Totem und Tabu.*

[2] In 1900*a*, S. 28.

[3] Vgl. oben, S. 217 f.

[4] Im veröffentlichten Text des Aufsatzes kommt Freud dann allerdings am Ende nur ganz kurz auf Ranks Theorie zu sprechen, mit der kritisch sich auseinanderzusetzen er nun für verfrüht erklärt.

Neurosenverursachung auf den traumatischen Aspekt reduzieren und die Freudsche psychoanalytische Theorie durch die eigene ätiologische Hypothese ersetzen. Überdies warf Ferenczi Freud eine emotionale und widerspruchsvolle Haltung gegenüber dem neuen Theorem vor: »Schon der Titel ›Untergang des Ödipuskomplexes‹ [etwa nach Spenglers Buchtitel?][1] ist aber affektbetont. Und doch ist meiner Überzeugung nach kein Grund zur affektiven Reaktion da: ich sehe nirgends den ›Untergang‹, überall nur die bio-psychologische *Unterlage* für Ihre unsterblichen Entdeckungen evident werden.« Postwendend korrigierte Freud diese Akzentuierung am 26. März: »Ich glaube übrigens, den Untergang des Ödipuskomplexes haben Sie analytisch mißverstanden. Ich meinte nicht, daß der Ödipuskomplex an der Rankschen Lehre vom Geburtstrauma untergeht, mein kleiner Aufsatz darüber wäre durchaus existenzfähig, auch wenn Rank sein Buch nicht geschrieben hätte. Er behandelt die Tatsache, daß der Ödipuskomplex normalerweise nicht einfach verdrängt, sondern wirklich demoliert, aufgehoben wird (durch Identifizierung und Überichbildung) und daß die bloße Verdrängung desselben die pathogene Disposition schafft. [...] Sie mögen recht haben, daß der affektiv betonte Titel auf eine Regung bei mir hinweist, die mit dem Geburtstrauma zu tun hat. Aber das ist eine analytische Nebenbedeutung [...].« Mit seinem letzten Satz machte Freud Ferenczis Deutungseifer übrigens eine liebenswürdige Konzession; denn in Wirklichkeit hatte er die Wendung »Untergang des Ödipuskomplexes« völlig unabhängig von Rank geprägt und exakt in dem im Brief angegebenen Sinne bereits in *Das Ich und das Es*[2] benutzt, also ehe das Buch *Das Trauma der Geburt* überhaupt erschienen war.

Gerade auf der biographischen Koordinatenebene, die zu Deutung und Spekulation verlockt, möge der Herausgeberkommentar also strikt deskriptiven, ja dokumentarischen Charakter haben, sich nicht die inneren, intimen, sondern die gleichsam am wenigsten persönlichen, äußeren, objektivierbaren biographischen Momente zum

[1] Eckige Klammern von Ferenczi.

[2] 1923*b*, S. 300 und S. 301. Auf dieses Vorkommen des Ausdrucks hatte bereits James Strachey aufmerksam gemacht (1961*b*, S. 173).

Gegenstand nehmen. Vollends außerhalb seiner Reichweite läge eine andere quasi-biographische Deutungsdimension, die in letzter Zeit in den Blickpunkt der Freud-Forschung gerückt wurde: Übertragungen, die der Leser unbewußt auf einen Text, einen Autor vornimmt, bzw. Übertragungen, zu denen ein Text, ein Autor den Leser unausgesprochen einlädt.[1]

Die auf das *Werk* bezogene Koordinatenebene ist im Vergleich zur biographischen eher unproblematisch und, zumal gegen den Hintergrund des vorhin über Editionsprinzipien Ausgeführten, knapp zu umreißen. Der Herausgeberkommentar sollte es dem Leser erleichtern, die jeweilige Schrift im Werkkontext zu situieren, und zwar in zweifacher Hinsicht. Erstens könnten entsprechende editorische Informationen die individuelle Geschichte des betreffenden Texts transparent machen, zusätzlich zu den mitabgedruckten Notizen, Entwürfen, Paralipomena, Variantenverzeichnissen. Ein Netz von Querverweisen, das selbstverständlich die Frühschriften einzubeziehen hätte, sollte zweitens die Position in bezug auf andere Freud-Werke bzw. das Gesamtœuvre markieren. Dabei würden über Jahrzehnte sich spannende Themenstränge, konzeptuelle und terminologische Kontinuitäten oder auch Diskontinuitäten sichtbar werden. Die verborgene werkübergreifende Materialarchitektur und die ausgeklügelte Mehrfachverwendung des klinischen Stoffs, wovon im zweiten Teil lediglich anhand einzelner Beispiele die Rede war, träten, illuminiert vom Herausgeberkommentar, in der neuen Edition kompakt und konkret in Erscheinung.

In seinem editorischen Kommentar zur *Standard Edition* hat James Strachey hinsichtlich der drei Koordinatenebenen gerade auf dieser werkbezogenen den bedeutendsten Beitrag geleistet. Dies ist um so mehr anzuerkennen, als es zu seiner Zeit keinerlei elektronische Freud-Datenbank oder Freud-Konkordanz gab, Strachey seine unzähligen Korrelationshinweise also aus der eigenen in Jahrzehnten gewachsenen Vertrautheit mit dem Œuvre zog. In ihrem Nachruf betonte Anna Freud denn auch diese überragende Kompetenz des Kommentators Strachey: »It is the reader's impression that the translator's preoccupation with the original text and its rendering led him

[1] Vgl. Mahony, 1987, S. 185–188.

to see logical sequences and historical connections which otherwise would have gone unnoticed and which, in many instances, were probably unknown to Freud himself.«[1] Das Geflecht dieser Korrelationen ließe sich freilich insofern noch verdichten und erweitern, als nicht nur das Frühwerk, sondern in vollem Umfang auch die Briefe zu berücksichtigen wären. Zwar stand Strachey mit Ernest Jones in Verbindung, dem damals während der Vorbereitung seiner Freud-Biographie von den Erben unbeschränkter Zugang zu den Korrespondenzen gewährt worden war; doch arbeitete er, von einigen wenigen Ausnahmen abgesehen, nicht selbst mit diesen Quellen.

Daß beispielsweise die Rekonstruktion der Entstehungsgeschichte von *Totem und Tabu* ohne Berücksichtigung der zahllosen Spuren dieses Prozesses im Freud-Ferenczi-Briefwechsel lückenhaft bliebe, mag schon aus den wenigen Auszügen, die ich im Notizen-Kapitel erwähnt habe, augenfällig geworden sein. Das gilt wohl auch für die im Kapitel ›Posthum Veröffentlichtes‹ enthaltenen Hinweise auf Keime zum ›Vorbericht‹, alias ›Psychoanalyse und Telepathie‹, gleichfalls in der Freud-Ferenczi-Korrespondenz. Hier nur noch ein weiteres Beispiel für die Unerschöpflichkeit der Briefe im Hinblick auf das Aufspüren von Vor- und Parallelformulierungen eines bestimmten Gedankens, von verborgenen Werkfiliationen: Im Varianten-Kapitel habe ich eine Stelle aus Freuds Einleitung zu dem 1919 erschienenen Sammelband *Zur Psychoanalyse der Kriegsneurosen* erwähnt.[2] Sie bezieht sich auf des Autors Versuch, das Konzept der ›traumatischen Neurose‹ mit demjenigen der ›Übertragungsneurose‹ in Berührung zu bringen, behandelt also wiederum jenes nun schon mehrfach gestreifte theoretische Kernproblem. In einem in Englisch verfaßten Brief an Ernest Jones vom 18. Februar 1919, in welchem er Jones' Beitrag zu dem Sammelband kommentiert, formuliert Freud die in seinem Vorwort geäußerten Thesen unmittelbar im Kontext seiner Kritik und flicht zugleich eine Skizzierung seiner in extenso erst 1926 in *Hemmung, Symptom und Angst* veröffentlichten zweiten Angsttheorie ein: »Later on, it seems you are losing the contact with the item of the ›traumatische Neurose‹, and what you say on the

[1] 1969, S. 132.
[2] Vgl. oben, S. 205.

relation to narcisstic anxiety is excellent, hits the point, but it is too short and may not impress sufficiently the reader. Let me propose to you the following formula: first consider the case of the traumatic neurosis of peace. It is a narcisstic affection like dem[entia] pr[aecox] etc. Mechanism may be guessed. Angst is a protection against shock (Schreck). Now the condition of the tr[aumatische] N[eurose] seems to be that the soul had not time to recur to this protection and is taken by the trauma unprepared. Its ›Reizschutz‹ is overrun, the principal and primary function of keeping off excessive quantities of ›Reiz‹ frustrated. Then narc[isstic] lib[ido] is given out in shape of the signs of ›Angst‹. This is the mechanism of every case of primary repression, a traumatic neurosis thus to be found at the bottom of every case of Übertrag[un]gs-Neurose.«[1]

Endlich zur dritten Koordinate des Herausgeberkommentars, der *ideengeschichtlichen.* Solche editorischen Informationen sollten es dem Leser erleichtern, Freuds Werk – einzelne Beobachtungen, Gedanken, Begriffe, Theorien, Argumentationsweisen, Schlußtechniken, Stilcharakteristika usw. – im Hinblick auf die zeitgenössischen und die aus der Vergangenheit tradierten Zeichenkontexte zu situieren. ›Ideengeschichtlich‹ im umfassenden Sinne gemeint; das heißt, der naturwissenschaftliche Bereich wäre selbstverständlich mitzuberücksichtigen.[2] Diese ideengeschichtliche Koordinatenebene wollten wir bereits in den sechziger Jahren betonen, bei jenem gescheiterten ersten Versuch, eine historisch-kritische Ausgabe zustandezubringen[3]; denn Strachey hatte ihr, verglichen mit dem Reichtum seiner Beiträge insbesondere zur zweiten Dimension, relativ wenig Beachtung geschenkt. Vielleicht paßte er sich mit dieser Ausrichtung seines Kommentars einer Neigung des Autors an – ähnlich wie mit der Entscheidung, fast das ganze voranalytische Frühwerk aus der *Standard Edition* auszuschließen.

Zwar hat Freud selbst beteuert: »Die Psychoanalyse ist [...] nicht

---

[1] Zitiert nach einer von Sigmund Freud Copyrights zur Verfügung gestellten Transkription.

[2] Für das Gewicht gerade dieser Tradition in der Herkunftsgeschichte der Psychoanalyse vgl. die Ausführungen im Schlußkapitel, S. 350ff., unten.

[3] Siehe oben, S. 78.

aus dem Stein gesprungen oder vom Himmel gefallen, sie knüpft an Älteres an, das sie fortsetzt, sie geht aus Anregungen hervor, die sie verarbeitet.«[1] Und unstreitig hat er seine immense Belesenheit in seinen Schriften ausgiebig dokumentiert, seine weitläufige Lektüre sichtbar gemacht, die zwischen schöner Literatur und harter Naturwissenschaft ja kaum ein Textfeld unberührt gelassen hat. Abgesehen von einigen lebhaften Dankesbezeugungen, zumal gegenüber den großen Lehrern, wirkt solches Zitieren aber eher wie das pflichtgemäße Einhalten akademischer Regeln. Manches spricht dafür, daß Freud, der Innovator, sich für seine intellektuellen Ahnen und Nachbarn nicht sonderlich interessierte. Auch wo er ausdrücklich die Geschichte der Psychoanalyse rekonstruiert, rückt er vor allem jene Stelle in den Blickpunkt, an der er mit dem Tradierten gebrochen hat, also eher Diskontinuität als Kontinuität. Daß er nicht zuletzt gerade bei der Vorbereitung dieses Bruchs, etwa beim Erfinden der Instrumente, die ihm schließlich den Zugang zur unbewußten Innenwelt eröffneten, wahrscheinlich Myriaden von Fingerzeigen anderer auf Analogiewegen und durch Metaphernanleihe verarbeitete und nutzte, blieb dagegen mehr oder weniger unerwähnt. Zumal in den neunziger Jahren mag er in seinen drangvollen Suchbewegungen, auch bei der Privatlektüre, vorbewußt nach solchen Autoren Ausschau gehalten haben, denen er sich verwandt fühlen und von deren Textgebärden und Denkfiguren er sich anregen lassen konnte.

Als Beispiel hierfür sei an die im Notizen-Kapitel erwähnte Aufzeichnung ›Citate u Analogien‹ erinnert: »Für die Art, wie man sich bei der Deutungsarbeit verhalten soll: Burckhardt. Griech. Kulturgesch. p 5, gerade mit heftiger Anstrengung ist hier das Resultat am wenigsten zu erzwingen; ein leises Aufhorchen bei gleichmäßigem Fleiß führt weiter.«[2] Liest man die ›Einleitung‹, in der dieses Zitat steht[3], so begegnet man tatsächlich noch einer Fülle weiterer Analogien zu Freud-typischen Positionen und Auffassungen: Burckhardts Kritik an der akademischen Praxis seines Fachs, seiner Forderung nach grundlegend neuen kulturgeschichtlichen Einteilungen und

[1] 1924*f*, S. 405.
[2] Siehe oben, S. 135 f.
[3] Burckhardt, 1962 [1898], S. 6.

Methoden, der Beteuerung, daß nicht äußere Ereignisse die wichtigen zu erforschenden Tatsachen seien, sondern Denkweisen und Anschauungen, lebendige Kräfte, aufbauende und zerstörende, kurzum »das Innere der vergangenen Menschheit«[1]. Kulturgeschichtliche Forschung lebe wesentlich von dem, »was Quellen und Denkmäler unabsichtlich und uneigennützig, ja unfreiwillig, *unbewußt*« mitteilten[2]. Das sich Wiederholende sei wichtiger als das Einmalige. Schließlich die Warnung vor Täuschungen der Wahrnehmung, insbesondere vor der Gefahr, manches, »was von durchgehender Wichtigkeit war«[3], zu übersehen und zufälliges Einzelnes für bedeutend und charakteristisch zu halten. Solche Fehleinschätzungen glichen sich nur durch fortgesetztes Lesen und Wiederlesen der Quellen aus. Daran schließt sich dann das von Freud notierte Zitat, welches wie eine Keimformulierung des Konzepts der »gleichschwebenden Aufmerksamkeit« anmutet. Auch die Klage Burckhardts über die Schwierigkeit der Darstellung kulturgeschichtlicher Tatsachen – die Rede sei »immer nur sukzessiv, allmählich berichtend, während die Dinge ein großenteils gleichzeitiges, gewaltiges Eins gewesen sind«[4] – erinnert an Freuds oben zitierte Formulierung der Aporien beim Beschreiben seelischer Struktur[5].

Den Leser auf möglichst viele und verstreute solcher Verwandtschaftslinien aufmerksam zu machen wäre auf der dritten, der ideengeschichtlichen Koordinatenebene das Ziel des Herausgeberkommentars. Ohne den revolutionären Charakter von Freuds Originalität irgend zu schmälern, würde eine solche Rekonstruktion ideengeschichtlicher Zuflüsse, also der neurologischen, evolutionsbiologischen, sprachhistorischen, kulturgeschichtlichen, philosophischen, theologischen, literarischen u. a. Ursprungseinwirkungen, das Verstehen der Genese des Werks zusätzlich erweitern und vertiefen. Es bedarf kaum der Erwähnung, daß solche ideengeschichtlichen Kommentare sich mit ihren Hinweisen auf Texte zu beschrän-

---

1 AaO, S. 5.
2 AaO. (Meine Hervorhebung.)
3 AaO, S. 6.
4 AaO, S. 7.
5 Vgl. oben, S. 168.

ken hätten, die von Zeitgenossen Freuds stammen oder vor seiner Zeit geschrieben wurden. Nur sie wären im Hinblick auf den genetischen Aspekt aussagefähig. Textgeschichte, nicht Wirkungsgeschichte ist des Editors Thema. Die Literatur nach Freud, insbesondere die gesamte spätere Entwicklung der Psychoanalyse als Wissenschaft bliebe so in der Regel außer Betracht, nicht zuletzt aus Umfanggründen und wegen der Unvermeidlichkeit subjektiver Bewertungen bei einer Konfrontation des Œuvres mit der Gegenwartsforschung. Dagegen könnten in jüngerer Zeit erschienene Beiträge zur Freud-Biographik bzw. zur Historiographie der Psychoanalyse beim Entwerfen ideengeschichtlicher Kommentare gewiß als Quellen herangezogen werden.

Wie für die biographische und die werkbezogene Koordinatenebene gälte auch für die ideengeschichtliche das Prinzip, daß nur das aus dem Freud-Wortlaut unmittelbar Ableitbare im Herausgeberkommentar Platz finden, Deutung hingegen möglichst ausgespart bleiben sollte. Intellektuelle Verwandtschaften, strukturale wie inhaltliche, in diesem Sinne dokumentarisch zu belegen dürfte nicht selten umfangreichere Exkurse erforderlich machen; um Lesefluß und Lesefreude nicht zu beeinträchtigen, wäre ihr Abdruck in Gestalt von Anhängen zu empfehlen. Ohnehin könnten viele ideengeschichtliche Hinweise wohl kaum mehr als bibliographische sein, Wegweiser für den Leser, welche Werke anderer Autoren er zur Hand nehmen möge, wolle er sich Freuds Eingebundensein in den europäischen Ideenkontext vergegenwärtigen.

Im Sinne des Nicht-zuviel-Dazwischenredens sei überhaupt für alle drei Koordinatenebenen Kürze und Prägnanz zur Maxime erhoben. Der Herausgeberkommentar einer neuen kritischen Ausgabe sollte die zukünftige Freud-Forschung ja weder antizipieren noch usurpieren wollen. Er brauchte nicht mehr zu leisten, als, wie es im Motto zu Beginn dieses Buches heißt, die einzelnen Schriften verläßlich zu vertäuen und ihnen durch Verstärkung der materialen Aspekte stärkste Präsenz zu sichern.

Das klingt einfach. Und doch wäre das, was am Ende in den Herausgeberkommentaren mitgeteilt würde, das Erkenntniskonzentrat aus einem langen, aufwendigen und mühseligen Forschungsprozeß. Zu seinen vielen vorbereitenden Stationen gehörte die systematische Sichtung von Dokumenten und Quellen der verschiedensten Herkunft – immer unter dem Gesichtspunkt penibler und möglichst vollständiger Spurensicherung im Hinblick auf die Entwicklung von Freuds Denken und Werk. Um nur eine Auswahl solcher Untersuchungsareale zu nennen, denen sich die Herausgeber zuzuwenden hätten: die Tausende und aber Tausende von Freuds publizierten und unpublizierten Briefen samt den Antworten der Adressaten sowie deren eigenen Korrespondenzen mit anderen, sofern sie für das Recherchenziel aussagekräftig zu sein versprechen; sämtliche Protokolle der Wiener Psychoanalytischen Vereinigung[1]; die überlieferten Teile von Freuds umfangreicher Bibliothek mit ihren vielen Marginalien und Markierungen, archiviert vor allem im Londoner Freud Museum und im New York State Psychiatric Institute; Erinnerungen der Zeitgenossen, Mitarbeiter, Patienten, Familienmitglieder usw.; die soliden Teile der riesigen Freud-Sekundärliteratur.

Textkonstitution sowie systematische Erhebung der Entstehungs- und Druckvarianten setzten in der Vorbereitungsphase zusätzlich die komplette Transkription der Handschriften voraus, ihre Kollation mit den Erstdrucken, ferner den Vergleich sämtlicher zu Lebzeiten des Autors erschienener Drucke und das Studium seiner Handexemplare, also ein gleichsam flächendeckendes Prüfverfahren. Es versteht sich in diesem Zusammenhang von selbst, daß die Durchsicht der mittlerweile zahlreichen psychoanalytischen Archive, also nicht allein der Washingtoner Sigmund Freud Collection, zu den Grundlagen der Editorenarbeit gehören würde.[2]

Obzwar konkrete Fragen eines institutionellen Rahmens für die Arbeit an einer zukünftigen kritischen Freud-Ausgabe, der finanziellen und personellen Ausstattung sowie der Planung der einzelnen Projektphasen außerhalb der hier entworfenen Skizze liegen, mögen diese knappen Andeutungen dem Leser immerhin eine Vorstellung von der Größenordnung des Unternehmens vermitteln.[3] Es kann

[1] Vgl. oben, S. 97.

[2] Auch einige andere einschlägige Archive, etwa das des New Yorker Leo Baeck Instituts, wären zu konsultieren.

[3] Zu den Bedenken, die der Gutachter der Deutschen Forschungsgemeinschaft

natürlich nicht von einer Privatperson verwirklicht werden, auch nicht von einem Verlag. Vielmehr bedürfte es eines Trägers, der ihm institutionell die Freiräume und Mittel sicherte, ohne die derart weitläufige Forschungsprozesse nicht geleistet werden können, und der es nicht zuletzt auch von biographischen Wechselfällen zumindest ein Stück weit unabhängig machte. James Strachey, der sich, außer von seinen wenigen engen Mitarbeitern, immerhin vom Londoner Institute of Psycho-Analysis und von der American Psychoanalytic Association unterstützt fühlen konnte, beklagte zum Abschluß der *Standard Edition* als entscheidendes Handicap seiner Arbeit: »it has been without the background of any established academic machine ready to provide either personnel or accommodation«[1].

Ein solcher akademischer Apparat würde im Falle einer neuen kritischen Freud-Ausgabe in der Originalsprache nun gewiß unverzichtbar sein. Auch wenn manche der bedeutenden Editionsvorhaben jüngeren Datums wie die Nietzsche- oder die Hölderlin-Ausgabe zunächst einzig auf Initiative begeisterungsfähiger, inspirierter Herausgeber und risikofreudiger Verlage begonnen wurden, erwies sich auch bei ihnen im weiteren Verlauf der Arbeit eine gewisse Institutionalisierung und Anlehnung an Stiftungen als unumgänglich. Um für das Freud-Projekt die geeignete Struktur zu finden, wird man sich, auch wenn sie nicht unmittelbar übertragbar sein dürften, über die Organisationsformen informieren müssen, die sich bei anderen Editionen bewährt haben, also über Modelle wie die auf große Stiftungen gestützte Anbindung an eine der Akademien der Wissenschaften oder an den Universitätskontext.[2]

Allein wegen des großen Umfangs der Erschließungsarbeit an den Briefen würde gewiß bereits für die Vorbereitungsphase dieser Freud-Grundlagenforschung eine Arbeitsstelle einzurichten sein, etwa im Umkreis eines der psychoanalytischen Lehrstühle oder Uni-

---

seinerzeit gegen Alexander Mitscherlichs Antrag auf Subventionierung einer historisch-kritischen Freud-Ausgabe vorbrachte, gehörte, wie erwähnt, der Einwand, daß darin Zeit- und Personalaufwand gravierend unterschätzt würden (vgl. oben, S. 83) – aus heutiger Kenntnis der Lage betrachtet, ein völlig berechtigter Einwand.

1 Strachey, 1966*a*, S. XVIII.

2 Vgl. Brenner, 1987; Pöggeler, 1987.

versitätsinstitute oder auch, sozusagen in einem zweiten Anlauf[1], am Frankfurter Sigmund-Freud-Institut. Dabei müßte den verantwortlichen Projektleitern, die gewiß von Anfang an Modalitäten internationaler und interdisziplinärer Zusammenarbeit suchen würden, volle Unabhängigkeit zugesichert werden. In der Vorbereitungsphase wäre nicht zuletzt ein Mitarbeiterstab aufzubauen; daß er von mindestens einem als Psychoanalytiker ausgebildeten Freud-Forscher unstrittiger Kompetenz und einem das philologische Handwerk beherrschenden Editionswissenschaftler geführt werden müßte, versteht sich von selbst. Zu der für das Gelingen des Projekts zentralen Frage, welcher Menschentypus für eine solche Arbeit vermutlich besonders begabt wäre, findet sich in der Passage zu Anfang des Kapitels, die von der Einstellung des Editors zu den ihm anvertrauten Texten handelt, mancherlei Hinweis.

Zum Schluß seien aber noch einige besondere Schwierigkeiten und Hemmnisse ins Blickfeld gerückt. Wie schon mehrfach angedeutet, sind bestimmte Sektionen der Sigmund Freud Collection, darunter Notizbücher sowie viele Einzelbriefe und Briefkonvolute, teils bis weit ins nächste Jahrhundert hinein noch gesperrt. Daß den Editoren, unter strikter Einhaltung bestimmter verpflichtender Bedingungen, beispielsweise hinsichtlich Patientendaten, schon früher Zugang gewährt würde, dürfte sich, nicht anders als in den sechziger Jahren[2], als eine der Grundvoraussetzungen für das Zustandekommen einer neuen Freud-Ausgabe erweisen, selbst wenn man sich fürs erste auf die Edition der Werke beschränkte. Auch hinsichtlich dieser Zugangsfrage bedeutete es wahrscheinlich eher eine Erschwerung der Kooperation, daß der Hauptbestand des Freud-Nachlasses in einem Archiv aufbewahrt wird, das keine feste Verbindung zu einer akademischen oder Stiftungsinstitution unterhält[3] – im Unterschied zu anderen Archiven, die, entsprechend ausgerüstet, sich für die Förde-

---

[1] Vgl. oben, S. 81 f.
[2] Vgl. oben, S. 83 f.
[3] Nach seinem Rückzug aus der Leitung der Sigmund Freud Archives hat K. R. Eissler allerdings die Freud Literary Heritage Foundation gegründet, die inzwischen die Vorbereitung kritischer Ausgaben von Freuds Briefen fördert.

rung von Editionen der Werke ihrer Autoren selbst zuständig fühlen, diese initiieren und mittragen; Forschungsstelle und Archiv sind in solchen günstigeren Konstellationen institituionell miteinander verbunden.[1] Für eine Reihe von Jahren könnten sich schließlich aus der Tatsache Einschränkungen und Verzögerungen ergeben, daß Freuds Werke und Briefe in Deutschland noch bis 2009 urheberrechtlich geschützt sind. Neupublikationen, zumal der Briefe, unterliegen also nach wie vor der Familienkontrolle.

In den Ausführungen mancher Kritiker, die das Fehlen einer kritischen Freud-Gesamtausgabe beklagen, klingt gelegentlich Ungeduld an, als ignorierten sie diese spezifischen Erschwernisse und verschlössen die Augen vor den üblichen Zeiterfordernissen kritischen Edierens, ja sogar vor der Tatsache, daß mittel- oder selbst langfristige Sperrfristen in Archiven durchaus nichts Ungewöhnliches sind. Was künftige Freud-Herausgeber beim Kennenlernen anderer Editionsprojekte, außer der Schärfung ihres Methodenbewußtseins, erwerben könnten, wäre Gelassenheit hinsichtlich des Zeitaspekts. Zwar gibt es Beispiele historisch-kritischer Editionen, die relativ bald nach dem Tode des betreffenden Autors geplant und vergleichsweise rasch verwirklicht werden konnten. Doch bilden sie eher die Ausnahme. Wer eine Vorstellung vom in der Regel gedehnten Zeitschicksal kritischer Gesamtausgaben gewinnen will, braucht sich als Exempel bloß die Leibniz-Editionsgeschichte zu vergegenwärtigen, was natürlich nicht heißen soll, man hätte sich hinsichtlich der neuen Freud-Ausgabe auf ähnliche Jahrhundert-Wartezeiten gefaßt zu machen. Obgleich bereits kurz nach Leibniz' Tod im Jahre 1716 die Forderung nach vollständiger Veröffentlichung auch des umfangreichen Nachlasses erhoben wurde, ist die Akademie-Ausgabe noch heute weit von ihrer Vollendung entfernt. Fast ein Jahrhundert nach dem Gründungsbeschluß im Jahre 1894 liegt auch die Akademie-Ausgabe der Schriften Kants noch nicht abgeschlossen vor. Was die beiden den Narzißmus der Menschen kränkenden Neuerer betrifft,

[1] Ein Beispiel für ein solches lebendiges wissenschaftliches Zentrum, das sich um einen anderen vor den Nazis geretteten Nachlaß gebildet hat, ist das Husserl-Archiv an der Universität Leuven mit seinen verschiedenen Zweigstellen in USA, Deutschland und Frankreich. Vgl. Ijsseling, 1987.

mit denen Freud sich gerne verglichen hat[1]: nicht früher als 1944, also rund vierhundert Jahre nach seinem Tode, wurden Vorbereitungen für eine Kopernikus-Gesamtausgabe begonnen, die jedoch bald zum Erliegen kamen und erst in den siebziger Jahren wiederaufgenommen werden konnten; eine große historisch-kritische Darwin-Edition gibt es bis heute nicht. Es ließen sich viele bedeutende Autoren nennen, deren Gedanken gewirkt haben und weiterwirken, obgleich die Texte, in denen sie festgehalten sind, bisher nicht in einheitlichen historisch-kritischen Ausgaben zur Verfügung stehen. Zu ihnen gehört beispielsweise der von Freud hochgeschätzte Georg Christoph Lichtenberg.

Und, wie im ersten Teil des Buches ausführlich berichtet, eben auch er selbst. Erst allmählich nähern wir uns dem Zeitpunkt, da Sicherung und Dokumentation der Überlieferung als einigermaßen abgeschlossen gelten können, der Zugang zu den Archiven sich vollends zu öffnen beginnt, die Texte aus dem familiären Einflußbereich herausrücken und der Autor mehr und mehr zu einer Figur der Geschichte wird. Nun erst konstellieren sich die Voraussetzungen für den Übergang zur vierten Phase der Editionsgeschichte, das heißt, für den Beginn der Arbeit an einer großen kritischen Ausgabe.

[1] Beispielsweise in 1917*a*, S. 7f.

3 Mutmaßungen: Über Ergebnisse und Wirkung

Was könnte, in der vierten Phase der Editionsgeschichte, durch solche Herausgeberarbeit sich schließlich herausschälen? Und welche Wirkung dürfte man sich von einer neuen großen kritischen Ausgabe erwarten, erhoffen? Darüber läßt sich am Ende dieses Buches bestenfalls mutmaßen.

Diese Mutmaßungen seien, getreu der Devise *Zurück zu Freuds Texten*, wiederum auf das Werk zentriert. Nach dem ersten Erkundungsgang durch die Landschaft der Handschriften kann mit einiger Sicherheit prognostiziert werden: die Gesamtgestalt des Œuvres, wie sie sich dem Leser heute, gegen Ende des dritten Abschnitts der Editionsgeschichte, präsentiert, wird sich ebensowenig grundstürzend verändern wie das Bild des Autors selbst. Es wird uns kein ganz anderer Freud entgegentreten. Sensationelles in Aussicht zu stellen – etwa das Auftauchen eines bisher unbekannten Hauptwerks oder die Entlarvung eines jahrzehntelang zum Kanon gezählten Texts als glatte Fälschung – wäre irreführende Dramatisierung. Wer gar Skandal erwartet, hat Enttäuschung zu gewärtigen. Vergleichbares wie das Sichauflösen des *Willens zur Macht*, jener für die politische Popularisierung von Nietzsches Philosophie einflußreichen Willkürkompilation seiner Nachlaßverwalter, wird es beim Begründer der Psychoanalyse nicht geben. Anna Freud und Ernst Freud waren anderen Zuschnitts als Elisabeth Förster-Nietzsche und Peter Gast.

Keine Erschütterung der Werktektonik also, und doch können wir uns in jeder Richtung auf bedeutsame Ausgestaltung und Ausdifferenzierung der Mikrostrukturen gefaßt machen. Myriaden von zu erwartenden Einzelfunden der mit der Editionsvorbereitung verbundenen Grundlagenforschung lassen den Aufwand lohnend erscheinen; denn daß das Bild von Autor und Werk dabei erheblich an

Perspektive gewinnen könnte, läßt das im zweiten Teil des Buches Beschriebene immerhin erahnen. Manche Textbereiche werden wohl allererst aus dem Dunkel hervortreten und voll sichtbar werden, und zwar vor allem gleichsam an den Randzonen: nämlich im Hinblick auf die frühesten Phasen des kreativen Vorgangs, die Notizen, sowie die Anfänge der Veröffentlichungen, die sogenannten ›voranalytischen‹ Schriften, einerseits und bezüglich des Spätwerks andererseits.

Mit der Edition des heute noch weitgehend verborgenen und unerforschten *Notizenwerks* fiele Licht auf das früheste schriftlich fixierte Stadium von Freuds Arbeitsprozeß. Als inoffizielle, private Dokumente bilden die Aufzeichnungen gewiß eine Werkkategorie für sich; die besondere materiale Beschaffenheit und die semantisch-syntaktische Struktur dieser Texte, auch ihre Themenvielfalt, sind im zweiten Teil des Buches im einzelnen beschrieben worden. Erstmals würde der Leser sozusagen mit dem *Rohstoff des Œuvres* konfrontiert. Gerade weil diese Aufzeichnungen Freuds wissenschaftliches Selbstgespräch darstellen, nicht-geglättet, nicht-gefeilt, sind in ihnen Mühsal und empirischer Beobachtungscharakter seines Vorgehens konkreter festgehalten als in den gedruckten Schriften. Denn diese schrieb er mit höflicher Rücksicht gegenüber dem Leser, dem er Anstrengung in der Regel ersparen wollte; infolgedessen wirken sie zumeist so selbstverständlich und elegant, als sei das in ihnen Mitgeteilte leicht zu ermitteln gewesen. Die Notizen hingegen zeigen uns den sich abrackernden Forscher, der mit einer neuen Art der Beschreibung seelischer Phänomene ringt, angestrengt Traumtexte hortet, sich zu Beobachtungssorgfalt zwingt, aber auch zu theoretischer Kühnheit anspornt, seine Begriffe, Theorien, Werke selbstkritisch permanenter Revision unterzieht usw.

Erst mittels dieser handschriftlichen Spuren dürfte überdies in vollem Umfang erkennbar werden, daß Freuds Revolutionierung des traditionellen Arzt-Patient-Verhältnisses – den Patienten zum Sprechen zu bringen, ihm zuzuhören, mit ihm zu sprechen, also wortgläubig davon durchdrungen zu sein, daß er zu dem, woran er leidet, etwas zu sagen hat – nicht nur ein therapeutischer, sondern ebenso ein forschungsstrategischer Geniestreich gewesen ist. Seine wichtigsten Partner im Entdeckungsprozeß waren, wie uns die Aufzeichnungen noch klarer sehen machen, seine Analysanden, nicht seine Schüler und Kollegen, es sei denn sie wären seine Lehranalysanden gewesen. Die Edition sämtlicher überlieferten Notizen-Manuskripte wird die dokumentarisch belegbare Rekonstruktion von Freuds Schaffensprozeß um die früheste Dimension des Ineinandergreifens von Beobachtung und Einfall erweitern, als Exempel wohl auch von Interesse für die Kreativitätsforschung überhaupt.

Von Freuds *voranalytischen Schriften* war in diesem Buch zwar wiederholt die Rede, doch bildeten sie an keiner Stelle einen eigenen Schwerpunkt, im Gegensatz beispielsweise zu den Notizen. Der Grund hierfür liegt in dem Umstand, daß in den heute zugänglichen Teilen der Sigmund Freud Collection, wie im Kapitel über ›Manuskriptschicksale‹ beschrieben, kaum handschriftliche Zeugnisse aus der Frühzeit überliefert sind – nichts außer den einst den Briefen an Wilhelm Fließ beigefügten Abhandlungen, inklusive ›Entwurf‹, sowie der Photokopie jener unveröffentlichten, undatierten ›Kritischen Einleitung in die Nervenpathologie‹, dagegen keinerlei Manuskriptspur etwa von der Aphasien-Studie oder den großen kinderneurologischen Monographien. Weil er in der Landschaft der Handschriften nicht repräsentiert ist, konnte dieser Bereich des Œuvres im zweiten Teil des Buches ebensowenig ausführlich in Erscheinung treten wie im vorherigen Kapitel mit den Vorschlägen zu Prinzipien einer neuen Freud-Ausgabe, die sich ihrerseits wiederum nahezu ausschließlich auf das im zweiten Teil Erörterte beziehen.

Wie bereits in der Geschichte der Editionen im einzelnen beschrieben, hat Freud, nach Begründung der Psychoanalyse, sein Frühwerk entschlossen ausgegrenzt, als wolle er es nicht länger zum Œuvre rechnen. Sein Bann hat weitergewirkt. Noch die Editoren der nach seinem Tode in London erschienenen *Gesammelten Werke* wie auch James Strachey, der Herausgeber der *Standard Edition*, haben sich ihm gefügt. Obgleich in der Freud-Sekundärliteratur vereinzelt schon in den fünfziger Jahren[1] und vermehrt in jüngerer Zeit in fundierten Abhandlungen nachdrücklich auf das Gewicht der Früh-

[1] Siehe oben, S. 79. Für eine noch frühere Würdigung vgl. Brun, 1936. Einen frischen Überblick gab 1991 Solms.

schriften aufmerksam gemacht worden ist, besteht nach wie vor eine latente Tendenz, des Autors Abwehrbewegung reflexhaft mitzuvollziehen. Dies soll hier nicht geschehen. In der herausgehobenen Position des Schlußkapitels sei des Lesers Aufmerksamkeit zu guter Letzt auf diesen Werkbezirk gelenkt; denn es ist zu vermuten, daß von seiner editorischen Erschließung eine besonders nachhaltige Wirkung ausgehen wird, ungeachtet der Tatsache, daß die handschriftliche Überlieferung dürftig ist. Daß dieser Exkurs den Schwerpunkt des Kapitels bildet, scheint also nicht unangemessen.

Welches die Motive für Freuds negative Einstellung waren, kann hier nicht näher untersucht werden. Es mögen mehrere Momente wirksam gewesen sein: Eine Vermeidungshaltung gegenüber jenen zeitlebens schmerzenden Erfahrungen aus seiner Pionierzeit, als er einer einzig auf Hochschätzung anatomischer, physikalischer und chemischer Faktoren eingeschworenen akademischen Kollegenschaft seine neuen Zugangsweisen zum Verständnis des Psychischen und der Neurosen nahebringen wollte und überwiegend auf Ablehnung, Geringschätzung oder Gleichgültigkeit gestoßen war; ein Gekränktsein angesichts der Tatsache, daß er, der selbst im Positivismus des neunzehnten Jahrhunderts Erzogene, seine ursprüngliche Ambition, in die Wissenschaft des unbewußt Seelischen schon zu seinen Lebzeiten auch das organische Substrat einbeziehen zu können, endgültig hatte aufgeben müssen; vielleicht auch die tiefe Identifizierung mit dem biblischen Moses, welche die Imago eines plötzlichen, übergangslosen Anfangs seiner Lehre immerhin begünstigt hätte. Sich von der eigenen wissenschaftlichen Vergangenheit derart schroff abzusetzen dürfte aber vor allem einer höchst wirksamen, vermutlich vorbewußt eingeschlagenen Besetzungsstrategie gedient haben: nicht zurückzublicken, sondern alle Kräfte auf Fortführung und Durchsetzung der Psychoanalyse, also auf das jetzt und in nächster Zukunft Erreichbare zu konzentrieren.

Diese Gründe bestehen heute nicht mehr. Es ist an der Zeit, Freuds Frühwerk in toto in das Œuvre zu integrieren. Als erster Schritt wäre sogar eine Änderung der Nomenklatur zu empfehlen. Das Wort »voranalytisch« klingt unweigerlich pejorativ, als sei alles, was vor Entstehung der Psychoanalyse von ihm veröffentlicht wurde, nicht der Rede wert, weil gleichsam blind gegenüber dem

Eigentlichen. Eine Auffassung, die dem Rang von Freuds publizistischen Anfängen in keiner Weise gerecht wird, mit denen allein er, wie von Wissenschaftshistorikern gänzlich unabhängig von der Psychoanalyse längst bestätigt, sich in die Geschichte der Neurologie hineingeschrieben hätte, selbst wenn danach nichts mehr aus seiner Feder erschienen wäre. Auch der junge Autor war schließlich schon Sigmund Freud.

Es ist unklar, wann und wie der Ausdruck »voranalytisch« sich eingebürgert hat. Wo Freud in eigenen Schriften auf seine frühen Veröffentlichungen zu sprechen kommt, scheint er ihn jedenfalls nicht benutzt zu haben. Sofern das Adjektiv überhaupt auftaucht, dient es fast immer der Kennzeichnung von Zeiten und Disziplinen, denen ein Verständnis des Psychischen noch gänzlich abging, nicht der Charakterisierung seines Frühwerks.[1] Würde man das bisher als »voranalytisch« bezeichnete Stück des Œuvres in einer zukünftigen kritischen Freud-Edition einfach ›Frühschriften‹ nennen, fiele die bisherige Zweiteilung fort; denn u. a. der Vortrag ›Über den psychischen Mechanismus hysterischer Phänomene‹ oder die Abhandlung über ›Die Abwehr-Neuropsychosen‹[2] würden wohl gleichfalls zu den Frühschriften zu zählen sein.[3] Diese vom Autor eingeführte und nach seinem Tode tradierte Zweiteilung erschiene im Rückblick vermutlich ohnehin künstlich, weil sich bei näherem Zusehen herausstellen würde, daß Freud sich in einer Vielzahl seiner vermeintlich rein neurologischen Schriften bereits auf dem Wege zur Psychoanalyse befindet.[4]

[1] Anders allerdings in einem Brief an Smith Ely Jelliffe vom 23. Februar 1937, wo er es in diesem Sinne gebraucht. Die englische Übersetzung dieses Briefs wurde bereits veröffentlicht (1983*a*, S. 272).

[2] 1893*b* und 1894*a*.

[3] Die von Mark Solms für die englische Edition vorgeschlagene Bezeichnung ›Neuroscientific Works‹, gewählt wohl vor allem im Hinblick auf die Unterscheidung von Stracheys *Standard Edition of the Complete Psychological Works*, akzentuiert zwar die eigenständige Bedeutung dieser Texte, hält aber die Abgrenzung zum psychoanalytischen Œuvre aufrecht.

[4] In dem soeben zitierten Brief an Jelliffe, mit dem Freud übrigens auf dessen Zusendung eines Manuskripts zum Thema ›Sigmund Freud as a Neurologist‹ reagierte, fügte er am Schluß hinzu, der Artikel über seine ihm inzwischen ferngerückten frühen Arbeiten könne ja immerhin Eindruck auf jene machen, die

An einem einzigen Beispiel sei dies illustriert, der bereits in der Editionsgeschichte ausführlicher erwähnten Aphasien-Studie. Mark Solms und Michael Saling vertreten die Auffassung[1], Freud habe in dieser Monographie, von der er sich bezeichnenderweise nie distanzierte und auf deren Gegenstand er in seinen nachfolgenden psychoanalytischen Schriften sogar gelegentlich verwies[2], in Gestalt seiner ersten großen Untersuchung mentaler Prozesse gewissermaßen das theoretische Fundament für die Psychoanalyse gelegt. Nicht der ›Entwurf einer Psychologie‹ von 1895 sei die Klammer zwischen seinen neurologischen und psychoanalytischen Bemühungen, wie allgemein angenommen, sondern die klassische Monographie über die Sprachstörungen aus dem Jahre 1891. Hier habe er sich definitiv von der etablierten Neurologie, zumal der Hirnauffassung seines Lehrers Theodor Meynert losgesagt und mit der Hinwendung zu den dynamisch-evolutionistischen Doktrinen des damals noch eher verkannten englischen Neurologen John Hughlings Jackson den Aufbau des eigenen Lebenswerks, der Psychoanalyse, entscheidend vorangetrieben.

Aus der Behandlung seiner Patienten hatte Jackson eine physiologische Theorie komplexer seelischer Leistungen abgeleitet. Sie enthält unter anderem: das Prinzip, daß physische und psychische Leistungen separat zu konzeptualisieren seien; ein Modell des mentalen Apparats, das verschiedene hierarchische Funktionsebenen kennt – primitive bzw. höherstrukturierte, entwicklungsgeschichtlich früher bzw. später entstandene –, so daß sogenannte funktionelle Rückbildungen von einem übergeordneten auf ein niedrigeres Niveau theoretisch faßbar werden; ferner eine Art Bedeutungslehre, die plausibel macht, daß scheinbar sinnlose Äußerungen aphasischer Patienten, wenn man sie in einen traumatischen Vergangenheitskontext transponiert, als sinnvolle Mitteilungen entschlüsselt werden können.

Ohne daß dies hier näher ausgeführt werden könnte[3], mögen dem

---

noch immer »gern glauben, dass ich mir die Psychoanalyse aus den Fingern gesogen habe«.

1 Solms und Saling, 1986.

2 Vgl. die editorischen Anmerkungen von Ingeborg Meyer-Palmedo zur Neuausgabe des Aphasien-Buchs.

3 Vgl. außer Solms und Saling auch Forrester, 1980, und Leuschner, 1992.

mit der Psychoanalyse Vertrauten beim Lesen dieser wenigen Andeutungen schon mancherlei Verwandtschaftslinien aufgefallen sein, etwa zum Begriff der Regression, zum topographischen Modell, zur frühen Traumaauffassung der Hysteriegenese und der entsprechenden Behandlungsmethode, überhaupt zu den Grundelementen von Freuds ätiologischer Theorie.[1] Solms und Saling fassen die buchstäblich grundlegende Bedeutung der Auseinandersetzung mit den Gedanken Jacksons und dem Aphasien-Thema für die Entwicklung der Psychoanalyse schließlich folgendermaßen zusammen: »Jackson's theory [...] made it possible to see dreams and the ideation of the mentally ill, as *normal and lawful, lower level functioning*«, und: »This notion that dreams were ›positive symptoms‹, the result of topographic regression, had its origins in ›On aphasia‹, and it resulted in Freud's monumental ›The interpretation of dreams‹.«[2]

Mit der für jedermann erkennbaren Integration des gesamten bisher verstreuten Frühwerks in das Œuvre erführe die Gestalt des Wissenschaftlers und Schriftstellers Freud eine machtvolle Ergänzung.[3] In welchem Maße diese Texte aus den ersten zwanzig Jahren seines

---

[1] Wolfgang Leuschner (aaO) hat dargelegt, daß manche psychoanalytischen Konzepte, beispielsweise Wortvorstellung/Sachvorstellung, direkt im Aphasienkontext wurzelten und, weil Freud sie von dort so gut wie unverändert in den psychoanalytischen Argumentationszusammenhang hinübergenommen habe, heute schwerverständlich, willkürlich und dunkel wirkten. Nur wenn man sie aus dem Blickwinkel ihrer Herkunft neu beleuchte, seien sie zu klären.

[2] Solms und Saling, 1986, S. 406. Heinz G. Schott (1981) hat eine andere Verbindungslinie von einem neurologischen Frühwerk, der Monographie *Die infantile Cerebrallähmung* (1897*a*), zur *Traumdeutung* gezogen und konzeptuelle Analogien herausgearbeitet, etwa zwischen einem in der Genese der Cerebrallähmung abgeschwächten neuralen und einem bei der Traumbildung suspendierten psychischen Unterdrückungsmechanismus: »das jeweils höher entwickelte System (das Bewußtsein bzw. die Gehirnrinde) unterdrückt normalerweise das jeweils primitivere (das Unbewußte bzw. das Rückenmark). Die Symptomatik (der Traum bzw. die neurologischen Symptome) kommt dadurch zustande, daß das unterdrückende System nicht mehr in der Lage ist, seine Funktion zu erfüllen und das unterdrückte in Schach zu halten« (S. 103).

[3] Es scheint wahrscheinlich, daß dies schon durch die Edition der neurowissenschaftlichen Werke bewirkt werden wird, die Mark Solms vorbereitet (vgl. oben, S. 88, Anm. 2). Die Ergebnisse seiner Arbeit könnten später in eine kritische Edition des Gesamtœuvres integriert werden.

Arbeitslebens die zweite und dritte Koordinatenebene des Herausgeberkommentars einer zukünftigen kritischen Ausgabe insgesamt bereichern könnten, ist bereits zu erkennen. Nicht nur die geistes- und sozialwissenschaftlichen ideengeschichtlichen Quellen der Psychoanalyse würden sichtbar, sondern in vollem Umfang auch die naturwissenschaftlichen, sozusagen des »Kulturweltbürgers« Freud »Parnaß« und seine »Schule von Athen«[1]: Jacob Burckhardts Anregungswirkung ebenso wie diejenige John Hughlings Jacksons.

Gleichzeitig erführe der am konsequentesten von Alfred Lorenzer herausgearbeitete Doppelcharakter der Psychoanalyse als einer gewissermaßen »hermeneutischen Erfahrungswissenschaft«[2] eine kräftige Akzentuierung. Dieser Doppelcharakter entspricht dem Doppelbezug des Menschen zu Natur und Sozialität, zur Körperlichkeit des Sozialen und zur Sozialität des Körpers. Freud hat ihn in seiner Metapsychologie unermüdlich auf den Begriff zu bringen und damit die so spannungsreiche wie produktive Sonderstellung der Psychoanalyse im Verhältnis zur Physiologie bzw. zu den Neurowissenschaften einerseits und zu Psychologie und Soziologie andererseits zu markieren versucht. In dem Maße, in dem die Frühschriften aus dem Halbdunkel hervorträten, in das sie ihr Autor gerückt hat, würde sich wohl nicht nur die Metapsychologie-Diskussion neu beleben; es könnte sich auch die fruchtlose Alternative auflösen, Freud entweder als verkappten Neurophysiologen oder als szientifisch gefesselten Poeten zu begreifen. Statt dessen erschiene die Figur eines Forschers, der gerade die »Verknüpfung von Erleben und Leiberfahrung«[3] ins Auge faßte und dessen wahre Modernität vermutlich erst in Zukunft in vollem Umfang zu erkennen sein wird.

Solms und Saling haben gezeigt, wie fortgeschritten die in der Aphasien-Studie skizzierte Neurologie Freuds tatsächlich gewesen ist, seiner Zeit um Jahrzehnte voraus. Man müsse von diesem Text ausgehen, wolle man Vorstellungen für eine zukünftige Zusammenarbeit zwischen Psychoanalyse und Neurowissenschaften entwikkeln, eine Verbindung, die so gut wie abgebrochen sei. Dabei entste-

---

[1] 1915*b*, S. 37.

[2] Lorenzer, 1984, S. 149 ff.

[3] AaO, S. 162.

hen gerade in jüngster Zeit überall Brückenkonzeptionen zwischen Psychischem und Somatischem: beispielsweise wurde von der Hirnforschung herausgefunden, daß der nachgeburtliche Wachstumsprozeß des Gehirns, die Verschaltung verschiedener Hirnzentren als neuronale Voraussetzung des Empfänglichwerdens für bestimmte kognitive Bereiche, zum Teil von der Interaktion mit der Umwelt, also nicht zuletzt den Objektbeziehungen, gesteuert wird[1]. Zumeist werden solche den Leib-Seele-Antagonismus unterlaufenden Forschungsvorhaben in interdisziplinärer Zusammenarbeit durchgeführt. Doch scheint gerade die Psychoanalyse daran wenig beteiligt zu sein, obgleich ihre einzigartige Erfahrung im Umgang mit dem unbewußten Seelenleben sowie ihre Einblicke in Struktur und Tragweite der frühen Entwicklungsprozesse sie doch dafür prädestinieren würden, zumindest produktive Fragen zu stellen. Es wäre zu hoffen, daß das Sichtbarwerden von Freuds Frühwerk durch die neue Edition, also die konkrete Erinnerung daran, wie sehr der Begründer der Psychoanalyse tatsächlich *nicht* geneigt war, »das Psychologische ohne organische Grundlage schwebend zu erhalten«[2], die Neugier auf solche interdisziplinäre Zusammenarbeit verstärken möge. Anzunehmen, daß solche Kooperation das aktuelle Verstehen spezifischer individueller Subjektivität in der analytischen Situation in irgendeiner Weise bereichern oder erleichtern könnte, wäre allerdings naiv.

---

[1] Vgl. das Übersichtsreferat von Singer, 1990*a*; für eine detailliertere Darstellung z. B. Singer, 1990*b*.

[2] 1985*c*, S. 357. Das Zitat entstammt einem Brief an Fließ vom 22. September 1898. Selbst noch im Alter wiederholte Freud in anderem Zusammenhang zuversichtlich materialistisch: »Wir wissen, daß die Mechanismen der Psychosen im Wesen von den neurotischen nicht verschieden sind, aber wir verfügen nicht über die Quantitäten Erregung, die man zur Abänderung dieser Mechanismen aufbieten müßte. Die Zukunftshoffnung liegt hier bei der organischen Chemie resp. dem Zugang zu ihr durch die Endokrinologie. Diese Zukunft ist heute noch sehr weit entfernt, aber man sollte jeden Fall von Psychose analytisch studieren, weil diese Kenntnis später einmal die chemische Therapie dirigieren wird.« (Brief an Marie Bonaparte vom 15. Januar 1930, zitiert in Jones, 1962*b*, S. 520.)

Zur anderen Randzone – am entgegengesetzten Ende der Werkchronologie –, in der eine neue kritische Edition manches bisher kaum Erkennbare deutlicher hervortreten ließe: zu den *Spätschriften.* Dieser Werkbereich wurde, wie die Notizen, im zweiten Teil des Buches ausführlich erörtert. So mögen wiederum wenige Sätze genügen. Im vorherigen Kapitel habe ich empfohlen, diese Texte authentisch in der Form zu präsentieren, in der Freud sie uns hinterlassen hat. Dies betrifft insbesondere die gesamte Moses-Überlieferung und die *Abriß*-Handschrift. Also nichts zu vervollständigen, nichts zu retouchieren, das Brüchige, Fragmentarische nicht als Versagen oder Unbeholfenheit aufzufassen, sondern als Mitteilung sui generis. Erst dann könnte der Leser Eigenart und Größe dieses Alterswerks qua Alterswerk wahrnehmen: das Rätselhafte, Abgründige, die Herkunft aus einem späten verzweifelten Selbsterforschungsprozeß, aber auch die losgelöste Anmut des greisen Schriftstellers noch im Verlöschen. Die Moses-Dokumente erschienen dann wohl noch klarer als eine wiederum ganz eigene, heute noch nicht recht faßliche Werkkategorie – als Lebenssumme, als autobiographische Metapher, als wunscherfüllender Tagtraum, aber auch als düstere Prophezeiung eines drohenden Verlusts an »Geistigkeit« und einer unaufhaltsamen Zunahme kollektiver Verführbarkeit, Ahnungen, die seinerzeit Phänomene der NS-Epoche abbildeten, die aber, auf einer anderen Wirklichkeitsebene, gegenwärtig neue Aktualität zu gewinnen scheinen.

Was den zu erwartenden Gewinn an Perspektive in unserem Bild vom mächtigen *Zentralbereich* des Œuvres betrifft, so sollen Stichworte einige markante Passagen aus dem im zweiten Teil Beschriebenen noch einmal kurz aufleuchten lassen. In der neuen Edition würde die sorgfältige Analyse des Manuskripts die Schichtenstruktur der »Wolfsmann«-Krankengeschichte deutlicher erkennbar machen und zugleich die Rekonstruktion einer entscheidenden Passage der Freudschen Theoriebildung erleichtern. Letzteres gälte ebenso für die erstmalige Präsentation der beiden Fassungen von *Jenseits des Lustprinzips.* Nicht nur die Genese der Todestrieb-Hypothese dürfte sich weiter aufklären; über die Verklammerung durch Phänomen und Konzept des »Wiederholungszwangs« träten Verwandtschaftsrelationen etwa zum ›Unheimlichen‹ prägnanter zutage, einem Essay, den Freud Jahre zuvor angefangen hatte, dann liegenließ und ungefähr gleichzeitig mit dem *Jenseits* wieder in den aktuellen Schaffensprozeß einfädelte – eine andere Zweiphasen-Genese also, von deren erster Etappe freilich, soweit bisher zu übersehen, nichts Handschriftliches überliefert ist. Vorführen der Textdynamik auch im Falle eines dritten Hauptwerks durch Präsentation der Entwurfs- und der definitiven Version von *Das Ich und das Es.* Stellt man sich vor, daß, neben etlichen anderen Entwürfen, u. a. noch die absichtlich unterdrückten oder aus eher zufälligen äußeren Gründen unveröffentlicht gebliebenen Texte, die Paralipomena, die Briefreferenzen und die Variantenverzeichnisse hinzukämen, so wird begreiflich, worauf sich der Gewinn an Perspektive bezöge: als ob eine Textstruktur, die wir bisher statisch, gleichsam in der Fläche fixiert, wahrnehmen, räumliche Dimension gewönne, so daß man gegebenenfalls bis zum tastenden Formulierungsanfang durchblicken und die je späteren Versionen aus den je früheren sich herausschälen sehen kann.

Die *Textgeschichte des gesamten Œuvres* möglichst umfassend zu dokumentieren und durchsichtig zu machen wäre gewiß das Hauptergebnis einer neuen Ausgabe. Wie er sein Frühwerk in toto ausgrenzte, löschte Freud fast regelmäßig auch die unmittelbaren Vorstadien der langen Folge von Werken, mit denen er seinen Namen auf Dauer verbunden wissen wollte – obwohl diese Vergangenheit, in der das Werk, um ein letztes Mal Starobinskis schönen Essay zu zitieren, »noch nicht war, was es werden sollte«, den definitiven Text doch »nährt und trägt«, so daß sich dessen eigenstes Wesen sozusagen »differentiell enthüllt, an dem Abstand, der den Endzustand von den ihm vorausgehenden Zuständen trennt«[1].

Die Rekonstruktion dieser Vergangenheit, soweit die überlieferten Dokumente es irgend zulassen, würde nicht nur das Profil des Œuvres prägnanter hervortreten lassen, sondern das Verstehen der Psychoanalyse, genauer, der spezifischen Wandelbarkeit und Weichheit ihrer Begriffe aufs nachdrücklichste fördern. In einem Brief vom

[1] 1974, S. 170.

20. November 1912 hielt der Züricher Psychiater Eugen Bleuler, während der Vorbereitungsarbeit an einem einführenden Vortrag über Freuds Psychoanalyse[1], diesem einmal kritisch entgegen: »Ihre psychologischen Begriffe sind vorläufige, nach Ihren momentanen Erfahrungen geschaffene; Sie sind bereit, sie jeden Augenblick nach neuen Erfahrungen zu ändern, manchmal vielleicht ohne sich dessen zu sehr bewußt zu sein; so haben sie keine bestimmten Grenzen. Das ist nahezu conditio sine qua non für den Entdecker; für den Nachbeter, der die Gründe der Wandlung erraten sollte, schafft das eine unüberwindliche Schwierigkeit. So ist es sehr schön, wenn Sie den Libidobegriff definieren als denjenigen Teil unseres Strebens, der direkte oder verwandelte Sexualität ist; aber wenn Sie an andern Orten von Liebhaberpreisen eines Gemäldes, von der Nahrungsaufnahme des kleinen Kindes, vom Lutschen usw. im gleichen Sinne reden, so kann der Schüler diese Dinge nicht in die Definition hineinbringen. Ihre Regression ist ein Chamäleon, dessen eine bleibende Eigenschaft sich nur aus Ihren eigenen psychologischen Vorstellungen ableiten läßt usw. Ihre Sexualtheorie mußte mir unverständlich bleiben, bis Sie mir sagten, wie Sie zu derselben gekommen seien. Kurz, alle Ihre Begriffe sind fast nur entwicklungsgeschichtlich zu beschreiben und entwickeln sich immer weiter. So kann sie nur der erfassen, der ihre ganze Geschichte, die nur zum kleinsten Teil gedruckt ist, im Kopfe hat.« Weit davon entfernt, sich zu rechtfertigen, geschweige denn zu entschuldigen, schrieb Freud in seinem Antwortbrief vom 1. Dezember 1912, er sähe diese Charakterisierung »als großes Kompliment« an. Nur solche bewegliche, offene Begriffsbildung »aus Vorläufigkeiten« erlaube es, »sich der fortschreitenden Erkenntnis des Ubw anzuschmiegen«.[2] Indem die Edition den *ungedruckten* Teil der Begriffsgeschichte ans Licht brächte, böte sie also nicht zuletzt eine Erweiterung der psychoanalytischen Wörterbücher, die sich auf die von Freud zum Druck gegebenen Texte stützen.[3]

[1] Bleuler, 1913.

[2] Zitiert nach einer Transkription des Freud-Briefs und einer Kopie des maschinenschriftlichen Bleuler-Briefs, die ich Professor Manfred Bleuler verdanke.

[3] Insbesondere des klassischen *Vokabulars der Psychoanalyse* von Jean Laplanche und J.-B. Pontalis (1972).

Welch bedeutender Anteil beim Illuminieren der Textgeschichte dem Herausgeberkommentar zufiele, habe ich im vorherigen Kapitel skizziert: Die Editoren könnten die verborgenen Kontinuitäten des Œuvres explizit machen – u. a. über Jahrzehnte sich spannende Themenstränge, komplexe Begriffsgeschichten, die werkübergreifende Materialarchitektonik, aber ebenso das Eingebundensein des Freudschen Denkens im europäischen Ideenkontext. So würde nicht zuletzt allmählich deutlicher wahrnehmbar, wie Freud gearbeitet hat, von den ersten Beobachtungen und Aufzeichnungen über das Ausformulieren seiner Texte bis zum Planen einer wirkungskräftigen Publikationspolitik. Durchaus im Sinne von Prozeßhaftigkeit. Und insofern das Kennzeichen von Leben Bewegung ist, handelte es sich tatsächlich um so etwas wie einen *Verlebendigungseffekt.* Schon während meiner Arbeit an den Handschriften fiel mir dieser Effekt auf; als lockere die Auseinandersetzung mit den Manuskripten das Statuarische des Œuvres. Durch unzählige Momentaufnahmen aus seiner Entstehungsgeschichte, die das Studium der Notizen, Entwürfe, Reinschriften, Varianten, Fahnen usw. erbringt, wird noch augenfälliger, in welchem Maße Freud als Forscher, Denker und Schriftsteller zeitlebens unterwegs geblieben ist.

Diese Beweglichkeit des Begründers der Psychoanalyse erstmals in vollem Umfang in Erscheinung treten zu lassen könnte eine der weiterreichenden Wirkungen der neuen Edition bedingen. Gerade durch das Sichtbarmachen der Frühstadien von Freuds kreativem Prozeß rückte, wie weiland im Entdeckungskontext, die auch heute noch von keinem anderen Verfahren erreichte Leistungsfähigkeit der psychoanalytischen Methode bei der Erforschung menschlicher Subjektivität erneut in den Blickpunkt. Vielleicht inspirierte dies Psychoanalytiker der Gegenwart nicht zuletzt im Hinblick auf die *Zukunft* ihrer Wissenschaft, stärkte ihr Vertrauen in Modernität und Entfaltbarkeit des Freudschen Denkens und setzte einen Kontrapunkt zu der in letzter Zeit mächtig anschwellenden Stimme der Selbsthistorisierung.

Was die Funktion einer historisch-kritischen Ausgabe betrifft, so unterschiede sich die Situation gegen Ende des Jahrhunderts also wohl doch von der im ersten Teil des Buches beschriebenen Lage in den sechziger Jahren[1]. Damals hätte eine solche Edition vielleicht tatsächlich zu einer vorzeitigen Entrückung der Texte in die Sphäre der Klassizität geführt, noch ehe sie im deutschen Sprachraum nach dem vom NS-Regime bewirkten Bruch in ihrer Wirkungsgeschichte sozusagen als vitale, zeitgenössische rezipiert worden wären. Heute dagegen ist nach einer Phase intensiver und produktiver Diskussion des Werks, zumal in den sechziger und siebziger Jahren, das breitere öffentliche Interesse an Freud zwar nicht erloschen, aber es hat sich, wie in der Einleitung beschrieben, mehr und mehr auf die Person verschoben, als scheute man – eine neue Art des Widerstandes – die anspruchsvolle und anstrengende Konfrontation mit den Texten selbst und nähme lieber an, deren auf Weiterentwicklung drängende Kraft sei erschöpft. Indem die neue Edition die Entstehungsgeschichte des Werks erzählte, bisher verborgene Bedeutungsschichten freilegte, könnte sie ganz *neue Lesarten* evozieren und eine zukunftsorientierte Auseinandersetzung anregen, vielleicht sogar zu einer genuinen, werkbezogenen Freud-Renaissance beitragen. Es wäre nicht das erste Mal, daß von einer historisch-kritischen Ausgabe eine solche katalytische Wirkung ausginge.

Doch das ist Spekulation. Eine andere, spezifischere Wirkung läßt sich gewiß mit größerer Sicherheit prognostizieren: das historisch-kritische Edieren von Freuds Texten in der »geliebten Muttersprache«[2] stellte sämtliche zukünftigen Bemühungen um angemessenere Übertragung des Œuvres in andere Sprachen auf ein verläßlicheres Fundament.

Trotz aller Ungewißheit der meisten in diesem konjunktivischen Kapitel angestellten Mutmaßungen scheinen sie immerhin zu dem Schluß zu berechtigen, es lohne sich, in absehbarer Zeit mit den Vorbereitungen für eine große kritische Ausgabe zu beginnen. Mit dem Motto zu diesem letzten Teil des Buches zu sprechen: »Jawohl, ein Ideal, aber eines, das realisiert werden kann und realisiert werden muß.«[3] Ist es aber wahrscheinlich, daß es dazu kommen wird? Wohl

---

[1] Siehe oben, S. 78–85.
[2] 1915*b*, S. 37.
[3] 1927*a*, S. 343.

eher nicht; denn das Projekt läge buchstäblich quer zu den Strömungen der Zeit.

Schlagwortartig umrissen: Mit dem Ende des Ost-West-Konflikts und dem Bankrott des totalitären Staatssozialismus sind auch die universalistischen Ideen der Aufklärung, denen Freud sich verpflichtet fühlte, unterschiedslos in Mißkredit geraten. Das Anschwellen eines neuen Nationalismus und Partikularismus hat die Toleranz für das Fremde, das Verschiedenartige schwinden lassen. Freuds Bild des »Kulturweltbürgers«, dem er angesichts der Barbarei des Ersten Weltkriegs nachtrauerte[1], ist erneut nicht länger sonderlich aktuell. Dabei ist er selbst einer der herausragenden Repräsentanten dieser kostbaren europäischen Tradition, sein Werk einer der Höhepunkte deutschsprachiger Aufklärung.

Den Deutschen ist in fundierter Diagnose schon früher »innere Verhältnislosigkeit zu den Ideen der Aufklärung«[2] attestiert worden. So wird man hinsichtlich dieses kulturellen Erbes gerade hierzulande nicht mit viel Verteidigungsbereitschaft rechnen dürfen. Zudem hat der Einigungsprozeß eine Art Schlußstrich-Mentalität gefördert; man möchte bezüglich der NS-Vergangenheit und ihrer Folgen endlich zur Tagesordnung übergehen können. Schlimmer noch: die jahrzehntelang geltende Ächtung der vom Hitler-Regime in Gang gesetzten Verbrechen beginnt offenbar porös zu werden. Gerade angesichts der gegenwärtigen jähen rechtsradikalen Regression ist festzuhalten, daß, solange die während des Zweiten Weltkriegs in London entstandenen *Gesammelten Werke* nach wie vor die umfassendste deutschsprachige Edition sind, der Autor Sigmund Freud nicht wirklich aus dem Exil zurückgekehrt ist. Würde er also mit dem Rat: »drängen Sie sich den Deutschen nicht auf«, den er, »als Niederschlag eines langen Lebens«, einst einem jungen Juden gab, noch immer oder schon wieder recht behalten?[3]

Quer zu den Strömungen der Zeit läge das Projekt einer neuen

---

[1] 1915*b*, S. 37.

[2] Plessner, 1959 [1935], S. 85.

[3] Brief vom 4. Juli 1923 an Erich Leyens (1979*e*, S. 74), der seinerzeit an Freud appellierte, als der Schriftsteller Hans Blüher, der früher Freuds wissenschaftliche Leistung öffentlich gepriesen hatte, den Juden die Berechtigung bestritt, sich zur deutschen Jugendbewegung zu rechnen.

Freud-Ausgabe aber auch im Hinblick auf die Situation der Psychoanalyse als Behandlungsverfahren. Obwohl es heute kaum eine psychotherapeutische Richtung gleich welchen Namens gibt, die, wie immer verwässert oder uminterpretiert, sich nicht Freudsche Errungenschaften und Konzepte angeeignet hätte, wird die eigentliche Psychoanalyse häufig als zu aufwendig und zu langsam diskriminiert; der Rang, den sie der Sprache und der Verinnerlichung einräumt, lasse sie als veraltet erscheinen. Daß diese Kritik, die sich willfährig dem Beschleunigungsgebot des Zeitalters anpaßt, die unumgängliche Langsamkeit psychischer Wachstumsprozesse auszublenden sucht, sei nur am Rande vermerkt. Jedenfalls dürfte man in diesem Lager kaum Enthusiasmus für das gleichermaßen aufwendige und langsame Projekt einer historisch-kritischen Freud-Ausgabe wecken können. Die trotzige Initiative müßte wohl schon aus dem Kollektiv der Psychoanalytiker selbst kommen, unterstützt vielleicht von Philologen, von Literaturwissenschaftlern, welche ohnehin für Freuds Texte oft mehr Sinn haben als die Repräsentanten der Profession.

Wird das Ideal einer solchen Edition also ebensowenig realisiert werden wie dasjenige psychoanalytischer Hochschulen? Auf solche später nie verwirklichten eigenen Lehrinstitutionen, die, laut Freuds Forderung, Studenten der Psychoanalyse alles das vermitteln sollten, was sie für ihre komplizierte Arbeit später wirklich brauchten, bezieht sich nämlich eigentlich jenes Motto. Die Frage ist nicht zu beantworten. Aber warum nicht in fröhlicher Melancholie das Unwahrscheinliche für möglich halten. Schließlich hat Freud, wie er Ludwig Binswanger gegenüber einmal vermutete, etwas eingeleitet, »was die Menschen dauernd beschäftigen wird« und was verlorengehen zu lassen wir uns schlechterdings nicht leisten können – ungeachtet der Warnung bezüglich der Zukunft, die er im selben Brief vom 28. Mai 1911 sogleich hinzusetzte und die auch heute noch unvermindert gilt: »In Wahrheit gibt es für den Menschen nichts, wozu ihn seine Organisation weniger befähigen würde als die Beschäftigung mit der Psychoanalyse.«[1]

Neben seinen Widerstand provozierenden Inhalten hat Freuds

---

[1] 1992*a*, S. 80.

aufrührerisches Werk aber auch Qualitäten, die unmittelbar für es einnehmen können: Weite und Schönheit. Es historisch-kritisch zu edieren hieße eines der großen Exempel deutschsprachiger Prosa pflegen. In einer Epoche, die sich allmählich von der Schriftlichkeit zu entfernen scheint, bedeutete dies zugleich löbliche Parteinahme für die unbeschränkte, unvergleichliche Nuancierungsfähigkeit des geschriebenen Worts.

Danksagung

Am Ende dieses Buches möchte ich Dank sagen. An erster Stelle sei K. R. Eissler (New York) genannt, der meine Freud-Arbeit von Anfang an unterstützt hat. Ohne ihn, den Mitbegründer und langjährigen Sekretär der Anfang der fünfziger Jahre in New York eingerichteten ›Sigmund Freud Archives‹, ohne seine jahrzehntelange ingeniöse Sammeltätigkeit wären vermutlich nicht wenige der Dokumente, die ich dem Leser in den einzelnen Kapiteln vorgestellt habe, verstreut geblieben oder überhaupt verlorengegangen. In einer Phase, in der weder Freud-Biographik noch Historiographie der Psychoanalyse auf der Tagesordnung standen, waren es im wesentlichen seine unermüdlichen, selbstvergessenen Bemühungen, die den Schatz jener Überlieferung sicherten, von der die Freud-Forschung noch in Jahrzehnten zehren und die eines Tages auch den Herausgebern/Herausgeberinnen einer neuen großen kritischen Freud-Ausgabe als Fundament dienen wird. Wir alle schulden ihm Dank.

Die intensive Zusammenarbeit, die mich seit mehr als zwei Jahrzehnten, über die Freud-Editionen des S. Fischer Verlags, mit Ingeborg Meyer-Palmedo (Schmitten) verbindet, bewährte sich aufs schönste nun auch an diesem Buch. Schon in der Vorbereitungszeit hat sie mir immer wieder beim Entziffern von Freuds Handschrift geholfen und meine Transkriptionen durchgesehen. Sie hat das gesamte Manuskript kritisch gelesen und unzählige wertvolle Anregungen gegeben. Außerdem hat sie die Bibliographie sowie das Verzeichnis der Freud-Titel zusammengestellt. Zu guter Letzt hat sie sorgsam Fahnen- und Umbruchkorrektur mitgelesen und das Namenregister vorbereitet. Alle diese Zuwendungen erfüllen mich mit tiefer Dankbarkeit. Dankbar bin ich auch ihrer Schwester Marion

Palmedo (New York), die durch einige frühere Freud-Transkriptionen meine Arbeit erleichtert hat.

Großen Dank schulde ich ferner Mark Paterson, Sigmund Freud Copyrights (Colchester). Ohne seine generöse Erlaubnis, unveröffentlichte Texte aus Sigmund Freuds Handschriften und Briefen, aber auch aus Anna Freuds Korrespondenzen zu zitieren und überdies einige Faksimiles abzudrucken, hätte dieses Buch mit seinem besonderen Charakter des Dokumentarischen nicht erscheinen können. Mark Paterson und sein Archivar Thomas Roberts haben außerdem durch ihr Entgegenkommen dazu beigetragen, meine Studienaufenthalte in der Library of Congress in der Gedrängtheit der Zeit jeweils so produktiv wie möglich zu gestalten.

Letzteres gilt gleichermaßen für James H. Hutson (Washington), den Direktor der Manuscript Division der Library of Congress, wo die ›Sigmund Freud Collection‹, also die wesentlich auf Initiative der ›Sigmund Freud Archives‹ zusammengetragene Dokumentensammlung, ihren definitiven Aufbewahrungsort gefunden hat. In meinen nachdrücklichen Dank an ihn möchte ich seine kundigen Mitarbeiter Ronald S. Wilkinson, Allan Teichroew und Marvin W. Kranz sowie die hilfreichen Verantwortlichen im Lesesaal, zumal Fred Bauman und Mire Kline, einschließen.

Für einzelne Hilfen und Freundlichkeiten danke ich: Heinz L. Ansbacher (Burlington) für einige Alfred Adler betreffende Auskünfte; Anneliese Arendt und Herbert Bareuther (beide Frankfurt) für bibliographische Recherchen; Gottfried Bermann Fischer (Camaiore) für seine Schilderung der frühen Kontakte des S. Fischer Verlags zur Freud-Familie und für die Erlaubnis, aus einem seiner unveröffentlichten Briefe an Sigmund Freud zu zitieren; Harold P. Blum (New York), dem gegenwärtigen Direktor der ›Sigmund Freud Archives‹, für Unterstützung meiner Arbeit in der Library of Congress; Erica Davies und Michael Molnar (beide London) für Übermittlung von Kopien aus dem Archiv des Freud Museums; Judith Dupont (Paris) für die Genehmigung, aus Briefen Sándor Ferenczis zu zitieren; Peter Gay (New Haven) für einige Kopien von Dokumenten aus seinen reichen Freud-Forschungen, in denen sich die Lebensgeschichte nie von der Geschichte des Werks verselbständigt hat; Eva Laible (Wien) für kenntnisreiche Recherchen sozusagen vor Ort; Donald S. Lamm, Verlagsleiter von W. W. Norton (New York), für seine Hilfe bei dem Versuch, die Bestimmung der unveröffentlichten ›Nachschrift zur Frage der Laienanalyse‹ zu klären; Veronica Mächtlinger (Berlin) für freundschaftlich-kritische Lektüre einiger Passagen meines Manuskripts; William McGuire (Princeton) für seine prompte Übermittlung des Originalwortlauts eines Freud-Briefs an Smith Ely Jelliffe; Margarete Mitscherlich-Nielsen (Frankfurt) für ihr Einverständnis, aus Briefen Alexander Mitscherlichs zu zitieren; Paul Roazen (Toronto) für Hinweise auf Berichte von Sándor Radó und Theodor Reik über Freuds Schreibgewohnheiten; Joan Rodker (London) und Dominique Tiry (Paris) für ihre Beiträge zur Rekonstruktion biographischer Daten John Rodkers; Alfonsa Schmitt und dem Alexander-Mitscherlich-Archiv (Stadt- und Universitätsbibliothek Frankfurt) für Unterstützung meiner dortigen Recherchen; Michael Schröter (Berlin) für Auskünfte aus seiner Kenntnis des Freud-Eitingon-Briefwechsels; Mark Solms (London) für einige Informationen aus seinen Forschungen bezüglich der neurowissenschaftlichen Frühschriften Freuds; Othmar Spachinger (Wien) für eine Dokumentation zur Geschichte des Verlags Franz Deuticke.

Peter W. Schmidt (Frankfurt), Hersteller des S. Fischer Verlags, hat dafür gesorgt, daß aus meinem Manuskript ein unzeitgemäß schönes Buch geworden ist; dafür bin ich ihm besonders dankbar.

Danken möchte ich – last not least – der Sigmund-Freud-Stiftung (Frankfurt) für den großzügig gewährten Druckkostenzuschuß.

Anhang

Abkürzungsverzeichnis

Collected Papers	Sigmund Freud, *Collected Papers* (5 Bände). Bde. 1, 2, 4 unter Leitung von Joan Riviere; Bd. 3 übers. und komment. von Alix Strachey und James Strachey; Bd. 5 hrsg. und komment. von James Strachey. Bd. 1: International Psychoanalytic Press, New York, London, Wien 1924; Bde. 2–5: The Hogarth Press and The Institute of Psycho-Analysis, London 1924–50.
Erg.	Unnumerierter Ergänzungsband zur *Studienausgabe*: *Schriften zur Behandlungstechnik*. S. Fischer Verlag, Frankfurt am Main 1975.
Gesammelte Schriften / *G. S.*	Sigmund Freud, *Gesammelte Schriften* (12 Bände). Bde. 1, 2, 3, 6, 9, 11 hrsg. von Anna Freud und A. J. Storfer; Bde. 4, 5, 7, 8, 10 hrsg. von Anna Freud, Otto Rank und A. J. Storfer; Bd. 12 hrsg. von Anna Freud und Robert Wälder. Internationaler Psychoanalytischer Verlag, Wien 1924–34.
Gesammelte Werke / *G. W.*	Sigmund Freud, *Gesammelte Werke* (18 Bände sowie ein unnumerierter Nachtragsband). Bde. 1–8, 10–14, 16, 17 hrsg. von Anna Freud, Edward Bibring, Willi Hoffer, Ernst Kris, Otto Isakower; Bde. 9, 15 hrsg. von Anna Freud, Edward Bibring, Ernst Kris; Bd. 18 (Gesamtregister, zusammengest. von Lilla Veszy-Wagner) hrsg. von Anna Freud und Willi Hoffer; Nachtragsband hrsg. von Angela Richards unter Mitwirkung von Ilse Grubrich-Simitis. Bde. 1–17: Imago Publishing Co., Ltd., London 1940–52 (seit 1960 S. Fischer Verlag, Frankfurt am Main); Bd. 18: S. Fischer Ver-

	lag, Frankfurt am Main 1968; Nachtragsband: S. Fischer Verlag, Frankfurt am Main 1987.
Nachtr.	Unnumerierter Nachtragsband zu den *Gesammelten Werken*: *Texte aus den Jahren 1885 bis 1938*. S. Fischer Verlag, Frankfurt am Main 1987.
Standard Edition / S. E.	*The Standard Edition of the Complete Psychological Works of Sigmund Freud* (24 Bände). Bde. 1–23 hrsg. von James Strachey in Zusammenarbeit mit Anna Freud, Alix Strachey und Alan Tyson, Mitarbeit von Angela Richards; Bd. 24 (Gesamtregister) zusammengest. von Angela Richards. The Hogarth Press and The Institute of Psycho-Analysis, London 1953–74.
Studienausgabe / S. A.	Sigmund Freud, *Studienausgabe* (10 Bände sowie ein unnumerierter Ergänzungsband). Bde. 1–10 hrsg. von Alexander Mitscherlich, Angela Richards und James Strachey; Ergänzungsband hrsg. von Alexander Mitscherlich, Angela Richards, James Strachey und Ilse Grubrich-Simitis. S. Fischer Verlag, Frankfurt am Main 1969–75.
Werkausgabe	Sigmund Freud, *Werkausgabe in zwei Bänden*, hrsg. und mit Kommentaren versehen von Anna Freud und Ilse Grubrich-Simitis. Bd. 1: *Elemente der Psychoanalyse*; Bd. 2: *Anwendungen der Psychoanalyse*. S. Fischer Verlag, Frankfurt am Main 1978.

Bibliographie

Die Kursivbuchstaben hinter den Jahreszahlen der Freud-Eintragungen beziehen sich auf die *Freud-Bibliographie mit Werkkonkordanz*, bearbeitet von Ingeborg Meyer-Palmedo und Gerhard Fichtner (Frankfurt am Main: S. Fischer 1989) bzw. deren noch unveröffentlichte Fortführung. Sämtliche in der *Studienausgabe* enthaltenen Freud-Werke werden im folgenden nach dieser Edition zitiert.

Abraham, K. (1969, 1971) *Psychoanalytische Studien.* 2 Bde. Hrsg. von J. Cremerius. Frankfurt am Main: S. Fischer.

Benjamin, W. (1980*a* [1935/36]) ›Das Kunstwerk im Zeitalter seiner technischen Reproduzierbarkeit‹. [Zweite Fassung.] In: *Gesammelte Schriften*, werkausgabe, Bd. 2. Hrsg. von R. Tiedemann und H. Schweppenhäuser. Frankfurt am Main: Suhrkamp, S. 471–508.

– (1980*b*) *Gesammelte Schriften*, werkausgabe, Bd. 6. Hrsg. von R. Tiedemann und H. Schweppenhäuser. Frankfurt am Main: Suhrkamp.

Bermann Fischer, G. (1967) *Bedroht – bewahrt. Weg eines Verlegers.* Frankfurt am Main: S. Fischer.

Bettelheim, B. (1983) *Freud and Man's Soul.* New York: Alfred A. Knopf.

Bleuler, E. (1913) ›Kritik der Freudschen Theorie‹. *Allgemeine Zeitschrift für Psychiatrie und psychisch-gerichtliche Medizin*, Bd. 70, S. 665–718.

Bonaparte, M. (1937) siehe Freud, S. (1939*b*).

– (1956) ›John Rodker (1894–1955)‹. *Revue Française de Psychanalyse*, Bd. 20, S. 587–589.

Bourguignon, A., P. Cotet, J. Laplanche und F. Robert (1989) *Traduire Freud.* Paris: Presses Universitaires de France.

Brandt, L. W. (1961) ›Some Notes on English Freudian Terminology‹. *Journal of the American Psychoanalytic Association*, Bd. 9, S. 331–339.

– (1966) ›Process or structure‹. *Psychoanalytic Review*, Bd. 53, S. 50–54.

– (1977) ›Psychoanalyse *versus* psychoanalysis: traduttore, traditore‹. *Psyche*, Bd. 31, S. 1045–1051.

Brenner, G. (1987) ›Akademienprogramm – Die Lage der Editionen nach der Überleitung‹. In: Jaeschke, W., u. a. (1987), S. 39–49.

Brun, R. (1936) ›Sigmund Freuds Leistungen auf dem Gebiete der organischen Neurologie‹. *Schweizer Archiv für Neurologie und Psychiatrie*, Bd. 37, S. 200–207.

Burckhardt, J. (1962 [1898]) *Griechische Kulturgeschichte* (Erster Band). *Gesammelte Werke*, Bd. 5. Darmstadt: Wissenschaftliche Buchgesellschaft.

Coles, R. (1992) *Anna Freud. The Dream of Psychoanalysis.* Reading, Mass.: Addison-Wesley Publishing Company (Umbruchexemplar).

Derrida, J. (1980) *La carte postale: de Socrate à Freud et au-delà.* Paris: Flammarion.

Dräger, K. (1971) ›Einige Bemerkungen zu den Zeitumständen und zum Schicksal der Psychoanalyse und der Psychotherapie in Deutschland zwischen 1933 und 1949‹. In: *Psychoanalyse in Berlin. Beiträge zur Geschichte, Theorie und Praxis.* 50-Jahr-Gedenkfeier des Berliner Psychoanalytischen Instituts (Karl Abraham-Institut). Meisenheim: Anton Hain, S. 40–49.

Eissler, K. R. (1980) ›Report on the Sigmund Freud Archives‹. *International Journal of Psycho-Analysis*, Bd. 61, S. 104 f.

Erdheim, M. (1991) ›Einleitung‹ zu Freud, S., *Totem und Tabu.* Frankfurt am Main: Fischer Taschenbuch Verlag, S. 7–42.

Ferenczi, S. (1920*a*) Referat über: ›Dr. Julius Schaxel, *Abhandlungen zur theoretischen Biologie*‹. *Internationale Zeitschrift für Psychoanalyse*, Bd. 6, S. 82–84.

– (1920*b*) Referat über: ›Lipschütz, A.: Die Pubertätsdrüse und ihre Wirkungen‹. *Internationale Zeitschrift für Psychoanalyse*, Bd. 6, S. 84–89.

– (1927) ›Introduction‹ zu: Freud, S., *The Problem of Lay-Analyses.* New York: Brentano's Publisher, S. 11–21.

– (1927, 1938) *Bausteine der Psychoanalyse.* Bde. 1 und 2: 1927; Bde. 3 und 4: 1938. Leipzig, Wien: Internationaler Psychoanalytischer Verlag.

– (1970, 1972) *Schriften zur Psychoanalyse.* 2 Bde. Hrsg. von M. Balint. Frankfurt am Main: S. Fischer.

Ferenczi, S., und O. Rank (1924) *Entwicklungsziele der Psychoanalyse. Zur Wechselbeziehung von Theorie und Praxis.* Wien, Leipzig, Zürich: Internationaler Psychoanalytischer Verlag.

Fichtner, G. (1987) ›Unbekannte Arbeiten von Freud – Schätze im Keller‹. *Medizinhistorisches Journal*, Bd. 22, S. 246–262.

– (1989) ›Freuds Briefe als historische Quelle‹. *Psyche*, Bd. 43, S. 803–829.

Flaubert, G., und I. Turgenev (1989) *Briefwechsel 1863–1880.* Hrsg. von P. Urban. Berlin: Friedenauer Presse.

Forrester, J. (1980) *Language and the Origins of Psychoanalysis.* London: The MacMillan Press.

Freud, A. (1927) *Einführung in die Technik der Kinderanalyse.* Leipzig, Wien: Internationaler Psychoanalytischer Verlag. Neuauflage 1948, London: Imago.

– (1936) *Das Ich und die Abwehrmechanismen.* Leipzig, Wien: Internationaler Psychoanalytischer Verlag. Neuauflagen seit 1946, London: Imago.

– (1952 [1951]) ›Vorwort der Herausgeber‹. In: Freud, S., *Gesammelte Werke.* Bd. 1, London: Imago, S. V–VII.

– (1969) ›Obituary James Strachey, 1887–1967‹. *International Journal of Psycho-Analysis*, Bd. 50, S. 131f.

Freud, A., und Th. Bergmann (1972) *Kranke Kinder. Ein psychoanalytischer Beitrag zu ihrem Verständnis.* Frankfurt am Main: S. Fischer.

Freud, A., und D. Burlingham (1949) *Kriegskinder*. London: Imago. Neuausgabe in: Freud, A., und D. Burlingham (1971).
– (1950) *Anstaltskinder*. London: Imago. Neuausgabe in: Freud, A., und D. Burlingham (1971).
– (1971) *Heimatlose Kinder. Zur Anwendung psychoanalytischen Wissens auf die Kindererziehung*. Frankfurt am Main: S. Fischer.
Freud, E., L. Freud und I. Grubrich-Simitis (Hrsg.) (1976) *Sigmund Freud. Sein Leben in Bildern und Texten*. Frankfurt am Main: Suhrkamp. (Seitenangaben nach der 3., korrig. Aufl. von 1985.)
Freud, M. (1937) Bericht über die geschäftliche Entwicklung des Internationalen Psychoanalytischen Verlags, in: *Internationale Zeitschrift für Psychoanalyse*, Bd. 23, S. 188–191.
Freud, S. (1879*a*) ›Notiz über eine Methode zur anatomischen Präparation des Nervensystems‹. *Zentralblatt für die medizinischen Wissenschaften*, Bd. 17, S. 468f.
– (1884*e*) ›Über Coca‹. *Zentralblatt für die gesamte Therapie*, Bd. 2, S. 289–314. [Separatabdruck Wien: Moritz Perles 1885, mit Nachträgen, siehe (1885*f*).]
– (1885*a*) ›Beitrag zur Kenntniß der Cocawirkung‹. *Wiener Medizinische Wochenschrift*, Bd. 35, Sp. 129–133.
– (1885*b*) ›Über die Allgemeinwirkung des Cocaïns‹. *Zeitschrift für Therapie*, Bd. 3, S. 49–51.
– (1885*e*) ›Gutachten über das Parke-Cocaïn‹. In: Guttmacher, H., ›Über die verschiedenen Cocaïn-Präparate und deren Wirkung‹. *Wiener Medizinische Presse*, Bd. 26, Sp. 1036.
– (1885*f*) ›Nachträge‹ [zur Arbeit ›Über Coca‹]. In: Separatabdruck von (1884*e*), Wien: Moritz Perles 1885, S. 25f.
– (1886*d*) ›Beobachtung einer hochgradigen Hemianästhesie bei einem hysterischen Manne‹. *G. W.*, Nachtr., S. 54–64.
– (1886*f*) Übersetzung mit ›Vorwort des Übersetzers‹ und zusätzlichen Fußnoten von: Charcot, J.-M., *Leçons sur les maladies du système nerveux*, Bd. 3, Paris 1887, unter dem Titel *Neue Vorlesungen über die Krankheiten des Nervensystems insbesondere über Hysterie*. Leipzig und Wien: Toeplitz & Deuticke.
– (1887*d*) ›Bemerkungen über Cocaïnsucht und Cocaïnfurcht, mit Beziehung auf einen Vortrag W. A. Hammonds‹. *Wiener Medizinische Wochenschrift*, Bd. 37, Sp. 929–932.
– (1888–89*a*) Übersetzung mit ›Vorrede des Übersetzers‹ und mit zusätzlichen Fußnoten von: Bernheim, H., *De la suggestion et de ses applications à la thérapeutique*, Paris 1886, unter dem Titel *Die Suggestion und ihre Heilwirkung*. Teil 1. Leipzig und Wien: Franz Deuticke.
– (1889*a*) Rezension von: Forel, A., *Der Hypnotismus*. *G. W.*, Nachtr., S. 125–139.
– (1890*a*) ›Psychische Behandlung (Seelenbehandlung)‹. *S. A.*, Erg., S. 13–35.
– (1891*a*) (Zusammen mit O. Rie) *Klinische Studie über die halbseitige Cerebrallähmung der Kinder*. Wien: Moritz Perles (*Beiträge zur Kinderheilkunde*, Heft 3, hrsg. von M. Kassowitz).

– (1891*b*) *Zur Auffassung der Aphasien.* Eine kritische Studie. Wien: Franz Deuticke. (Neuauflage Frankfurt am Main: Fischer Taschenbuch Verlag 1992.)
– (1891*d*) ›Hypnose‹. In: Bum, A. (Hrsg.), *Therapeutisches Lexikon. G. W.*, Nachtr., S. 141–150.
– (1892*a*) Übersetzung von: Bernheim, H., *Hypnotisme, suggestion et psychothérapie, études nouvelles*, Paris 1891, unter dem Titel *Neue Studien über Hypnotismus, Suggestion und Psychotherapie.* Leipzig und Wien: Deuticke.
– (1892–94*a*) Übersetzung mit ›Vorwort des Übersetzers‹ und zusätzlichen Fußnoten von: Charcot, J.-M., *Leçons du mardi á la Salpêtrière (1887–8)*, Paris 1888, unter dem Titel *Poliklinische Vorträge.* Bd. 1. Leipzig, Wien: Deuticke.
– (1893*a*) (Zusammen mit J. Breuer) ›Über den psychischen Mechanismus hysterischer Phänomene. Vorläufige Mitteilung‹. *G. W.*, Bd. 1, S. 81–98.
– (1893*b*) *Zur Kenntniß der cerebralen Diplegien des Kindesalters (im Anschluß an die Little'sche Krankheit).* Wien: Franz Deuticke (*Beiträge zur Kinderheilkunde*, hrsg. von M. Kassowitz, N. F., Heft 3).
– (1893*c*) ›Quelques considérations pour une étude comparative des paralysies motrices organiques et hystériques‹. *G. W.*, Bd. 1, S. 39–55.
– (1893*f*) ›Charcot †‹. *G. W.*, Bd. 1, S. 21–35.
– (1893*h*) ›Über den psychischen Mechanismus hysterischer Phänomene‹ (Vortrag). *S. A.*, Bd. 6, S. 9–24.
– (1894*a*) ›Die Abwehr-Neuropsychosen. Versuch einer psychologischen Theorie der acquirierten Hysterie, vieler Phobien und Zwangsvorstellungen und gewisser halluzinatorischer Psychosen‹. *G. W.*, Bd. 1, S. 59–74.
– (1895*c* [1894]) ›Obsessions et phobies; leur méchanism psychique et leur étiologie‹. *G. W.*, Bd. 1, S. 345–353.
– (1895*d* [1893–95]) (Zusammen mit J. Breuer) *Studien über Hysterie.* Freuds Beiträge in: *G. W.*, Bd. 1, S. 75–312; Breuers Beiträge in: *G. W.*, Nachtr., S. 217–310.
– (1896*a*) ›L'hérédité et l'étiologie des névroses‹. *G. W.*, Bd. 1, S. 407–422.
– (1896*b*) ›Weitere Bemerkungen über die Abwehr-Neuropsychosen‹. *G. W.*, Bd. 1, S.379–403.
– (1897*a*) *Die infantile Cerebrallähmung.* Teil II, Abt. II, in: Nothnagel, H. (Hrsg.), *Specielle Pathologie und Therapie*, Bd. 9. Wien: Alfred Hölder.
– (1897*b*) *Inhaltsangaben der wissenschaftlichen Arbeiten des Privatdozenten Dr. Sigm. Freud (1877–1897). G. W.*, Bd. 1, S. 461–488.
– (1898*b*) ›Zum psychischen Mechanismus der Vergeßlichkeit‹. *G. W.*, Bd. 1, S. 519–527.
– (1900*a*) *Die Traumdeutung. S. A.*, Bd. 2.
– (1901*a*) *Über den Traum. G. W.*, Bd. 2/3, S. 643–700.
– (1901*b*) *Zur Psychopathologie des Alltagslebens (Über Vergessen, Versprechen, Vergreifen, Aberglaube und Irrtum). G. W.*, Bd. 4.
– (1905*c*) *Der Witz und seine Beziehung zum Unbewußten. S. A.*, Bd. 4, S. 9–219.
– (1905*d*) *Drei Abhandlungen zur Sexualtheorie. S. A.*, Bd. 5, S. 37–145.
– (1905*e* [1901]) ›Bruchstück einer Hysterie-Analyse‹ [»Dora«]. *S. A.*, Bd. 6, S. 83–186.

– (1906*b*) ›Vorwort‹ zu: Freud, S., *Sammlung kleiner Schriften zur Neurosenlehre aus den Jahren 1893–1906. G. W.*, Bd. 1, S. 557f.
– (1907*a* [1906]) *Der Wahn und die Träume in W. Jensens ›Gradiva‹. S. A.*, Bd. 10, S. 9–83.
– (1907*e*) ›Anzeige‹. *G. W.*, Nachtr., S. 695f.
– (1908*b*) ›Charakter und Analerotik‹. *S. A.*, Bd. 7, S. 23–30.
– (1908*c*) ›Über infantile Sexualtheorien‹. *S. A.*, Bd. 5, S. 169–184.
– (1908*d*) ›Die »kulturelle« Sexualmoral und die moderne Nervosität‹. *S. A.*, Bd. 9, S. 9–32.
– (1908*e* [1907]) ›Der Dichter und das Phantasieren‹. *S. A.*, Bd. 10, S. 169–179.
– (1909*a* [1908]) ›Allgemeines über den hysterischen Anfall‹. *S. A.*, Bd. 6, S. 197–203.
– (1909*b*) ›Analyse der Phobie eines fünfjährigen Knaben‹ [»Kleiner Hans«]. *S. A.*, Bd. 8, S. 9–122.
– (1909*d*) ›Bemerkungen über einen Fall von Zwangsneurose‹ [»Rattenmann«]. *S. A.*, Bd. 7, S. 31–103.
– (1910*a* [1909]) *Über Psychoanalyse. G. W.*, Bd. 8, S. 1–60.
– (1910*c*) *Eine Kindheitserinnerung des Leonardo da Vinci. S. A.*, Bd. 10, S. 87–159.
– (1910*h*) ›Über einen besonderen Typus der Objektwahl beim Manne‹ (›Beiträge zur Psychologie des Liebeslebens‹ I). *S. A.*, Bd. 5, S. 185–195.
– (1910*i*) ›Die psychogene Sehstörung in psychoanalytischer Auffassung‹. *S. A.*, Bd. 6, S. 205–213.
– (1910*k*) ›Über »wilde« Psychoanalyse‹. *S. A.*, Erg., S. 133–141.
– (1911*a*) ›Nachträge zur Traumdeutung‹. *G. W.*, Nachtr., S. 604–611.
– (1911*b*) ›Formulierungen über die zwei Prinzipien des psychischen Geschehens‹. *S. A.*, Bd. 3, S. 13–24.
– (1911*c* [1910]) ›Psychoanalytische Bemerkungen über einen autobiographisch beschriebenen Fall von Paranoia (Dementia paranoides)‹ [Schreber]. *S. A.*, Bd. 7, S. 133–200.
– (1911*e*) ›Die Handhabung der Traumdeutung in der Psychoanalyse‹. *S. A.*, Erg., S. 149–156.
– (1911*f*) ›»Groß ist die Diana der Epheser«‹. *G. W.*, Bd. 8, S. 360f.
– (1912*b*) ›Zur Dynamik der Übertragung‹. *S. A.*, Erg., S. 157–168.
– (1912*c*) ›Über neurotische Erkrankungstypen‹. *S. A.*, Bd. 6, S. 215–226.
– (1912*d*) ›Über die allgemeinste Erniedrigung des Liebeslebens‹ (›Beiträge zur Psychologie des Liebeslebens‹ II). *S. A.*, Bd. 5, S. 197–209.
– (1912*e*) ›Ratschläge für den Arzt bei der psychoanalytischen Behandlung‹. *S. A.*, Erg., S. 169–180.
– (1912*g*) ›Einige Bemerkungen über den Begriff des Unbewußten in der Psychoanalyse‹. *S. A.*, Bd. 3, S. 25–36.
– (1912–13*a*) *Totem und Tabu. S. A.*, Bd. 9, S. 287–444.
– (1913*a*) ›Ein Traum als Beweismittel‹. *G. W.*, Bd. 10, S. 12–22.
– (1913*c*) ›Zur Einleitung der Behandlung‹ (›Weitere Ratschläge zur Technik der Psychoanalyse‹, I). *S. A.*, Erg., S. 181–203.

– (1913*d*) ›Märchenstoffe in Träumen‹. *G. W.*, Bd. 10, S. 2–9.
– (1913*f*) ›Das Motiv der Kästchenwahl‹. *S. A.*, Bd. 10, S. 181–193. Vollständige Faksimile-Ausgabe mit Transkription, hrsg. von I. Grubrich-Simitis, mit einem Nachwort von H. Politzer. Frankfurt am Main: S. Fischer 1977.
– (1913*g*) ›Zwei Kinderlügen‹. *S. A.*, Bd. 5, S. 229–234.
– (1913*h*) ›Erfahrungen und Beispiele aus der analytischen Praxis‹. *G. W.*, Nachtr., S. 614–619.
– (1913*i*) ›Die Disposition zur Zwangsneurose. Ein Beitrag zum Problem der Neurosenwahl‹. *S. A.*, Bd. 7, S. 105–117.
– (1914*a*) ›Über fausse reconnaissance (»déjà raconté«) während der psychoanalytischen Arbeit‹. *S. A.*, Erg., S. 231–238.
– (1914*b*) ›Der Moses des Michelangelo‹. *S. A.*, Bd. 10, S. 195–220.
– (1914*c*) ›Zur Einführung des Narzißmus‹. *S. A.*, Bd. 3, S. 37–68.
– (1914*d*) ›Zur Geschichte der psychoanalytischen Bewegung‹. *G. W.*, Bd. 10, S. 43–113.
– (1914*f*) ›Zur Psychologie des Gymnasiasten‹. *S. A.*, Bd. Bd. 4, S. 235–240.
– (1914*g*) ›Erinnern, Wiederholen und Durcharbeiten‹ (›Weitere Ratschläge zur Technik der Psychoanalyse‹, II). *S. A.*, Erg., S. 205–215.
– (1915*a* [1914]) ›Bemerkungen über die Übertragungsliebe‹ (›Weitere Ratschläge zur Technik der Psychoanalyse‹, III). *S. A.*, Erg., S. 217–230.
– (1915*b*) ›Zeitgemäßes über Krieg und Tod‹. *S. A.*, Bd. 9, S. 33–60.
– (1915*c*) ›Triebe und Triebschicksale‹. *S. A.*, Bd. 3, S. 75–102.
– (1915*d*) ›Die Verdrängung‹. *S. A.*, Bd. 3, S. 103–118.
– (1915*e*) ›Das Unbewußte‹. *S. A.*, Bd. 3, S. 119–162.
– (1915*g* [1914]) Brief an Dr. Frederik van Eeden. *G. W.*, Nachtr., S. 697f.
– (1915*i*) ›Wir und der Tod‹. *Zweimonats-Bericht für die Mitglieder der österr. israel. Humanitätsvereine B'nai B'rith*, Bd. 18, Nr. 1, S. 41–51.
– (1916*a* [1915]) ›Vergänglichkeit‹. *S. A.*, Bd. 10, S. 223–227.
– (1916*d*) ›Einige Charaktertypen aus der psychoanalytischen Arbeit‹. *S. A.*, Bd. 10, S. 229–253.
– (1916–17*a* [1915–17]) *Vorlesungen zur Einführung in die Psychoanalyse. S. A.*, Bd. 1, S. 33–445.
– (1916–17*e*) ›Über Triebumsetzungen, insbesondere der Analerotik‹. *S. A.*, Bd. 7, S. 123–131.
– (1916–17*f* [1915]) ›Metapsychologische Ergänzung zur Traumlehre‹. *S. A.*, Bd. 3, S. 175–191.
– (1916–17*g* [1915]) ›Trauer und Melancholie‹. *S. A.*, Bd. 3, S. 193–212.
– (1917*a* [1916]) ›Eine Schwierigkeit der Psychoanalyse‹. *G. W.*, Bd. 12, S. 3–12.
– (1917*b*) ›Eine Kindheitserinnerung aus *Dichtung und Wahrheit*‹. *S. A.*, Bd. 10, S. 255–266.
– (1918*a* [1917]) ›Das Tabu der Virginität‹ (›Beiträge zur Psychologie des Liebeslebens‹ III). *S. A.*, Bd. 5., S. 211–228.
– (1918*b* [1914]) ›Aus der Geschichte einer infantilen Neurose‹ [»Wolfsmann«]. *S. A.*, Bd. 8, S. 125–231.
– (1919*a* [1918]) ›Wege der psychoanalytischen Therapie‹. *S. A.*, Erg., S. 239–249.

– (1919*c*) ›Internationaler psychoanalytischer Verlag und Preiszuteilungen für psychoanalytische Arbeiten‹. *G. W.*, Bd. 12, S. 333–336.
– (1919*d*) ›Einleitung‹ zu: *Zur Psychoanalyse der Kriegsneurosen. G. W.*, Bd. 12, S. 321–324.
– (1919*e*) ›»Ein Kind wird geschlagen«. Beitrag zur Kenntnis der Entstehung sexueller Perversionen‹. *S. A.*, Bd. 7, S. 229–254.
– (1919*h*) ›Das Unheimliche‹. *S. A.*, Bd. 4, S. 241–274.
– (1920*a*) ›Über die Psychogenese eines Falles von weiblicher Homosexualität‹. *S. A.*, Bd. 7, S. 255–281.
– (1920*g*) *Jenseits des Lustprinzips. S. A.*, Bd. 3, S. 213–272.
– (1921*c*) *Massenpsychologie und Ich-Analyse. S. A.*, Bd. 9, S. 61–134.
– (1922*a*) ›Traum und Telepathie‹. *G. W.*, Bd. 13, S. 165–191.
– (1922*b* [1921]) ›Über einige neurotische Mechanismen bei Eifersucht, Paranoia und Homosexualität‹. *S. A.*, Bd. 7, S. 217–228.
– (1922*c*) ›Nachschrift zur Analyse des kleinen Hans‹ (1909*b*). *S. A.*, Bd. 8, S. 123.
– (1923*b*) *Das Ich und das Es. S. A.*, Bd. 3, S. 273–325.
– (1923*c* [1922]) ›Bemerkungen zur Theorie und Praxis der Traumdeutung‹. *S. A.*, Erg., S. 257–270.
– (1923*d* [1922]) ›Eine Teufelsneurose im siebzehnten Jahrhundert‹. *S. A.*, Bd. 7, S. 283–319.
– (1923*e*) ›Die infantile Genitalorganisation (Eine Einschaltung in die Sexualtheorie)‹. *S. A.*, Bd. 5, S. 235–241.
– (1924*d*) ›Der Untergang des Ödipuskomplexes‹. *S. A.*, Bd. 5, S. 243–251.
– (1924*e*) ›Der Realitätsverlust bei Neurose und Psychose‹. *S. A.*, Bd. 3, S. 355–361.
– (1924*f* [1923]) ›Kurzer Abriß der Psychoanalyse‹. *G. W.*, Bd. 13, S. 405–427.
– (1924*g* [1923]) Brief an Fritz Wittels (vom 18. 12. 1923). *G. W.*, Nachtr., S. 754–758 [einschl. Korrekturliste (1987*a*)].
– (1925*a* [1924]) ›Notiz über den »Wunderblock«‹. *S. A.*, Bd. 3, S. 363–369.
– (1925*d* [1924]) *»Selbstdarstellung«. G. W.*, Bd. 14, S. 31–96. (Vollständig in: Freud, S., *»Selbstdarstellung«*. Hrsg. und eingeleitet von I. Grubrich-Simitis. Frankfurt am Main: Fischer Taschenbuch Verlag 1971.)
– (1925*h*) ›Die Verneinung‹. *S. A.*, Bd. 3, S. 371–377.
– (1925*i*) ›Einige Nachträge zum Ganzen der Traumdeutung‹. *G. W.*, Bd. 1, S. 561–573.
– (1926*c*) Bemerkung zu E. Pickworth Farrow's ›Eine Kindheitserinnerung aus dem 6. Lebensmonat‹. *G. W.*, Bd. 14, S. 568.
– (1926*d* [1925]) *Hemmung, Symptom und Angst. S. A.*, Bd. 6, S. 227–308.
– (1926*e*) *Die Frage der Laienanalyse. Unterredungen mit einem Unparteiischen. S. A.*, Erg., S. 271–341.
– (1926*f*) ›Psycho-Analysis: Freudian School‹ (Artikel, in Englisch, in *Encyclopaedia Britannica*). *G. W.*, Bd. 14, S. 299–307.
– (1926*j*) Ansprache an die Mitglieder des Vereins B'nai B'rith. *G. W.*, Bd. 17, S. 51–53.

– (1927*a*) ›Nachwort zur *Frage der Laienanalyse*‹. *S.A.*, Erg., S. 342–349.
– (1927*c*) *Die Zukunft einer Illusion. S.A.*, Bd. 9, S. 135–189.
– (1927*d*) ›Der Humor‹. *S.A.*, Bd. 4, S. 275–282.
– (1927*e*) ›Fetischismus‹. *S.A.*, Bd. 3, S. 379–388.
– (1928*a*) ›Ein religiöses Erlebnis‹. *G.W.*, Bd. 14, S. 393–396.
– (1928*b* [1927]) ›Dostojewski und die Vatertötung‹. *S.A.*, Bd. 10, S. 267–286.
– (1929*a*) ›Ernest Jones zum 50. Geburtstag‹. *G.W.*, Bd. 14, S. 554f.
– (1930*a* [1929]) *Das Unbehagen in der Kultur. S.A.*, Bd. 9, S. 191–270.
– (1930*b*) ›Vorwort‹ zu: *Zehn Jahre Berliner Psychoanalytisches Institut (Poliklinik und Lehranstalt)*. Hrsg. von der Deutschen Psychoanalytischen Gesellschaft. Leipzig, Wien, Zürich: Internationaler Psychoanalytischer Verlag. *G.W.*, Bd. 14, S. 572.
– (1930*c*) ›Geleitwort‹ zu: *The Medical Review of Reviews*, Bd. 36, Sonderheft ›Psychopathology‹. *G.W.*, Bd. 14, S. 570f.
– (1931*a*) ›Über libidinöse Typen‹. *S.A.*, Bd. 5, S. 267–272.
– (1931*b*) ›Über die weibliche Sexualität‹. *S.A.*, Bd. 5, S. 273–292.
– (1932*b* [1931]) ›Geleitwort‹ zu: Nunberg, H., *Allgemeine Neurosenlehre auf psychoanalytischer Grundlage*. Bern: Huber. *G.W.*, Bd. 16, S.273.
– (1933*a* [1932]) *Neue Folge der Vorlesungen zur Einführung in die Psychoanalyse. S.A.*, Bd. 1, S. 447–608.
– (1933*b* [1932]) ›Warum Krieg?‹. *S.A.*, Bd. 9, S. 271–286.
– (1933*c*) ›Sándor Ferenczi †‹. *G.W.*, Bd. 16, S. 267–269.
– (1935*a*) ›Nachschrift 1935‹ [zur *»Selbstdarstellung«*]. *G.W.*, Bd. 16, S. 31–34.
– (1935*b*) ›Die Feinheit einer Fehlhandlung‹. *G.W.*, Bd. 16, S. 37–39.
– (1935*c*) Thomas Mann zum 60. Geburtstag [Brief April 1935]. *G.W.*, Bd. 16, S. 249.
– (1937*a*) ›Lou Andreas-Salomé †‹. *G.W.*, Bd. 16, S. 270.
– (1937*b*) ›Moses, ein Ägypter‹. *S.A.*, Bd. 9, S. 459–467.
– (1937*c*) ›Die endliche und die unendliche Analyse‹. *S.A.*, Erg., S. 351–392.
– (1937*d*) ›Konstruktionen in der Analyse‹. *S.A.*, Erg., S. 393–406.
– (1937*e*) ›Wenn Moses ein Ägypter war …‹. *S.A.*, Bd. 9, S. 468–502.
– (1938*c*) Brief an die Herausgeberin von *Time and Tide*. *G.W.*, Nachtr., S. 782f.
– (1939*a* [1934–38]) *Der Mann Moses und die monotheistische Religion. Drei Abhandlungen. S.A.*, Bd. 9, S. 455–581.
– (1939*b*) (Zusammen mit A. Freud) Übersetzung von: Bonaparte, M., *Topsy, Chow-Chow au Poil d'Or*, Paris 1937, unter dem Titel *Topsy. Der goldhaarige Chow*. Amsterdam: Allert de Lange.
– (1939*e*) ›Vorbemerkung‹ [zum Ersterscheinen der *Internationalen Zeitschrift für Psychoanalyse und Imago* (London)]. *Internationale Zeitschrift für Psychoanalyse und Imago*, Bd. 24, S. 1. Faksimile in: Freud, E., u.a., 1976, S. 319.
– (1940*a* [1938]) *Abriß der Psychoanalyse*. *G.W.*, Bd. 17, S.63–138; Nachtr., S. 749.
– (1940*b* [1938]) ›Some Elementary Lessons in Psycho-Analysis‹. *G.W.*, Bd. 17, S. 139–147.
– (1940*c* [1922]) ›Das Medusenhaupt‹. *G.W.*, Bd. 17, 45–48.

– (1940*d* [1892]) (Zusammen mit J. Breuer) ›Zur Theorie des hysterischen Anfalls‹. *G. W.*, Bd. 17, S. 7–13.
– (1940*e* [1938]) ›Die Ichspaltung im Abwehrvorgang‹. *S. A.*, Bd. 3, S. 389–394.
– (1941*c* [1899]) ›Eine erfüllte Traumahnung‹. *G. W.*, Bd. 17, S. 19–23.
– (1941*d* [1921]) ›Psychoanalyse und Telepathie‹. *G. W.*, Bd. 17, S. 25–44.
– (1941*f* [1938]) ›Ergebnisse, Ideen, Probleme‹. *G. W.*, Bd. 17, S. 149–152.
– (1941*i* [1873]) ›Ein Jugendbrief‹ [an Emil Fluß]. *Internationale Zeitschrift für Psychoanalyse und Imago*, Bd. 26, S. 5–8. [Auch in (1969*a*).]
– (1950*a* [1887–1902]) *Aus den Anfängen der Psychoanalyse, Briefe an Wilhelm Fließ, Abhandlungen und Notizen aus den Jahren 1887–1902.* Hrsg. von M. Bonaparte, A. Freud und E. Kris. London: Imago. [Enthält den ›Entwurf einer Psychologie‹ von 1895.] Neuausgaben siehe (1950*c*) und (1985*c*).
– (1950*c* [1895]) Entwurf einer Psychologie. *G. W.*, Nachtr., S. 387–477 [dort Neutranskription von 1987].
– (1955*a* [1907–08]) Originalnotizen zu einem Fall von Zwangsneurose [»Rattenmann«]. *G. W.*, Nachtr., S. 509–569.
– (1956*a* [1886]) ›Bericht über meine mit Universitäts-Jubiläums-Reisestipendium unternommene Studienreise nach Paris und Berlin October 1885 – Ende März 1886‹. *G. W.*, Nachtr., S. 31–44.
– (1960*a* [1873–1939]) *Briefe 1873–1939.* Hrsg. von E. und L. Freud. Frankfurt am Main: S. Fischer. (Seitenangaben nach der 2., erweit. Aufl. von 1968.)
– (1963*a* [1909–39]) Sigmund Freud / Oskar Pfister, *Briefe 1909–1939.* Hrsg. von E. L. Freud und H. Meng. Frankfurt am Main: S. Fischer. 2. Aufl. 1980.
– (1965*a* [1907–26]) Sigmund Freud / Karl Abraham, *Briefe 1907–1926.* Hrsg. von H. C. Abraham und E. L. Freud. Frankfurt am Main: S. Fischer. 2., korr. Aufl. 1980.
– (1965*b* [1919–29]) Briefe an Edward L. Bernays, in: Bernays, E. L., *Biographie einer Idee. Die Hohe Schule der PR. Lebenserinnerungen.* Düsseldorf, Wien: Econ 1967. (Amerikan. Originalausgabe 1965.)
– (1966*a* [1912–36]) Sigmund Freud / Lou Andreas-Salomé, *Briefwechsel.* Hrsg. von E. Pfeiffer. Frankfurt am Main: S. Fischer. 2., überarb. Aufl. 1980.
– (1966*b* [1938]) ›Einleitung‹ zu: Freud, S., und W. C. Bullitt, *Thomas Woodrow Wilson, Twenty-eighth President of the United States; A Psychological Study.* London, New York: Weidenfeld & Nicolson 1967. *G. W.*, Nachtr., S. 686–692.
– (1968*a* [1927–39]) Sigmund Freud / Arnold Zweig, *Briefwechsel.* Hrsg. von E. L. Freud. Frankfurt am Main: S. Fischer. 3. Aufl. 1980.
– (1969*a* [1872–74]) Sieben Briefe und zwei Postkarten an Emil Fluß. Nachgedruckt in: Freud, S., *»Selbstdarstellung«; Schriften zur Geschichte der Psychoanalyse.* Hrsg. und eingel. von I. Grubrich-Simitis. Frankfurt am Main: Fischer Taschenbuch Verlag 1971, S. 107–123. [Enthält (1941*i*).]
– (1970*a* [1919–36]) Sigmund Freud / Edoardo Weiss, *Briefe zur psychoanalytischen Praxis.* Hrsg. von M. Grotjahn. Frankfurt am Main: S. Fischer 1973, S. 38–92.
– (1970*b* [1917–34]) Briefe an Georg Groddeck. In: Groddeck, G., *Der Mensch und sein Es.* Hrsg. von M. Honegger. Wiebaden: Limes. (Nachgedruckt in:

S. Freud / G. Groddeck, *Briefe über das Es*. Hrsg. von M. Honegger. Frankfurt am Main: Fischer Taschenbuch Verlag 1988, S. 7–92.)
– (1971*a* [1909–16]) Briefe an James Jackson Putnam. In: Hale Jr., N. G., (Hrsg.), *James Jackson Putnam and Psychoanalysis. Letters between Putnam and Sigmund Freud, Ernest Jones, William James, Sándor Ferenczi, and Morton Prince, 1877–1917*. Cambridge: Harvard University Press, S. 351–379.
– (1974*a* [1906–13]) Sigmund Freud / C. G. Jung, *Briefwechsel*. Hrsg. von W. McGuire und W. Sauerländer. Frankfurt am Main: S. Fischer.
– (1976*m* [1929–39]) ›Kürzeste Chronik‹ [Teilfaksimile, Teilabdruck]. In: Freud, E., u. a. (1976), S. 270, 281, 288, 336, 337. Vollständig in: *The Diary of Sigmund Freud 1929–1939. A Record of the Final Decade*. Übers., komment. und mit einer Einl. von M. Molnar. London: The Hogarth Press 1992, S. 266–270. Sämtliche Faksimiles zwischen den Seiten 3 und 40.
– (1979*e* [1923,1936]) Postkarte und zwei Briefe an Erich Leyens. In: Grubel, F., ›Zeitgenosse Sigmund Freud‹. *Jahrbuch der Psychoanalyse*, Bd. 11, S. 73–80; die Schriftstücke S. 74f.
– (1979*j* [1934]) ›Der Mann Moses. Ein historischer Roman‹ [Erstfassung von (1939*a*)]. Einleitungspassage in: Bori, P. C., ›Una pagina inedita di Freud [usw.]‹, *Rivista di storia contemporanea*, Bd. 8, S. 7f.
– (1983*a* [1921–39]) Briefe und Postkarten an Smith Ely Jelliffe. In: Burnham, J. C., *Jelliffe: American Psychoanalyst and Physician*. Part 2: *Jelliffe's Correspondence with Sigmund Freud and C. G. Jung*. Hrsg. von W. McGuire. Chicago und London: The University of Chicago Press, S. 206–279.
– (1983*g* [o. D.]) ›Kritische Einleitung in die Nervenpathologie‹ [Manuskript]. Teilabdrucke und Faksimile einer Zeichnung in: *J. A. Stargardt Katalog* 628, Nr. 485.
– (1985*a* [1915]) ›Übersicht der Übertragungsneurosen‹. In: Freud, S., *Übersicht der Übertragungsneurosen. Ein bisher unbekanntes Manuskript*. Ediert und mit einem Essay versehen von I. Grubrich-Simitis. Frankfurt am Main: S. Fischer.
– (1985*c* [1887–1904]) *Briefe an Wilhelm Fließ 1887–1904*. Ungekürzte Ausgabe. (Die Edition erschien zuerst in englischer Übersetzung.) Hrsg. von J. M. Masson, Bearbeiter der deutschen Fassung (1986) M. Schröter, Transkr. von G. Fichtner. Frankfurt am Main: S. Fischer.
– (1987*a* [1923]) Korrekturliste zum Brief an Fritz Wittels vom 18.12.1923. [Der Brief unter (1924*g*).] *G. W.*, Nachtr., S. 756–758.
– (1987*c* [1908–38]) Briefe an Stefan Zweig. In: Zweig, S., *Briefwechsel mit Hermann Bahr, Sigmund Freud, Rainer Maria Rilke und Arthur Schnitzler*. Hrsg. von J. B. Berlin, H.-U. Lindken und D. A. Prater. Frankfurt am Main: S. Fischer, S. 163–221.
– (1988*g* [1929–37]) Vier Briefe an Thomas Mann. In: Mann, T., *Briefwechsel mit Autoren*. Hrsg. von H. Wysling. Frankfurt am Main: S. Fischer, S. 183f., 186–191.
– (1989*a* [1871–81,1910]) *Jugendbriefe an Eduard Silberstein 1871–1881*. Hrsg. von W. Boehlich. Frankfurt am Main: S. Fischer.
– (1989*f* [nach 1902]) ›Meine individuelle Traumcharakteristik (Typische Träu-

me)‹ [Manuskript]. Teilfaksimile und Teilabdruck in: *Christie, Manson & Woods Cat.* 21.6.1989, Nr. 132.
– (1989*m* [o.J.]) ›Chronologie‹ [der Veröffentlichungen]. Faksimiles der beiden ersten Seiten in: Grubrich-Simitis, I., (1989), S. 776f.
– (1990*q* [1938]) Testament vom 28.7.1938. In: Roazen, P., ›Freud's last will‹, *Journal of the American Academy of Psychoanalysis*, Bd. 18, S. 386–391.
– (1992*a* [1908–38]) Sigmund Freud / Ludwig Binswanger, *Briefwechsel 1908–1938*. Hrsg. von G. Fichtner. Frankfurt am Main: S. Fischer.
Freud-Anthologien:
– (1906) *Sammlung kleiner Schriften zur Neurosenlehre aus den Jahren 1893–1906*. Wien, Leipzig: Deuticke.
– (1909) *Sammlung kleiner Schriften zur Neurosenlehre*. Zweite Folge. Wien, Leipzig: Deuticke.
– (1913) *Sammlung kleiner Schriften zur Neurosenlehre*. Dritte Folge. Wien, Leipzig: Deuticke.
– (1918) *Sammlung kleiner Schriften zur Neurosenlehre*. Vierte Folge. Leipzig, Wien: Heller.
– (1922) *Sammlung kleiner Schriften zur Neurosenlehre*. Fünfte Folge. Leipzig, Wien, Zürich: Internationaler Psychoanalytischer Verlag.
– (1924) *Psychoanalytische Studien an Werken der Dichtung und Kunst*. Wien, Leipzig: Internationaler Psychoanalytischer Verlag.
– (1924) *Zur Technik der Psychoanalyse und zur Metapsychologie*. Wien, Leipzig: Internationaler Psychoanalytischer Verlag.
– (1925) *Kleine Beiträge zur Traumlehre*. Wien, Leipzig: Internationaler Psychoanalytischer Verlag.
– (1926) *Studien zur Psychoanalyse der Neurosen aus den Jahren 1913–1925*. Wien, Leipzig: Internationaler Psychoanalytischer Verlag.
– (1931) *Schriften zur Neurosenlehre und zur psychoanalytischen Technik (1913–1926)*. Wien, Leipzig: Internationaler Psychoanalytischer Verlag.
– (1931) *Kleine Schriften zur Sexualtheorie und zur Traumlehre*. Wien, Leipzig: Internationaler Psychoanalytischer Verlag.
– (1931) *Theoretische Schriften (1911–1925)*. Wien, Leipzig: Internationaler Psychoanalytischer Verlag.
– (1932) *Vier psychoanalytische Krankengeschichten*. Wien, Leipzig: Internationaler Psychoanalytischer Verlag.
Gardiner, M. (Hrsg.) (1972) *Der Wolfsmann vom Wolfsmann*. Frankfurt am Main: S. Fischer.
– (1983) *Code Name »Mary«; Memoirs of an American Woman in the Austrian Underground*. New Haven und London: Yale University Press.
Gathelier, F.-M. (1991) ›Die Veröffentlichung von Freuds »Gesammelten Werken« in französischer Sprache. Gespräch mit Jean Laplanche‹. *Psyche*, Bd. 45, S. 700–712.
Gay, P. (1989) *Freud. Eine Biographie für unsere Zeit*. Frankfurt am Main: S. Fischer.
Geiger, L. (1869) *Der Ursprung der Sprache*. Stuttgart: Cotta'sche Buchhandlung.

Gilman, S. L. (1991) ›Reading Freud in English: Problems, Paradoxes, and a Solution‹. *The International Review of Psycho-Analysis*, Bd. 18, S. 331–344.

Gressmann, H. (1913) *Mose und seine Zeit. Ein Kommentar zu den Mose-Sagen.* Göttingen: Vandenhoeck & Ruprecht.

Grubrich-Simitis, I. (1971) ›Sigmund Freuds Lebensgeschichte und die Anfänge der Psychoanalyse‹. *Neue Rundschau*, Bd. 82, S. 311–333.

– (1976) siehe Freud, E., L. Freud und I. Grubrich-Simitis (Hrsg.) (1976).

– (1977) ›Notizen zum Manuskript‹. In: Freud, S., *Das Motiv der Kästchenwahl.* Faksimile-Ausgabe 1977, Frankfurt am Main: S. Fischer, S. 39–46.

– (1979) ›Extremtraumatisierung als kumulatives Trauma; Psychoanalytische Studien über seelische Nachwirkungen der Konzentrationslagerhaft bei Überlebenden und ihren Kindern‹. *Psyche*, Bd. 33, S. 991–1023.

– (1980) ›Sigmund Freud / Sándor Ferenczi: Sechs Briefe zur Wechselbeziehung von psychoanalytischer Theorie und Technik‹. In: Jappe, G., und C. Nedelmann (Hrsg.), *Zur Psychoanalyse der Objektbeziehungen.* Stuttgart-Bad Cannstatt: Frommann-Holzboog, S. 139–174.

– (1985) ›Metapychologie und Metabiologie‹. In: Freud, S. (1985*a*), S. 85–119.

– (1986*a*) ›Gedanken über Sigmund Freuds Beziehung zur deutschen Sprache und Aufklärungstradition‹. *Jahrbuch der Psychoanalyse*, Bd. 19, S. 54–67.

– (1986*b*) Erweiterte englische Fassung von (1980): ›Six Letters of Sigmund Freud and Sándor Ferenczi on the Interrelationship of Psychoanalytic Theory and Technique‹. *The International Review of Psycho-Analysis*, Bd. 13, Part 3, S. 259–277.

– (1987*a*) ›Einleitung‹ zu: Freud, S., *Gesammelte Werke*. Nachtragsband. Frankfurt am Main: S. Fischer, S. 15–28.

– (1987*b*) ›Trauma oder Trieb – Trieb und Trauma; Lektionen aus Sigmund Freuds phylogenetischer Phantasie von 1915‹. *Psyche*, Bd. 41, S. 992–1023.

– (1989) ›Zur Geschichte der deutschsprachigen Freud-Ausgaben‹. *Psyche*, Bd. 43, S. 773–802 und S. 889–917.

– (1991) *Freuds Moses-Studie als Tagtraum. Ein biographischer Essay.* Die Sigmund-Freud-Vorlesungen, Bd. 3. Weinheim: Verlag Internationale Psychoanalyse.

Grunberger, B. (1973) ›Von der »aktiven Technik« zur »Sprachverwirrung«. Zu Ferenczis Abweichung‹. In: Grunberger, B., *Narziß und Anubis.* München – Wien: Verlag Internationale Psychoanalyse 1988, S. 93–122.

Habermas, J. (1968) *Erkenntnis und Interesse.* Frankfurt am Main: Suhrkamp.

Hall, M. G. (1988) ›The fate of the Internationaler Psychoanalytischer Verlag‹. In: Timms, E., und N. Segal (Hrsg.), *Freud in Exile.* New Haven und London: Yale University Press, S. 90–105.

Husserl, E. (1984 [1906]) Persönliche Aufzeichnungen vom 25.9.1906, abgedruckt als Beilage B IX (S. 442–447) in: Husserl, E., *Einleitung in die Logik und Erkenntnistheorie. Vorlesungen 1906/07* (Ges. W., Bd. XXIV). Hrsg. von U. Melle. Dordrecht/Boston/Lancaster: Martinus Nijhoff.

Ijsseling, S. (1987) ›Das Husserl-Archiv in Leuven und die Husserl-Ausgabe‹. In: Jaeschke, W., u. a. (1987), S. 137–146.

Jacobs, W. G. (1987) ›Textüberlieferung und historisch-kritische Edition – Typen von Editionen‹. In: Jaeschke, W., u. a. (1987), S. 21–26.

Jaeschke, W., W. G. Jacobs, H. Krings und H. Schepers (Hrsg.) (1987) *Buchstabe und Geist; Zur Überlieferung und Edition philosophischer Texte*. Hamburg: Felix Meiner.

Jelliffe, S. E. (1937) ›Sigmund Freud as a Neurologist‹. *Journal of Nervous and Mental Disease*, Bd. 85, S. 696–711.

Jensen, W. (1903) *Gradiva. Ein pompejanisches Phantasiestück*. Dresden und Leipzig: Carl Reissner.

Jones, E. (1950 [1947]) ›Foreword‹ zu: Freud, S., *The Question of Lay Analysis; An Introduction to Psychoanalysis*. New York: Norton 1950, S. 5f.

– (1960) *Das Leben und Werk von Sigmund Freud*. Bd. 1. Bern, Stuttgart: Huber.

– (1962*a*) *Das Leben und Werk von Sigmund Freud*. Bd. 2. Bern, Stuttgart: Huber.

– (1962*b*) *Das Leben und Werk von Sigmund Freud*. Bd. 3. Bern, Stuttgart: Huber.

Kittler, W., und G. Neumann (1982) ›Kafkas »Drucke zu Lebzeiten« – Editorische Technik und hermeneutische Entscheidung‹. *Freiburger Universitätsblätter*, Heft 78, S. 45–84.

Kroeber, A. L. (1920) ›Totem and Taboo: An Ethnologic Psychoanalysis‹. *American Anthropologist*, Bd. 22, S. 48–55.

Laplanche, J., und J.-B. Pontalis (1972) *Das Vokabular der Psychoanalyse*. Frankfurt am Main: Suhrkamp. (Original: *Vocabulaire de la psychanalyse*. Paris: Presses Universitaires de France 1967.)

Leupold-Löwenthal, H. (1988) ›Die Vertreibung der Familie Freud 1938‹. *Sigmund Freud House Bulletin*, Bd. 12, S. 1–11.

Leuschner, W. (1992) ›Einleitung‹ zu Freud, S., *Zur Auffassung der Aphasien*. Frankfurt am Main: Fischer Taschenbuch Verlag, S. 7–31.

Levine, I. (1923) *The Unconscious: An Introduction to Freudian Psychology*. London: L. Parsons. (Übersetzung ins Deutsche von A. Freud unter dem Titel *Das Unbewußte*. Leipzig, Wien: Internationaler Psychoanalytischer Verlag 1926.)

Lévi-Strauss, C., und D. Eribon (1989) *Das Nahe und das Ferne. Eine Autobiographie in Gesprächen*. Frankfurt am Main: S. Fischer.

Lloyd, W. W. (1863) *The Moses of Michael Angelo: A Study of Art, History and Legend*. London: Williams & N.

Lorenzer, A. (1984) *Intimität und soziales Leid; Archäologie der Psychoanalyse*. Frankfurt am Main: S. Fischer.

– (1986) Rezension von Freud, S. (1985*a*). *Psyche*, Bd. 40, S. 1163–1166.

Mahony, P. J. (1982) *Freud as a Writer*. New York: International Universities Press.

– (1987) *Freud as a Writer*. Expanded Edition. New Haven und London: Yale University Press.

Mann, T. (1936) ›Freud und die Zukunft‹. In: Mann, T., *Gesammelte Werke in zwölf Bänden*. Frankfurt am Main: S. Fischer, Bd. 9 (1960), S. 478–501.

– (1978) *Tagebücher 1935–1936.* Hrsg. von P. de Mendelssohn. Frankfurt am Main: S. Fischer.
Martens, G. (1971) ›Textdynamik und Edition. Überlegungen zur Bedeutung und Darstellung variierender Textstufen‹. In: Martens, G., und H. Zeller (1971), S. 165–201.
Martens, G., und H. Zeller (Hrsg.) (1971) *Texte und Varianten. Probleme ihrer Edition und Interpretation.* München: C. H. Beck'sche Verlagsbuchhandlung.
Martin, E. D. (1920) *The Behaviour of Crowds.* New York: Harper.
Masson, J. M. (1984) *Was hat man dir, du armes Kind, getan? Sigmund Freuds Unterdrückung der Verführungstheorie.* Reinbek bei Hamburg: Rowohlt.
May-Tolzmann, U. (1991) ›Zu den Anfängen des Narzißmus: Ellis – Näcke – Sadger – Freud‹. *Luzifer-Amor,* Bd. 4, Heft 8, S. 50–88.
McGuire, W. (1974) ›Einleitung‹ zu: Freud, S. (1974*a*), S. XI-XXXVII.
Meyer-Palmedo, I. (Hrsg.) (1975) *Sigmund Freud-Konkordanz und -Gesamtbibliographie.* Frankfurt am Main: S. Fischer. [Für erweit. und revid. Neuausgabe siehe Meyer-Palmedo, I., und G. Fichtner (1989).]
Meyer-Palmedo, I., und G. Fichtner (Hrsg.) (1989) *Freud-Bibliographie mit Werkkonkordanz.* Frankfurt am Main: S. Fischer. (Die kontinuierliche Fortführung ist noch unveröffentlicht.)
Mitscherlich, A. (1954) ›50 Jahre später. Einige Empfehlungen an den Leser‹. Vorwort zum Taschenbuch: Freud, S., *Zur Psychopathologie des Alltagslebens.* Frankfurt am Main: Fischer Bücherei, S. 6–12.
– (1960) ›Nachwort‹ zur Paperback-Ausgabe von: Freud, S., *Das Unbewußte. Schriften zur Psychoanalyse.* Hrsg. von A. Mitscherlich. Frankfurt am Main: S. Fischer, S. 443–460.
– (1961) ›Nachwort. Freuds Sexualtheorie und die notwendige Aufklärung der Erwachsenen‹. In: Freud, S., *Drei Abhandlungen zur Sexualtheorie. Und verwandte Schriften.* Auswahl und Nachwort von A. Mitscherlich. Frankfurt am Main: Fischer Taschenbuch Verlag, S. 191–201.
– (1969) ›Über mögliche Mißverständnisse bei der Lektüre der Werke Sigmund Freuds‹. Einleitung zu: Freud, S., *Studienausgabe.* Bd. 1, S. 19–25.
Mitscherlich, A., und F. Mielke (Hrsg.) (1960) *Medizin ohne Menschlichkeit; Dokumente des Nürnberger Ärzteprozesses.* Frankfurt am Main: Fischer Bücherei.
Mitscherlich, A., und M. Mitscherlich (1967) *Die Unfähigkeit zu trauern. Grundlagen kollektiven Verhaltens.* München: Piper.
Montinari, M. (1980) ›Vorwort‹ in: Nietzsche, F., *Sämtliche Werke. Kritische Studienausgabe in 15 Bänden.* Hrsg. von Montinari, M., und G. Colli. München, Berlin, New York: Deutscher Taschenbuch Verlag/Walter de Gruyter, Bd. 14, S. 7–17.
Muschg, W. (1975 [1930]) *Freud als Schriftsteller.* München: Kindler Taschenbücher.
Nitzschke, B. (1991) ›Freuds Vortrag vor dem Israelitischen Humanitätsverein »Wien« des Ordens B'nai B'rith: Wir und der Tod (1915)‹. *Psyche,* Bd. 45, S. 97–131.

Nunberg, H., und E. Federn (Hrsg.) (1976, 1977, 1979, 1981) *Protokolle der Wiener Psychoanalytischen Vereinigung.* 4 Bde. Frankfurt am Main: S. Fischer.

Ornston, D. (1982) ›Strachey's Influence: A Preliminary Report‹. *International Journal of Psycho-Analysis*, Bd. 63, S. 409–426.

Ornston, D. (Hrsg.) (1992) *Translating Freud.* New Haven und London: Yale University Press.

Plessner, H. (1959 [1935]) *Die verspätete Nation.* In: ders., *Gesammelte Schriften.* Frankfurt am Main: Suhrkamp, Bd. 6 (1982).

Pöggeler, O. (1987) ›Die historisch-kritische Edition in der Wissenschaftsorganisation‹. In: Jaeschke, W., u. a. (1987), S. 27–37.

Ponge, F. (1965) *Lyren. Ausgewählte Werke.* Frankfurt am Main: S. Fischer.

Rank, O. (1909) *Der Mythus von der Geburt des Helden. Versuch einer psychoanalytischen Mythendeutung.* Leipzig, Wien: Deuticke. (Seitenangaben nach der 2., erweit. Aufl. von 1922.)

– (1924) *Das Trauma der Geburt und seine Bedeutung für die Psychoanalyse.* Leipzig, Wien, Zürich: Internationaler Psychoanalytischer Verlag.

– (1927) *Grundzüge einer genetischen Psychologie auf Grund der Psychoanalyse der Ichstruktur I.* Leipzig, Wien: Deuticke.

Reichmayr, J. (1990) *Spurensuche in der Geschichte der Psychoanalyse.* Frankfurt am Main: Nexus.

Reik, T. (1956) *The Search Within.* New York: Grove Press.

– (1983) *Hören mit dem dritten Ohr.* Frankfurt am Main: Fischer Taschenbuch Verlag.

Richards, A. (1969) ›Erläuterungen zur Edition‹. In: Freud, S., *Studienausgabe.* Bd. 1, S. 27–32.

Sattler, D. E. (1984) ›Einleitung‹ zu Band 4 (Oden I, hrsg. von D. E. Sattler und M. Knaupp) von: Hölderlin, F., *Sämtliche Werke.* Hrsg. von Sattler, D. E., und W. Groddeck. Frankfurt am Main: Roter Stern.

Saussure, F. de (1955 [1916]) *Cours de linguistique générale.* Hrsg. von Bally, Ch., und A. Sechehaye. Paris: Payot.

Scheibe, S. (1971) ›Zu einigen Grundprinzipien einer historisch-kritischen Ausgabe‹. In: Martens, G., und H. Zeller (1971), S. 1–44.

Schepers, H. (1987) ›Die Leibniz-Ausgabe‹. In: Jaeschke, W., u. a. (1987), S. 71–81.

Schönau, W. (1968) *Sigmund Freuds Prosa. Literarische Elemente seines Stils.* Stuttgart: J. B. Metzlersche Verlagsbuchhandlung.

Schott, H. G. (1981) ›»Traumdeutung« und »Infantile Cerebrallähmung«; Überlegungen zu Freuds Theoriebildung‹. *Psyche.*, Bd. 35, S. 97–110.

Schur, M. (1973) *Sigmund Freud. Leben und Sterben.* Frankfurt am Main: Suhrkamp.

Singer, W. (1990*a*) ›Das Jahrzehnt des Gehirns‹. *Frankfurter Allgemeine Zeitung.* Rubrik 'Natur und Wissenschaft', 27. Dezember 1990, S. N1.

– (1990*b*) ›Hirnentwicklung und Umwelt‹. In: Singer, W. (Hrsg.), *Gehirn und Kognition. Spektrum der Wissenschaft.* Heidelberg: Spektrum der Wissenschaft Verlagsges. m.b.H., S. 50–65.

Solms, M. (1991) ›An Introduction to the Neuroscientific Works of Sigmund Freud‹. Vortrag, gehalten im Centro Milanese di Psicoanalisi. (Manuskript.)

Solms, M., und M. Saling (1986) ›On Psychoanalysis and Neuroscience: Freud's Attitude to the Localizationist Tradition‹. *International Journal of Psycho-Analysis*, Bd. 67, S. 397–416.

Spehlmann, R. (1953) *Sigmund Freuds neurologische Schriften. Eine Untersuchung zur Vorgeschichte der Psychoanalyse*. Berlin, Göttingen, Heidelberg: Springer.

Starobinski, J. (1974) ›La littérature; Le texte et l'interprète‹. In: *Faire de l'histoire; Nouvelles approches*. Hrsg. von J. Le Goff und P. Nora. Paris: Gallimard, S. 168–182.

Steiner, R. (1991) ›»To Explain our Point of View to English Readers in English Words«‹. *The International Review of Psycho-Analysis*, Bd. 18, S. 351–392.

Strachey, J. (1957) Editorische Notiz zu Freud, S., ›Anmerkung über Ewald Hering‹. In: *S. E.*, Bd. 14, S. 205. (Deutsche Übersetzung in: *G. W.*, Nachtr., S. 770, Anm. 1.)

– (1961*a*) Editorische Anmerkung zu Freud, S. (1932*b*). In: *S. E.*, Bd. 21, S. 258, Anm. 2.

– (1961*b*) Editorische Anmerkung zu Freud, S. (1924*d*). In: *S. E.*, Bd. 19, S. 173. (Deutsche Übersetzung in: *S. A.*, Bd. 5, S. 244 [integriert in die editorische Vorbemerkung].)

– (1962) ›Editor's Note‹ zu Freud, S. (1895*c*). In: *S. E.*, Bd. 3, S. 71–73.

– (1964*a*) ›Editor's Note‹ zu Freud, S. (1933*b*). In: *S. E.*, Bd. 22, S. 197f. (Deutsche Übersetzung in: *S. A.*, Bd. 9, S. 272f.)

– (1964*b*) ›Editor's Note‹ zu Freud, S. (1940*a*). In: *S. E.*, Bd. 23, S. 141–143. (Deutsche Übersetzung in: *S. A.*, Erg., S. 409f.)

– (1966*a*) ›General Preface‹. *S. E.*, Bd. 1, S. XIII-XXII.

– (1966*b*) Editorische Anmerkung zum Brief an Wilhelm Fließ vom 19. Februar 1899. In: *S. E.*, Bd. 1, S. 278, Anm. 5.

– (1972) ›Editorische Einleitung‹ [zur *Traumdeutung*]. In: *S. A.*, Bd. 2, S. 13–19. (Englisches Original 1953: *S. E.*, Bd. 4, S. XI–XX.)

Strachey, J., und A. Strachey (1986) *Bloomsbury / Freud. The Letters of James and Alix Strachey 1924–1925*. Hrsg. von P. Meisel und W. Kendrick. London: Chatto & Windus.

Sylvester, D. (1985) *Interviews with Francis Bacon 1962 – 1979*. New and enlarged edition. London: Thames and Hudson.

Tyson, A., und J. Strachey (1956) ›A Chronological Hand-List of Freud's Works‹. *International Journal of Psycho-Analysis*, Bd. 37, S. 19–33.

Vogel, P. (1953) ›Eine erste, unbekannt gebliebene Darstellung der Hysterie von Sigmund Freud‹. *Psyche*, Bd. 7, S. 481–485.

– (1954) ›Zur Aphasielehre Sigmund Freuds‹. *Monatsschrift für Psychiatrie und Neurologie*, Bd. 128, S. 256–264.

Wagner, K. (1990) ›Musil im Computer. Der ganze Dichter auf Diskette – Abschluß eines deutsch-österreichischen Modellprojekts‹. *Frankfurter Allgemeine Zeitung*, 15. Juni 1990.

Wallace, E. R. (1983) *Freud and Anthropology; A History and Reappraisal.* New York: International Universities Press.
Wilson, E. (1987) ›Did Strachey invent Freud?‹. *International Review of Psycho-Analysis*, Bd. 14, S. 299–315.
Winnicott, D. W. (1960) ›Ego Distortion in Terms of True and False Self‹. In: ders., *The Maturational Processes and the Facilitating Environment. Studies in the Theory of Emotional Development.* London: Hogarth 1972, S. 140–152.
– (1967) *Playing and Reality.* London: Tavistock Publications.
Wittels, F. (1924) *Sigmund Freud. Der Mann, die Lehre, die Schule.* Leipzig, Wien, Zürich: Internationaler Psychoanalytischer Verlag.
Woesler, W. (Hrsg.) (1987ff.) *editio. Internationales Jahrbuch für Editionswissenschaft.* Tübingen: Max Niemeyer.
Young-Bruehl, E. (1988) *Anna Freud. A Biography.* New York: Summit Books.

Verzeichnis der Freud-Titel

Wie in der Einleitung erwähnt (oben, S. 26), enthält dieses Verzeichnis in alphabetischer Reihenfolge (nur bestimmte und unbestimmte Artikel sind nicht berücksichtigt) diejenigen Titel von Freud-Werken sowie von Editionen seiner Briefe, die im vorliegenden Buch mitunter ohne bibliographische Angaben erwähnt werden. Aufgenommen sind auch die im Text gelegentlich verwendeten Kurzbezeichnungen. Die Jahresangaben in der rechten Kolumne verweisen auf die ausführlichen Freud-Eintragungen in der Bibliographie (oben, S. 371–379).

Verzeichnis der Abbildungen und Faksimiles

Abbildungen

Faksimiles

Namenregister

Enthalten sind die Namen von Personen sowie von Figuren aus Dichtung und Mythologie, ferner von Institutionen; von Patientennamen bzw. -pseudonymen sind nur diejenigen der größeren Falldarstellungen berücksichtigt. Kursivierte Seitenangaben beziehen sich auf den Fußnoten-Text.